语言学及应用语言学名著译丛

语调音系学

（第2版）

〔英〕D. 罗伯特·拉德　著

马秋武　　王平　译

INTONATIONAL PHONOLOGY

商务印书馆
The Commercial Press

作者简介

D. 罗伯特·拉德（**D. Robert Ladd, 1947—** ）

20世纪60年代在美国布朗大学语言学专业读本科，1978年在美国康奈尔大学获得博士学位，而后在北美和欧洲从事博士后研究。1985年前往英国爱丁堡大学工作，2010年在国际实验室音系学会成立大会上当选为该学会的首任会长，2011年退休，2015年入选英国科学院院士，2016年成为欧洲科学院院士。在语调、声调以及语言相关领域（如与音乐的关系）中成就突出，在20世纪90年代实验室音系学的形成与发展中起核心引领作用。

译 者 简 介

马秋武 北京语言大学教授、博导，北京师范大学博士。主要研究领域为音系学、语音学、外语教学与研究。出版专著《优选论与汉语普通话的音节组构》《优选论》《西方音系学理论与流派》《什么是音系学》等，出版译著《社会语言学》《拼凑的裁缝》《学做优选论》《词库音系学中的声调》《音系与句法：语音与结构的关系》等。

王 平 2000 年获大连外国语大学学士学位，2005 年获硕士学位，2014 年被评聘为大连工业大学副教授。2019 年考入复旦大学，攻读外国语言学及应用语言学博士学位，现博士在读。主要研究方向为音系学。

总　序

　　商务印书馆出版的"汉译世界学术名著丛书"在国内外久享盛名，其中语言学著作已有 10 种。考虑到语言学名著翻译有很大提升空间，商务印书馆英语编辑室在社领导支持下，于 2017 年 2 月 14 日召开"语言学名著译丛"研讨会，引介国外语言学名著的想法当即受到与会专家和老师的热烈支持。经过一年多的积极筹备和周密组织，在各校专家和教师的大力配合下，第一批已立项选题三十余种，且部分译稿已完成。现正式定名为"语言学及应用语言学名著译丛"，明年起将陆续出书。在此，谨向商务印书馆和各位编译专家及教师表示衷心祝贺。

　　从这套丛书的命名"语言学及应用语言学名著译丛"，不难看出，这是一项工程浩大的项目。这不是由出版社引进国外语言学名著、在国内进行原样翻印，而是需要译者和编辑做大量的工作。作为译丛，它要求将每部名著逐字逐句精心翻译。书中除正文外，尚有前言、鸣谢、目录、注释、图表、索引等都需要翻译。译者不仅仅承担翻译工作，而且要完成撰写译者前言、编写译者脚注，有条件者还要联系国外原作者为中文版写序。此外，为了确保同一专门译名全书译法一致，译者应另行准备一个译名对照表，并记下其在书中出现时的页码，等等。

　　本译丛对国内读者，特别是语言学专业的学生、教师和研究者，以及与语言学相融合的其他学科的师生，具有极高的学术价值。第一批遴选的三十余部专著已包括理论与方法、语音与音系、词法与句法、语义与语用、教育与学习、认知与大脑、话语与社会七大板块。这些都是国内外语言学科当前研究的基本内容，它涉及理论语言学、应用语言学、语音学、音系学、词汇学、句法学、语义学、语用学、教育语言学、认知语言学、心理语言学、社会语言学、话语语言学等。

尽管我本人所知有限，对丛书中的不少作者，我的第一反应还是如雷贯耳，如 Noam Chomsky、Philip Lieberman、Diane Larsen-Freeman、Otto Jespersen、Geoffrey Leech、John Lyons、Jack C. Richards、Norman Fairclough、Teun A. van Dijk、Paul Grice、Jan Blommaert、Joan Bybee 等著名语言学家。我深信，当他们的著作翻译成汉语后，将大大推进国内语言学科的研究和教学，特别是帮助国内非英语的外语专业和汉语专业的研究者、教师和学生理解和掌握国外的先进理论和研究动向，启发和促进国内语言学研究，推动和加强中外语言学界的学术交流。

第一批名著的编译者大都是国内有关学科的专家或权威。就我所知，有的已在生成语言学、布拉格学派、语义学、语音学、语用学、社会语言学、教育语言学、语言史、语言与文化等领域取得重大成就。显然，也只有他们才能挑起这一重担，胜任如此繁重任务。我谨向他们致以出自内心的敬意。

这些名著的原版出版者，在国际上素享盛誉，如 Mouton de Gruyter、Springer、Routledge、John Benjamins 等。更有不少是著名大学的出版社，如剑桥大学出版社、哈佛大学出版社、牛津大学出版社、MIT 出版社等。商务印书馆能昂首挺胸，与这些出版社策划洽谈出版此套丛书，令人钦佩。

万事开头难。我相信商务印书馆会不忘初心，坚持把"语言学及应用语言学名著译丛"的出版事业进行下去。除上述内容外，会将选题逐步扩大至比较语言学、计算语言学、机器翻译、生态语言学、语言政策和语言战略、翻译理论，以至法律语言学、商务语言学、外交语言学，等等。我也相信，该"名著译丛"的内涵，将从"英译汉"扩展至"外译汉"。我更期待，译丛将进一步包括"汉译英""汉译外"，真正实现语言学的中外交流，相互观察和学习。商务印书馆将永远走在出版界的前列！

胡壮麟

北京大学蓝旗营寓所

2018 年 9 月

汉译版序

我写《语调音系学》时最初有两个目的：一是想要阐释现已称之为语调的"自主音段—节律"（AM）理论所具有的潜能，二是想要阐述我自己对这个理论引起我们注意的各种问题所持有的具体观点和看法。自本书第一版于 1996 年出版以来，迄今已整整 25 年。25 年来，第二个目的已变得不那么重要了，但第一个目的与以往一样仍很重要。有一种观点认为，最好可以从声调语符列组成某种节律或相关的韵律结构角度来认识和理解所有语言里的语调。多年来，对几十种语言的几十项研究都已证明，这种观点是很有价值的。因此，第二版（2008）的目的是要阐明 AM 理论在任何一种语言的语调研究中所具有的价值。这就是马秋武教授翻译的、汉语学界学者可以直接阅读的这部著作。

我自己的中文知识相当有限，不能在翻译上与马教授积极合作。但我在书中许多地方改写了一些例子，增加了一些评论，这样可能让中文读者读起来更清楚、更明白。我不想对原文做任何实质性的更新，但添加了一些自 2008 年以来出现的重要著述作为简要参考。我感谢陈轶亚、张曦，特别是高佳音在对原文进行改写时所给予我的帮助和建议，我也感谢马教授将我所做的许多小的修改都融入到了他的翻译之中。

在马教授的邀请下，我于 2021 年 7 月 19 日至 25 日在北京语言大学举办的"第七期当代语音学与音系学高级研修班"上向全体学员展示了我的书中讨论过的一些材料。在准备我的三场学术报告的过程中，我对 AM 思想如何可以用于分析诸如汉语里的"重音"和"疑问语调"做了更为深入的思考。我很高兴地想到，马教授翻译的拙作可能有助于激发人们对此类问题的新的研究与探索，我对语调音系学研究的前景充满期待。

D. 罗伯特·拉德

英国爱丁堡大学

2021 年 9 月 20 日

译者前言

一

　　《语调音系学》是国际著名语言学家、英国爱丁堡大学罗伯特·拉德（D. Robert Ladd）教授于 1996 年撰写出版的一部力作，此后他又对原书进行了全面的修订，并于 2008 年出版了该书的第二版。本译本是基于作者对第二版的再次修订译成的，同时这个译本的后面还增加了原纸版书中没有的但可在相关网上下载的"语调语音学导论"部分。

　　拉德是 1978 年毕业于美国康奈尔大学的语言学博士，他的博士论文是关于语调语义研究的，论文所提出的"宽焦点"和"窄焦点"曾在形式语义学界产生过热烈的讨论。此外，拉德教授还在实验室音系学、语调、韵律等诸多方面提出了许多颇具创见性的思想和观点，如"音段锚定"概念，语调的"延迟峰"现象等。我在 1988 年撰写硕士学位论文时指出汉语普通话中存在着声调的延迟峰现象，就是在拉德（Ladd 1978）理论的影响下提出来的。

　　《语调音系学》出版后即引起学界的广泛关注，成为国内外语调研究的重点文献。根据谷歌的学术统计，自 2008 年第二版出版以来，《语调音系学》已是语调这一研究领域中被引用次数最多的学术著作，足见它在语言学界的重要地位和影响。我们将这本书译成汉语出版，不只是作为我主持的国家社科项目（18BYY029）的阶段性研究成果之一，更为重要的是，我相信它将有助于我们更加全面深刻地理解音系在语调研究中的重要地位与作用，进而有利于推动和提升我们在汉语语调音系研究方面的能力与水平。

二

拉德教授 1985 年 1 月到英国爱丁堡大学工作，曾担任过爱丁堡大学理论语言学及应用语言学系主任。2001 年中期开始，他负责创建爱丁堡大学哲学、心理学和语言科学学院，而后担任该学院的代理院长。2011 年 7 月他作为英国爱丁堡大学荣休教授荣休，荣休后仍在爱丁堡大学从事一些教学与研究工作。2015 年 7 月，拉德教授入选英国科学院院士，2016 年成为欧洲科学院院士。

拉德教授不仅在语调研究领域有过突出的贡献，而且在学术期刊的编辑评审等方面也发挥了重要作用。他曾担任《语言与言语》(*Language and Speech*)、《音系学》(*Phonology*)、《语言学》(*Linguistics*)、《语音学刊》(*Journal of Phonetics*) 等多个国际重要学术期刊的编辑和编委。在拉德教授的整个学术生涯中，他一直主张并积极倡导和推广"实验室音系学"的研究方法，努力推动将仪器数据和实验数据与理论音系学的研究有机地结合到一起。在拉德等学者的大力支持和积极努力下，首届国际实验室音系学会议于 1987 年 6 月在美国俄亥俄州立大学成功举办，两年后第二届会议在英国爱丁堡大学召开，而后国际实验室音系学会议每两年召开一次，到 2022 年已连续举办了 18 届，并在每次会议后编辑或出版一部颇具影响力的会议论文集。第二届实验室音系学会议的论文集为《音姿、音段与韵律》，是由多彻蒂和拉德 (Docherty and Ladd 1992) 合作主编出版的。随着实验室音系学研究队伍的不断扩大，研究的广度与深度不断提高，由各国学者参加的"实验室音系学会"(The Association for Laboratory Phonology) 于 2010 年宣布成立，拉德教授因其在这一研究领域的突出贡献而被选为该学会的首任会长。

拉德教授的研究，不仅注重实际语音数据所体现的语音事件，而且也关注音系学理论在分析和描写语调现象时所起的关键作用。这不仅是实验室音系学研究的重点所在，实际上也是《语调音系学》一书所要阐释的各种语言语调研究的理论精髓所在。

拉德教授的研究领域不限于实验室音系学和语调音系学，他对有关音系的一些普遍性问题也有非常深刻的思考。他于 2014 年在牛津大学出版社出版的《音系中的共时结构》一书，便是他对韵律和语调长期深入思考研究后写成的。该书一共六章，正文不到 150 页，围绕着六个方面的基本音系问题进行了深入的反思与讨论。这六个方面的问题是：（1）究竟什么是音系特征，什么是音系音段？它们与发音姿态、音系分析与推导等构成了怎样的关系？（2）语音在音系分析中的作用，即本质上，语音学与音系学之间有何种关系？（3）什么是韵律？韵律到底是什么意思？（4）什么是调制（modulation）与梯度性（gradience）？它们在语言表达中的作用是什么？（5）"二重性"（duality）是语言结构的设计特征（design feature）之一，即语言是由有意义的形态句法结构和无意义的音系结构组成的（Hockett 1958），它们真的绝对如此吗？（6）如何界定一个音系事件？界定的标准是什么？显然，书中所涉及的这六个方面的问题看似平常，实则需要我们语言学研究者进行认真深入的思考（Goldsmith 2015: 318）。

三

拉德的《语调音系学》是从音系角度讨论和分析语调问题的，并由此提出了语调的 AM 理论。AM 理论实际上是一种将语音与音系有机地结合起来的语调理论。实验室音系学，也是对语音与音系结合方式的一种有益探索。自 20 世纪 80 年代以来，随着这一研究的不断深入，语音学与音系学相结合已成为一种主流研究范式。皮埃安贝尔（Pierrehumbert 1980）最先将音系与语音相结合，提出了英语语调的有限状态语法模型。在其后的生成语法模型中，后词库音系模块被一分为二，形成了音系与语音两个部分（Cohn 1990）。这一理论模型一直延续至今，现已成为生成音系学语音研究的主流模式。

汉语的语调研究历史悠久，赵元任（1933）有关汉语语调的"大波浪与小波浪之和"的说法对汉语语调研究影响至深。迄今为止，各种汉语语调研究模式也是基于这一理论观点展开的。起伏度（石锋等 2009）、停延率（石锋等 2010）、音量比（梁磊、石锋 2010）都是从实验数据的角度来讨论和研究声调与语调关系的，但它们并不属于语调的音系语法研究。下面，我们将在语调音系学框架内，针对有关语调某些方面的音系研究理念和分析方法进行分析和阐释，指出汉语语调研究中可能存在的一些问题及其改进的某些方式和方法。

3.1 重音问题

谈到语调，就一定要谈到重音。语调的语言学研究表明：离开重音，可以说就无法对语调语法模式做出明晰化的分类与表征。具体地说，语调语法中的标星音高（如 H*）都是与词中的重音相联结的（Pierrehumbert 1980; Gussenhoven 2004）；如果相联结的词中没有词重音，那么它将与哪个音节相联结？难道要空悬在那里吗？

有没有重音或词重音，在汉语学界争议很大。有学者认为汉语没有词重音甚至没有重音（如 Hyman 1977；Chen 2000；金有景 2007：152；沈家煊、柯航 2014；沈家煊 2017：9-16；周韧 2018；张吉生 2021 等）。如果说汉语没有词重音或重音，那么词以上或语调的重音又从何而来？凭空产生的吗？当然，造成这一问题的原因是多方面的。其中最为重要的原因是，英汉两种语言所具有的主要词类不同。也就是说，**英语里派生词居多，汉语里复合词居多**。两种语言在这一点上存在着明显的不同。有关这方面的论述，见马秋武（2021）。下面所列出的是汉语里的一组词与短语：

（1） a. 茴香　回乡　　　　b. 道家　到家

c. 党风　挡风　　　　d. 姿势　滋事

e. 报道　报到

对于上述这些词或短语，汉语说话人在使用它们时往往会在重音上对它们做出区分，为什么会在重音上对它们进行区分？这种区分难道不是重音吗？这种重音上的区分是在什么层级上的？不是在短语与词之间吗？显而易见，汉语里有重音。如果像"茴香"与"回乡"在重音上的区分不是在短语与词之间，难道是所谓的词库外的重音吗？如果是词库外的，那你又是怎么在重音上区分词（"茴香"）与短语（"回乡"）的呢？

我们知道汉语是以复合词为主的，复合词与派生词在词重音上的表现是不一样的。复合词的词重音不很稳定，易于表现，在英语里也是如此。在英语里，复合词的词重音一般落在第一个组成成分上，而短语的词重音则往往落在第二个组成成分上：

（2） a. BLACKboard　黑板　　　b. WHITEhouse　白宫

　　 black BOARD　黑色的板子　　White HOUSE　白色的房子

但要注意的是：英语复合词的词重音不一定都落在第一个组成成分上，也有可能落在后面的组成成分上。塞尔柯克（Selkirk 1984: 247）曾列出这方面的复合词的例子：

（3） kitchen TOWEL　洗碗布　　　plate GLASS　平板玻璃

　　 peach BRANDY　桃子酒　　　town HALL　市政厅

　　 ginger ALE　姜味汽水　　　kid GLOVE　羊皮手套

　　 bull TERRIER　牛头㹴犬　　　cream CHEESE　奶油干酪

另外，还要注意的是：复合词的词重音明显不同于派生词的词重音。派生词的词重音比较稳定，但复合词的词重音则常因语境因素而发生改变。例如：

（4）　a. THIS afterNOON　今天下午　　ATFERnoon TEA　下午茶
　　　b. 搞科**学**　　　　　　　　　**科**学化

在上述两组例子中，前一个是英语的，后一个是汉语的。它们显然都是因语境因素而发生改变的例子。复合词的词重音易于变化，不仅汉语如此，英语亦是如此。我们不能因为复合词的词重音易于改变，就说汉语没有词重音。如果那样的话，就等于是说英语复合词也不该有词重音。

　　还有，复合词的词重音不如派生词的词重音那样明显。这一点不仅汉语这样，英语也是如此。重音明不明显，不在于重音的显著度上，而在于它的音系作用上。英语的重音通过音高体现。汉语由于是声调语言，音高已被声调占用，它的重音就有可能借助其他方式（如音长、音强、音质或停顿等）来体现。还有学者想通过语音实验方式来论证汉语有无词重音问题。但需要指出的是：（1）重音是音系属性，不是语音属性，它的重要作用是在呈现语言的节奏或韵律结构上（谢丰帆 2021）。（2）语音实验只能是辅助性的，不是决定性的，而且重音在语音实现上是多维度的、难以语音实验测定的。比如，如果你做重音有无的语音实验，那么你的重音实验是从哪个维度上测定的？音高、音长、音强还是停顿？还是综合各方面因素测定的？如果你仅从某个方面（比如停延率）来测定重音，那么你能保证其他因素（如音高、音强或音质）都没有作用吗？显然，这是不可能的。至少到现在为止，尚未有人在语音实验中综合各个方面来测定重音的有无。

3.2　声调问题

　　一般认为，声调是声调语言的重要属性，不是非声调语言的重要属性。换言之，声调语言有声调，非声调语言没有声调。英语不是声调语言，因此也就没有声调。我们知道，所谓声调语言的声调是辨别词义的，但像英语这样的非声调语言其实也有 tone，它的 tone 不是辨别词义，而是辨别句义。辨别词义的 tone 是声调，辨别句义的 tone 难道不是声调吗？为了区别汉语的 tone 与英语的 tone，国内汉语学界以往把英语里的 tone 译成"音调"，以区别汉语里的"声调"。但如果我们掌握了有关声调描写的自主音段音系学理论（Goldsmith 1976），那么对汉语的"声调"与英语的 tone 就会有另外一种理解方式了。

其实，tone 既可以出现在像汉语这类的"声调语言"里，也可以出现在像英语那类的"非声调语言"里。它们之间的主要差别是：汉语用于辨别词义，英语用于辨别句子的语调类型或句义。比如：

（5） a. 汉语　　　　　　　　　　b. 英语

ma^{35}　麻　　　　　　　　John? ↗　约翰吗？

ma^{51}　骂　　　　　　　　John. ↘　约翰。

英语用疑问语调发 John 时，用的是升调，这个升调与汉语普通话的阳平有何区别？英语用陈述语调发 John 时，用的是降调，这个降调与汉语普通话的去声又有何区别？汉语的字调是用音高表示的，英语语调的调也是用音高表示的，两者的区别仅仅在于它们所使用的是哪个音系的音层上。2021 年拉德在"第七期当代语音学与音系学高级研修班"上的报告中曾援引丁卡语（Dinka）的语料来说明声调在丁卡语里标示动词语法功能的作用：

（6）　词干：　　　　mìit　　拉　　　tèem　　切

不定式　　　　mîiit　　　　　　téeem

被动式　　　　mîit　　　　　　　téem

第一人称单数　mjɛ̀ɛɛt　　　　　tɛ̀ɛɛm

第二人称单数　mîit　　　　　　　téem

第三人称单数　mìiit　　　　　　tèeem

由此可见，tone 既有汉语里辨别词义的作用，又有英语里表达不同句调的作用，还有丁卡语里区分词的语法功能的作用。看到这些语言事实，我们通常讲到的声调语言与非声调语言已变得并不像我们所说的那样清晰可见、界限分明了。这就是为什么拉德在本书第 4 章中明确地指出："声调语言与非声调语言之间的根本差别主要是一个声调赋值如何落在所应落在的地方的问题"（Ladd 1996/2008: 157；另见本书 175 页）。

3.3 调域作用

调域是国内学术界的热点研究领域之一，这项研究主要是从实验的角度进行的。我们知道，汉语调域的变化无外乎是赵元任（1933）最早提出的压缩与扩展，提升与降低。戈丁（Gårding 1983, 1984, 1985）、沈炯（1985）等学者据此提出采用语调格栅研究汉语语调的分析方法。但问题是，如果我们所说出的一句话都只是由阴平调组成的，那么我们怎么知道它的调域基线（baseline）在哪里呢？现在通常的做法是，模拟相似的由其他的调（低调或降调，如上声和去声）组成的句子进行匹配性的语音实验，从而确定这句话的调域的顶线（topline）与基线。

1988 年我在撰写硕士学位论文时就曾指出这种方法所存在的严重缺陷。首先，我们怎么知道我们所模拟的语调与前面的那句由阴平组成的实验句的语调是完全吻合、绝对一致，而且没有丝毫的偏离呢？那么，要想做到这一点，也就只有进行完全假设性的实验和实验后的归一化操作。显然，这种模拟完全是人为的，出于实验者的主观意愿和具体要求，实验本身具有很多自我设定的因素。当然，想要造成一句我想要的语调数据，这不会有任何困难。但难就难在现实的语调是不是真的如此？此外，这项研究只能在实验室中进行；出了实验室，则寸步难行，而且其结果也很难让人接受。

需要指出的是，调域上的变化究竟起什么作用？笔者不止一次地指出（马秋武 1988，2017）：汉语普通话中存在着焦点后调域压现象，它的实质作用就在于反衬突出其前面的焦点，使焦点成分更凸显。作为低平调的上声成为焦点时，紧随其后的非上声调不但不会压缩，反而会提升很高。这个上声后的非上声调提升很高的原因就在于它反衬其前面这个作为焦点的上声调，使其前面上声的低与其后非上声调的高形成比较大的反差。我当时受拉德（Ladd 1978）论文的影响，把焦点上声后的非上声调的提升称作汉语的"延迟峰"现象。无论是汉语的"延迟峰"还是焦点后的压缩，显然，它们本质上都是凸显焦点的反衬作用。

焦点后压缩一定是跨语言的。所谓的某些语言不存在焦点后压缩（Xu *et al.* 2010, 2012），只能是源自狭隘的实验室实验，即实验室的实验设计造成的，实际上根本不存在没有焦点后压缩的语言。语言与语言之间的区别，只是在于怎么使用焦点后压缩问题。焦点后压缩是凸显焦点的重要手段，所谓没有焦点后压缩的语言，很可能是操这种语言的说话人不喜欢起伏比较大或焦点比较鲜明的语言形式，而喜欢上下起伏不大、平稳缓舒的语言形式。但一定要注意：在情急愤怒等的情况下，操这种语言的人肯定也会采用焦点后压缩的语言形式，即一种上下起伏比较大的语言表达形式。实验室所得出的数据，主要是因为他们的实验设计和实验操作存在问题，把语言使用者日常喜欢采用的平稳舒缓的语言表达形式作为这种语言所具有的唯一语言形式造成的。"常用"不是"唯一"；现实社会的语言形式多种多样，不能仅靠实验室环境下的单纯语音实验做判断，那样容易产生误导。我的复旦同事中就有土生土长的台湾人。在与她日常交往过程中，我们注意到：她说话时，完全可以使用焦点后压缩的语言形式，并不像上述语音实验研究所得出的台湾普通话中不存在焦点后压缩形式，因而台湾人也学不会有焦点后压缩的语言的结论。

我们认为，焦点后压缩的类型变化主要体现在使用上。总体上说，我们可以把它们分为两类：一类是常用焦点后压缩的语言（如北方方言），一类是不常用焦点后压缩的语言。在第一类语言里，焦点后压缩用以凸显焦点，体现焦点承载信息的中心地位和作用；而在后一类语言里，由于焦点后压缩会造成语言上比较大的上下起伏，他们觉得这样的语言比较粗俗或不很文明，故在日常话语中很少采用焦点后压缩形式，而在情急愤怒等情况下也会用到焦点后压缩的这种语言形式。但我们的语音实验常常都是在温和平稳的实验室中进行的，那么我们从这种语音实验中就很难获取焦点后压缩在这种语言里的实际使用情况。

我们在语音实验中没有看到焦点后压缩情况，但这并不能说明焦点后压缩在这种语言里不存在。真正可靠的是日常对话中的实际语言使用。焦点后压缩是凸显焦点的重要手段，不同语言凸显焦点的显著程度不同；有的明显，有的不很明显。但无论怎样，它们的重要作用就在于体现语言所具有的语言节奏或韵律结构上。

翻看拉德的这本《语调音系学》（第 2 版），就会发现书中有关调域的讨论并不多，不像我们倾注大量精力和时间研究汉语调域的各种变化，特别是焦点后的调域压缩情况那样。要知道，调域的各种变化仍然是语言的语音变化，这些变化实际上是语言节奏或节律结构的某种语音表现而已。语言研究在于揭示和呈现语言的内在音系结构和规律。焦点所产生的节奏或节律结构，正是节律音系学理论的主要研究对象。拉德的语调音系学亦称语调的 AM 理论，AM 中的 M 就是节律音系学（Liberman 1975; Liberman and Prince 1977; Halle and Vergnaud 1978），即采用节律音系学理论来分析和表征诸如焦点及焦点后压缩等有关语言的节奏或节律结构。汉语的焦点及焦点后压缩等问题，理所当然都应在节律音系学的理论框架内进行分析和描写。这也是拉德的语调音系学 AM 理论的重要意义所在。调域及焦点后的调域压缩都是重音结构的语音体现，汉语这方面的研究很多；但重音结构的节律音系学研究却很少，甚至在汉语的语调研究中几乎无人提及利伯曼（Liberman 1975）所做的英语语调节律观的研究。也就是说，汉语重音的语音研究很多，音系研究却很少。语音的音系研究是语音的语法研究，汉语这方面的研究显然亟待加强。

3.4 语言类型观

语言类型学是近年来语言学的一个热点研究领域（金立鑫2011，2017），其意在建立不同的语言类型模式。例如，声调语言不同于重音语言。声调语言有声调，没有重音；重音语言有重音，没有声调。由此可见，那种认为汉语没有词重音的观点很可能就源于这样的一种语言类型学的研究背景。

毋庸置疑，语言是有类型变化的，但并不是有与无的类型差别。多年来的语言研究都已表明，语言之间存在着共性与个性。共性是语言普遍具有的；但个性并不是某种语言所具有的别的语言所不具有的结构或属性，个性应是在某些方面表现出强弱的差异。优选论是典型的语言类型学研究（McCarthy 2002, 2008），它之所以能在20世纪90年代初诞生后很快风靡世界，成为自20世纪90年代初以来的主流音系学理论，就在于它的理论构建和模式运行的合理性。该理论的核心是，语言之间的不同，就在于制约条件等级排列上的不同。等级排列高的制约条件，说明这类制约条件较为活跃，成为这种语言的主导力量；等级排列低的制约条件，说明这类制约条件不很活跃或不活跃，即它们在这种语言中不起什么作用。但要注意：既然制约条件等级排列很低，不起什么作用，那么为什么不把它们彻底舍弃掉呢？这其实是优选论的理论精妙所在：等级排列低的制约条件具有某种隐含作用。我曾举过一个例子来说明这一点（马秋武 2008：103）：

（7）　不删音，不增音 >> *$_\sigma$[V

输入项：VCV	不删音	不增音	*$_\sigma$[V
☞ a. V. CV			*
b. VC. V			**!
c. CV. CV		*!	
d. CV	*!		

这里，等级排在前面的是忠实性制约条件，即一种不产生任何音系变化的制约条件等级排在最前面。换言之，标记性制约条件因等级排列低似乎不会产生任何作用。但实际上，就候选项（7a）和（7b）而言，二者均没有违反等级排列高的忠实性制约条件。但制约条件等级体系最后没有选择候选项（7b），而选择了候选项（7a），显然是等级排列低的标记性制约条件 *$_\sigma$[V（即禁止以元音开头的音节）在此显现其隐含作用而选择了所需要的音节化的结构。

同样，声调语言里的声调很重要，但它的重音并不是没有作用。同样，重音语言里的重音很重要，但它的 tone 也并不是没有作用。所以，正如前文所引证的拉德（Ladd 1996/2008: 157）所说的那样，声调语言与非声调语言之间的根本差别就在于声调赋值应落在何处的问题上。

声调语言与非声调语言都有重音，它们在重音上的差别不是在有与无上，而是在重音的不同表现形式上。汉语普通话的词重音主要是以复合词的词重音为主，而英语的词重音则是以派生词的词重音为主。说汉语没有词重音，是很荒唐的；更荒唐的是，认为汉语没有词库内的重音，只有词库外的重音。汉语是声调语言，也一定有重音和词重音。汉语的词重音研究不应该是在汉语词重音的有无上，而应该是在词重音的不同音系表现上。无论是声调语言的汉语，还是重音语言的英语，两种语言都有 tone。前者的 tone 是在辨别词义上，而后者的 tone 则是在标示语句的语调模式上。

四

现在，汉语的语调研究多是从语音实验角度展开的。《语调音系学》（第 2 版）汉译本的出版，无疑对推动汉语语调音系学研究有着重要的理论和现实意义。我们的语言研究历史悠久，但语言学研究却很短暂，很多的语言学概念和理论都是舶来品，因此我们对西方语言学中的一些重要概念就存在着很多的误读与误解。

例如，在语言的"音、形、义"三要素中，"形"指的是什么？某些学者明确表明"形"指的是汉字的"字"。"音"指什么，一般是没有什么争议；"形"指的是汉字的"字"吗？当然不是。字是书写形式。要知道，文字不是语言学研究的对象。世界上的语言大多都是以音为主的，世界上有许许多多的语言都是没有文字的。没有文字的语言不是语言吗？语言学研究的对象是语言；有没有文字并非界定语言的首要因素，更非唯一因素，它们通常都是有音的或通过音来表达语言形式的，可以说语音是大多数语言最先采取的外在形式或物质外壳。文字之所以不是语言学研究的对象，是因为人类语言最先选取的物质外壳不是文字，而是语音。但在我国，汉语学者在其撰写的各种语言学教程中几乎都是把汉字列为语言学研究的对象，这完全是错误的，不符合语言学的根本性质和普遍原理。

那么，什么是"形"呢？我们知道，语言的设计特征或结构特征之一是二重性。什么是二重性？古森霍文和雅各布斯（Gussehoven and Jacobs 1998/2017: 1）明确指出：世界上任何一种人类语言都具有两种重要的结构组织，一种是形态句法结构，一种是音系结构。音与形中的"音"是音系，而"形"则是形态句法（morphosyntax）。需要注意的是，二者都不是我们眼睛可以直接看到的文字形式。在做英汉两种语言比较时，如果从文字的形式上说，英语是流线型的，而汉语是立体空间型的。这是从文字角度所做的比较，文字形式不是语言形式，不可以把文字形式与语言形式相比较。用这种方式进行研究而得出的结论，不仅难以令人信服，也是毫无意义的。

所以，一定要对语言学的重要概念和理论假设有正确的理解，这一点至关重要。在翻译西方语言学著作时，语言学专业领域的术语翻译对译者来说无疑充满挑战。在我与拉德教授因翻译此书开始接触和交流时，拉德教授就有这样的担心。我们在翻看国内学者的一些著作时，会发现很多人把 stress 与 accent 译成了"重音"或"重读"。要知道，英美学者在他们的论著中是同时使用这两个术语的，若都译成"重音"或"重读"，则会因无法对它们做出区分而陷入混乱之中。要对它们进行准确的翻译，首先就要搞清楚它们之间的异同。stress 通常用于指话语中通过音高、音长、音强或元音音质等几种方式呈现凸显（prominence）的语音实现形式（Trask 1996: 336），因此我们常把它译成"重音"或"重读"。accent与 stress 很相近，但它更多地用于指音高所体现的重音层级的抽象形式（Crystal 1980/2008: 4; Abercrombie 1991; Ladd 1996/2008: 51）。虽然国内有很多学者都将它译成"重音"，但由于 accent 比较强调（1）重音的音系性质和（2）音高的体现形式，所以，我们把它译成"重调"，把组成语调曲拱的 pitch accent 译成"音高重调"。这样的译法，既贴切又便于使用（马秋武 2021）。

语调研究中最为常见的一个词是 tone。汉语怎么译这个词，在某种程度上体现了译者所持有的语言学理念和观点。如果我们认为像英语这样的非声调语言里是没有声调的，那么便会采用"声调"或"字调"之外的一种译法，如把它译成"音调"，以此有别于汉语里常用的"声调"或"字调"。但如果看了拉德的这本《语调音系学》（第二版），便会认识到声调语言里的 tone 与非声调语言里的 tone 没有本质上的不同，它们的不同也只是在何处进行自主音段的声调赋值上。基于这一点，我们采用"声调"来翻译英语里的 tone。注意：拉德在某些地方还使用了 lexical tone，而lexical tone 与 word tone 有所不同。word tone 是派克（Pike 1948）提出的tone（即加在音节上的音高）、pitch accent（即加在词上的音高）和 intonation（即加在语句上的音高）这三个概念中的一个，它不同于 lexical tone。把 lexical tone 译成"词调"，也是有问题的，因为我们的汉语中现在有字调语言与词调语言之说。拉德的 lexical tone，实际上指的是一种抽象的音系形式（即声调的自主音段），即"（自主音段性的）声调"。把它译成"词调"肯定是不行的，译成"声调"或"字调"也不很准确，所以，我们在这里只好把它译成了"词库声调"。由此可见，要精确地翻译语言学术语有多复杂，绝非易事。所以，请读者一定要在所涉及的理论背景下理解这些术语的内涵及其使用范围。只有那样，才不会误读或误解作者的本意及其思想。翻译外文原著的过程，很多情况下并不是简单的语言转换过程，而是在两种不同的语言与文化之间，寻求理念或概念的相互对接过程，或者在译入语中努力建构新的理念或概念的过程。

五

很多人以为，译书的难度远远低于著书。因为所译的书已经存在，译者只是把原有的书译成另一种语言而已；但著书则不同，作者需要构建全书的总体框架和每一章的具体内容。其实这是一种偏见和浅见。以笔者近年来翻译国外语言学著作的亲身经历而言，我认为译书的困难绝不亚于著书。应该说，著书有著书的问题，译书有译书的难处。译书的难点在于：译者需要在原作者已用的语言表达方式下恰当准确地（既不过分也不能不足地）表述原文已经表达的意思。著书，可以放飞思想，自由表达，甚至可以有意躲避某些问题，因为论述什么问题是由著者自己决定的；但译书则不同，译者再现作者原义时，翻译文字要既不过度也无不及，其难处就在于要在受控的狭窄空间内表达某种已定的意思，原书中的任何问题都无法躲避。这里可能存在三种情况：（1）源语言里有的概念，在译入语里也有相同的概念，但译者不见得能随手拈来。在这种情况下，能否在译入语里找到相同的概念，则是翻译的难点。例如，萨丕尔（Sapir 1921）在他的《语言论》中把语言定义为 "Language is purely human ..."，某汉译本把这句话译成了"语言是纯粹人为的……"。其实，这句话的原义是"语言是人类所独有的"，不是"纯粹人为的"，译成"语言是纯粹人类的"则更为准确。又如，乔姆斯基（Chomsky 1965: 4）指出 "If the grammar is ... perfectly explicit ..."，某汉译本把这句话译成了"如果这种语法是明确无误的……"，这里的 perfectly explicit 并不是"明确无误"，而是"完全明晰化"。（2）源语言里有的概念，但在译入语里能找到相似却不相同的概念。例如，汉语里的"语音学"与英语里的 phonetics 表面上看似相同，但实际并不相同。汉语里的"语音学"是广义的语音学，它包括采用语言学方法研究语音的音系学；而英语里的语音学则是狭义的语音学，它不包括采用语言学方法研究语音的音系学。（3）源语言里有的概念，译入语里确实没有。上面提出的 accent 便是一例，它与 stress 很接近，但又不同。汉语里没有这样的术语，译者只能根据它的原义，造出"重调"这样一个新的术语来翻译它。由此可见，翻译时会遇到错综复杂的问题，常常很难处理。名家翻译时也会遇到一些难以妥当处理的情况，更何况一般的译者。

现在，常常可以在各种译著中找出很多误译的例子。当然，这可能与我们对译著的评定标准存在着一定的联系。不关注论文与论著的学术水平或学术价值，只关注论文发表的期刊档次或论著的出版社级别，是目前很多地方在论文论著评审工作中的通常做法。如何评判学术论文的价值以及学术人才的水平是值得有关部门深入思考的问题。但历史或时间一定能做出客观的评价。尊重各方面的学术观点或研究，鼓励和加强彼此进行学术交流与评析，这是学校主管部门最起码应该持有的态度。但有些地方对学术译著的学术贡献根本不予认可，这也是致使某些译者在翻译时不认真、很随意、常常出错的主要原因之一。"常凯申""门修斯""桑卒"等都是因为翻译时不认真、不投入而犯的一些典型错误。现已出版的语言学译著肯定也会存在问题，有的问题是我们当时翻译时对西方语言学理论的理解深度不够造成的，也有的是译者不够认真造成的。但无论哪一种，都会对我们的语言学研究产生不好的影响。

然而，这并不是说，译者的翻译不允许出现任何问题。任何著述都无法避免出问题、犯错误，但译者一定要竭尽全力，力求少出问题、少犯错误。我们指出前人在翻译中所犯的错误，并不说明我们比前人水平更高、能力更强，而只是因为我们是后来人，能接触到的各类文献当然比前人多很多，了解的事情也更全面。除此之外，别无其他。甚至书中的有些问题可能根本也不是问题，而只是译者对这些问题的一种理解或对此所持有的一种观点。

六

近年来，我在音系学专著的翻译方面做了一些工作，主要是因为我常常看到国内一些学者因缺乏对西方音系学理论的理解而产生的一些错误。其中最为典型的一个问题是对"音位"的错误认识："音位"是 20 世纪 50 年代之前盛行的西方结构主义语言学理论中的一个重要概念，而 20 世纪 50 年代之后，西方音系学理论中已没有了"音位"这一概念，但我们国内的一些学者对此仍不能理解，也无法接受没有"音位"的音系学。必须知道，我们现在把 phonology 译成"音系学"，也主要是因为现在的 phonology 中已经没有了"音位"这个概念；若仍将现在的 phonology 译成"音位学"，那么它就成了一门没有"音位"的"音位学"。特拉斯克（Trask 1996: 267）甚至已把"音位学"（phonemics）这一术语标示为"已被废弃"，由此可见"音位"在现代音系学理论中已完全失去了合法地位。

乔姆斯基与哈勒（Chomsky and Halle 1968: 11）在他们所著的生成音系学的经典之作《英语音系》一书中明确表示他们已有充足的理由质疑"音位"的存在，并表明不认为在整个音系过程中有"音位"这样的一个音层。事实上，我们撰写论文说明现在"音位"在音系学中的情况，远不如我们把阐释"音位"已被抛弃的论著译成汉语更有意义，因为那样不仅更具说服力，也能让汉语读者比较全面地了解到它被抛弃的整个过程。

2017 年初，商务印书馆召开研讨会，商议组织翻译出版"语言学及应用语言学名著译丛"，我也是那个会议的应邀者之一。商务印书馆的出书计划与我对国内语言学研究现状的判断以及自己内心的想法不谋而合。四年过去了，我参与了几本书的翻译工作，这本《语调音系学》是那个译丛中的一本。

最后，我要感谢北京语言大学郁有学处长、曹文院长、冯胜利教授盛情邀请我来北语工作，使我能有时间集中精力完成这本书的翻译工作。我要感谢本书的作者、英国爱丁堡大学 D. 罗伯特·拉德教授，他在我们的翻译过程中给予了我们相关的背景信息和相应说明。还要感谢我的中学同学、南开大学中文系张培锋教授，他总能在关键时刻给予我及时的帮助。也要感谢同济大学刘晓芳教授、江苏师范大学王蕾老师，他们及时有效地提供给我一些日语姓名的汉译信息。

如上所述，做好语言学专著的翻译绝非易事。本译作译文中难免有些表达不准或不妥之处，希望读者批评指正。

北京语言大学语言科学院

2021 年 11 月

参考文献

Abercrombie, David. 1991. *Fifty Years in Phonetics*. Edinburgh University Press.

Chen, Matthew Y. 2000. *Tone Sandhi: Patterns across Chinese Dialect*. Cambridge: Cambridge University Press.

Chomsky, Noam. 1965. *Aspects of the Theory of Syntax*. Cambridge, Mass.: The MIT Press. 中译本:《句法理论的若干问题》, 北京：中国社会出版社, 1986 年 12 月.

Chomsky, Noam and Morris Halle. 1968. *The Sound Pattern of English*. New York: Harper and Row.

Cohn, Abigail C. 1990. Phonetic and Phonological Rules of Nasalization. PhD dissertation, UCLA.

Crystal, David. 1980/2008. *A Dictionary of Linguistics and Phonetics* (6th edition). Oxford: Blackwell. 中译本:《现代语言学词典》北京：商务印书馆, 2000 年 12 月.

Docherty, Gerard and D. Robert Ladd (eds.). 1992. *Papers in Laboratory Phonology II: Gesture, Segment, Prosody*. Oxford: Cambridge University Press.

Gårding, Eva. 1983. A generative model of intonation. In Anne Cutler and D. Robert

Ladd (eds.), *Prosody: Models and Measurements*. Berlin: Springer-Verlag. 11−27.

Gårding, Eva. 1984. Comparing intonation. *Lund University Working Papers* 27: 75−99.

Gårding, Eva. 1985. Constancy and variation in standard Chinese tonal patterns. *Lund University Working Papers* 28: 19−51.

Goldsmith, John. 1976. Autosegmental Phonology. PhD dissertation, MIT. [Distributed by IULC and published 1979, Garland Press, New York.]

Goldsmith, John. 2015. A book review of *Simultaneous Structure in Phonology* by Ladd (2014). *Phonology* 32: 318−325.

Gussenhoven, Carlos. 2004. *The Phonology of Tone and Intonation*. Cambridge: Cambridge University Press.

Gussenhoven, Carlos and Haike Jacobs. 1998/2017. *Understanding Phonology* (4th edition). London and New York: Routledge.

Halle, Morris and Jean-Roger Vergnaud. 1978. Metrical Structures in Phonology. MS, MIT.

Hockett, Charles F. 1958. *A Course in Modern Linguistics*. New York: Macmillan.

Hyman, Larry. (ed.) 1977. *Studies in Stress and Accent*. Southern California Occasional Papers in Linguistics 4. Los Angeles: Department of Linguistics, University of Southern California.

Ladd, D. Robert. 1978. Stylized intonation. *Language* 54: 517−539.

Ladd, D. Robert. 2008. *Intonational Phonology* (2nd edition). Cambridge: Cambridge University Press.

Ladd, D. Robert. 2014. *Simultaneous Structure in Phonology*. Cambridge: Cambridge University Press.

Liberman, Mark. 1975. The Intonational System of English. PhD dissertation, MIT.

Liberman, Mark and Alan Prince. 1977. On stress and linguistic rhythm. *Linguistic Inquiry* 8: 249−336.

McCarthy, John J. 2002. *A Thematic Guide to Optimality Theory*. Cambridge: Cambridge University Press.

McCarthy, John J. 2008. *Doing Optimality Theory: Applying Theory to Data*. Oxford: Blackwell. 中译本:《学做优选论》，北京：商务印书馆，2016 年 10 月．

Pierrehumbert, Janet. 1980. The Phonology and Phonetics of English Intonation. PhD dissertation, MIT.

Pike, Kenneth L. 1948. *Tone Languages: A Technique for Determining the Number and Type of Pitch Contrasts in a Language, with Studies in Tonemic Substitution and Fusion*. Ann Arbor: University of Michigan Press.

Sapir, Edward. 1921. *Language: An Introduction to the Study of Speech*. New York: Harhcount Brance. 中译本:《语言论：言语研究导论》，北京：商务印书馆，1985

年 2 月．

Selkirk, Elisabeth O. 1984. *Phonology and Syntax: The Relation Between Sound and Structure*. Cambridge, Mass.: The MIT Press. 中译本：《音系与句法：语音与结构的关系》，北京：商务印书馆，2022 年 2 月．

Trask, R. L. 1996. *A Dictionary of Phonetics and Phonology*. London and New York: Routledge. 中译本：《语音学与音系学词典》，北京：语文出版社，2000 年 1 月．

Xu, Yi, Szu-wei Chen and Bei Wang. 2010. Prosodic focus with post-focus compression: Single or multiple origin? *The Linguistic Review* 29: 131–147.

Xu, Yi, Szu-wei Chen and Bei Wang. 2012. Prosodic focus with and without post-focus compression: A typological divide within the same language family? *The Linguistic Review* 29: 131–147.

金立鑫．2011. 什么是语言类型学上海：上海外语教育出版社．

金立鑫．2017. 语言类型学探索．北京：商务印书馆．

金有景．2007. 普通话语音．北京：商务印书馆．

梁磊、石锋．2010. 普通话两字组的音量比分析．《南开语言学刊》第 2 期第 35–41 页．

马秋武．1988. 汉语普通话语调音系描写初探．天津师范大学硕士论文．

马秋武．2008. 优选论．上海：上海教育出版社．

马秋武．2016. 麦卡锡（2016）著《学做优选论》译者前言．北京：商务印书馆．

马秋武．2017. 汉语语调焦点重音的韵律实现方式与类型．《韵律语法研究》第 2 辑第 32–72 页．

马秋武．2021. 汉语的词重音及其音系性质．《韵律语法研究》第八辑．

沈家煊．2017. 汉语"大语法"包含韵律．《世界汉语教学》第 1 期第 3–19 页．

沈家煊、柯航．2014. 汉语的节奏是松紧控制轻重．《语言学论丛》第 50 辑第 47–72 页．

沈炯．1985. 北京话声调的音域与语调．《北京语音实验录》．北京：北京大学出版社．

石锋、梁磊、王萍．2010. 汉语普通话陈述句语调的停延率．《研究之乐——王士元先生 75 华诞庆祝文集》，321–329. 上海：上海教育出版社．

石锋、王萍、梁磊．2009. 汉语普通话陈述句语调的起伏度．《南开语言学刊》第 2 期第 4–13 页．

谢丰帆．2021. 论汉语有词重音．《韵律语法研究》第 7 辑第 27–58 页．

张吉生．2021. 也论汉语词重音．《中国语文》第 1 期第 43–55 页．

赵元任．1933. 中国字调跟语调．《中研院史语所集刊》第 4 期第 121–143 页。

周韧．2018. 争议与思考：60 年来汉语词重音研究述评．《语言教学与研究》第 6 期第 102–112 页．

谨以此书纪念——

德怀特·L. 博林格

（Dwight L. Bolinger, 1907—1992）

德怀特·R. 拉德

（Dwight R. Ladd, 1921—1995）

目　　录

第一部分　序曲

第二部分　音高

第三部分　短语划分与凸显

目　录

图目录

表目录

第二版前言

　　本书第一版既可作为一部专著，也可作为一部介绍语调音系学主题研究部分的易读性引论。本质上说，专著通常不值得再版，但易读性引论为了保持实用性则需要更新。延长原作品在其可读性方面的使用寿命，是制作此修订版的主要目标。但我没有抵制住想改变说法的诱惑，希望这种方法可以将专著中的某些原始观点说得比第一版更清楚。我还对本书的基本结构重新做了某些编排；如此编排的目的在于，更加清楚地呈现一方面的音高与另一方面的凸显和短语划分之间的差别。

　　除纠正了小错误并更新了参考文献外，我对本书所做的主要工作是：修订并扩充了自 20 世纪 90 年代中期以来一些成果丰硕的研究领域的相关章节。这包括：开发语调标音系统的 ToBI 系列，研究音高特征与音段语符列的同界以及所做的焦点与信息结构语调表达的理论和实验研究。正如在第一版中，我给出了一定数量的背景材料，有些人会认为这些材料是多余的，并给众多可能不熟悉这些术语的潜在读者提供了简要定义（如"单说形式"（citation form）或"频谱斜率"（spectral tilt））。此外，我还尝试通过一个内含本书大部分实例的音档文件的线上附录（www.cambridge.org/9780521678360）来使基本数据更易于访问。线上附录中还包含了一个语调声学分析的简短指南。所以，这里应该有足够多的新材料来证明再版（但这绝对是修订版，不是一本全新的书）的理由。

　　第一版的基本前提是，任何对语调感兴趣的人都应当对理解此处所讨论的事项感兴趣，因此，我要对这个书名做一下澄清。语调音系学是一种**现象**，是研究的对象；我的意思是"语调音系学"这个短语与诸如"言语

1

形态学"相类似。但有些读者似乎以为我是在提出另一个新的理论框架，因而将该短语视为与诸如"自主音段音系学"相类似。如果说这里有个理论框架，那么它就是我所称的"自主音段-节律"理论框架，读者若坚持要将我的研究或自己的研究定位在一个理论框架内，那么就真的请不要说"语调音系学理论框架"之类的东西。但与此同时，有些人认为这仅仅是另外一种形式主义风尚，往往对我们所总结的研究状况视而不见。对此，我们要敦促他们再认真地想一想。我在这里确实很少谈到语调的话语功能，但那是因为我把语调音系学与语调语用学视为两个截然不同的议题，就像通常所说的音系学与语用学那样。

我不想再出第三版，所以这是本书的最终定版书。但如果要将这里所呈现的研究传统的生命力继续下去，我确实希望到 2020 年左右这一版也将像现在的第一版那样需要进行全面的更新。到那时，就会有别的人能够承担起编写一部新的综述型著作的任务。

鸣谢

本书基本上是第一版的修订版，所以我在初版上写下来的鸣谢仍然有用，下面将按原样重印。但我还要向多位帮助使第二版成为现实的学友表示感谢。在过去 10 到 15 年间，我与阿玛莉娅·阿瓦尼蒂（Amalia Arvaniti）、伊内克·门嫩（Ineke Mennen）和阿斯特丽德·舍普曼（Astrid Schepman）的广泛合作帮助促成了第 3、4 和 5 章中的许多新内容，同时几年来与萨沙·卡尔霍恩（Sasha Calhoun）、马克·斯蒂德曼（Mark Steedman）和丹·韦奇伍德（Dan Wedgwood）的深入讨论致使对第 6、7 和 8 章做出了重大修改。另外，我还要感谢劳拉·迪利（Laura Dilley），她从第一版中挑出了很多漏洞，促使我编写出了第二版，尤其是在本书接近完稿的关键之时她通读了整部修订版。彼得·格拉夫（Peter Graff）对第一版的仔细研究和他提出的许多更改和更新的建议，也都让我受益匪浅。

　　我再次感谢卡伦·凯（Karen Kay）在接近定稿的书稿上所做的缜密细致的编辑工作，感谢许多同事对有关参考文献及评论所提出的最后询问和要求做出的回应。我还要感谢剑桥大学出版社的海伦·巴顿（Helen Barton），尽管我以创纪录的次数一而再、再而三地突破了最后期限，但她仍不放弃此项目；感谢艾莉森·托马斯（Alison Thomas）作为剑桥出版社的文字编辑所做的工作。最后，我感谢凯瑟琳·迪基（Catherine Dickie）为本书准备的许多插图，感谢齐吉·坎贝尔（Ziggy Campbell）为准备本书附带的音档文件所提供的技术支持，感谢本书所论及的许多语言的本族语说话人同意做实例的录音工作。

第一版鸣谢

要写出一部涉及如此之多的不同主题的书，很难不在学术上和现实中背负许许多多的深切感激之情，尤其是在这本书的酝酿期持续了这么多年的情况下。这里，我想公开地向那些没有他们《语调音系学》就不会最后成书出版的人们表示感谢。这本书的任何缺点，都不应该归咎于这里提到的任何人。

我特别要感谢六位同事，多年来他们先后与我进行详细讨论，这些讨论对这里所呈现的思想的拓展与深入起着至关重要的作用。他们分别是：Carlos Gussenhoven, Kim Silverman, Mary Beckman, Steve Isard, Haruo Kubozono, Alex Monaghan。我希望我没有给他们任何理由认为，他们本可以更好地利用与我交谈的时间。

一些人已经读了这本书的草稿的一个或多个章节，他们所有人都提出了有益的改进建议，其中一些人还花了几个小时（或几页纸）与我进行讨论。按字母顺序排列，他们是：Sónia Frota, Esther Grabe, Martine Grice, Carlos Gussenhoven, Dik Hermes, Caroline Heycock, Will Leben, Marina Nespor, Francis Nolan, Willem Rump, Paul Taylor, Alice Turk, Ann Wennerstrom。我感谢他们中的每一个人。与我讨论过与本书观点密切相关的其他人的名单可能太长，超出了我这里的字数限制，我向未能提到的每一个人深表歉意！但我一定要鸣谢的是（仍按字母顺序排列）：Amalia Arvaniti, Steven Bird, Dwight Bolinger, Bruce Connell, Anne Cutler, Heinz Giegerich, Nina Grønnum, Geoff Lindsey, Rachel Morton, Janet Pierrehumbert, Jacques Terken, Hans 't Hart, Susanne Uhmann, Enric

Vallduví，Jo Verhoeven，Ron Zacharski。还要感谢参加我在欧洲逻辑、语言和信息暑期学校（1993 年 8 月，里斯本）和田野研究与语言描写暑期学校（1993 年 9 月，科隆）所开设的课程上的学员们，他们收听了这里所呈现的许多想法的早期版本。

　　我还要感谢书中所涉及的多种语言的许多发音人，他们给我提供了语法上的直觉和活生生的例子，这些（在某些情况下）构成了我的一些实证主张的基础。再说一次，很难一一说出以此方式帮助过我的每一个人，但至少下面的这些人（这次按语种名称字母排序）我要在此向他们致谢：Aditi Lahiri（孟加拉语）；Enric Vallduví（加泰尼亚语）；Carlos Gussenhoven，Ineke Mennen（荷兰语）；Delphine Dahan（法语）；Esther Grabe，Christa Grewe，Susanne Uhmann（德语）；Amalia Arvaniti（希腊语）；Anna Babarczy，Mária Józsa，Szilvia Papp（匈牙利语）；Martine Grice，Antonella Sorace（意大利语）；Sónia Frota，Marina Vigário（葡萄牙语）；Laurenţia Dascălu-Jinga（罗马尼亚语）；Natasha Kostromskaya，Wayles Browne，Jim Miller（俄语）；Wayles Browne（塞尔维亚-克罗地亚语）；Vedia Ceranoglu（土耳其语）；Lawrence Adéwọlé（约鲁巴语）。我明确地说，我对我任何可能误用他们提供给我的信息承担一切责任。

　　在实用技术方面，我首先感谢 Dominic Watt、Glyn Bottrell、Andrew Ladd、Ineke Mennen、Heather King、Diane Nelson 和 Karen Kay，他们全都为我耗费了大量的时间进行烦琐的编辑、计算机输入和图书整理等工作。我尤其要感谢黛安，她对书稿最后的参考文献和索引做了细致的工作，还要感谢凯伦，他用多重隐喻、精巧措辞、准确无误但又不留情面地表达了他自己的想法。我还要感谢四面八方的许多学界同人，他们在书即将完成之际回答了有关事实、示例、图表和尚不清楚的参考文献的咨询与要求。最后，还要感谢剑桥大学出版社的 Judith Ayling（她从未因为我反复多次保证马上完成全书而失去耐心）和 Jenny Potts（她做了全部书稿的文字编辑工作）。

1989 年 1 月至 3 月，Sarah Hawkins 和 Tom Baer 在他们剑桥附近的房子里给我租了一个空房间，我就是在那里写完了本书的大部分初稿。René Collier 和 Jaques Terken 帮助安排我在埃因霍温市感知研究所（the Institute for Perception Research in Eindhoven）做了六个月（1994 年 3—8 月）的范豪滕（Van Houten）客座研究员，Anne Cutler 邀请我在荷兰奈梅亨市马克斯·普朗克心理语言学研究所（the Max Planck Institute for Psychology in Nijmegen）做了一个月（1995 年 7 月）的客座研究员。我在这两个研究所期间，学术上的激励以及不间断的思考与写作，对本书的成书起着至关重要的作用。

回到家庭方面，我感谢我的家人 Antonella、Andrew、Marco 和后来的 Carlo，他们忍受了我在 1993、1994 和 1995 年夏天长时间一直待在办公室里工作。我必须提一下我的岳父岳母 Carmelo Sorace 和 Luisa Sorace，他们在那几个夏天给我提供了实际的帮助。我特别应该感谢 Luisa 的厨艺，否则我在办公室待到很晚的次数或许会更多。这本书已经完成，我盼望着恢复一些更接近于正常人的家庭生活。

第一部分

序　曲

1

语调音系学导论

很长时间，我们一直把语调研究说成存在许多悬而未决的基本问题和研究方法上的根本差异。多年来，这些都导致无法出现任何一种广为接受的描写语调现象的理论框架，甚至在何为有趣现象上都无法达成任何一种共识。但自 20 世纪 70 年代中期以来，几种不同的研究领域都集中在了一组广为共享的假设和方法上，并且对多种语言的研究现正在产生（用类似的术语来说）新的发现。刚刚出现的这一观点（或许把它说成语调结构的标准理论，有点稍早）就是本书的主题。

正如书名所示，这个理论的核心思想是语调**具有一种音系组织方式**。这一思想的合理性需要做些论证，因为语调与许多普通的语言假设并不一致。首先，它与副语言的语音代码紧密相连：有时，音高和嗓音音质会违背我们的意愿，帮助传达我们性别、年龄和情感状态方面的信息，作为可由搞不懂语言信息的听话人（甚至一些非人类听者）来解读的并行交流渠道的一部分。但我们知道，在汉语、泰语或约鲁巴语这类的语言里，确认几个音系要素（如声调）也非常简单，声调在语音上都是基于音高或嗓音音质的，而在其他方面均与音段音位十分相似，并且这些声调均是伴随着更普遍的音高和嗓音音质的副语言因素一起发挥作用。因此，问题不在于音高和嗓音音质**能**否有音系结构（我们知道它们可以有），而在于语调是否确实具有英语或法语这种语言里的音系结构。说它确实有，我们在某种意义上关注的是音高在语言学与副语言学功能上的差异，并提出语调属于前者。

4　　探讨语调音系学的另外一个明显障碍是，语调的语音实质似乎并不如辅音和元音所涉及的属性那么具体。在音高方面，我们发现并不是识别［t］还是［o］的一系列复杂发音背景或声学参数，而只是简单的上下音阶，它显然可以随说话人和场合的不同而不同；必须以某种方式从说话人和场合的角度对音高的音系属性加以界定。在重音（stress）方面，它的定义似乎取决于词与词、音节与音节之间所做的比较：确认音节是重音音节，似乎常常取决于感知到它比其他非重音音节更凸显。明白了这些特征都要从相对角度进行界定，那么这就要求我们要超越音系的传统聚合基础（即基于从一组可能的选项中选取一个要素的对立性），去研究取决于相同话语中要素之间结构关系在组合上的对立性。

副语言与语言、组合与聚合这两个二分法处于本书所讨论的绝大部分问题的核心。一旦我们对它们有了更好的理解，我相信，探讨语调音系学跟探讨一般词的音系学一样似乎都很自然。其后，我们最终就应能走到用明晰化和可验证的方式描述语调怎么影响话语意义和功能的这一步。可以把下面的内容视为一种有关我们朝着这一目标奋进的报告。

1.1　语调

1.1.1　三个定义特征

我们从定义谈起。所要使用的术语——语调是指以**语言结构化的**方式用**超音段的**语音特征来表达"**后词库的**"或**句子层面的**语用意义。此定义中的三个关键点是用三个黑体术语来表示的：

（1）**超音段的**：按照传统语音学做法，我将注意力限定在超音段特征（即通常定义中的 F_0、音强（intensity）和时长（duration））上。虽然这种限定是传统做法，但也不是没有问题的，我在这里只是提一提。首先，定义的问题。莱希斯特（Lehiste 1970）将超音段定义为"音高、重音和音量（quantity）"的特征。她的定义与我所给出的定义之间的差异引发了一个更具普遍性的有关物理、心理物理与语音属性之间关系的问题。"重音"显然 5 是一种语音属性（即一种复杂的、只与心理物理和物理维度间接相关的感知综合体），"响度"（loudness）是心理物理的，"音强"是物理的。"音高"与"F_0"、"音量"与"时长"，都可以做出类似的区别。在所有这些术语中，哪个授权范围最适合用于讨论超音段现象，通常并不是很清楚。在我撰写的这本书中大多都避开了这个问题：具体地说，我并没有想严格区分音高与F_0。严格地说，F_0是物理属性，音高是它的心理物理相关物，但在心理物理之外的许多场合，如果这些术语可以替换使用的话，那么就很少产生歧义，而这与最近的语音研究是相一致的。[①]

将我们的注意力限定在超音段特征上的另一个问题是：这里提出的语调定义还可能涵盖其他现象。例如，人们长期以来就已注意到，很多语言使用音段性语素来传达别的语言通常可以用语调来表达的意义。两个明显的例子是疑问语助词（particle）和焦点语助词（见 König 1991）；现有几篇有关某些语言（如德语（Schubiger 1965, 1980）和俄语（Arndt 1960））中典型语调功能与语助词功能之间存在着高度相似性的报道。可能是这里所定义的语助词与语调之间在功能上的相似性，应当超过语音和句法上的明显差异。同样，手语音系研究也提出了一个与词汇–语调–副语言的区别法极为相似的三方面区分法，对此

---

① 音高和响度都与语调研究相关，有关对它们所做的出色的教程型评述，见贝克曼（Beckman 1986：第4、第5章。另外两个有关超音段特征处理和使用的有用文献评述，见沙特尔克–胡夫纳格尔和特克（Shattuck-Hufnagel and Turk 1996）以及卡特勒、达汉和东塞拉（Cutler, Dahan, and Donselaar 1997）。

我将在下文中加以论证（见 Liddell 1977; Wilbur 1994a, 1994b）。如果这样的比较是有效的，那么至关重要的显然是不要只用语音的超音段来定义语调。就像在别的音系研究领域中那样，手语研究可让我们能见识到一些重要的深刻见解，如：口语语调的实质是什么？哪些是偶发性的？但在本书中，我一直自始至终遵从语音学的传统，并把语助词和手语都排除在任何所做的详细讨论的范围之外。

6

（2）**句子层面或后词库的**：语调传达的意义，适用于整个短语或话语，如句子类型或言语行为，或者焦点和信息结构。根据这个定义，语调不包含词库中决定的用来区别词的重音、重调（accent）和声调等特征。例如，英语里 *permit*（名词，"许可证"）和 *permit*（动词，"允许"）都是由相同的音位语符列组成的，其区别在于重音是落在第一个音节上还是落在第二个音节上；汉语普通话的 *huā*（花）和 *huà*（话）在音段上完全相同，但它们的区别在于前者是高平调（阴平），而后者则是高降调（去声）。根据定义，语调特征是从不参与表示这种区别的。当然，词的重音、重调和声调特征在语音上多方面与语调特征发生交互作用。但在描述中一般都可以将这两种类型做出区分。

（3）**语言结构化的**：语调特征是由语类（category）上具有区别性的实体（如低调或边界升调）及其关系（如强于或弱于）所组成的，不包含持续变化的物理参数（如速度和响度）直接传达说话人持续变化状态（如参与程度或唤醒程度）的"副语言"特征。跟词的特征一样，副语言特征也与语调特征发生交互作用。不跟词的特征一样，话语的副语言特征通常是很难与纯语调特征相区分的，至于哪些方面归属哪些，这种区分甚至是不是可能的，则是一个极具争议性的问题。我将在本章末尾以及全书的不同地方还会详细讨论这个问题。

1.1.2 音高和相对凸显

从形式和功能上说，刚刚给出的三部分定义所涉的现象具有两个互不相关、自主变化的方面，我们可以将其称为"音高"和"相对凸显"（relative prominence）。图 1.1 以非正式方式所概述的简单话语 *five pounds*（5 镑）的四种可能的语调形式对这两个方面做了诠释。

音高。图中所呈现的两种音高模式绝不是英语中唯一的可能性，但它们的区别则是显而易见的。"降调"音高模式常用于直接回答问题，回答的问题如 *How much does it cost?*（这个多少钱？）。"升调"音高模式常用于表达疑惑、不确定或其他一些"疑问"形式：它可用于寻求对说话人正确听到 (*Did you say*) *five pounds?*（（你是说）5 镑吗？）的确认。还有，

图 **1.1** 调式（tune）和相对凸显，它们是落在英语短语 *five pounds* 上所阐释的、作为语调的两个自主变化的方面。

在最近有时称作"尾音上扬"（uptalk）或"高升尾音"（HRT）的用法中，"升调"模式也可以用于回答 *How much does it cost?* 之类问题的 *five pounds* 上。在此用法中，升调模式常表示说话人对答案不确定或价格似乎不很合理，或者更为常见的是邀请提问者反馈这个价格可否接受。这表明不可能用任何简单方式确认句子类型的音高模式。然而，由于这两种模式的差别仍然清晰可见，所以并不削弱这里阐释的要点：甚至大众媒体都已注意到了"尾音上扬"，说明降升调的差别对于不经意的母语观察者来

说也是显而易见的。①

　　相对凸显。显然，两种凸显模式也是不同的。第一种（即弱强模式）是"中性的"重音模式，它是在没有特定原因强调 *five* 或 *pounds*，或者（换言之）焦点落在整个短语上时使用的。这种重音模式常见于该短语用于回答各式各样的问题时，如 *How much does it cost? What did you give him?*（你给了他什么东西？）或 *What have you got there?*（你那里有什么东西？）第二种强弱凸显模式是因语境原因而将焦点落在了 *five* 上，它通常只用在谈论英镑具体数字的话语场合，即作为对 *Did you say four pounds?*（你刚才说的是 4 镑吗？）这类问题的一种回答。在这两种模式中，都有可能通过逐渐改变各种声学参数方式在感知上产生对 *five* 或 *pounds* 各个词语音"凸显"所做的渐变性调整，给这个词或那个词增加一点点强调，但总体话语凸显**模式**必须归属图中所示的两种模式之一：*five* 上或是有窄焦点，或是没有窄焦点。我们在用这种方法描述这种情况时，并不是没有看到弱强模式可以用于将焦点落在 *pounds* 上，例如在回答 *Did you say five euros?*（你是说 5 欧元吗？）这样的问题时。相反，我现在说的是，这两种凸显模式在语言学上的作用存在着明显的不对称性，第 6、第 7 章将对这一点做更为详细的讨论。

　　图 1.1 中所呈现的音高与相对凸显之间的差别均符合上文给出的语调定义的三个要点。首先，现在所讨论的特征当然明确无误地都是超音段的。其次，它们所传达的显然不是词的意义：*five* 和 *pounds* 的词义并不受语调变化的影响，音高与相对突显的差异则会影响话语的整体意义。最后，区别是语言结构化的，因为我们现在处理的是升调与降调、弱强与强弱之类的**语类**问题。单个词上出现的突显出现了语音上的细微差异，这种差异是有意义的，但它们只在强弱与弱强两种可能的音系学框架中起作

----

① 这种在陈述句中使用末尾升调的做法在北美、澳大利亚和新西兰都很普遍，在英国似乎正在蔓延开来。戈尔曼（Gorman 1993）早期在大众媒体上发表过一篇评论。3.2.3.3 节将再回来讨论这一问题。

用。我说过，语调涉及语类结构的程度是一个有些争议性的问题，但在这些具体的例子中，我们要处理的是鲜明差异而非渐变差异，这一点似乎很清楚。那么，根据我们的定义，音高和相对突显都是语调的核心，本书各个章节正是基于这两组系列现象的核心问题编排的。

不过，有两点需要做进一步的评析。第一，在许多早期的著述中，通常假定语调有三个而不是两个主要方面。在语调功能的三分法中，语调的第三个主要功能据说是将语音流分为由语调标记的区块（"语调短语""音调组群"等相关术语）。例如，在美国传统音位学中，这三个方面被称为"音高""重音"和"音渡"（juncture）（如 Trager and Smith 1951），音渡音位应该是语音上可以定义的某一种边界标记。韩礼德（Halliday 1967a）明确提出：话语的语调涉及"音调"（即我们的"音高模式"）、"显调性"（tonicity）（类似于我所称的"相对突显"）以及"调群性"（tonality）（将话语划分为音调组群的方式）。还有学者也曾做过类似的区分。

当然，我并不否认将语音流划分成更小的区块有某些语音线索，但我认为，自 20 世纪 70 年代后期以来韵律结构文献中曾已广泛讨论过的这种情况是由于**音系结构**的存在而产生的（如 Selkirk 1980, 1984; Nespor and Vogel 1986; Truckenbrodt 1999）。也就是说，我认为话语具有一种音系成分结构（或韵律结构），韵律成分具有各种音段和超音段的语音属性。语调在表达韵律结构中并没有任何特殊地位——许多"韵律音系学"研究（如 Nespor and Vogel 1986）确实涉及音段音变规则（描写词和语素边界的语音调整规则，如 *got + you* 变为 *gotcha* 的腭化规则）。此外，我还认为韵律结构的成分边界在初始阶段时是抽象的，不是实际的语音事件：音高和相对突显的语调特征是以韵律结构**所允许**的方式在话语中分布的。在某些情况下，这意味着主要成分边界处有明显的语音间隔，但这既不是边界的本质，也不是支配语调特征分布的唯一因素。我将在第 7、第 8 章中回到韵律结构及其与语调特征关系的话题上来。

　　第二点需要评析的一定要跟音系与语音描写之间的关系有关。在区分音高与相对突显并将语调的这两个方面处理为"彼此独立""互不相关"时，我们进行了一次音系抽象化。正如图 1.1 所示，语调的这两个方面之间存在着大量的语音交互作用；在 *five pounds* 这样的短话语中，相对突显实际上主要是由音高曲拱（pitch contour）感知的（见 2.2 节）。然而，音高模式与突显模式可以独自发生变化，这一点表明我们正在处理的是两种截然不同的现象：也就是说，在一般语调解释中，设立一个不同于可以有助于语音体现的音高曲拱的抽象突显模式，是非常有用的。用十分传统的术语来表达这一区别，落在 *five* 或 *pounds* 上的"句重音"或"核心重音"可以单独指代能够语音体现的"音高重调"或"核心调"。

1.1.3　语调音系学

　　这样就引出了"语调音系学"这个术语。直到 20 世纪 70 年代后期才真正有这样的概念，即使到现在，某些语调研究者仍未明确地认为语调有值得研究的音系部分。自本书第一版出版以来，**语调音系学**的这种搭配方式在实际中已经越来越普遍，但正如我在本版序言中所指出的，有些人明显已把它理解为指一种思想学派而非一组现象。所以，有必要把这个术语说清楚、搞明白。

　　一个完整的音系描写至少包括：（a）用相对少量的**绝对不同的实体**（音位、特征等）来描写话语语音的一种描写层级，（b）这个描写与话语的物理描写之间在**连续变异参数**（诸如发音器移动的声学波形图或轨迹）上的一种映射。我要强调的是，这种对音系学的描写无意引起争议，虽然无可否认它有一种并非所有读者可能都有的一种实验室偏见。我还要强调的是，它旨在适用于任何形式的音系现象，而不仅仅是语调。显然，它主要处理"后词库"音系学和语音实现问题，而结果却将作为整体描写音系所必需的各个方面的形态音位学或"词库"音系学排除在外。然而，按照1.1.1 节所给出的定义，它所排除在外的部分与语调无关，因而对我们来说，可以将它当作一个完善适宜的音系概念。

这个音系可能微不足道，在过去的语调研究中也很少遇到这个问题。直到 20 世纪 70 年代后期才分别有两种不同的语调研究方法，它们都未能以自己的方式将一种我们按照上述描写方式称其为音系的描写方式包括进来。这两种研究方法在很大程度上也彼此视而不见。无奈没有更好的术语，我将它们称为"仪器"（instrumental）法和"印象"（impressionistic）法，尽管（有点期待我的结论）我也可以将这两种观点指定为"语音学的"和"原始音系学的"。对这两种方法进行简明扼要的概述，将是非常有用的。

传统"仪器法"或"语音法"，是对语音感知和识别语调现象中声学线索感兴趣的实验心理学家和语音学家所推崇的手段。莱希斯特（Lehiste 1970）对 20 世纪 60 年代末之前的这项研究工作做了极好的综述。这项研究大部分集中在发现有关几种特定语调现象的声学线索上，特别是（a）像"终结性"（finality）、"持续体"和"疑问式"这类句法 / 语用概念（如 Hadding-Koch and Studdert-Kennedy 1964; Delattre 1963; Lieberman 1967），（b）诸如生气、惊讶和厌倦之类的情感状态（如 Lieberman and Michaels 1962; Williams and Stevens 1972），（c）词重音和句重音（如 Fry 1958; Lieberman 1960）。可以说，我们对这里面的任何一种情况都没有彻底搞清楚，虽然有些已得到确认的十分普遍的发现，如生气、惊讶等之类 11 的积极情感通常都是由总体较高的音高表示的（Uldall 1964; Williams and Stevens 1972），又如语调间隔处的停顿时长与边界的句法"强度"密切相关（Cooper and Paccia-Cooper 1980）。但更具结论性的发现则似乎难以找到，并且重音的声学性质等问题仍然存在根本上的不确定性。

"印象法"或"原始音系法"是语言学家和语言教师们通常采用的研究方法，他们的兴趣在于或是为实用目的（提高某种语言（特别是英语）的外国人的发音水平）或是作为音位学理论总体发展的一部分来描写语调的。这一方法以美国结构主义学派（Pike 1945; Wells 1945; Trager and

Smith 1951 等）和英国学派（Palmer 1922; Kingdon 1958; O'Connor and Arnold 1973）的研究为代表。它的传统是用几个不同语类要素（音高音位、核心调等）来描写语调的，据说可以由此来探究"语调音系学"。但从事这些描写的学者大多都没有雄心壮志，去超越可以通过传统听觉方式收集并写成印象主义音高曲线的数据。而且，出于下文将做进一步讨论的原因，传统印象法中在不同语类成分清单上一直存在重大分歧，而且也没有明显的解决这些分歧的证据标准。

由于普遍缺乏共识，明显缺少证明印象描写法的工具性证据，信奉仪器法的人常常觉得他们的研究更严谨、更科学，至少更完整。20 世纪六七十年代的仪器法研究者都曾多次表达过这种态度。例如，利伯曼和迈克尔斯（Lieberman and Michaels 1962: 248）指出："当前大多数语调的语言分析系统似乎都不完整，因为它们都仅仅关注基频的总变化，压缩振幅和语音变异的作用，完全无视基频的精细结构……这些额外的维度是造成人类语音中所传播的一大部分情感信息的原因"。前田（Maeda 1976: 18）更明确关注方法而不是假设，他指出："基于言语语音听觉印象的研究，其严重缺陷是缺少验证分析是否正确的实验手段"。欧哈拉（Ohala 1975: 737f.）在讨论不同超音段研究方法时，公开表示"分类语言学的简便发明"与"语言科学家通过实证方法已证明和论证的有关言语语音行为的事实"相比不值得一提。

正如我在别处（Ladd 1980a: 第 6 章）所指出的，这些批评大多都没有讲到这一点。两种方法之间的差别主要不是在方法论上，也不是在完整性上，而是在理论假设上。直到 20 世纪 70 年代，印象派的描写确确实实很少尝试将其发现与仪器法研究联系起来，把这当作失败是很公平的。不过，重要的是能认识到印象描写涉及音系语类，音系语类可以**原则上**与仪器验证的声学或生理参数相关。更为重要的是，印象描写的批评者常常没有人认识到，仪器法也涉及可以考察和评估的但并非总能经得起严密检查的理论假设。

无论如何，在撰写一部语调音系学的书之前，谈谈那些质疑语调音系学是否存在的观点似乎恰逢其时。本章余下部分只是想尝试做到这一点。在 1.2 节中，我讨论了一种按照上述描写方法属于"音系学的"语调理论，但在"仪器"研究者眼中它在科学和方法论上的可靠性，则是无可挑剔的。在 1.3 节中，我分析和讨论了有关音系学方法与非音系学方法明显不同的两个理论问题，并为音系学观点提供了佐证。最后，在 1.4 节中，我探讨了印象描写及其当代知识分子后裔为什么在任何一种语言的语调中难以获得一组意见一致的音系语类的几个原因。

1.2　语调结构的 IPO 理论

这一节概述一种描写语调的方法，这种方法是荷兰埃因霍温市感知研究所（Institute for Perception Research, 简称 IPO）在 1965 年至 1995 年间研发的。尽管最初的动机是寻找一种用于语音合成的荷兰语语调模型，但 IPO 方法后来发展成为了语调结构的一般性理论（'t Hart, Collier, and Cohen 1990）。它被当作荷兰语语调教学描写的基础（Collier and 't Hart 1981），并扩展用于描写其他语言的语调，如英语（de Pijper 1983; Willems, Collier, and de Pijper 1988）、德语（Adriaens 1991）、俄语（Odé 1989）、法语（Beaugendre 1994）和印度尼西亚语（Odé and van Heuven 1994）。虽然 IPO 描写框架现已基本上不再使用（至少因为研究所本身从 20 世纪 90 年代中期从纯研究型转向了应用型研究），但传统 IPO 还是促成了一些重要成就。特别是，IPO 研究者在许多方面都曾是第一批认真尝试将抽象音系描写层级与对音系要素语音实现的细节描述结合起来的学者。 13

1.2.1　音系结构

在 IPO 方法中，曲拱被理想化为一个由音高移动和联结线段组成的序列。这一模型假定，"听话人"把某些音高移动"解释为是相关的"，"这些移动被描述为对声带的离散指令，而且还应该在结果音高曲拱中可以恢复为许许多多的离散事件，这些事件乍一看可能呈现出时间上的连续变异形式"（Cohen and 't Hart 1967: 177f.）。此外，尽管在最早的 IPO 研究中并没有明确说出理想化的程度，但这些音高移动是基于如下假设建模的，即假设"音高变化最基本的方面是一个相对高的与一个相对低的音高水平之间的差异"（Collier and 't Hart 1981: 15）。相对高与相对低之间存在基本区别的这一概念，清清楚楚地预示了布鲁斯（Gösta Bruce）和皮埃安贝尔（Janet Pierrehumbert）的两层级音系学。我将在 2.3 节中还会再谈这一问题。

据说，IPO 模型中有两种类型的音高移动。该模型遵循博林格（如 Bolinger 1958）的观点，主张句中特定词的凸显是由音高移动发生在词的词重音音节上而产生的。以此方式使用的音高移动被称为"凸显出借"（prominence-lending）。荷兰语凸显出借的音高移动包括重音音节开头阶段出现的上升和下降、极晚阶段出现的上升以及一种半降。这些都是与其他特定"非凸显出借"音高移动相区别的。非凸显出借的音高移动，包括边界出现的上升与下降，加上（不与模型清单中其他音高移动一样的）可以跨越几个音节的上升与下降。非凸显出借的音高移动很明显在音系上是区别性的，从某种意义上说，它们可以将一种曲拱类型变成另外一种不同的曲拱类型（例如，边界升调的重要功能之一是将疑问与陈述区分开来），但不会把一个词或音节挑出来作为凸显部分。科恩和哈特感到奇怪的是，边界升调的区别性虽然很明确，但"没必要出现在主要音节或甚至凸显音节中"（Cohen and 't Hart 1967: 189），而区别性音高移动与边界的这种联结方式现已被公认为语调音系学的一个典型特征（见 2.1 节和 3.14 节）。

"帽型模式"（hat pattern）是众所周知的 IPO 模型构型，它可以用以对上述假设做出很好的阐释。这一模式至少是由一个"类型 1 升调"（重调音节开头的低到高）后接一个"类型 A 降调"（重调音节开头的高到低）组成的。这两种移动可能是相同重调的一部分（即此时是个"尖状帽型"（pointed hat）），也可能是分开的两个重调（即此时是个"平顶帽型"（flat hat））。可以将升调前与降调后之间的一段曲拱和"平顶帽型"中两点之间的一段曲拱都理想化为直线段，分别标记为Ø（上线）和0（下线）。帽型模式的所有这些方面，都见于图 1.2 中。

帽型模式可以抽象表征为：

（1）　（0）　1　（Ø）　A　（0）

也就是说，在任何非凸显音节上，1 和 A 是强制性的，Ø 与 0 之间的延伸线是非强制性的。**这便是音系描写**。[①] 它是用话语中定义明确的点上依次出现的绝对不同的实体（类型 1 升调等）来表示的。它是从因曲拱应用于不同长度的话语而产生的差异中抽象出来的：它清楚地表明，图 1.2 中的两个曲拱是同一个抽象语言单位的具体实现，实现上的不同是以可预测的方式出现的，就像可以预测音位的音位变体不同一样。理论上，（1）中的音系学公式告诉我们，为了"更高层级"的语言学目的，我们所需要知道的一切是有关帽型模式的物理属性；对帽型模式句法和语用的使用感兴趣的语言学者不必关心 F_0 的连续参数，只关心音系学公式即可。

1.2.2 语音实现

如上所述，一项完整的音系描写并非单由抽象的公式组成，还必须详细说明抽象的公式是如何实现的，即它必须描写从语类音系要素到连续声学参数的映射。IPO 研究人员为此项任务付出了巨大的努力，并成功地将该理论用作规则合成荷兰语语调曲拱模型的基础。这个模型对所有音系

---

① 　实际上，在标准 IPO 标示法中，可以将尖状帽型表征为 *1 & A*，将平顶帽型表征为 *1 A*。可以把 Ø 到 0 的延伸线视为随时可以获取的一个选项，但如果没有 0 的延伸线（即同一个音节上出现 1 与 A），那么必须加以具体说明。

15

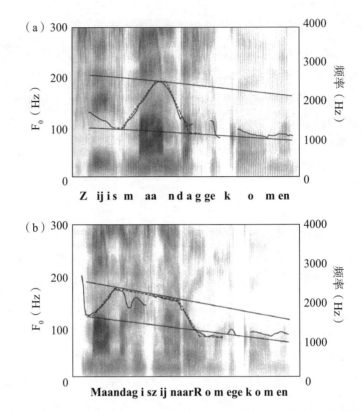

图 1.2 IPO 语调模型中的帽型模式。画面（a）呈现的是"尖状帽型"，单独一个重调音节上的类型 1 升调和类型 A 降调应用于荷兰语的句子 *Zij is maandag gekomen*（她周一来的）。画面（b）展示的是"平顶帽型"，分开的重调音节上的类型 1 升调和类型 A 降调应用于荷兰语的句子 *Maandag is zij naar Rome gekomen*（周一她来到罗马）。两条叠加的直线显示了逐渐下降的顶线与基线。

16 要素都做了相当详细的语音描述；例如，存在音高移动如何与重音音节同界的详细语音说明。这些语音描写是基于试图设定可感知的变化界限的实验，即两个音高移动在物理上可以有多大的不同而在感知上却仍被认为是相同的。有关 IPO 项目全部内容的更多细节，读者可参看哈特和科恩

（'t Hart and Cohen 1973）以及哈特、科利尔和科恩（'t Hart, Collier, and Cohen 1990）。

语音实现的 IPO 方法最著名的特征，或许是**下倾**（declination）这一概念。这个术语是科恩和哈特（Cohen and 't Hart 1967: 184）创造出来用于描述许多话语里可观察到的 F_0 下降趋势的，后来被许多学者所采用。在 IPO 模型中，下倾特指界定局部音高移动极限的上线与下线（表示曲拱的抽象音系公式中标注为 Ø 和 0 的线）的走势。这意味着，即便曲拱在音系上什么事情都没有"发生"，F_0 也仍然略有下降；这还意味着，短语开头之处的音高移动将高于同一个短语稍后的音高移动。该模型的这一方面内容，也见于图 1.2 中。

现已在 IPO 框架内做了大量研究来揭示下倾的语音细节，具有各种背景、志趣和理论假设的研究人员也对下倾本身这一概念进行了广泛研究。IPO 理论下的研究有哈特（'t Hart 1979），科恩、科利尔和哈特（Cohen, Collier, and 't Hart 1982）以及特肯（Terken 1991）；不同视角所做的述评有韦西埃（Vaissière 1983）和拉德（Ladd 1984, 993c）。我将在 2.4 节中再回来讨论这个问题。

1.2.3 IPO 方法的关键性理论假设

是什么东西致使 IPO 方法音系化？ IPO 描写的要素有两个重要属性：**语音定义**和**序列结构**（sequential structure），这些将它们与其他大多数语调"仪器"研究的分析结构体区别开来。

序列结构是显而易见的：IPO 的曲拱描写是由一个离散的语调要素语符列组成的。可以肯定的是，它的意义是有争议的。特别是格罗纳姆（Grønnum）曾指出（如 Thorsen 1985）我对 IPO 研究中序列结构的强调具有误导性：她认为下倾是同等重要的 IPO 理论特征，并提出下倾概念已广泛被许多仪器语音模型所采用，这些模型并不是都具有相对应的音系的 17 抽象形式。但我认为这种反对意见是无效的。哈特和科利尔（'t Hart and

Collier 1975）很明确地对抽象要素与语音实现细节之间的差别进行了讨论。抽象描写显然只涉及序列中的一个事件语符列，而下倾被处理为语音细节问题，不是部分抽象描写问题。IPO 模型中的下倾肯定很像许多（稍后再谈的）非音系研究的"短语组件"，但它是语音背景的一部分，不是塑造用于交流目的的什么东西。

　　至于语音定义，这旨在表示从语音特性而非语义特性角度界定 IPO 系统的要素，如类型 A 降调、类型 2 升调等。**意义或功能在分析中不起作用**。仅根据这些要素在感知上彼此有别这一事实来确认它们，并且只从区别它们的语音属性角度来定义它们。没必要参照任何所假定的语调功能，而且很少使用"持续上升"（continuation rise）之类的术语。正如哈特和科利尔（'t Hart and Collier 1975: 254）所指出的，"我们故意将自己仅限定在**曲调**（melodic）因素上。到目前为止，我们尚不能对语调的**功能**方面提供任何说明，例如，我们无法为导致说话人选择特定语调模式的动机提供任何解释"。

　　但问题仍然存在：是什么使 IPO 研究音系化的？为什么序列结构和语音定义在语调音系学中至关重要？这个问题具有一定的说服力，因为 IPO 研究者自己倾向于把他们自己的研究视为基本上是有关言语感知的，而不是音系的。但当我们研究"语音"语调方法所涉及的音段类似物时，定义序列结构和语音的意义便一清二楚了。

　　首先来看语音定义。在音段语音学中，仪器研究主要是在嗓音化、元音音质或鼻音性等属性的物理线索研究上。语音学者不会去研究复数、动词体或否定等属性的物理线索，这样做显然是没有任何意义的。仪器语音学所探讨的音段语类是**音系的**，不是词汇或语法的。然而，传统语调仪器研究的典型特征之一是：在许多情况下，它都想试图确认意义或语言功能（如幸福、对比或终结性）的直接物理相关物。人们很少评论或甚至认识到这种异常现象，但这正是 IPO 模型在处理"类型 2 升调"而非"持续上升"时所要避免的东西。

现在来看序列结构。作为语音研究的对象，"F$_0$曲拱"实际上是很成问题的。想要描写 F$_0$曲拱形状的语音学者，从不会以相同的方式对待"第二共振峰曲拱"的。在音段语音学中，贯穿话语的第二共振峰轨迹理所当然地是音段语音序列的一个函项（function），而话语碰巧是由该音段语音序列组成的。第二共振峰跟其他共振峰一样，通常在语音上都是作为音系指定目标或稳态与其之间的过渡段构成的序列建模的。这些都是 IPO 方法带给 F$_0$建模任务的假设：跟"第二共振峰曲拱"一样，"F$_0$曲拱"是从语类不同的要素序列中产生的。

最后，我们当然要说的最为重要的问题是：谁是对的？确定 IPO 方法的基础理论假设是很好的，并且提出这些假设与大量的有关语音音段属性的仪器语音学研究是一致的，也是很好的，但仍然存在着 IPO 假设可能是错误的情况。因此，我将在下一节中讨论那些从要素语符列角度描写语调的证据，而这些要素语符列不是从其功能角度定义的。

1.3　音系假设在描写语调中的证据

1.3.1　实验研究中的语调意义

正如我刚刚指出的，音段语音研究几乎从不寻找"否定的声学相关物"之类的东西，但在语调研究中，类似探索则司空见惯。人们一直在为话语的各种意义方面（如表层成分结构、指称语的语篇地位、说话人的情绪和态度）寻求"声学上的相关物"。在多数情况下，这类研究者无意对音系语类进行确认。相反，他们只是把一系列语调功能视为理所当然的，并认为对这些功能如何表达的最恰当描述是用语音的连续变异参数（尤其是 F$_0$、时长和强度的超音段参数）来做。

这种方法的一个很好的例子见于威廉·库珀（William Cooper）等人的研究。例如，在表层成分结构的线索研究中，库珀和帕恰-库珀（Cooper and Paccia-Cooper 1980）假定（由统制边界两边词的句法树节点深度

19　界定的）"边界强度"可以直接反映在各种声学参数上，如停顿时长和"降升模式"中 F_0 峰谷的深度 [1]；库珀和索伦森（Cooper and Sorensen 1981）对相关研究做过报道。在相同思路的研究中，伊迪和库珀等人（Cooper, Eady, and Mueller 1985; Eady and Cooper 1986; Eady *et al.* 1986）想要确认有关"焦点""对立"以及疑问与陈述之间的差别性之类概念的声学相关物。他们的规程都将这些概念处理为自变量和当作因变量测量的各种声学参数，如时长和焦点词的峰值 F_0。正如他们的一篇论文标题（《句焦点的声学特性》）所表达的那样，他们认为焦点这类功能理所当然具有声学相关物。这一总体看法仍然有许多拥护者，在这一传统中最近最为著名的研究是许毅及其同事（Xu 2005; Xu and Xu 2005）所做的。最近一篇论文的标题（"言语调式作为发音实现的交际功能"，Xu 2005）简洁明了地表达了潜在的理论假设。

　　这些研究中所采用的方法都是通过将语音细节直接与意义语类相关联，来预先假定语调不像语言的其他方面，因为语调没有音系描写层面。当然，这个预设是隐性的。在许多这类研究中，语调音系学根本不是一个问题。公平地说，在几乎所有的这些研究中，从连续物理参数角度处理超音段特征的主要动机是值得称赞的：要避免对"印象"研究做出看似无法验证的猜想，而且也要允许使用常见的参数统计法。但如果研究的概念基础存在缺陷，即使采用的方法周密严谨，也不能保证提出有用的发现。

　　皮埃安贝尔和利伯曼（Pierrehumbert and Liberman 1982: 691）在评述库珀和索伦森（Cooper and Sorensen 1981）时比较详细地讨论了无视音系结构问题。他们就库珀和索伦森对句法边界强度与 F_0 峰谷深度之间关系的处理方法所做的评析如下：

　　　　对所引用的语言资源的一致看法是，可将基本降升调模式分为两类：一
　　　类是降到说话人的音域底部，它出现在两个语调短语之间的边界处。另一类

---

① 注意：库珀等人研究中的"降升调"通常与英国传统上的那些降升调并不一样。

涉及不那么极端的降调，它出现在单个语调短语内……。在已知的句法边界
处，语调边界通常是非强制性的。它出现的概率受到短语长度、言语速度与　20
风格以及语篇信息结构的影响……

　　库珀和索伦森提出了不同的看法，尽管他们没有注意到这与语言学家所
提出的有所不同。他们的观点是，降升曲拱中峰谷的深度持续变化，反映了
句法边界的强度……。遗憾的是，为支持库珀和索伦森的观点所提出来的实
验数据是以一种无法区别它与其他观点的方式进行编辑的……。[它们]的
规程可以合理地描述持续变化的数据，但它也可以使以不同概率分成两类的
数据看上去像是持续变化的。

简言之，皮埃安贝尔和利伯曼的批评是，语调语言学分析的结构体根本没
有获得证明其有效性的机会。

　　阿瓦尼蒂、拉德和门嫩（Arvaniti, Ladd, and Mennen 2006）在对许毅
的语调意义纯参数法的批评中也或多或少地表达了同样的观点。他们提供
了希腊语里焦点与疑问语调之间交互作用的仪器性证据，以表明许毅的方
法本身无法理解这种交互作用，除非它也将某些"声调目标"概念（即一
种伴随短语或话语中语言学上最凸显的词的音系抽象概念）纳入其中。这
个批评是由阿瓦尼蒂和拉德（Arvaniti and Ladd 2009; 2015）提出的，以表
明许毅的语音模型（"平行编码及目标趋近模型" The Parallel Encoding and
Target Approximation Model，简称 PENTA，如 Xu and Xu 2005; Xu, Lee,
Prom-on, and Liu 2015）中的一个关键问题是，它假设每个音节都有 F_0 的
详细说明。这一假设似乎适用于汉语，却不适用于没有声调的语言，因为
这些语言的声调目标可能遵循不同的结构原则。这意味着，一种对焦点语
音相关物的实验充分性的描写不能只基于据称是普遍性音节层级语音体现
参数的操作，一定要参照发生在话语具体位置上的局部音系事件。在汉语
里，这些局部的音系事件是基于音节的声调，但这是汉语的而非一般语言
学音高的一个事实。我们将在 2.1 节中更加详细地讨论这个问题。

　　这又引出了另一个问题：我们不仅要处理哲学基础问题，而且还要处

理十分明确的假设问题，这一假设可以明晰化，还可以作为可验证的实验问题的基础。我们应不应当采取语调"音系"法，主要不是喜不喜好问题，而是一个**实证问题**。音系法没有要求我们采用半个世纪之前的印象法，这就像音段语音学并没有要求我们只使用 IPA 标音一样。可以用语调音系学的思想做研究，而且在方法上仍可以做纯仪器或实验型研究。我们这样做，常常就会发现：基于一般推定的音系语类的假设是经得起实证检验的，而且还会产生新见解、新发现。

音系与语调研究无关的假设的第二个例子，是由语篇结构对个别词语音实现的作用（如指称语在具体场合中的"新颖性"或"已知性"）21 的研究提供的。几项早期的研究只是假定适宜寻找"已知性"的直接语音相关物：例如，福勒和豪萨姆（Fowler and Housum 1987）、希尔兹和巴洛塔（Shields and Balota 1991）发现"第二次提到"话语中的名词比"第一次提到"的要短，而库普曼斯-范贝纳姆和范贝耶姆（Koopmans-van Beinum and van Bergem 1989）发现了已知性的光谱和 F_0 的作用，却没有发现时长的作用。可以肯定地说，这些首先是心理语言学研究，主要关注的是没有上下文的情况下指称表达的可理解性。指称表达的声学属性是作为解释所观察到的可理解性差异的部分成就来测量的。尽管如此，这些研究适合于本节所讨论的模型，因为所说的声学属性是作为已知性的直接相关物处理的。特别是没有一项研究想要控制**音高重调**的存在与否。它们都是在假定"有重调"与"无重调"之间不存在任何差别的情况下进行的，因此将它们所发现的声学差异处理为语篇地位的一种直接反映。

霍金斯和沃伦（Hawkins and Warren 1991）做了与福勒和豪萨姆（Fowler and Housum 1987）相同类型的研究（即测试将词从上下文中切离出去的可理解性），并对这种无视音高重调情况提出了质疑。霍金斯和沃伦证明，重调性而非已知性本身是在可理解性上产生差异的主要来源。时长与重调性彼此相关，重调性与已知性彼此相关，但适宜将福勒和豪萨姆所测量的连续声学属性视为重调性的一种反映，而已知性则只是一种间接反映。事实上，巴德等（Bard *et al.* 2000）最近已表明，当重调受到适当控制时，已知性仍存在对指称语时长和可理解性的直接作用。而且，无论如何，重调性似乎与已知性之间并不存在特别好的相关性，从这个意义上说，词在许多语境中都可以获得重调，即使它们参照的是已知的参照对象（如 Bard and Aylett 1999; Swerts, Krahmer, and Avesani 2002）。也就是说，将已知性的语类或语言反映（如重调性）与副语言或连续相关物（如发音的时长和精准性）区分开来，似乎既可行，又有用。

为了更深入地阐释音系结构体在解释语调功能方面的潜在用途，请看一看谢勒等人所做的语调与情感的系列实验（Scherer, Ladd, and Silverman 1984; Ladd *et al.* 1985; Ladd, Scherer, and Silverman 1986）。这是一个广泛采用"仪器法"的研究领域，特别是有很多研究都是调查者预先确认了一系列情感，然后着手确定与所选情感相关联的声学参数（如 Lieberman 22 and Michaels 1962; Kramer 1964; Apple and Hecht 1982; Ofuka *et al.* 2000）。谢勒、拉德和西尔弗曼（Scherer, Ladd, and Silverman 1984）并不遵循这个规程，而是将可验证的假说建立在两套不同的假设上，这些假设大致对应于我们一直在讨论的语调的两种研究方法。

谢勒、拉德和西尔弗曼将这两种方法称为"协同变化观"（covariance view）和"构型观"（configuration view）。这些术语是基于统计概念的。协同变化观的主张是存在着情感信息的直接声学线索，它们与所表达的任何语言信息无关，并且这些线索是**随信息不同而不同**的连续性或参数性变量。构型观的观点是语调具有一种语言学的结构，它涉及诸如上升和下降的对比语类，并且在统计意义上，情感至少部分由**语类变量的构型**来传达。用我们这里使用的术语说，协同变化观是一种最具工具性的研究，而构型观则是以语调音系学概念为先决条件的。

为评估这两种观点的有效性，谢勒、拉德和西尔弗曼要求评议者对一系列普通话语的情感力量做出评分。这些话语全都是提问，均取自自发性言语的录音。设计一组条件来测试"协同变化"或非音系法的假设。其中的某几个条件是，话语做了各种调整，以使某些词难以让人理解；有一个条件是，评议者只对语句的文本进行评分。不出所料，评议者对修改后的话语情感力量达成了很好的共识，但对文本的共识却很少。因此，这部分实验很清楚地表明，话语的某些情感信息确实是非音系的，或者（用谢勒、拉德和西尔弗曼的话说）是按照协同变化观的假设起作用的。

但在他们的后续部分研究中，谢勒、拉德和西尔弗曼要求评议者在不进行任何声学处理的情况下，按照句子的原始形式对句子进行评分，并对寻找语类效应的结果进行评析。这种效应是显而易见的。甚至在一次对末尾音高移动（边界升调与边界降调）语调曲拱所做的很粗糙的音系语类化和一次将话语作为是非疑问句或特殊疑问句进行语类化的过程中，谢勒、拉德和西尔弗曼展示了评判受特定语类组合（或用他们的话说，"构型"）的影响。例如，判断带末尾降调的是非疑问句（而非其他三种组合的任何一种）极具"挑战性"。同样，曲拱类型与疑问类型之间存在着很强的交互作用，以至于话语被评定为"令人愉快的"和"有礼貌的"：升调是非疑问句和降调特殊疑问句（即通常认为语调与句子类型的组合是正常的或"无标记的"）在这些标尺上得到了很高的评价，而降调是非疑问句和升调特殊疑问句却得到了很低的评价。

谢勒、拉德和西尔弗曼的发现表明，要想理解语调是如何传达情感的，仅仅寻找直接表达某种情感信息强度的连续声学变量是不够的。此外，还需要结合话语的其他语言语类属性（如疑问句类型）来考虑某些语调元素在曲拱的具体位置上的存在与否（即边界升调与边界降调）。无视超音段线索音系结构的实验，可能根本无法说明部分问题。

1.3.2 F_0 建模中的序列结构与叠加

语调研究音系法与非音系法之间的一个更为具体的争议之处是我在别

处称为 F_0 的**覆盖**（overlay model）模型（Ladd 1988）问题。覆盖或叠加模型把语言的音高曲拱看作是某种复杂的函数，它可以分解成更为简单的组成函数。对单个语言语调系统的描写都可以用这些术语来表达，覆盖或叠加在整体形状或斜率（如陈述句与疑问句之间的差别）上的局部"凸起"（如凸显词上的重调）。在某些覆盖模型中，组件是分层级组织的，因此在斜率上有凸起形状。博林格（Bolinger 1964, 重印版 1972a: 19f.）曾用隐喻表达了这一观点的根基：

> 海洋的表面对作用其上的力量做出反应，其运动类似于人类嗓音的起伏。如果我们的视觉能一下子全部吸收，那么我们就能识别出几种类型的运动，如越来越大的海洋面积和海水容量：涟漪、波浪、巨浪和潮水。更准确的说法是波浪上的涟漪，巨浪上的波浪，潮水上的巨浪，因为每一次较大的运动背后都伴随着较小的运动……。在言语中……涟漪是音高上的偶发变化，是无关紧要的八分音符。波浪是我们所称的**重调**的峰顶和峰谷。巨浪是将我们的话语分成其更大片段的东西。潮水是情感的潮涌。

隐喻的数学应用最先是由厄曼（Öhman 1967）做出的，但在藤崎（Fujisaki）的 F_0 模型（如 Fujisaki and Hirose 1982; Fujisaki 1983）中的应用则或许是众所周知的。藤崎的模型给 F_0 设定了两个组件：**短语组件**（phrase component）和**重调组件**（accent component）。短语组件是以脉冲响应建模的：图形上，它迅速上升到峰顶，然后指数衰减到渐近线（asymptote）。重调组件是以阶跃函数（step function）建模的，它创建了上升和下降的一个阶跃语符列，表示音高在重调音节上的局部的升与降。阶跃函数通过添加一个时间常数逐渐平滑下去，然后将它添加到短语组件中，形成曲拱。如图 1.3 所示。

覆盖方法就像它所基于的隐喻那样，直观上很吸引人，而且几乎肯定是 F_0 某方面的最适合的模型。例如，最好能把所说的微观韵律（即 F_0 曲拱中因某些音段类型的作用所导致的局部扰动）视为由说话人的语言意图

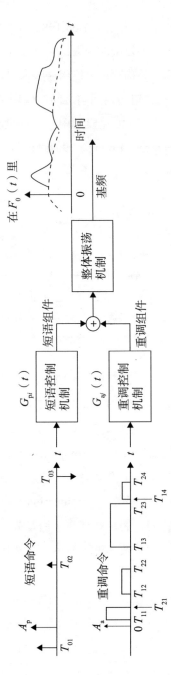

图 1.3 藤崎语调模型的基本特征。重调组件的输出项（图左下边的不同高度和时长的升平降序列的语符列）被加到短语组件的输出项（图左上边的一系列脉冲）中。脉冲响应不对称地衰弱，重调命令被消除，因此，增加两个组件的结果是一音高曲拱的详细模型（图右边）。

所引起的曲拱上的局部"涟漪"。[①] 同样，"情感潮水"提升或降低嗓音的整体水平，或许最好也可以把它从曲拱的描写中分离出来。但大多数的覆盖模型都没有对微观韵律或整体水平做细节上的处理。相反，它们主要关注的是局部的 F_0 事件（由重调和词库声调所导致的单个音节或词上的音高移动）与更大范域上的 F_0 走向（如"下倾"）之间的关系。藤崎的模型如此，许多其他模型亦是如此，这些包括奥肖内西和艾伦（O'Shaughnessy and Allen 1983）对英语的研究，索尔森（如 Thorsen 1980, 1985）对丹麦语的研究，戈丁等（Gårding 1983, 1987）对瑞典语和汉语等不同语言的研究。在所有的这些模型中，重点都是在短范域的曲拱形状（句子或重调组）叠加在长范域的曲拱形状（短语或话语）上。嗓音的微观韵律和总体提升都只是略作思考。因此，我将在下文中集中阐释"短语组件"概念（或相似概念）以及它在覆盖模型中的通常用法。除了尝试建立整个曲拱形状模型是否明智这个一般性问题之外（见我在上一节 19 页上对"第二共振峰曲拱"的评论），还有一些从未得到成功处理的短语组件的实证和理论问题。26

　　这些模型最明显的问题是，它们难以提供作为先决条件的短语层级组件的量化定义。甚至像"下倾斜率"这样简单明了的东西，也无法进行定量描述。用韦西埃（Vaissière 1983: 56）的话说，"下倾是一种很容易从相对较长的 F_0 曲线的目测中侦测到的普遍趋势，但精确计算下倾率则是一项艰巨的任务"。相应地说，对覆盖模型中设定的、带有更为复杂形状的组件则更加难以界定。例如，在戈丁（Gårding 1983）提出

---

①　主要的微观韵律现象是：（a）元音的固有 F_0（见 Lehiste 1970: 68–71; Whalen and Levitt 1995）；（b）阻塞音附件的 F_0 的快速移动（见 Lehiste 1970: 71–74; Reinholt Petersen 1986）；（c）无嗓音期间的曲拱缺位。这些现象似乎在声学或感知上可能表现为一条理想化的底层 F_0 轨迹上的局部扰动（如 Silverman 1986, 1990; Kohler 1990; Whalen *et al.* 1990）。似乎很少有人怀疑，覆盖模型是在生成合成语音的 F_0 中处理它们的最佳方式（Hirst 1983; Beckman 1995）。更多细节，见书后附录"语调语音学导论"。

的模型中，"格栅"（grid）被拟合到声调或重调决定的曲拱的"拐点"（turning point）上，见图 1.4 所示。然后这个格栅的形状被当作曲拱整体属性的一种表示，并同如疑问句与陈述句之间的差异相关联。作为一种对整体与局部曲拱属性之间关系的粗略表达，戈丁的模型跟通常的覆盖模型一样，都很直观。但如果"格栅"不仅仅是对所提供的图形化数据进行印象法的平滑处理，那么就不得不将它定义为一个数学函数。另外，如果数学函数要有某种预测价值，那么它就必须生成各种不同的实现形式（如不同长度的话语）；更为重要的是，它必须为感知具有相同语言功能的曲拱形状提供一种共同的特征描述方式。例如，如果汉语的疑问句和陈述句是以格栅的斜率和宽度区分的，那么这个函数就必须提供一种定量的特征描述来区分疑问句的格栅与陈述句的格栅，这样模型就可以用实证的数据来加以验证。据我所知，戈丁从未尝试过对她模型中设定的大量格栅类型中的任何一种进行任何一种这样的定义。

定量定义问题的一个具体方面是预先计划或**前瞻**（lookahead）问题。难以提供 F_0 趋势定量描写的部分原因是：这种趋势通常很明显地取决于它们所适用的范域的长度。具体到下倾，许多研究都已发现：可观察到的下倾的范域越长，下倾的斜率就越小。（另一种表述方式是，无论范域的长度如何，横跨下倾范域的 F_0 下降量是相对恒定的。）这一发现从格罗纳姆的研究（尤其是索尔森（Thorsen 1986）的研究）中非常清晰地显现出来，并被纳入 IPO 传统的下倾模型中（如 't Hart 1979）。这意味着，要想开启沿适当斜率的下倾，任何一种语音产出模型（或任何一种语音合成的 F_0 生成模型）都必须先要知道下倾范域的长度。有理由认为，这种前瞻的程度在心理语言学上可能不合情理；利伯曼和皮埃安贝尔（Liberman and Pierrehumbert 1984: 220ff.）已对这一问题做过详细讨论。

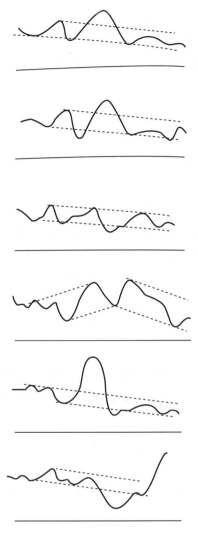

图 1.4 戈丁语调模型中的"格栅"。一条或多条直线拟合到音高曲拱的大部分局部最小值和大部分局部最大值中，以给出总体音域和方向的近似值。此图显示了将瑞典语翻译成 *Hon gick inte och la sej*（她没去睡觉）的几个不同版本所对应的格栅。引自戈丁（Gårding 1983），另见图 4.3。

28　　　这两个问题在藤崎的模型中均得到了处理。短语组件中只有一类形状，它是作为衰弱的脉冲响应生成的，所以没必要超前看。事实上，把藤崎的模型视为一种可能的序列音系描写语音体现模型是合理的：有些人曾向我建议，藤崎的方法与序列音系学之间存在很深的不相容性。重调命令和短语命令都能在指定的时间内"发生"，就像 IPO 模型中的事件语符列那样。基本兼容性可以在默比乌斯的德语语调研究中看到，其中许多序列语调音系假设掺糅了藤崎式样的语音体现模型（Möbius 1993; Möbius, Pätzold, and Hess 1993）。

　　　但藤崎的模型**确实有**问题，而且这个问题跟短语组件与话语韵律结构之间的意图关系有关。短语命令应该以某种方式反映了短语的划分，如每一个语调短语的开头有个短语命令。但经验告诉我们，这个条件不是总能得到满足的。在某些情况下，短语命令的期待结果产生了一个形状错误的曲拱；要想获得正确的形状，我们就必须把短语命令置于毫无语言学意义的位置上。显然，藤崎模型（或任何模型）的正确目标不只是将 F_0 曲拱模式化为一种物理信号，而是能将曲拱中有意义的事件位置与语言变量联系起来。默比乌斯（Möbius 1993）讨论了给某些短语命令位置提供合理的语言学动机的各种问题，这些是可使曲拱呈现正确形状所必需的。

　　　与藤崎模型相关的一个问题是与其所宣称的可以推广到日语之外有关。利伯曼和皮埃尔安贝尔（Liberman and Pierrehumbert 1984）、泰勒（Taylor 1995, 2000）都曾试图将藤崎的模型用到英语中，但在没有再次任意放置特定短语命令和 / 或任意指定短语命令大小的情况下，都无法重现特定的英语曲拱类型。主要的困难是在低或低升重调曲拱的建模上，如（2）中的一种重调曲拱，即日语里完全没有的一种特征。

29　　　（2）

Good morning.　　　早上好！

藤崎模型的定量细节是这样的，否定重调命令产出了形状错误的曲拱。否
定短语组件可以大致勾画出低升调的曲拱，但这与短语组件的预期函数不
一致。然而，藤崎等人最近在汉语普通话字调合成上所做的研究（如 Fuji-
saki, Wang, Ohno, and Gu, 2005）是通过允许重调命令具有更为广泛的形状并
用更多的相应量化参数模式化的方式在理论上已成功地解决了这个问题。

　　最后，即使我们只关注那些近似于藤崎短语组件设计的曲拱形状，单
独一个短语层级函数是否胜任所有话语类型的建模也是令人质疑的。例如，
格罗纳姆提出了一个强有力的实证案例，说明丹麦语的短语曲拱上有意义
的总体斜率变化（见图 1.5）。她表明，下降到说话人音域最底部的最陡斜
率，用于完整末尾陈述句；不太陡的斜率则用于不完整的陈述句和各种类
型的疑问句；最浅斜率用于回声问句和其他无形态句法疑问线索的疑问句
（Thorsen 1980, 1983）。在此基础上，她提出总体斜率是一个好的语调模型
的特有元素。目前尚不清楚如何能将通常的这类发现与藤崎的模型相兼容。

　　考虑发现的最明显的方法就像格罗纳姆在 F_0 定量模型中所使用的方
法那样，是摒弃短语组件是一个单独的连续函数（就像藤崎模型中的脉
冲响应那样）这一想法，并通过操作一个或多个调域参数值对单个重调
的体现做**局部性**的调整。这基本上是科汉斯基和石基琳等（如 Kochanski
and Shih 2003; Kochanski, Shih, and Jing 2003）、许毅等（如 Xu and Wang
2001; Xu 2005; Xu and Xu 2005）最近提出来的 F_0 数学模型所采用的方法。
在这两种情况中，这些模型的原始动力都是要描写汉语里词层与句层 F_0
因素之间的交互作用；这两种情况都非常关注微观韵律和声调协同发音
（一个声调影响相邻声调方式的语音细节）问题。这两个模型都不是从戈
丁设定的印象派格栅形状角度处理的，但它们两个都能通过采用影响音节
层 F_0 特征体现的许多参数来生成各式各样的整体形状。这些参数的值不
受约束地遵循单个函数指定的单个轨迹，但可以因音节（如调域可变大或
变小，以反映"凸显"的不同）或因话语中指定的地点（如调域可以在话 30
语的焦点词后变窄）而异。

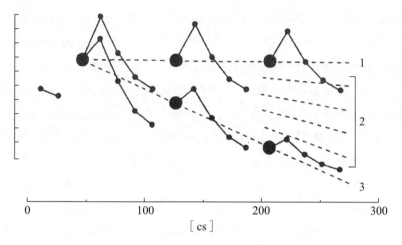

图 1.5 格罗纳姆的丹麦语句调模型。句调组件是以变量斜率的直线建模的：（图中第 1 行）语调标记为疑问式的近似平调；（第 3 行）末尾完整陈述式的剧降调；（标示为 2 的 4 条线）其他疑问式和不完整陈述式的中间调。局部低升降重调构型拟合到句调线中。引自索尔森（Thorsen 1983）。

　　甚至比藤崎的原始模式更甚的是，诸如科汉斯基和石基琳的以及许毅的量化模型似乎都与序列语调音系学基本一致。任何一种语调音系模型，最终都必须伴以一种对一个个音系事件如何语音体现以及它们彼此如何交互作用做出详详细细的定量描述；在像许毅的或科汉斯基和石基琳的模型中，体现参数可以以多种方式进行调整，它们都能很容易地用于做这些事。也就是说，本节所讨论的序列模型和覆盖模型问题，可能都已转向了更易于处理的 F_0 体现参数如何交互作用的问题。但我把这些模型纳入讨论范围之内，是因为它们相当程度上仍基于语调意义或功能的假设（如焦点和疑问性），这些意义或功能都是由声学参数的变异性直接发出信号的，而非由音系事件的出现与否调整的。换言之，1.3.1 节所讨论的语调如何传达意义这一更为基础的问题仍是一个基本分歧点。

　　许毅的研究为这个问题提供了一种特别清晰的解释。他描写语调语音的方法，在很大程度上与语调音系学的思想是一致的，即可以从出现在话语中明确位置的声调序列来对语调音系进行描写；关键的是，实际的 F_0 曲拱不是根据被覆盖的全部曲拱形状来建模的，而是根据影响各个声调实现的各种语音参数来建模的。但他对语调如何传达意义的理解与他对语调语音学的理论直接相关：实现参数不仅决定了 F_0 的语音细节，也直接传达了"焦点"等的直接意义（尤其 Xu and Xu 2005）。这种对语调意义的纯参数化方法，将他的研究直接与格罗纳姆、戈丁等人的叠加模型联系到了一起。

1.3.3 语调与词库音高特征

覆盖法不仅基于前面引用的博林格的波浪隐喻，而且还基于对后词库语调特征与（如声调或词重调等）词库特征之间关系的普遍（且部分合理的）看法。有关这种关系的传统思考方式是，所有的语言都有"语调"，此外，某些语言还有词重调或声调叠加在总体语调上的局部音高扰动。正如我们将在全书几个地方将要看到的，这一观点是有某些语音基础的；事实上，我相信处理这类声调与语调关系是语调序列音系理论所面临的一个重要挑战。最近的参数交互作用法（如科汉斯基和石基琳的方法或许毅的方法）最初都是因尝试在汉语里对这种句子语境中的 F_0 建模所驱动的，而其中的词库与后词库之间的交互作用则是一个实证的核心议题。

不过，我相信，即使是在它的现代的化身中，覆盖观也没有在为语调功能与语调语音之间关系所做的推论中得到证实。广义地说，传统覆盖观不仅认为所有的音高特征都有时长，都横跨不同大小的范围（如音节或短语），而且还认为音高特征功能性应用的范围必须也是它在语音上横跨的范围。常见的一种说法（如 Pike 1948: 第 1 章；Laver 1994: 第 15 章）是，"声调"是音节特征，"音高重调"（"词音高""词调"（word tone）等）是词的特征，而"语调"则是短语或句子的特征。也就是说，传统观点认为**音高特征的功能应反映在它的语音规程上**。但有经验证据证明这是不对的，并且很明显是"语调"功能的音高特征仍然可以在话语中精确定位。这在布鲁斯的瑞典语词重调研究中首次得到了明确的证明（Bruce 1977）。布鲁斯的研究重点是要为斯德哥尔摩瑞典语里词库重调差别在不同句子语境中如何语音实现提出了一种解释，但他对这个问题的解决方案则为一种更具普遍性的理论奠定了基础，即词层特征与句层特征是如何交互作用的。

瑞典语就跟挪威语等其他几个欧洲语言一样，都对**重调类型**做形态和词库条件上的区分。每个词的主重音音节除承载重音外，还承载尖和钝（或简单地说重调 1 和重调 2）两个重调中的一个。瑞典语的经典的最小对立对是 *anden* "鸭子"（重调 1，形态上是 *and + -en*）与 *anden* "精神"（重调 2，形态上是 *ande + -en*）。[①] 两种重调之间在语音上的差别在某些场合非常显著，而在另外一些场合则非常微妙，但它通常是词的音高曲拱上的差别，所以常被描写成"音高重调"或"词重调"上的差别。图 1.6 呈现了音段上相同、重调类型上不同的两个词"单说时"的音高轨迹。

32

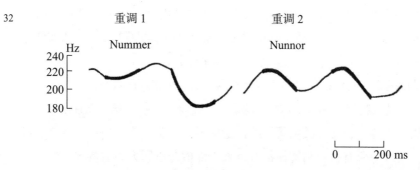

图 1.6 瑞典语词重调的区别。分别呈现的是词 *nummer*（数字，重调 1）和 *nunnor*（尼姑，重调 2）单说时的曲拱。引自布鲁斯（Bruce 1977）。

---

① 由于几乎完全可以根据词的音系和形态属性对这两个重调的分布做出预测，因此没有很多的最小对立对，而且大多数最小对立对就像 *anden/anden* 那样，涉及形态上不止一种方式分析的音段序列。其他欧洲"音高重调"语言亦是如此。

由图 1.6 可以看出，两个重调类型之间的语音差别表面上是跨越整个词上的单峰（重调 1）与双峰（重调 2）之间的一种差别。斯德哥尔摩瑞典语的单说形式通常就是如此。但布鲁斯认为，这两种重调类型的真正不同之处在于**底层音高峰与重音元音的同界**上。在重调 1 中，这个词的重调峰在很大程度上先于重音元音的启动部分，所以如果前面没有无重音音节，词的重调峰就无显著实现；重音元音只是从低处开始，而且实际上，横跨重音元音的音高曲拱是上升的。另一方面，在重调 2 中，词的重调峰和随后的音高下降多少在时间上是与重音元音相吻合的，所以总是出现在语音的 F_0 曲拱中。

词的单峰曲拱与双峰曲拱之间的表面差别，实际上是由词重调特征与句调特征在单说时的交互作用所产生的。现有两个句调相关特征：调峰与末尾低调。调峰或"音高重调"，理论上是与凸显词的后面同界的，而末尾低调则伴随着话语的结束；但当然在单说形式中，调峰和末尾的低调是以重调降调出现在同一个词上。当这些语调特征出现在重调 2 之后（其中词重调已在重调元音上产生了一个明显的调峰）时，结果就是"第二个"调峰。但当它们是在重调 1 之后（其中词的重调峰在语音上可能是不存在的）时，结果是一个话语中横跨重音元音到那个调峰的上升调。这种差别在单说形式中体现为单峰与双峰之间的一种差别，因此这个事实本质上是有关句调的一个事实，因为词的单说形式也是一个完整的话语，因而也含有句子层面的语调特征。正如布鲁斯已充分证明的那样，在单说形式之外的其他语境中，建立在降调的早同界和晚同界基础之上的重调差别总是存在的，而语调特征则仅出现在句中的特定词上，所以并不总是影响与两个重调类型相联结的 F_0 曲拱。

布鲁斯的分析给长期存在的斯堪的纳维亚语音系问题提供了一种优雅简洁、令人信服的解决方案。除此之外，他的分析还为如下一种案例提供了明确的证据，证明在这种案例中，**功能**与不同大小范围相关的音高特征是以**一系列语音事件**而不是以将小的范围特征叠加在大的范围特征之上的方式发生交互作用的。也就是说，词的重调具有一种词库功能，而末尾调峰和下降之类的语调特征则具有一种句层面的功能；但词的重调特征是联结到重音音节上的，而语调特征则是联结到末尾音节上的，它们共同产生了体现为单独话语曲拱的一个单一声调事件序列。当然，这并不是说要确立音系结构更符合波浪隐喻是不可能的，但它强化了严格序列音系模型的论证，因为它表明，这样一种模型为表面证据可能有望支持覆盖法的案例提供了一种准确的说明。

1.4　副语言与语调

上一节试图说明，语调研究的传统"仪器法"是建立在令人质疑的有效性假设基础之上，并且还提出，人们能够（以 20 世纪四五十年代的"印象派"描写方式）认识到音系结构在语调中的存在，然而还能推出方法论上合理的、能解释一般相同范围仪器数据的研究成果。但确实仍然存在确定语调音系结构的问题。这个问题产生于语音中语调与"聚合"特征之间的紧密联系。

1.4.1　语言与副语言特征之间的关系

副语言（paralanguage）与**副语言的**（paralinguistic）这两个术语好像是在 20 世纪 50 年代创造出来的，用以指意义清楚但明显不是沿着语言学脉络组织的口头交际方面。（基本文献是 Trager 1958；对上述术语的历史及相关观点的详细讨论，见 Crystal 1969：第 2 章。）副语言信息主要涉及人际交往的基本方面（如咄咄逼人、妥协安抚、团结互助、屈尊俯就）和当前说话人的情感状态（如害怕、惊讶、愤怒、欢喜、厌倦）。它们是非命题性的，很难准确解释，但在许多场合，它们传达起来有力且有效。即使没有语言信息，也能对副语言线索做出一致的解释——例如，当语言信息通过声学滤波等手段在实验中被遮蔽时，当语言信息是在一种听话人不理解的语言里时，即使是在听话人是非人的某些情况下，副语言意义通常都可以传达出去。也就是说，**无论语言信息如何**，都可以以一种表达说话人放松、焦虑不安或咄咄逼人等方式连续说出一段话。

副语言特征与语言特征之间的关系大体上是没有问题的。副语言信号是指一个或多个平行的信息通道，并且绝大部分都不改变或遮蔽语言要素的身份。有人可能会生气地、犹犹豫豫地或惊讶地叫我的名字，但毫无疑问，那确实是我的名字。不过，我对这两类信息的关系有几点看法。

首先，平行的副语言通道往往与语言通道在时间上是紧密协调的。许多研究表明，点头、手势和目光接触都与口语信息中的事件精准吻合（如 McNeill 1992; Kendon 2004）；比如，手部动作常与重音音节相吻合，如手势经常伴随着在话语中引入一个新的实体（Levy and McNeill 1992）。

其次，副语言信息对整个话语的解释有明显的影响。派克（Pike）在 20 世纪 40 年代所做的论述至今依然准确：

> 听话人对说话人的态度比对他的话（即一句话是"带着微笑说的"，还是带着冷笑说的）更感兴趣……。如果一个人说了些羞辱性的话，但脸上有笑容，声音里有微笑，那么该话语可能就是一种极大的恭维；但如果一个人说了些很恭维的话，但口气中带有一种轻蔑的语调，那么结果就是一种羞辱。用一种非常实事求是的语调做出一段有力或令人兴奋的陈述，可能因其失衡而形成一种讽刺效果。（Pike 1945: 22）

换言之，在解释任何话语时，我们考虑的不只是语言渠道，而是所有的交际渠道。但这一事实并不意味着渠道身份被混淆了；相反，派克提到的语言信息与所传达的态度之间的不匹配表明，这两者仍然是泾渭分明的。

最后，也是最为重要的，我们需要提一提语言线索与口语副语言线索之间语音交互作用的性质。我刚才说过，通常不会把语言身份与副语言身份搞混淆，但可以肯定的是，某些副语言信息是作为与语言信息相同的声学信号传递的。这两者是如何发生交互作用的？

在尚未做任何深入分析之前，我认为应当将副语言线索视为**对音系语类实现方式所做的某些修改**。（正如我在 1.3.2 节中所提到的，可以把许毅以及科汉斯基和石基琳有关汉语声调与后词库属性之间的交互作用模型都看作是对这一观点的精确例示。）这些修改通常不会影响音系的语类性质；例如，据悉（Tartter 1980）微笑对元音共振峰有影响，而这种影响，听话人在录音中（即在看不到听话人的脸的情况下）是可以察觉的。副语言信息改变元音语类的声学实现，但不会改变它们，更不会把它们的身份都改变了。我们越接近本书的主题，就越可能注意到对调域的副语言修改（如生气时提高嗓音）改变了约鲁巴语或汉语等语言里词库声调的实现，36 但通常不会模糊它们的身份。甚至在具有不同调高（如约鲁巴语里的高、中、低）声调音位的语言里也是如此；调高的音系本质一定是以某种我们不完全理解的方式，相对于可为副语言目的进行修改的语音参照系而言保持不变。

但音系身份扭曲变形也不是不可能。在某些情况下，副语言变化可导致一个已知的音系语类听起来像是其他某个语类。极具德语言语特征的副语言噘嘴动作，便是一个明显的例子；它似乎传达了某些友好、安慰或其他某种同情听话人的东西。这个手势的声学效果，毫不奇怪颇似那些音系赋值的圆唇音，用副语言的噘嘴发出的音系上不圆唇的元音可能听起来更像是一个圆唇的元音，而不是一个典型的不圆唇元音。这在书面对话中有时是用字母的正字法方式表示圆唇元音的。在德国的漫画书中，我曾看到 *nöö* 和 *mööönsch* 分别表示 *nee*（"不"，口语）和 *mensch*（"男人！"，口语叹词）的噘嘴发音。在库尔特·冯内古特（Kurt Vonnegut）的二战小说《五号屠场》（*Slaughterhouse-Five*）中，据说德国铁道卫兵懒洋洋地对着刚刚报告说他的一个同伴在运送途中死亡的美国战俘说，"*Yo, yo*"（大概是用副语言的噘嘴方式说 *Ja, ja*"是的，是的"）。

不过，这种情况很少见，似乎唯一注意到语音上发生"中和化"的是非母语说话人以及漫画媒介所允许的摆脱正字法束缚的对话作家。正常听话人在不同的通道中听到了音系语类和语音修饰。此外，语言似乎不允许产生许多这样的歧义。例如，广东话中除了有曲折调之外，还有三个不同的平调，传达副语言强调所涉及的总体音高层级的扩展，不仅是在个别的词上，也在几个音节上（Gu, Hirose, and Fujisaki 2006），所以，相邻声调的相对层级或许都可以察觉到。

1.4.2 副语言的定义属性

刚刚所描述的语言与副语言之间的差别似乎一清二楚，但有个地方却明显不是这样。这个地方就是语调。最明显的副语言线索是语音信号的总体属性，如响度、音质和音域。因此，语调所涉及的属性也涉及副语言信息的传递。这意味着，我们在分析语调时就会面对区分同一个信号的语言与副语言方面的任务，正如我们刚刚看到的，原则上这不是个问题；但实际上，在英语这样的语言里，将 F_0 的副语言作用与我所称的语调作用区分开来，可能也是非常棘手的。所以，重要的是，在我们探讨语调音系学之前，争取将副语言信号传递与语言信号传递之间的差别搞清楚。

副语言信号与语言信号的主要区别在于语言信号传送的**量子**（quantal）或**语类**（categorical）结构和副语言的**级差**（scalar）或**梯度**（gradient）性质上。在语言信号传送中，物理连续统被分成了语类，因此语音形式的相似性通常与意义无关：即 /θ/ 和 /f/ 在大多数英语语言变体中是两个不同的音位，尽管它们在语音上极为形似；像 *thin*（薄的）和 *fin*（鱼翅）这样的一对词不仅有明显的区别，而且在语义上也不相关。与此相反，在副语言信号传送中，语义连续统与语音连续统相匹配。如果提高嗓门可以用来表示生气或惊讶，那么大幅度地提高嗓门便可以表示震怒和震惊。语音相似的副语言信号通常所表达的意思是相似的。副语言信号传送的这一特征一般被称为"梯度性"（gradience）（Bolinger 1961a）；在我看来，它是定义特征。语言与副语言之间的差别是一个**音义关系的结构方式**问题。

我强调这一点，是为了让大家注意到副语言的三个方面，它们乍一看似乎是定义特征，但仔细观察就会发现并非如此。首先，副语言不是一个特定的声学属性问题。嗓音音质通常（甚至可能普遍）是副语言使用的，但也有大量嗓音音质的词汇"音位"区别的例子。例如，在丁卡语（Dinka，苏丹南部的一种主要的尼罗语）里，词典中存在着嗓音音质的系统区分，比如大多数元音音位可以同时具有"气嗓音"和"非气嗓音"音质；它有许多［dít］"大的"与［dît］"鸟"这类最小对立对。在许多汉语方言里，有些声调音位不仅是通过典型的 F_0 模式区分的，而且还可以通过嗓音音质差异进行区分（如 Rose 1989, 1990）。主要基于嗓音音质的对立（继亨德森（Henderson 1952）之后，通常在相关文献中称为"音区"（register））在许多东南亚的语言里也都起着非常重要的音系作用；正如拉迪福吉德（Ladefoged 1983: 351）在一个略有不同的语境中幽默地指出的那样，"一个人的嗓音失调是另一个人的音位"。不存在有关嗓音音质的纯副语言的东西，稍作必要的修改后，同样适用于其他常见的副语言线索。

38　　语言与副语言之间的差异也不是一个特定声学属性所存在的范域问题。某些副语言特征确实是拉弗（Laver 1980）所称的"长期存在"的问题，比如嗓音总体提升以表达生气或惊讶之类的积极情绪。但重要的是，不要把"副语言的"等同于"长期的"：副语言特征也可能在语音上与信息的各个部分连到了一起，它们的作用也相应地受到限定。确实，通过将副语言线索与单个的词或短语结合起来，我们就可以达到一种表达水平，这一表达水平超越了词或副语言单独发挥作用的信号传递能力。（想象一下，如一位缺乏同情心的讲师将讽刺的副语言线索附加到学生提出一个幼稚问题时所重复的一个单词上。）克里斯托尔的英语自然口语标音（如在克里斯特尔（Crystal 1969）中）含有许多附加在单词或短语上的副语言的识别标记。

最后，语言信号与副语言信号之间的差异不只是传递的信息种类问题。显然，在不借助真实的语言情况下，要表达"$E = mc^2$"或"本州是日本最大的岛屿"这样的命题是不可能的，但这并不是说用真实的语言传达微妙的情感或人与人之间的信息是不可能的。或许所有的语言都包含了词项和语法类别，它们的主要功能是传达怀疑、反话、惊讶、屈尊俯就、团结互助之类的细微差别。这些包括动词曲折变化中的情态语类（如法语或意大利语里关系从句中虚拟语气与陈述语气之间的选择），（意大利语等许多语言里的）指小词缀（diminutive）、指大词缀（augmentative）、贬义词缀等之类的派生语类，以及汉语句末"啊""呢"和"吧"之类的"语助词"（particle）。这些都与表达情感或人际意义的纯副语言线索一样有效。

在刚刚讨论的三个标准（声学性质、所覆盖的范围和传递的信息）中，明显"感觉"语调是副语言的。首先，语调中所使用的超音段特征通常用于副语言信号传递：几乎可以肯定地说，总调域、响音和时长在所有语言里都是用于副语言方面的。其次，至少有些语调特征似乎涵盖了较长的话语，而且人们倾向将一句话的音高曲拱视为整个句子的一种"长期所具有的东西"。最后，语调意义毫无疑问是情感的和人际间的，几乎从不是命题性的：很少有可以合情合理地说出语调影响话语的真值这样的场合。[①] 但这

---

① 这句话唯一明显的例外（即语调影响真值的唯一明显的例子）是重调和量词的辖域。例如，下面一对（引自 Vallduví 1990 [1992: 142] 的）句子在不同条件下是真还是假，取决于说话人在哪里撒了点什么：

(a) I only sprinkled SALT in the stew.　　　我只在炖菜里撒了点**盐**。
(b) I only sprinkled salt in the STEW.　　　我只在**炖菜**里撒了点盐。

汉语里也有类似案例（例证引自与陈轶亚的私下交流）：

(c) 汤姆只给了**玛丽**一个梨。
(d) 汤姆只给了玛丽一个**梨**。

这里，语调上对"玛丽"和"梨"的强调可以影响句子的真值。英汉语在这种语调强调的语音学与音系学性质上截然不同，但在语义和语用作用上则本质上是相同的。我们将在 4.3 节和 7.1.1 节中对这个问题做简要的说明。

39 里提出的观点是，这三个因素都不是决定性的。真正的问题是语调是否涉及语类的结构。

1.4.3 语调意义

让我们回到语调研究的"仪器法"和"印象法"的问题上来。前面的讨论已经结束，现在可以更清楚地看出这两种方法的问题所在。传统"仪器法"的困难显而易见：上面讨论的这类传统仪器法研究**将所有的语调意义都视为副语言的**。它寻找与话语意义直接相关的话语的连续变化语音属性。虽然这种方法明确适用于真正的副语言学意义（如整体提高嗓音来传达所激发的更强烈的情绪或兴趣），但它显然不适用于语言学意义（正如"否定声学线索"或"时态声学线索"这一概念所表明的那样）。传统仪器法通过这种方式研究语调的所有意义，事先就排除了找到语调音系结构证据的可能性。

传统"印象法"的问题更加微妙。这种方法始于语调中存在着音系结构这一假设。正如我前面所建议的，任何音系分析的最基本任务是确定音系中的语类或量子要素，并解释这些要素的各种实现方式。如果语调信息与副语言信息确实是不同的，那么语调语类实现中变异形式的来源之一是副语言的调整，而语调音系分析的基本任务是将语调与副语言区分开来。

40 在某些特定情况下，在哪个是哪个上存在着广泛的共识。例如，对于一个升至调峰而后降至调域底部的重调曲拱，人们的共识是，在不影响曲拱的语言学身份的情况下，调峰的高度可以以副语言方式发生变异，以表示更高的强调程度，即如下两个话语之间的差别：

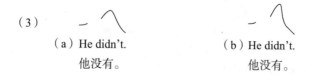

（3）　（a）He didn't.　　　　　（b）He didn't.
　　　　　他没有。　　　　　　　　他没有。

通常只是把它处理为副语言的，第二种情况是更高程度的强调问题。但在许多情况下，一种描写是当作一种音系对立呈现的，而另一种描写则是把它作为副语言变异的结果处理的。继续这个例子，据说在某些描写（如 Schubiger 1958; O'Connor and Arnold 1973）中存在着"高降调"与"低降调"之间语调上的差异，如下面这对句子所示：

（4）

（a）He didn't.
他没有。

（b）He didn't.
他没有。

在别的分析（如 Palmer 1922; Crystal 1969）中，这些都被视为同一个语调基本语类"降调"的副语言变异形式。有关对两者所传达的不同意义（前者更强调或更好辩，而后者则更低调或更具决定性）所做的基本观察，都可以视为与上述两种分析相一致。

　　由于副语言信息与语调信息是很难区分的，又由于没有明显的独立的理论体系，也没有为解决这类问题所要诉诸的证据标准，这样的分歧往往是得不到解决的。我曾在别处（Ladd 1993a）将这些称作"副语言僵局"。我们也可以认定为"副语言策略"，其中一种描写是以胜于其他描写方式提出来的，理由是它正确地将语调对立与副语言变异区分开来，而与之竞争的描写则已被误导尝试对真正副语言的东西进行语类描写，反之亦然。好的副语言策略的例子有：批评英国传统"核心调"的利伯曼（Lieberman 1967: 175）、批评美国传统"音高音位"的博林格（Bolinger 1951）、批评许多先前研究但特别与其余英语传统核心调保持距离的克里斯特尔（Crystal 1969: 第 4 章）、批评拉德（Ladd 1983a）及其所提出的英语里有个（凸起调峰）特征观点的贝克曼与皮埃安贝尔（Beckman and Pierrehumbert 1986: 307）以及许毅（尤其 Xu and Xu 2005）对许多先前对 41 焦点所做的语言学研究的批评。

虽然存在这些问题，但我们不应该忽视语调音系法拥护者所具有的这么大范围的共同点。特别是，我认为确认我们称之为"语言学家的语调意义理论"（见 Ladd 1987a: 638）中的某些东西是合法的。这一观点的核心思想是：**语调要素具有像语素那样的意义**。这些意义是很普遍的，但它们是系统的一部分，该系统具有丰富的解释性语用学，它可以在特定语境中产出非常具体、往往又相当生动的细微差别。这一观点与基于仪器法的假设形成了鲜明的反差，在仪器法中，人们通常认为，十分具体的意义（如疑问、生气和不完整）都是由颇为一般性的语音属性（如整体音高的提升）来传达的，而语境相关语用推理在语调特征的解释中作用不大。

语言学家的语调意义理论在持不同观点的语言学家群中极为普遍。例如，博林格和古森霍文曾广泛提出了"语调语素"观点；他们的很多语调意义研究（尤其 Gussenhoven 1984; Bolinger 1986, 1989）是在所假定的语调分析具体要素一般意义的基础上由具体语调细微差别的详细说明构成的。戴维·布拉齐尔（如 Brazil, Coulthard, and Johns 1980）在主流应用语言学和话语分析背景下进行研究，提出了有关各种英国传统核心调的话语功能的一些有趣观点，这些观点对古森霍文的早期研究造成影响。利伯曼（Liberman 1975: 3.2.5 节）用一定的篇幅讨论了语调意义的一般属性，重点讲了基本意义的一般性和具体细微差别在具体语境中的生动性。我自己有关"程式化语调"（stylised intonation）的研究（Ladd 1978）是这一普遍观点的具体应用；可以说，皮埃安贝尔和赫施伯格（Pierrehumbert and Hirschberg 1990）、斯蒂德曼（Steedman 1991, 2000）的研究均是如此，他们都试图为皮埃安贝尔的英语描写元素提供基本意义，以说明具体调式（tune）与文本组合所产生的语用含义。

简而言之，语言学家可能对什么是语调的音系语类有明显不同的看法，但总的来说，他们在这些语类对话语意义的贡献上是一致的。这一共识并没有在语调分析的细节上走向协调一致，该事实并不意味着语言学家的理论是错误的，但可以作为一个从它的副语言语境角度语调难以理清的象征。

1.4.4 展望

语调与副语言线索之间在声学与符号学上的紧密联系，无疑是语调研究中最为重要的概念问题。事实上，本章的目的是要表明，这只不过是个问题，不是一个不可逾越的障碍。我曾指出：对超音段特征的副语言使用与这里所界定的语调做出明确区分，是有充分科学道理的。具体地说，我提出，语调具有语类的语言学结构，是由在话语中界定清晰的地方出现的一系列音系事件组成的；我还提出，我们若要理解语音参数的梯度修改影响话语交际力度的方式，就必须将语调的音系结构考虑进去。本书的余下部分将致力于探讨这一观点所产生的结果。

2

自主音段-节律理论的基本概念

本章将阐释几个称之为语调音系学自主音段-节律（autosegmen-tal-metrical，简称 AM）理论的基本思想。名称虽有些笨拙，但反映了20世纪70年代美国非线性"自主音段"和"节律"音系学理论中的知识传承，也体现了我将在第 7、第 8 章中提出来的某些有关语调结构的思想。总体方法源自三篇博士论文，即利伯曼（Liberman 1975）、布鲁斯（Bruce 1977）以及（特别是）皮埃安贝尔（Pierrehumbert 1980）。在20世纪80年代期间，该理论已被应用于多个欧洲语言（如 Ladd 1983a; Gussenhoven 1984），并成为许多规则合成语调系统的基础（如 Pierre-humbert 1981; Anderson, Pierrehumbert, and Liberman 1984; Ladd 1987b）。它在"实验室音系学"的发展中处于中心地位（Beckman and Kingston 1990; Pierrehumbert, Beckman, and Ladd 2000），因为它很早采用了**在音系描写中**解释仪器测定的 F_0 具体细节的目标；仪器语音学，理所当然是音系学理论的数据来源。自20世纪90年代初期以来，它已产生了用于不同语言语调的全套 ToBI（声调和间隔索引）标注系统，并且广泛地在此基础上以讨论韵律结构、语调与信息结构之间的关系为先决条件。

第 1 章是用 IPO 理论来阐释语调"音系"假设的，但这个仍是语音解释法。跟 IPO 一样，AM 理论采取音系与语音两个目标，音系上能够用不同语类要素语符列来充分描写曲拱，语音上提供一种从音系要素到连续声学参数的映射方式。但与植根于语音感知研究的 IPO 理论不同，AM 理论源自音系学中的理论问题，特别是（引发早期对非洲语言声调系统自主音段研究的）超音段结构的一般性问题（如 Leben 1973; Goldsmith 1976）和是否用"平调"或"构型"来描写语调曲拱的具体问题（Bolinger 1951; Smith 1955）。因此，两种观点在强调上存在着特定的差异，在一些问题上也存在着本质上的分歧。此外，即使在 AM 理论提供的大的理论框架内，也有许多研究者不同的描写性细节问题，而在这些具体分歧的背后，方法上的总体一致性，则具有非常重要的意义。

所以，本章将阐述 AM 方法研究语调的四条基本原则，在适当地方将它们与 IPO 等其他理论的不同观点进行比较，并瞄准整个 AM 观点中的细节差异。这四条原则可以表述如下：

（1）**序列声调结构**：声调结构是由与音段语符列中特定点相联结的局部性事件语符列组成的。在这些事件与事件之间，音高曲拱在音系上是不赋值的，可以用一个事件到下一个事件的**过渡段**（transition）来描述。在英语这类语言里，音高语符列中最为重要的事件是**音高重调**（pitch accent）和**边缘调**（edge tone），前者与音段语符列中凸显音节相联结，后者与主要韵律边界上的语调调式的边缘相联结。

（2）**音高重调与重音的区别**：音高重调在有它们的语言里可以作为重音或凸显的具体感知线索。但它们首先是**语调特征**，是根据不同的韵律组织原则**与特定音节相联结的**。至少在某些语言里，感知到的重调音节凸显是一个可以与音高重调相区

44

别的**节律强度**（metrical strength）和 / 或**动态重音**（dynamic stress）问题。

（3）**音高重调的平调分析法**：在语调语言里，可以将音高重调和边缘调分析为由高（H）和低（L）这种初始**平调**或音高目标组成的。

（4）**总体走势的局部来源**：任何一个已知的 H 调或 L 调的语音实现或**音阶标度**（scaling）取决于各种因素（强调的程度、话语中的位置等），本质上不与它作为 H 调或 L 调的身份相关。音高曲拱中的总体走势（如总体音域的逐渐下降）主要反映了在音阶标度因素中**局部性**但**迭代性**（iterated）变化的操作。

本章集中讨论这四条原则的实证理据，并说明它们如何促成一个前后一致的理论整体。从一位皮埃安贝尔有关英语的著作或 ToBI 移动的信徒角度看，这个讨论有意搞得简单粗浅。这种呈现方式有两个目的：第一，我意在捍卫 AM 方法，使涉及语调的任何一个人（不仅仅那些已经熟悉理论音系学议题的或做具体语言标音的人）都可以使用它。第二，我希望确立我所认为的该方法的基本思想，并将它们从分析特定语调系统的具体细节中区分开来。第 3 章将更加仔细地研究皮埃安贝尔的英语描写方法和 ToBI 标调系统在别的语言里的应用问题。

2.1　序列声调结构

正如第 1 章所指出的，任何语调音系描写的一个重要特征是，它把音高曲拱音系表征为离散的语调事件序列。对于英语和荷兰语这样的语言，AM 理论假定主要有两类这样的事件：音高重调和边缘调。在声调语言等其他带词库赋值音高特征的语言里，声调事件可能有不同的功能，但正如我们将在 4.3 节中看到的，基本音系结构本质上是一样的。

要论证区别音高重调与边缘调的用途并不难。例如，英语里在如下对话交流中可用来表达强烈挑战或否认的反问句的升降升调式[①]：

（1）　A: I hear Sue's taking a course to become a driving instructor.
　　　　我听说休正在学习驾驶教练培训课程。

　　　　B: Sue!?
　　　　休！？

英国传统分析法把这个曲拱描述为一个"升降升"的核心调，根据单音节话语，升降升调式呈现了所研究的曲拱类型的本质。但我们面对的并不是整体上适用于整个话语的一个总体升降升调式。当我们把同一个调式放到更长的话语中去时，就可以看出这一点： 46

（2）　A: I hear Sue's taking a course to become a driving instructor.
　　　　我听说休正在学习驾驶教练培训课程。

　　　　B: A driving instructor!?
　　　　驾驶教练！？

贯穿 *Sue!?* 中整个一个音节话语的升降升调形，不是简单地在这里的六个音节话语上展开的。相反，可以把这个曲拱视为由至少两个离散事件序列组成的，即一个重调特征和一个边缘调。重调特征是由横穿凸显音节（此处位于 *driv-* 上）的一个升调后接一个降调组成的，边缘调是由最后十分之一秒话语上的一个升调组成的。音节 *-ing instruct-* 上的低水平声调延伸，只是这两个事件之间的过渡调，它可以短得让人难以察觉（如在单音节 *Sue*

---

① 为了理解这些例句的要点，重要的是要使 B 的回答语调正确。或多或少稳定上升的曲拱表示惊讶，或仅仅是确认的请求，我们对这种曲拱并不感兴趣。相关调式是一种落在单音节话语 *Sue* 上的升降升调式。

上），也可以需要多长有多长。就调式特性而言，升降调和边界的升调最"重要"：它们是让我们把 *Sue!?* 和 *A driving instructor* 上的两个曲拱说成是"相同的"区别性特征。用这些术语进行描写，我们就可以简单且准确地描写出这种调式是如何应用于不同数量音节和不同重音模式的文本的。①

　　当然，我们并不是要通过用这种方法将曲拱分解成组成部分来排除引用更大单位的可能性，特别是大多数英语传统的核心调（如 O'Connor and Arnold 1973）都可以很容易地转换成音高重调和边缘调的组合形式（比较 Gussenhoven 1984; Roach 1994）。在上述刚给出的例子中，我们尚未对英语里存在升降升核心调提出质疑，但只是更加清楚了它的内部结构。英语里升降升核心调可以看作是一种组合或上位单位，就像 IPO 模型中的"帽型模式"（比较 1.2.1 节）一样。正如我们将在 3.1 节中所要看到的，英国传统的基本语调分类，大部分未被这里提供的理论框架划归为过时的，只是有了新的见解。在认识到"核心调"等这类"调式"的功能一致性与其组成部分的音系独自性上并不存在不可避免的矛盾。另一方面，通过区分重调与边缘调，我们也许能解决英国传统分类学中某些长期存在的问题。具体地说，可以把英语里带各种降升调的许多困难（见 Lee 1956; Sharp 1958; O'Connor and Arnold 1973: 29; Gussenhoven 1984: 第 3 章）视47 为未能做出这种区分所产生的结果：英语里似乎确实存在一种典型的升降升语调单位。但大致可以把它与本质上偶发的（由一个下降重调和一个独自选取的边界上升调组成的）组合调区别开来。

　　我要指出的是，这里的术语"边缘调"是用以指与韵律范域边界相联结的任何一种声调的通用术语。对于英语这类语言来说，此术语指皮埃安

---

　　①　能够把 *Sue!?* 上的曲拱和 *A driving instructor* 上的曲拱视为音系上是相同的，这是 AM 方法与许毅 PENTA 模型的主要不同之处。PENTA 需要给每个音节音系音高赋值，而 AM 描写方法却认为某些音节是音系上不赋值的，它们的 F_0 是作为相邻音高赋值之间过渡段的一部分。这是阿瓦尼蒂和拉德（Arvaniti and Ladd 2009）对 PENTA 提出的批评的核心要点；许毅等（Xu *et al.* 2015）的回复也只是简单地重申了其模型的假设（即音高是逐个音节赋值的），并没有解决表达曲拱长度不同而功能上却相同的问题。

贝尔所提出的、出现在最后音高重调之后的、韵律短语末尾或靠近末尾的"短语重调"（phrase accent）和"边界调"（boundary tone）。但其他对各种语言的描写方法也在韵律范域的开头和末尾设置了边缘调。而且，边缘调不一定要在范域的边缘处有语音表现。例如，皮埃安贝尔和贝克曼（Pierrehumbert and Beckman 1988: 126ff.）提出，日语韵律词特有的起始升调因存在一个可以与词的第一个或第二个莫拉同界的 H 边缘调所致，因此他们建议把这些调处理为主要与树中的节点而非音段语符列中的"边缘"成分相联结的。古森霍文（Gussenhoven 2000）对荷兰林堡（Limburg）方言词库重调差异所做的分析同样取决于边缘调不需要语音体现在范域边缘处这一思想。3.1.4 节、4.1.4 节和 4.3 节将进一步讨论边缘调问题。

　　AM 理论的一个关键性的创新点是，它明确区分了**事件**（event）与**过渡段**（transition）。它认识到某些局部的音高特征具有语言学上的重要性，而其余大部分的音高曲拱则只是重要特征之间出现的东西。这与其他音高音系学理论概念的区别在于两个重要方面：首先，AM 理论认为重要的特征都是局部性的"事件"，而非长长的曲拱线。这是 AM 理论与 IPO 理论之间的重要区别所在：后者允许可以横跨几个音节上的、语言学上指定的线段（"类型 A 升调"与"类型 D 降调"）。（正如拉德（Ladd 1983a: 747ff.）和克鲁滕登（Cruttenden 1992a）所指出的那样，）从 AM 理论的观点来看，可以简单地把这种全局性的上升或下降线段看作是从一个局部事件末尾的音高水平到下一个事件开头的不同音高水平的渐变过渡过程。

　　AM 描写音高曲拱方法的另一个关键性创新之处是，它认为**音节**在音高描写中未能起到必要的作用。英国传统中音高的传统窄式标音法是排列在五线谱上的对连续的每个音节相对音高的表达式。图 2.1 便是对这种图表（俗称"蝌蚪图"，源于标示的形状，用以指凸显音节上的移动音高）的诠释。类似图表是由皮埃特·默滕斯（Mertens 2002; 另比较 D'Alessandro and Mertens 1995; Hermes 2006.）所开发的程序软件自动产出的。虽然这种逐个音节标音法是描写音高语音的一种直观自然的方法，但根本不清

48

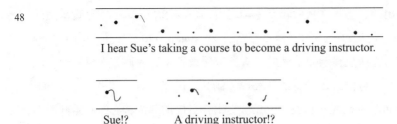

图 2.1　逐字逐句的印象派语调详细标示法（"蝌蚪图"），英国传统语调分析学派描写著述中常用这种方法。

楚语调的使用与感知涉及音节音高的分辨度。甚至早期使用这种符号系统的英国人（如 O'Connor and Arnold 1973: 7-13）也曾指出单个音节上的音高下降与双音节上的高低序列在功能上是相等的。AM 理论通过将降调视为一个单独的事件，而将降调与伴随性文本的联结形式视为两个不同的问题，轻而易举地表达了这种功能上的对等性。

2.2　音高重调、凸显以及调式与文本的联结

如上所述，AM 理论把英语或荷兰语这类语言里某些重音音节的音高曲拱音系元素称为音高重调。一个音高重调可以被定义为音高曲拱的一个局部特征（通常但不总是一种**音高的变化**，并且经常是一种局部的音高最大值或最小值），它表明与之联结的音节在话语中是**凸显的**。音高重调具有两面性：它们既是语调曲拱的基石，又是与之联结的音节凸显的重要线索。"音高重调"术语的这种用法最早是由博林格（Bolinger 1958）提出的，而后又被皮埃安贝尔（Pierrehumbert 1980）所采用，现已得到了广泛应用。不应该把它与该术语的有竞争性的意义相混淆，它指的是日语、某些班图语和某些欧洲语言（如瑞典语、挪威语和斯洛文尼亚语）这类语言里**词库赋值的音高特征**。必要时，可以将两种意义分为**语调的音高重调**和**词库的音高重调**。

49

博林格最初是以理解实验数据（特别是弗莱（Fry 1955, 1958）的调查结果）的一种方法提出（语调的）音高重调概念的，这表明音高变化是一种重音感知的主要线索。在博林格看来，"重音"只不过是单个音节的一种抽象词库属性，而"音高重调"则是话语中的实际凸显。如果一个词在句中是凸显的，那么这个凸显便体现为词的"重音"音节上的一个音高重调。在早期的 IPO 模型开发过程中，也有人提出过大致相同的观点（即音高重调被称为"凸显出借的音高移动"），但却很少有人考虑不涉及音高移动的凸显性差别。这一观点简单明了，很有吸引力，但现有大量的证据证明它在实证上是不充分的。具体地说，正如我们将在下一节中所要看到的，可以用各种不含有音高重调的方式来表示具有语言学意义的凸显差异，似乎一清二楚。要想澄清这一问题，我们需要更加仔细地看一看整个重音问题。

2.2.1　重音的语音性质

在总的语调和超音段领域中，或许没有任何一个话题像重音这样令人困惑不解。几十年来大量的实验研究都曾试图将重音的生理和声学相关物确立为一种语音现象。莱希斯特（Lehiste 1970: 106）曾说道："长期以来，重音在三个超音段特征（音量、声调特征和重音）中一直是最令人难以理解的特征。"

举个很简单的例子，就可以说清楚这个问题的严重程度。请看英语里 *permit* 的名词与动词这一重音的最小对立对。在单说时，重音对立最明显的标志是音高曲拱上的不同：

（3）　　⌒　　　　　　　　　　⌒

　　　　（a）p e r m i t（许可证，名词）（b）p e r m i t（允许，动词）

在重音音节上，音高上升到最高点，然后急速下降。但正如我们刚才看到 50
的，这两个词在元音音质、强度，特别是音节时长上也存在着差异。弗莱

（Fry 1958）表明，当实验中可以操纵超音段特征时，音高差异是听话人用来对孤立词中的重音做出判断的最可靠的线索。但若把单说形式改成疑问句，音高曲拱就不那么明显了：

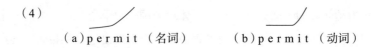

（4）

（a）p e r m i t（名词）　　　　（b）p e r m i t（动词）

此外，疑问句曲拱与陈述句曲拱截然不同；我们再也不能说，重音音节是由音高峰体现的。如果我们把词放到话语的主要语调调峰之后的语境中，可能根本不存在音高上的区别，但我们仍能清清楚楚地感知到名词与动词之间不同的重音模式：

（5）

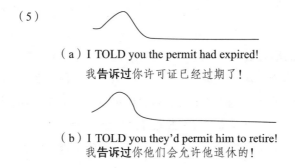

（a）I TOLD you the permit had expired!
我**告诉过**你许可证已经过期了！

（b）I TOLD you they'd permit him to retire!
我**告诉过**你他们会允许他退休的！

长期以来对弗莱的结果的解释是，"重音"（某种意义上指所感知到的音节上的凸显）是 F_0、时长和音强的一种复杂混合体，其中 F_0 最为重要，但在诸如（4）和（5）之类的某些语调语境下有一些令人不安的例外。从弗莱的实验开始，这一观点在某些地方的传播非常广泛，而大量的仪器研究都集中在寻找更好的对声学线索与感知凸显之间相关性的特征描述（如 Gay 1978）。但从 AM 方法的观点来看，这方面的大部分研究是错误的，并且对基本理论问题视而不见。其核心问题是假设"重音"是**一个个音节**的一种音阶标度语音属性，而音高是该音阶标度语音属性的组成部分之一。AM

理论没有采用这种观点，而是假定"重音"是（或部分基于）音节**在韵律** 51 **结构内**的一种抽象音系属性，所以"音高重调"与"重音"并不相同。

皮埃安贝尔认为这两种观点的不同之处在于：

> 在弗莱的经典研究之后……逐渐形成的印象是，可以把 F_0 视为重音的传感器：重音越重，F_0 就越高（或 F_0 移动就越大）。在（自主音段-节律）框架中……F_0 与重音的关系并不像这样直接。相反，如果多个有关重调位置的假设与曲拱的合乎语法语调分析一致，那么一个……已知 F_0 模式就可以与多个重音位置的结论相吻合。（Pierrehumbert 1980: 103）

韩礼德对同一个理论问题所做的评析如下：

> 因此，问一个人能否"听出四种不同程度的重音"就有点误导人了。答案很可能是他能听到，也能分辨出现在**所称的**四种不同程度的重音，但却把它们当作别的东西来分析；不过，这个问题在这样的框架内，是不可能给出这样的答案。（Halliday 1967a: 14n.）

一段时间以来，理论的轮廓变得越来越清晰，该理论不把重音视为适用于单个音节"凸显程度"的一种单个的量尺。在最早的版本中，"抽象"词重音与"具体"句重音是有区别的。莱希斯特将这一观点归因于温赖希（Weinreich 1954），自己支持这一立场，尽管明显有些勉强：

> 确切地说，词级重音似乎很可能是一种抽象的性质：一种获得重音的可能性。词级重音是**一个音节在一个词中获得句重音的潜能，当这个词体现为这个句子的一部分时**……。不是所有感知为重音的音节都与声门下压力的峰值有关，这一事实支持了语音所体现的是句级重音而非词级重音这一观点。换言之，我们对语言结构的了解告诉我们，哪些音节具有获得重音的可能性；我们"听到了"底层的音系形式。（Lehiste 1970:150; 黑体为本书的强调）

阿伯克伦比区分了**重调**（词级抽象形式）与**重音**（话语中的实际语音实现

形式），他也或多或少持有相同的观点（Abercrombie 1991）。这一观点对上文（5）这类情况有所帮助，但在某种意义上仍留给了我们同样的问题：不是"哪些是重音的声学相关物？"而是"哪些是实际句级重音的声学相关物？"有待对理论做进一步的改进。

52　　　博林格于1958年首次发表音高重调理论，这是对这种改进的第一个建议。对于博林格来说，就像对于莱希斯特或阿伯克伦比来说一样，词重音是一次音系抽象化，如果词在句中是凸显的，那么该词中的"重音"音节便只是实际的句级凸显出现的位置。①博林格与阿伯克伦比的不同之处（可能也是与莱希斯特的不同之处）是在宣称，句子层面的实际凸显或多或少只是一个语调音高移动的问题。博林格提出，如果没有语调音高移动，也就没有凸显，没有前后一致的词重音的语音相关物。作为这种语言的说话人，我们认为我们因识别出词而听到了词重音。因此，在上述（3）中的单说形式中，当词是话语中的凸显（大致根据定义是在单说形式中）时，调峰和降调是附加到词重音音节上的语调音高特征。（4）中的情景类似，词重音音节吸引语调音高移动，尽管这些移动彼此有别，各不相同，原因是与句子语调有关，而不是直接与重音有关。在（5）中，*told* 上有强调重音，*permit* 上则完全没有句子级别上的凸显，我们在此语境中所听到的名词与动词之间的重音差别完全是由我们的语言知识所致，而非由某些前后一致的语音线索所致。

　　博林格的观点也得到了 IPO 理论的支持，它在一定程度上成功地解释了英语或荷兰语等语言里重音与音高之间的关系。特别是，它有助于解释为什么音高在某些场合（如（3）中）是绝对可靠的重音线索，而在其他场合（如（5）中）却又与此无关。但除音高重调之外，它并不能解释存在重音的语音线索（如时长和音强），也不能解释学者们十分一致地感觉

---

　　①　需要注意的是：博林格与阿伯克伦比在"重音"和"重调"术语的使用上几乎完全相反。词级抽象形式对博林格来说是"重音"，对阿伯克伦比来说是"重调"；实际的话语凸显对博林格来说是"重调"，对阿伯克伦比来说是"重音"。

存在相对重音的**不同等级**，尽管博林格（如 Bolinger 1965: 284; 1972a: 22）确实注意到元音弱化可以为另一种"重音等级"提供基础。也就是说，在博林格看来，音节可以是个实足元音，也可以是个弱化元音：它们若是实足元音，便可以在词库中获得或不获得抽象的重音；它们若在词库中获得重音，便可以或不可以是话语中的实际凸显部分。话语中的实际凸显信息是仅由音高重调传达的。

　　同一基本思想的一种更为复杂的版本是由韩礼德（Halliday 1967a）、53 范德斯利斯和拉迪福吉德（Vanderslice and Ladefoged 1972）以两种不同的形式提出来的，拉迪福吉德（Ladefoged 1982）给出了一种教科书式的呈现形式，这个版本实际上说的是存在着**两个**句子层面的凸显特征，而非只是音高重调。（这个观点就像博林格的观点那样，也允许元音弱化，并且像博林格的观点那样，把它视为一种独立的语音或音系现象，而非一种"重音层级"。）在下文中，我将使用术语（话语层面的）**重音**和（语调的）**重调**来指两个句子层面的特征，但要牢记的是，我现所汇总的作者使用的是不同的术语。对于我所称的"重音"和"重调"，韩礼德分别使用的是"显著性"（salience）和"显调性"（tonicity）；范德斯利斯和拉迪福吉德分别使用的则是"重调"和涵盖性特征［±语调］；而拉迪福吉德的教科书所使用的是"重音"和"显调性重调"。

　　不管两个句子层面的凸显特征使用的术语是什么，这一观点都将两种特征视为非此即彼的语类：音节要么是重音的，要么不是重音的，而且若是重音的，便要么是重调的，要么不是重调的。与博林格的"重音"观相反，在双特征观中，两个特征都有语音基础；两者都不是抽象概念。"重调"涵盖了某些博林格所称的"重调的"情况，但明显与语调曲拱结构有联系，而且只包含有时称之为的"主重调"或"核心重调"。"重音"包括博林格的其余重调，但也包括其他发音凸显的音节：韩礼德在对重音的定义中强调了节奏性的因素，而拉迪福吉德则强调了呼吸能力增加等生理因素。这一观点的所有版本都声称："语调系统都与重调（即重音）

系统发生了交互作用，以此解释一些观察者所分析为的重音程度差异"（Vanderslice and Ladefoged 1972: 820; 另见上述引证韩礼德的文字）。总之，该观点接受了博林格有关语调重调是一种有别于重音的现象的思想，但不赞同博林格认为重音具有某种不同的语音实体，而不仅仅是一种词级抽象形式。要想像我们刚才总结博林格观点那样总结这一观点，我们会说，音节要么可以拥有一个实足元音，要么可以拥有一个弱化元音；如果它们拥有了实足元音，则可以在词库中有抽象重音，或无抽象重音；如果在词库中有重音，那么在话语中就可以或不可以是实际凸显的；如果在话语中是实际凸显的，那么就可以或不可以是音高重调的。话语中的实际凸显是由一个复杂语音线索综合体来表示的，它反映了更大的发音力和可能的节奏规律性。音高重调是语调系统的一个附加特征。

54　　这一将 AM 理论纳入其中的观点把区分话语级别的重音与语调重调的思想更深入了一步：它不是允许对实际话语凸显所做的一种二元重音区分，而是假定话语具有一种可以含有几种不同程度感知凸显的"重音模式"。这种重音模式反映了话语元素之间的一组抽象**凸显关系**。重音模式体现为各种各样的语音线索，但不可以否认的是，这些线索并没有得到很好的理解。除了重音模式外，还有话语的语调模式，它是由一串音高重调和边缘调组成的，音高重调"根据凸显关系与文本相对齐"（Pierrehumbert 1980: 102）。一般性韵律合格性条件规定，音高重调必须带着凸显重音音节出现，所以，正如弗莱等人所发现的，音高重调的出现可作为凸显位置的一种**线索**。但正如博林格以及 IPO 研究者所指出的，音高重调的本质并不是"凸显出借"（prominence-lending），而只是"凸显暗示"（prominence-cue-ing）（这是弗朗西斯·诺兰（Francis Nolan）向我建议的一个术语）。

这个理论观点已经开始影响重音的仪器研究，而且越来越多的证据表明：实际上，如果测量得当，不仅时长和音强，而且各种频谱属性均可用作英语重音的可靠指标。例如，贝克曼（Beckman 1986）曾提出，曲调（melodic）重调（"音高重调"）与动态重调（"重音重调"）之间的传统区别是有效的；她通过实验表明，在日语里，音高变化基本上是重调的**唯一声学线索**，而在英语里，时长、音强和元音音质都起重要作用（我们将在 4.3 节中再来谈曲调重调与动态重调之间的不同）。坎贝尔（如 Campbell 1993）最近的研究，甚至在没有任何语调音高特征的情况下提出了一种确定英语重音音节时长的量化方法，因而让这一观点具有了实质内容。一项广泛引述的、由斯卢伊特和范赫芬（Sluijter and van Heuven 1996）所做的荷兰语研究，显然从需要区分重调与重音的假设开始，说明在重音音节没有音高重调（如像上面 2.5 中的例子那样）的情况下，频谱平衡（频谱不同部分的相对能量）可用作音节带不带重音的一个可靠指标。坎贝尔和贝克曼（Campbell and Beckman 1997）试图将斯卢伊特和范赫芬的研究复制到英语里，报告称他们的结果并不是那么清清楚楚。但胡斯（Huss 1978）也研究了类似的案例（尽管使用的声学测量工具不那么精密），他声称在无重调的语境中发现了重音与无重音之间的差别所在。比弗等（Beaver *et al.* 2007）最近所做的一项研究得出了类似的结论，尽管是基于 55 一种完全不同的方法论和一种完全不同的理论关注点。

尽管在细节上尚未达成共识，但我们似乎可以恰当地说，"重音"是独立于音高重调之外的一种语音实体。这仍然留下了这两种现象之间的关系以及说重音的多层次或程度合不合适的问题。这些都是下面两小节的议题。

2.2.2 调式与文本的联结

如前所述，倘若话语层次的凸显模式（"重音"）可以独立于音高重调的分布来描述，那么就必须将 AM 方法内对语调音系学的完整描述纳入到一种重音或语言凸显的理论之中。寻找这样的一种理论，是所谓节律音系学中许多研究工作的重点。

节律音系学始于利伯曼的理念，即语言凸显关键性地涉及二元分支树形结构中节点之间的一种**关系**（Liberman 1975; Liberman and Prince

1977）。根据利伯曼和普林斯的观点，在任何这样的一种关系中，一个节点强（s），另一个节点弱（w）：

（6）

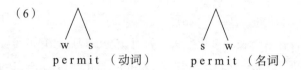

permit （动词）　　　　permit （名词）

重要的是要强调（因为这是常被误解的一点）"强"与"弱"的标签并没有暗示绝对的凸显程度。不存在对两个标签的直接语音解释，只有对整个结构的直接语音解释。这个标示法说的是，一个节点**在结构上**比另一个节点更强；这种相对强度可以通过许多不同的方式在语音上体现出来。贝克曼（Beckman 1986：第2、第3章）深入探讨的、这种对"强度"抽象结构的理解，对于重音感知实验研究的节律解释至关重要。

请看（7）中的两个词，这是它们作为单独的单词发音时所具有的形式：

（7）

baby 婴儿　　　　　　sitter 保姆

56 单说时，这两个词中的"强"音节在语音上很凸显，并有实质的音高扰动；而"弱"音节显然没有那么凸显，能量迅速下降，音高下降到说话人的音域底部。现在，让我们把它们组合成一个单一的综合体：

（8）

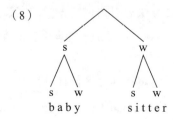

baby 　　sitter

（这个表达式表示：*ba-* 比 *-by* 强，*sit-* 比 *-ter* 强，*ba-* 比 *sit-* 强；但并没有具体说明 *-by* 与 *sit-* 之间的相对强度，下文将讨论这一点的重要性。）这种较为复杂结构的语音体现不同于简单的案例，它不允许对"强"音节概念做单一的语音解释。但仍有可能合理清晰地说出凸显关系是如何体现的。（8）中的结构为整个短语界定出落在 *ba-* 上的单一的强凸显点或峰。用利伯曼和普林斯（Liberman and Prince 1977: 259）的术语说，可以把这个凸显的峰称为**指定终端成分**（Designated Terminal Element，简称 DTE）。就像单说的形式那样，复合词也有 DTE，而且就像在单说形式中的那样，唯一的音高重调也出现在 DTE 上。这意味着：在复合词中，只有 *ba-* 是用音高重调标记的。我们仍能确认在复合词中 *sit-* 比 *-ter* 更强，但语音线索则要精细很多，当然并不涉及任何显著的音高变化。换言之，音高变化在结构允许时可作为凸显的一种线索，但凸显关系的信息也可以通过其他方式进行传达。因此，原则上不存在把 *ba-* 和 *sit-* 描写为该短语中的重音音节的问题，尽管我们对告知重音的细节仍不完全了解。

音高重调是语调调式的成分，它们出现在其在话语中的凸显可以单独界定的音节上。这就是利伯曼所称的"调式与文本相联结"的一个方面。这个概念的理据可以通过类比音乐曲调与歌词之间的关系获知。正如人们在重音主要是一个特定声学线索时所要期待的那样，英语里在给歌词谱曲时，语言学上的重音音节不一定与长音高或高音高或明显响亮的音符相联结。相反，粗略地说，至关重要的是让语言学上的重音音节与音乐强的位置上的音符相联结，尤其是让非重音音节不出现在这些位置上。

我们可以用一首熟悉的歌曲《生日快乐》来说明这一原理在实践中的作用。在这首歌的英文版本中，歌词的第一句、第二句和第四句是祝你生日快乐的词，第三句歌词是为庆祝生日的人量身订制的，如下：

57　　　　　（9）　Happy birthday, Dear [name]　　　生日快乐，亲爱的［名字］

在这一行中，音符和音节之间的联结必须根据名称中词重音的位置进行调整。如果名称由两个音节组成，其中词重音落在第一个音节上（就像许多英文名称那样），那么就没有问题了，因为重音音节自然出现在小节中最强的位置（第一个音符或"强拍"）上，而非重音音节则出现在第二个音符上。这就是 *Susan*（［ˈsuzən］，苏珊）这个女孩名字的情况：

（10）

　　　　Hap-py birth-day, dear　Su-san　　　苏珊，生日快乐！

但如果名字的重音落在第二个音节上，那么就必须对音符与音节之间的联结进行调整，以使第二个音节从强拍开始，并在这个小节的两个音符上延伸。这便是其他类似 *Suzanne*（［suˈzæn］，苏珊）这个女孩名字的情况：

（11）

　　　　Hap-py birth-day, dear Su-zanne　　　苏珊，生日快乐！

几乎每一个说英语的六岁孩子都知道如何进行这种调整。①

　　这表明，落在 *Suzanne* 第二个音节上的重音至少部分是由音节出现在"强拍"（小节的主拍）上这一事实表示的，尽管"出现在强拍上"是一个十分抽象的概念。这是与重音主要是音系强度问题的观点相一致的；各个音节的局部语音属性（时长、音高、音强）不一定得到局部解释的，而是

---

　　①　我要强调的是，这个例子只适用于英语，并且以此方式将重音音节与音乐节拍同界的一般性原则，很可能也仅适用于有重音的语言。在声调语言里，更为常见的是，词库声调决定和影响音节与音乐旋律之间的匹配。例如，如果音乐旋律有从一个音符到下一个音符的音高增长，那么相关音节上的声调通常不会从高声调降为低声调。有关此议题的评述，见拉德和柯克比（Ladd and Kirby 2020）。

作为支配语调特征联结的总体节律结构的一部分。对于那些只对感知线索感兴趣的人来说，这种普遍的观点似乎可能是异常地抽象。但类似区别在音乐理论中有充分的理据。在音乐中，我们可以清清楚楚地区分"强拍"的**结构强度**与音乐"重调"（外加响度、时长、外加震动等）的**声学凸显**。例如，有些音乐风格是用弱拍上的重调（如摇滚乐中的基调强节奏）来描述的。很明显，音乐家们对"基调强节奏"（backbeat）之类的东西都有 58专门的术语，这表明了一种对声学凸显与底层节拍相结合的期望。在语音中，主要音高移动通常也是与其他凸显线索相吻合的。但通过音乐类比，也清楚地表明了将结构强度与声学凸显相区分的重要性。

2.2.3 节律强度、动态重音和音高重调

我们可以用下面这句话来总结上述的讨论：莱希斯特评析说，重音的"诡异"性质主要是个理论问题，而不是个实证问题。笔者相信，节律音系学跟调式与文本联结概念相结合，对解决这个理论问题有了很大的帮助。特别是，它可以让我们区分早期论述中已合并起来的"重音"的三个方面：抽象凸显关系（"节律强度"）、特定音节上的具体声学凸显性或显著性（"动态重音"）和与凸显相关的语调事件的位置（"音高重调"）。但在节律音系学自身内，很少有人努力去解释有关"重音"的旧仪器发现。此外，有些音系学者（如 Hayes 1995）实际上把节律结构的抽象性用作了不关注那个结构语音实现的一个理由。结果是，AM 理论尚未被许多实验语音学者所广泛接受，弗莱（Fry 1958）发现的传统解释对已出版的研究成果仍有影响（如利维（Levi 2005）对土耳其语的研究得出了相当误导性的结论：土耳其语是一种"音高重调语"）。

例如，有人反对将某些音节分析为"带重调的"，因为它们在语音上含混不清，或者在任何情况下远不如成分中的其他音节在语音上更显著。59典型的例子是法语的话语末尾音节。对许多语音学者来说，这些音节的惊人之处在于它们经常在声学上含混不清，尤其是与阅读文体中普遍存在

的、位于短语起始位置的**强势语调**（accents d' insistance）相比较。确实，有人（如 Beckman 1986: 33）提出法语根本没有重音，只有音系词或短语边界的"分界"线索；还有心理语言学方面的证据，证明法语说话人通常对其他语言里的重音不敏感（Dupoux *et al.* 1997; Dupoux, Peperkamp, and Sebastián-Gallés 2001）。但德尔（Dell 1984）令人信服地指出，法语语调曲拱的声调属性分布只能通过假定法语音系词中最后一个实足元音音节具有某种特殊结构凸显来解释。

德尔的论证主要是基于句子的声调表现，即句中体现的是末尾非重央元音（schwa）或**末尾不发音的** *e*（e muet）。如果我们假定法语里重调声调是在音系词的边缘上，那么就可以期望它们就像附加到任何其他音节上那么容易地附加到非重央元音上，但正如德尔所示，事实并非如此。例如，请看从短语末尾音节上高峰开始下降（有时只是轻微下降）（**Delattre 1966** 的**暗示语调**）的颇具强调性的陈述语调。这是德尔在下面例子（对德尔原始例子稍作修改后的，但保留了德尔对"中"调的印象派表示）中所诠释的：

（12）

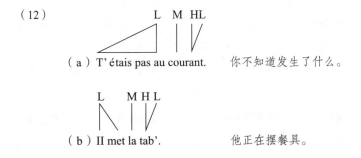

（a）T' étais pas au courant.　　你不知道发生了什么。

（b）Il met la tab'.　　他正在摆餐具。

当该曲拱应用于带各种附加语的句子（如呼语或右边错位[①]成分）时，末

[①]　"右边错位"是指小句后出现的一个结构成分（通常是名词短语），代词或其他语法标记则指明这个成分若出现在小句之中"将要"占据的语法位置。可能的英语例子是 *She's clever, that lass.*（她很聪明，那个女孩），在这句话中，*that lass* 是右边错位的，*She* 则指明它的语法角色。在不受凯尔特语影响的语言变体中，右边错位在英语里并不常见，但在所有的罗曼语里却分布很广。

尾 L 延展到整个附加语成分上，形成了单独的一个韵律短语（*tronçon*）；　60
H 仍位于第一个韵律短语的最后一个音节上：

（13）

Il met la tab', Mercier.　　梅西尔正在摆餐具。

正如德尔所指出的，如果 *table* 的末尾非重央元音在这个语境中体现了，
那么它就不能算作第一个韵律短语的最后一个音节，但 H 仍固定在音节
ta- 上：

（14）

Il met la table, Mercier.

最后实足元音音节作为调式与文本相联结的锚定位置具有某种特殊的地
位；我们不能简单地说，声调移到了短语的边缘位置。

　　已知这里所论及的凸显节律概念，德尔认为最后实足音节的特殊位置
是"重调"或"节律强度"。用德尔的话说：

> 决定关键性音节［=DTE］在语调短语内位置的标准完全是重调性的
> （而非句法的）。重调性因素的相关性，真的是……在法语里不如在其他语言
> 里那么引人注目。这是因为在语调研究中，人们通常是从探究无声前的短语
> 末尾曲调开始的。在这个语境中，由于非重央元音的某些音系特性，重调总
> 是落在词的最后一个音节上。结果是，某些曲调事件可能给人的错觉是与成
> 分的右边有关，而实际上它们却是与重调音节有关。（Dell 1984: 67f.）

德尔明确指出，基于抽象的节律强度和与"某些曲调事件"（即音高重调）
的有关性，最后实足元音音节的凸显是结构性的，而非语音性的。因此，
该音节不可以承载贝克曼所说的"动态重音"（这是许多语音学者所视为

核心的）这一事实与他的分析无关。与此同时，动态重音与更抽象的音系特性之间存在明显的断联，可以在某种程度上解释杜普克斯等人所称的法语说话人的"重音耳聋"（stress deafness）现象。

在这方面，我们也可能注意到了奥德（Odé 1994）在 IPO 理论框架内探究印度尼西亚语的语调时所遇到的困难。为了与 IPO 假设保持一致，她试图让听话人辨别出"凸显"词，但她的（被描写为"研究生语言学者"的）被试发现这个任务很难，彼此的看法很不一致。她的结论之一是"印度尼西亚语中的凸显无法用重音或重调音节来描写"（Odé 1994: 63）。但在同一卷（Ebing 1994; Laksman 1994）中，对印度尼西亚语语调的各种声学语音描写都认为，通常就词的倒数第二个音节而言，可以很容易地对印度尼西亚语中的典型音高移动做出界定。这意味着，在这里提出的术语中，印度尼西亚语里的倒数第二个音节是"重调的"，因为它是语调语符列事件的锚定位置。但从具有某种明确语音显著性的意义上说，它并不一定是"重音的"，因为这是另外一个现象，它显然并不总是出现在印度尼西亚语里。①

2.2.4 小结

上述有关 AM 理论对重音和重调的讨论可以总结如下。至少在有些语言（当然包括英语和荷兰语）里，存在着一种可以有效地与音高重调区分开来的重音语音现象。可以把这种意义上的重音解释为"声学显著性"：它是一种与更大发音力有关的属性（包括增长的音强和时长，以及较浅的

----

① 在这方面，还请看拉克斯曼（Laksman）对如下事实所做的讨论，即音高模式在双音节词中是相同的，无论第一个音节有无非重央元音或其他某个元音。从英语或荷兰语的角度来看，这是让人困惑难解的，因为非重央元音的定义是不重音的，因而必须是不重调的。但从比如说日语的角度来看，则是合情合理的；在日语里，人们知道重调可以出现在无嗓音的音节上，或在无嗓音阻塞音之间被略去（Sugito and Hirose 1988）。如果我们干脆抛弃声调事件的锚定点必须是一个在语音上"凸显"的音节这一假设的话，那么音高重调出现在非重央元音上就不再是个问题了。

频谱斜率）综合体。

　　话语的凸显模式反映了音节的层级节律结构组织。这个结构指明了音节之间和诸如词和短语之类更大成分之间的抽象凸显或强度关系。词和短语组成合格性节律结构的方式，部分是由词库赋值的词重音模式表示的。

　　总的来说，抽象节律结构中凸显的音节也在语音上是重音的，但这一理论并不排除出现系统性断联情况。一个音节在不一定有重音的情况下可以是节律强的或凸显的。这种断联与音乐中的断联类似：如（由底层节拍 62
界定的）节奏凸显与（由和谐变化、音符时长、增加的音响度等界定的）曲调凸显或动态凸显之间的断联。

　　像英语或法语这类语言里的某些音节有时伴以音高重调。但音高重调是语调曲拱的组成成分，其本身并不代表重音的声学体现。它们可用作音节凸显的一种间接线索，这是因为它们必须与节律强的音节相联结，但（与博林格的 IPO 观点相反）其本身并不构成凸显音节的凸显。在某些语言（如英语或荷兰语）里，与音高重调相联结的节律凸显音节也是动态重音的。在其他某些语言（如法语或印度尼西亚语）里，音高重调可以联结到要么不一定有重音的音节上，要么可能对本族语说话人或受过语音训练的听话人来说似乎是"凸显的"音节上。

2.3　音高重调的平调分析

　　到目前为止，我们已把音高重调作为可分析为音高曲拱的最为重要的音系事件进行了讨论。但 AM 语调描写最为明显的特征之一是：许多情况下，可以将音高重调进一步分析为高调与低调的序列或组合。乍一看，这使得 AM 理论似乎在长期以来被称为"平调与构型"（levels-vs-configurations）争议（即那些从区别性音高层级视角分析曲拱的人们与那些把语调分析初始单位视为音高移动或"构型"的人们之间的争议）中有了明确的立场。事实上，我认为更为公平地说，AM 理论成功地解决了这一争议。

2.3.1　平调与构型的争议

平调与构型的争议，无疑是 20 世纪 50 年代初期到 80 年代初期语调研究的首要理论问题。这个问题最早是由博林格（Bolinger 1951）提出来的，他通过采用当时广为接受的派克（Pike 1945）、威尔斯（Wells 1945）、特拉格和史密斯（Trager and Smith 1951）的美国结构主义分析法来引起人们对各种各样问题的关注。这些描写中最典型的特征是，语调是用四个层级"音高音位"（低、中、高和超高）[①] 来分析的，据说它们出现在话语中某些结构上显著的点上（另见 Hockett 1955, 1958; Trager 1964）。博林格指出：实际上，这四个层级系统既过于丰富，又不够丰富：一方面，它预测了似乎并不存在的语调对立；另一方面，它也无法分析确实存在的不同曲拱形式。他将这些问题归因于将音高层级用作基本要素，并提出区别性语调功能单位实际上是升降之类的"构型"。

回顾过去，博林格所讨论的许多问题显然都是美国结构主义语言学的某些一般理论原则所产生的结果，而不只是"层级"思想所带来的结果（比较 Ladd 1983b）。在自始至终的争辩过程中，抱怨许多"构型学者"（如 Sledd 1955; Ladefoged 1967）的问题之一是在明晰化语调语音描写中需要能够参照实际的 F_0 层级，这似乎需要某些音高层级的音系概念，并且也表明博林格提出的二分法中存在着某种缺陷。尽管如此，在大约 30 年的时间里，平调与构型的争议一直是语调研究者觉得他们必须表明立场的一个问题，而且它也肯定影响具体的研究者看待自己工作的方式。

---

① 四层级分析法是以两个版本方式出现的，两个版本都使用了数字来标记音高层级。派克的原始版本（Pike 1945，但早在 1942 年的对外英语教材中给出的）是从上到下按等级编号，超高是 1、高是 2，等等。最早发表在威尔斯（Wells 1945）中的版本，在特拉格和史密斯（Trager and Smith 1951）采用后成为了生成前的标准美国分析法，该方法是以 1 为最低，以 4 为最高。两种分析法的本质（特别是有限分布和最高层级的特殊地位）是用文本中所给出的低、中、高和超高标签来概括的。

　　例如，语调涉及相对低音高与相对高音高之间区别性移动的观点，是由伊萨琴科和沙德里奇（Isačenko and Schädlich 1970）以及 IPO 研究者们在 20 世纪 60 年代期间独立提出来的（见 1.2 节）。但伊萨琴科和沙德里奇的研究强调两个层级，而 IPO 的研究则强调两个层级之间的移动；IPO 研究者们似乎没有意识到他们与伊萨琴科和沙德里奇的研究有多大的共同之处（见 Cohen and 't Hart 1967: 189; 't Hart and Cohen 1973）。尽管冷战时期东欧学者与外界的隔离无疑在这一点上起了作用，但提出平调与构型之争是造成科恩和哈特所认为的他们的方法与伊萨琴科和沙德里奇的方法根本对立的主要原因，似乎合情合理。在这方面，我应该指出，平调与构型问题是我最初拒绝使用自主音段声调结构研究方法的根本原因（Ladd 1978）。

　　无论如何，AM 理论有效地解决了这场争论。两个理论主张对这一解 64 决方案是至关重要的。这包括：第一，将区别层级的数量减少到两个（即高和低）；第二，承认音高重调的存在。

　　首先，通过将区别层级的数量减少到两个，AM 理论避开了预测超多的对立问题。例如，对英语的四层级分析法可以预测存在 6 个区别性的降调 /21/、/31/、/41/、/32/、/42/ 和 /43/。几乎可以肯定的是，这些明显区别与英语语言系统无关，即使可能找到大致与 6 种可能的语音相对应的曲拱。通过将所有的降调分析为 HL，把 H 或 L 高度上的变异归因于正交因素，两层级理论似乎在音系对立与副语言变异之间找到了完美平衡。这一点呼应了博林格（Bolinger 1951: 210, 重印版 1965: 16）他自己的观点，尽管他当然不只是**反对**四层级方法，也**支持**构型方法：" '231 与 241'（加上一个同义的标注）的效率不及 '升与降'（加上一个调域的标注），因为后者中的限定标注可适用于所有的构型，无须重复"。

　　其次，通过承认存在于**某个分析层级上**的音高重调，AM 理论可以用原始的 H 调和 L 调指称语音体现中的音高层级，而与此同时又承认了音高重调在某种意义上是区别性音高构型。在这一点上，该理论与初始的"层级"观截然相反，它直接从"层级"角度分析话语的曲拱。[①]事实上，就音高重调和语音体现而言，AM 观与 IPO 理论之间实际上没有什么差别。IPO 理论把音高构型看作是单位，强调"构型"的首要性；但在对实际的曲拱模式化时，该理论仍然参照下倾上线和下线为每一个局部构型指定了起始和结束层级。这些起始和结束的点实际相当于 AM 方法中的声调目标值。

据说平调与构型之争仍未解决的唯一重要方面是在感知领域中。例如，IPO 研究者的核心论点之一一直是，移动（movement）对于感知语调差异至关重要。我们听不到什么是高的，所以论证就是这样的，除了跟较低语境中别的东西有关（见 5.2.1 节）。在某种程度上，这明显是正确的，但这种情况可能似乎已被夸大。这方面的最好证据是存在像约鲁巴语那样的语言，毫无争议的是，词库声调系统在那些语言里是基于区别层级的：在一个仅由 H 调组成的话语里，语境中没有更低的可作为比较点的东西。音高感知的一般性（即此处不以欧洲为中心的）理论需要明确听话人在没有与 M 或 L 做组合比较的情况下如何能感知到 H 调的"高调性"。一旦我们有了这样的一种理论，合理的是认为它也适用于英语或荷兰语。不管怎样，感知论证本身不足以在平调与构型之争中一直保持"构型"观。

2.3.2 非洲语言的例子

在 AM 理论中推进语调结构的思想，明显受到非洲语言声调音系学的影响。公认的是，在这些语言里，两"层级"词库声调（如 H 和 L）可以出现在同一个音节上，并形成一个语音上的降调或升调曲拱。举出几个样例来，会有很大帮助，这样不熟悉非洲语言的读者就可以更清楚地理解

---

① 这种说法对派克来说并不完全正确，他认为，一个话语的语调可以包含许多由两三个层级组成的"基本曲拱"。这些基本曲拱有点类似于 AM 的音高重调。

所涉及的那种现象。

　　将音节曲拱分析成平调序列，主要有两种理据。第一种理据是音段省略。在许多非洲语言里，一个音节的元音在语音上可以省去，而它的声调还可以得以体现。在这种情况下，与省略音节相邻的一个音节便可以有两个声调。如果两个声调不同，其结果可能是在那个音节上有个曲拱或音高变化。这可以从以下约鲁巴语的例子中看出：

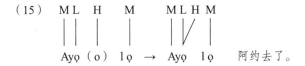

（15）

这里，o（"他／她／它"）上的 H 调仍保留在声调语符列中，即使与之底层联结的元音完全被删掉。[①] H 调重新与前面的音节 -yọ 联结，这样便有了 L 和 H 两个调。这个两调序列在 -yọ 上体现为了一个升调。

　　将许多非洲语言里的曲拱分析成平调序列的第二种理据是描写上的经 66 济性。例如，在（由沃德（Ward 1933）所描写的）埃菲克（Efik）语里，单音节动词词干都带有三个不同调型（高、低或升）之一。因此：

（16）　　dep（高）　买　　du（低）　生活　　ka（升）　去

如果我们由此推断有高、低、升三个不同的声调音位，那么就可以预测双音节动词词干就有九种可能性：低高、低升、升低，等等。事实上，双音节词干正像单音节词干一样，只有三种可能性。它们是高高、低低和低高：

（17）　　kere（HH）　想　　　dori（LL）　放　　　fehe（LH）　跑

---

① /o/ 的省略很可能是一种语法现象，不是共时音系或语音过程（见 Rowlands 1969: 34f.），但那不影响这里所提出的观点。

显而易见，对这些事实的解释是，只有 H 和 L 两个声调音位，底层词干也只允许有三个声调调形，即 H、L 和 LH。那么，表层体现取决于词干中有的声调调形与音节的联结方式：

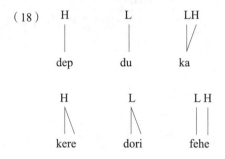

（18）

只有 H 和 L 调的描写，其基本单位的清单是很小的，并且它可以精确预测那些双音节调式是可能的。

　　这两种类型的例子都可以在撒哈拉以南的非洲地区所用的一种又一种语言里找到（更多更深入的背景材料，见 Welmers 1973; Odden 1995; Heine and Nurse 2000），它们对莱本（Leben 1973）、戈德史密斯（Goldsmith 1976）和威林姆斯（Williams 1976）等著作中早期发展的自主音段理论起了关键性的推动作用。这表明，必须在我们对语言音高系统的理解中为"平调"找到一个位置。当然，欧洲语言里有无平调是另外的一个问题，我们现在来谈这个问题。

2.3.3 区别性层级的语音证据

　　虽然非洲声调语言的例子毫无疑问影响了 AM 语调音系学的发展，但67还有其他更直接的实证基础，认为音高移动可以表征为声调序列。其中最为重要的是，布鲁斯发现精确同界的调峰（无论是升调还是降调）在瑞典语里都是最为可靠的词重调相关物（见 1.3.2 和 2.2.3 节）。通常可以被认为是区别性的某些音高移动（具体地说，承载重调 1 的单说形式，它里面重调音节上的升调），通过布鲁斯的研究已被证明是从一个音系赋值的点到下一个点的**过渡部分**。也就是说，恰巧横跨重调音节上的 F_0 构型在语音描写整个曲拱中没有起任何有效作用；音高系统的不变特征似乎是曲拱中的**拐点**，而非联结它们的过渡部分。

布鲁斯的数据很清楚地表明，"词重调的最大值"（与重调音节联结的 F_0 值）是曲拱语音描写最为可靠的锚定点：相对于重调音节，它总是与此同时出现的，并且它在已知的话语语境中 F_0 的层级实际上是始终如一的。为了解释这些规律性，把词重调最大值视为一个音系实体是恰当的。用布鲁斯（Bruce 1977: 130f.）的话来说，我们需要"表征由两个音高层级的韵律特征所诱导的声调要求，一般认为它们与语言学相关：一个低调，一个高调……。可以把这两个声调点视为理想的 F_0 目标值，并给出一个基本话语声调特性的大致画面"。布鲁斯（Bruce 1977: 132）总结道：在重调性音高构型的建模中，"在特定的时间点时达到特定的音高层级至关重要，但不是（升或降）移动本身"。他还进一步阐述了对理想的 H 和 L 进行实际语音音阶标度是另外一个问题的这条原则，"必须……通过 F_0 规则的操作对这个声调表达式进行进一步的细化，以适合实际的 F_0 数据"。

长期以来赞成"构型"反对"平调"最为重要的一个论点是，这完全是一个研究者如何看待这个难题的问题：用布鲁斯（Bruce 1986: 225f.）的话来说，"在描写一个移动时，你说'先在上，后在下'或'往下'，这没有什么差别"。但布鲁斯的发现却暗示有差别。此外，由于布鲁斯的研究，现有大量证据表明，某些目标点的音高层级在交流中极为重要。例如，前田（Maeda 1976）发现：对任何一位已知的说话人而言，句末降调尾的低音高变化不大，这一发现在此后的许多研究中被反复提及（如 Menn and Boyce 1982; Liberman and Pierrehumbert 1984; Anderson and Cooper 1986; Connell and Ladd 1990; Ladd and Terken 1995; Shriberg *et al.* 1996——梅恩和博伊斯、安德森和库柏的研究是基于自然或半自然口语）。但在重调峰的高度上却不太容易观察到相似的一致性，因为调峰可

68

能由于其他原因（强调、话语中的位置等）变化很大。不过，一般来说，当其他因素受到严格控制时，调峰高度似乎跟末尾低终点的高度一样都是有规律的。

让人们关注调峰高度规律性的研究是皮埃安贝尔所做的有关在英语两个特定曲拱中调域调整的实验（Pierrehumbert 1980: 第 3 章 ; Liberman and Pierrehumbert 1984: 第 2 节 ）。两个曲拱及其使用的适宜语境，在如下交谈中得到了阐释：

（19） （a）"背景-回答（BA）曲拱"

问：What about Anna? Who did she come with?

安娜呢？　　　　她和谁一起来的？

答：Anna came with Manny.

安娜和曼尼一起来的。

（b）"回答-背景（AB）曲拱"

问：What about Manny? Who came with him?

曼尼呢？　　　　谁和他一起来？

答：Anna came with Manny.

安娜和曼尼一起来。

由此可见，两个曲拱均是由两个重调组成的，但这两个重调的不同取决于重调词是（用皮埃安贝尔的术语说）问题的**回答**还是预设的话语**背景**的一部分。声调分析两个重调类型是相当不确定的一点（4.2.2 节将讨论这一点），但这里讨论的重要的一点是两个重调的调峰之间存在着一种一致性的音高层级关系：在 AB 曲拱中，*Manny* 上背景重调的调峰明显

比 *Anna* 上回答重调的调峰要低。而在 BA 曲拱中，两个调峰大致是相同的。

皮埃安贝尔让说话人多次重复地说出 10 种不同"整体强调程度"的这两种曲拱。然后，她测量了几种假定的声调目标值的 F_0 水平，包括两个重调的调峰。就这两个中的任何一个曲拱而言，在不考虑调域的情况下，所有四位说话人都显示出两个重调调峰高度之间几乎恒定不变 69 的关系。这在图 2.2 中得到了呈现，其中给一个说话人的两个曲拱提供的数据得到了绘制。给另一个说话人所绘的图与此类似。人们很难（尽管并非不可能）不得出如下结论：两个调峰之间的关系正受到极为严格的控制。[①]

虽然 *Anna/Manny* 实验关注两个调峰之间的**关系**问题，但它所揭示的一致性即使在无法实验操控的调域研究中也是显而易见的。例如，如果我们查看拉德（Ladd 1988）所报告的数据中每一个说话人句首重调调峰的平均值，就会发现标准偏差平均只有 7.5 赫兹（从 3.7 赫兹到 11.5 赫兹），这表明说话人说出的话语中存在着相当大的一致性。客观地说，将这一发现与采用类似方法研究约鲁巴语所得出的结果相比是有指导意义的（Connell and Ladd 1990），因为我们可以预想具有三个词平调的约鲁巴语说话人会严格控制 F_0 层级。在本研究中，句首 H 调疑问语助词的标准偏差平均是 14.8 赫兹（范围从 8.3 赫兹到 31.4 赫兹）。我们可以得出这样的结论：

---

① 在他们的这些数据模型中，利伯曼和皮埃安贝尔试图说明：两个曲拱类型虽然表面上存在差异，但实际上展现出两个调峰之间的一种单一底层关系。具体地说，他们认为表层模式源自回答–背景比（即用固定比值来指定"回答"重调峰高于"背景"重调峰）和"末尾降低"（即将序列中的最后重调加上特定的一个因素）的综合效应。也就是说，在 BA 曲拱中，第二个调峰底层比第一个调峰要高一点点，但却被末尾降低降了下来，降至两个调峰几乎相同；在 AB 曲拱中，第二个重调底层已经比第一个要低，而且被末尾降低得甚至更低。我认为这是一种错误的解释（见 Ladd 1990b; Calhoun 2006）。但我们现在处理的是一个还是两个恒定不变关系的问题，并不影响这里所提出的观点，即出于语言学目的，调峰 F_0 水平正受到严格控制。

在大致类似的条件下，英语说话人对音高层级的控制至少与约鲁巴语说话人一样精确。格兰德斯特罗姆（Grundstrom 1973）报道说，法语疑问句末尾的高音高也有类似的一致性。所有的这一切都是我们所期待的，如果英语或法语这类语言中的语调在某个描写层级上都有与非洲声调语言中的声调类似的"声调"。

不过，这个问题很复杂，因为不一定很容易将音高层级的规律性与音高偏离的规律性（局部音高移动的大小）区分开来。也就是说，已知图 2.3 中所示的一对理想化的曲拱形式，同样可以用 x′ 比 x 高的层级或用（x′-y′）比（x-y）更大的偏离尺寸来描写 a 与 b 之间的差别。但在可

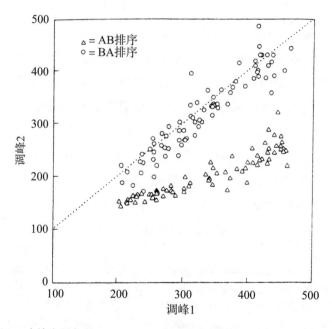

图 2.2 皮埃安贝尔的 *Anna/Manny* 实验中一位说话人的数据。该图为每一句话绘制了 *Anna* 对比 *Manny* 上重调调峰的 F_0 值。AB 排序把"回答"放在了背景之前，而"BA"排序则相反（详情见正文）。引自利伯曼和皮埃安贝尔（Liberman and Pierrehumbert 1984）。

以明确做出区分的情况下，层级描写似乎更好地表达了实验数据中的规律性。

例如，感知实验表明，听话人关注目标值的层级，并且实际上在判断偏离本身的大小方面却非常差。哈特（'t Hart 1981）的实验对这一关系特别感兴趣，因为这显然是出于偏离大小是与感知相关的理论假设。用哈特（'t Hart 1981: 812）的话来说，"只要音高移动可以出借凸显，人们就可能问：对于相似音高移动可使双音节凸显出来的一句话来说，要想使一个音节比另一个音节更凸显，二者中的任何一个应有多大的音高移动"。也就是说，哈特认为偏离大小与凸显程度彼此相关，并调整他的实验以排除调峰高度的影响。在此情况下，被试的表现很差。听话人能直接比较调峰高度的其他实验（如 Rietveld and Gussenhoven 1985; Silverman 1987; Gussenhoven and Rietveld 1988; Terken 1991）具有很好的识别表现。正如哈特所认为的，这表明相对高度不是在设计实验中需要控制的一个分散注意力的因素，但它对于区别重调相对凸显却是关键性的。这一思想已在劳拉·迪利（如 Dilley 2005; Dilley and Brown 2007）的著述中得到了广泛发展。

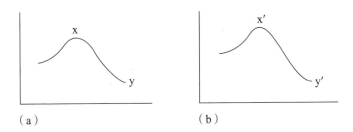

（a）　　　　　　　　　（b）

图 2.3　重调调峰凸显或调域定量定义的两种不同方法。图中两种理想化重调调峰的相对凸显可以用相对调峰高度（x' 与 x 之间的差别）或者用音高偏离大小或音高移动的量（x'–y' 与 x–y 之间的差别）来描写。在许多（就像这里的）案例中，很难在实证上对这两种定义做出区分。

　　类似结论也适用于言语产出中对音高的控制，其中我们可能想知道说话人是否想说出一种特定的音高层级或一种特定的偏离尺度。例如，正如我们刚刚所看到的，在皮埃安贝尔的 *Anna/Manny* 实验中，两个重调调峰上调峰 F_0 的关系在总体调域各种变化的情况下恒定不变，而利伯曼和皮埃安贝尔（Liberman and Pierrehumbert 1984: 210-215）也从偏离大小角度对同一组数据做了分析。也就是说，他们观看双重调构型之间在偏离尺度上的关系，看它是否也是恒定不变的。尽管总体调域与偏离尺度之间存在实质的相关性是不足为奇的，但任何一个话语中偏离尺度之间的关系远不如调峰高度之间的关系有规律。

2.3.4　声调目标值音阶标度的实证问题

　　如果我们接受了这样的定论：像英语这样的语言涉及了区别性的音高层级，那么就必须承认我们尚不理解音高层级的区别性是如何发挥作用的。AM 方法的优点之一是，它一直将我们的注意力引到音高层级作为一个需要探讨的问题上来。

　　以前，从平调而非降升调之类的构型角度分析音高曲拱的反对意见之一是，平调无法反映语音的现实情况。博林格（Bolinger 1951）提出了已知任何一种分析中的平调数量只是一个分析者将本质上梯度性的东西划分成何种精密程度的问题，而利伯曼（Lieberman 1965）则展示了在由仪器确定的音高曲拱中，美国结构主义分析的音高层级与实际观察到的音高层级不能形成系统上的对应关系。对于布鲁斯或皮埃安贝尔提出的两层级分析法，这些反对意见本质上是无关紧要的。在只有两个层级的情况下，这些层级不可能与语音现实有任何直接的对应关系；任何人都能看到曲拱的变化形式比这更多。相反，H 和 L 类似于音位，是音系的抽象形式，没有理由期望它们总是体现为同一种形式。当然，H 和 L 的语音体现形式就像其他音位的语音体现形式一样，受到各种制约性因素的影响，这些制约性因素可以使任何一个给定的 H 或 L 在语音上以一种与其他事件完全不同的方式出现。所以，整体描写必须说些具有理论意义的、有关从抽象的 H 和 L 到曲拱中实际的 F_0 层级映射方面的东西。因此，似乎比较公平地说，仅用两个不同的层级对语调进行音系分析是通常掌握音高系统中语音实现问题的一种真正的尝试。

无论如何，通过仅用两个不同的层级来描写曲拱，把语音实现（音阶标度为）视为一个独立的问题，AM 理论事实上消除了作为语调研究中一个活跃课题的平调与构型之争。在具有词库赋值平调的语言（如约鲁巴语）里，完全没有争议的是，我们需要某种用抽象音位性平调和具体语音实现规则的描写。布鲁斯和皮埃安贝尔研究中的创新思想在于看到了同一种思想，即可以毫无困难地将词库声调实现中音系条件下的变异扩展到平调音系表征语调的元素之中。一旦接受了这一点，那么高与低之间的基本对立作为一种许多语言里的语调如何运作的描写便自然而然地出现了。在取代无法解决的平调与构型难题时，AM 理论已产生了更容易处理的声调目标值如何音阶标度的实证问题。 73

布鲁斯（Bruce 1977: 131–143）在他的学位论文中对 H 调和 L 调的语音实现提出了一些初步建议。可能是为了避免偏离派克 / 特拉格-史密斯系统的公认思想太远，他建议语调的语音可以用一种从 1（最低）到 4（最高）的四个 F_0 层级的理想化方式来表征。任何一个 H 或 L 都可以在这些层级中的一个层级上得到实现。布鲁斯的讨论明确指出了 2.3 节所讨论的抽象音系与具体语音实现之间的差别：

> F_0 层级 1 被认为是基础层级，它是低音高层级［即 L 调］的真正表达式。可以粗略地……从这一基本层级把 F_0 移动描写成正偏差……。在某些情况下，也将低音高层级指定为 F_0 层级 2（偶尔 F_0 层级 3）。根据语境，可将高音高层级［即 H 调］指定为 F_0 层级 2、3 或 4。这意味着，F_0 层级 2 既可以表征高音高层级，也可以表征低音高层级，这可能看起来很矛盾。但一定要把音高层级的"高"与"低"视为相对的，并根据上下文给每一种情况指定一个具体的 F_0 层级。（Bruce 1977: 137）

布鲁斯继而指出，他将四个 F_0 层级理想化为在话语中自始至终都是不变的，但承认有些证据证明它们实际上发生了下倾或下漂。

在其后的研究（Bruce and Gårding 1978）中，四个 F_0 层级的思想被抛弃，下倾是从"陈述线"（statement line）与"焦点线"（focal line）之间的差别角度置于实现模式之中的。陈述线是"顶线"（topline）和"基线"（baseline），它们分别将短语**非焦点**词重调的峰与谷连到了一起；这两条线是逐渐下倾的。焦点线呈现出了短语某个或某些焦点词的词重调最大值和最小值的层级；这两条线几乎是水平线，大致反映了说话人话语调域的顶与底。图 2.4 呈现了布鲁斯和戈丁的实现模式。通过区别陈述线与焦点线，布鲁斯和戈丁的模型将我在别处（Ladd 1992）称之为**声调空间**（tonal space）的这一概念纳入到了它的语音实现的描写中。声调空间是全音域的一个子集，它可用于在话语中任何一个点上实现声调上的差别。在
74 布鲁斯和戈丁的模型中，声调空间是由"陈述线"定义的，并在整个话语过程中不断变化。全音域是由"焦点线"定义的，它不会改变。

术语"声调空间"是我提出来的，意在作为一个非正式结构的名称，它对 AM 语调音系学处理语音数据的方式至关重要。"声调空间"意在呼应"元音空间"，并在语音描写中具有类似的（非正式且基本隐喻性的）作用：它将语音数据中一组已观察到的值的上下限具体化。当我们说不同的说话人具有不同的元音空间时，我们的意思是：观察到的两个说话人所说的相应元音的声学细节在某种始终如一的方面有所不同。我们也很乐意讨论单个说话人元音空间的扩展或收缩，这些是作为语速、强调等其他因素的一种功能。通俗地说，一个与另一个元音符号之间的对应反映在了它们在两个元音空间中占据了相对应位置的这一事实上。同样，当我们说两个不同的 F_0 拐点代表 H 调时，我们可以认为它们二者都是在给定的时间内给一个已定说话人在给定话语声调空间的顶部上；实际上，音高特征的语音实现是相对于声调空间来定义的。克莱门茨（Clements 1979）的"声调层级框架"（tone level frame）、皮埃安贝尔和贝

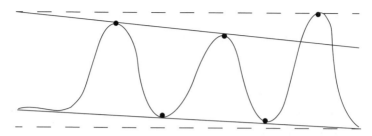

图 2.4　布鲁斯和戈丁提出的模型中音高特征的语音实现。话语音域
的上下限是由水平的"焦点线"呈现的，而大多数音高重调的实现范
围是由逐渐下倾的"陈述线"呈现的。引自布鲁斯和戈丁（Bruce and
Gårding 1978）。

克曼（Pierrehumbert and Beckman 1988: 182）的"转换空间"（transform
space）以及"音区"（register）（如 Poser 1984; Connell and Ladd 1990）
都是声调空间思想的具体样例。我们将在 5.2 节中更加详细地讨论这个
观点。

　　当然，元音空间与声调空间之间的一个明显不同是，声调空间的变
化要大很多。众所周知，男女和儿童彼此都有不同的元音空间，但差别
很小，表面上不很明显；同样，重音音节与非重音音节中对应元音之间　75
可测量到的差异表面上也是难以感知到的。所以，容易把像［i］或［a］
这样的语音符号当作人际之间、语境之间具有的某种实证上的有效性。
相比之下，不同嗓音之间、不同话语之间以及话语的不同部分之间的音
高差别表面上很明显，通常在交流上至关重要，因此，我们更能意识到
在确定一个与另一个音高目标时所涉及的抽象化。尽管如此，如果我们
允许音高空间的实际语音值可在话语过程中（如作为"下倾"的结果）
持续变化或演化的话，那么声调空间观可以帮助我们思考有关局部声调
目标值与音高曲拱的总体形状或走向之间的关系。这就是下一节所要讨
论的课题。

2.4　F_0 总体走势的音系解释

无论是声调语言还是像英语或荷兰语之类的语言，F_0 在整个短语和话语上呈现了下降的走势，这一点至少从派克（Pike 1945）以来一直是清清楚楚的。人们还注意到，这种"下倾"走势在许多语言的疑问句中（例如关于豪萨语的明确证据（见 Lindau 1986; Inkelas and Leben 1990），以及 1.3.2 节中讨论过的证据（见 Thorsen 1980））是悬停的或逆转的。像这样的观察结果，可以很容易地以 1.3.2 节所评述的方式纳入 F_0 的叠加模型中。如果我们拒绝叠加模型，那不过就必须提供对这种总体走势的某种解释。

这个问题的解决方案分成两部分。第一部分涉及对抽象的音系赋值与它们的语音实现做出明确的区分。用 2.3.4 节中刚介绍的术语来说，它涉及把下倾及其总体走势处理为更一般的如何音阶标度声调目标值的问题。第二部分涉及通过一系列对语音实现参数的局部（即音系控制的）调整来生成总体走势。那么，通俗地说，有了声调空间的概念，就可以将描写语调语音细节中的调整语音实现参数视为对声调空间做些离散性的局部化改变。通过给话语过程中一系列局部变化的持续性声调空间演化进行建模，AM 模型避免了量化描写总体曲拱形状的问题（如戈丁的"格栅"）。

这种差别在下倾的处理中清晰可见。在过去的许多量化下倾描写（如 IPO 模型或藤崎模型）中，曲拱的向下斜率是这样直接指定的。在藤崎的模型中，短语组件是另外由局部重调事件所生成的一个连续函数；在 IPO 模型中，有一个基于话语长度计算起始层级和下倾比率的标准格式（'t Hart 1979）。相比之下，在皮埃安贝尔（Pierrehumbert 1980）以来的所有 AM 研究中，声调空间的演化都是以更符合一系列局部化音系事件观的方式处理的。尤其是在下倾方面，皮埃安贝尔（Pierrehumbert 1980）认为大

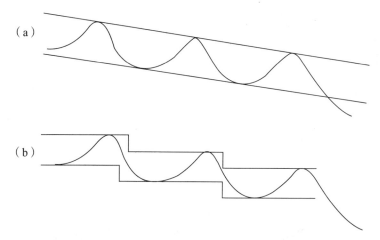

图 2.5　两种不同描写总体音高曲拱向下走势的方法。理想化的曲拱和
"声调空间"图展示了作为话语中特定点上（a）逐渐下倾或（b）降阶
结果的总体向下走势。

部分下倾均可以作为降阶（downstep）[①]（即音高（或声调空间的音高）在
特定音高重调处的逐步降低）的结果解释的。图 2.5 呈现了从总体下倾角
度描写一种理想化的向下走势曲拱与将它处理为反复出现局部化降阶之间
的差别。

　　这表明，音高曲拱中的一种表面总体走势是如何可以从一种更符合
AM 语调音系学假设的方式进行分析的。但应该强调的是，降阶观不仅　77
仅是旨在语音实现模型中寻找避免具有"叠加"组件的一个锦囊妙计。
相反，英语里降阶观的灵感来自许多撒哈拉以南非洲语言的声调系统。
在许多这样的语言里，"高低高"序列中的第二个"高"调在体现时要比

---

　　① 继波泽（Poser 1984）之后，贝克曼和皮埃安贝尔（Beckman and Pierrehumbert
1986）用新造的词**"衰变"**（catathesis）取代了皮埃安贝尔的术语**"降阶"**，但在贝克曼和皮
埃安贝尔（Beckman and Pierrehumbert 1992）中，他们又重用了**降阶**。现在，这一用法看上
去似已确立。这个新词最初是为了避免非洲文献中有关**降阶**与**下漂**（downdrift）、**自动降阶**
与非**自动降阶**之间差别上的分歧提出来的。

第一个"高"调要低；第二个"高"调的层级为直到短语末尾或其他某个相关韵律单位的"高"调实现设定一个新的上限。此后，日语里也出现了类似现象（Poser 1984; Kubozono 1989），但它们却受词库重调的制约：无论是重调的还是无重调的，音系词的 H 调后接重调词比后接无重调词要低。在英语中使用局部降阶来生成总体走势，意味着英语有降阶重调与无降阶重调之间的区别：降阶重调的 F_0 层级要比相对应的无降阶重调的更低。

区分英语里降阶重调与无降阶重调的理由可以在只有两个重调的简短话语的基础上得到最为清晰的展示。请看 *my mother's diaries*（我母亲的日记）这类的一个短语。首先，回想一下（1.1.2 节），强弱与弱强（即 *my MOTHER'S diaries* 与 *my mother's DIARIES*）这两个可能的凸显模式之间存在着一种差别。在强弱版本中，焦点落在 *mother's* 上（如我母亲的日记，而非我父亲的日记），而在弱强版本中，焦点要么落在 *diaries*（我母亲的日记，而非她的剪贴簿）上，要么落在整个短语（我母亲的日记，而非家里的一件家具）上。现在，用普通的陈述语调说，落在强弱版本上的音高曲拱在 *mother's* 上出现一个峰值，*diaries* 是在音域的很低位置上体现的：

（20）

my mother's diaries   我母亲的日记

但有两种实现弱强版本的不同方式，不过这两种大致都位于普通陈述语调的范围内。首先，我们可以具有的形式是

（21）

my mother's diaries

78 这里，落在 *diaries* 上的峰值相当于或高于 *mother's* 上的重调性峰值。但

其次，我们还可以有

（22）

my mother's diaries

这里，*diaries* 上有个降阶的重调。（22）与（20）在语音上很相似，但有个明显的差别：（20）的焦点落在了 *mother's* 上，而（22）却没有。语音上讲，*diaries* 上的降阶重调与无降阶的重调非常相似，但语用上说，它明显是个重调。[①]

为了解释这些观察结果，我们需要能够说出（22）中的 *diaries* 在节律上比 *mother's* 要强，即使它被音阶标定得相当低。这是通过假定降阶重调与非降阶重调之间存在差别来实现的。降阶给如末尾或完整性增加一点点细微差别，但不会以影响短语焦点的方式使重调变得"不那么凸显"：降阶和非降阶重调可以表现出底层弱强凸显模式。20 世纪 80 年代期间，曾有过一场恰当音系分析英语降阶的大讨论，但皮埃安贝尔的基本描写洞察力（存在着这样的一种差别）已被人们广泛接受（如见 Hirst 1983; Ladd 1983a; van den Berg, Gussenhoven and Rietveld 1992; 戴诺拉（Dainora 2001）提出了一种不同的观点，但尹泰振（Yoon 2007: 第 6.3 节）又提出了反驳）。反过来，这至少从**重复**出现的降阶角度可以解释英语里的某些总体性降阶。

皮埃安贝尔等（Pierrehumbert 1980; Liberman and Pierrehumbert 1984; Pierrehumbert and Beckman 1988）对英语降阶的具体语音做了大量的研

---

① 不过，语音相似性可能对语音解释有一定的影响。斯蒂芬·鲍曼（Baumann 2006）明确指出：在某种意义上说，至少在德语里，降阶重调在语用学上介于非降阶 H* 重调与无重调之间。具体地说，降阶重调常用在指可以推断的或对话语不完全陌生的实体的短语上，而非降阶重调却更常与称为全新实体的短语一同使用，并且去重调化往往保留给刚在前面提到过的实体。

究。模型的细节已经改变（特别是，1988 年模型的版本比 1980 年的原始模型更明确地纳入了声调空间观），但保持不变的主要一点是：已知一个表达 F_0 值的适当音阶标度，图 2.5 所示的降阶序列中的那种步骤大小相

79 等。准确地说，降阶序列中每一个重调的峰值是前面峰值的**恒定比例**（用模型的参数说）。其他语言（如荷兰语：van den Berg, Gussenhoven, and Rietveld 1992）也得到了类似的结果。特鲁肯布罗特（Truckenbrodt 2002）所做的相关研究也表明，德语短语内的降阶大小可以预测**升阶**（upstep）在短语位于话语非末尾位置的末尾处的大小。

　　这些都是重要的发现，因为它们就像布鲁斯的瑞典语词重调数据，或者就像 *Anna/Manny* 的实验结果那样，是与目标层级由说话人主动控制的这一观点相一致，因而应以某种方式在语调音系描写中得到表征。这些发现还因导致对叠加模型重要理据的质疑而变得很重要：如果可以只带有一个回顾先前值的小"窗口"从左往右生成目标值的话，便可以在不把它们纳入模型的实际组件的情况下生成曲拱的总体走势。特鲁肯布罗特的发现特别是以此方式显露的，因为他们提出任何一种给定的重调音高值的语音实现参数都可以根据重调在多层级韵律结构中的位置局部赋值的，还因为他们可以使用同一种基本信息来预知升阶和降阶（不只是一种总体下倾斜坡）二者的大小。

　　事实上，逐个重调模式的鉴定能力足以让利伯曼和皮埃安贝尔将降阶与他们所称的语音数据的"末尾下降"区分开来。说话人在实验中发出含有两到五个降阶重调系列的话语。在这一实验中，利伯曼和皮埃安贝尔发现，末尾重调总是比降阶语音模型中恒定比例所预测的要低。所低的量在不同话语中、不同实验条件下都是始终如一的。所以，利伯曼和皮埃安贝尔提出，末尾重调的音阶标度受到降阶和末尾下降这两种不同的影响，每一种都做出了各自的独特贡献。这种对仪器数据的解释是与对声调语言的观察结果相一致的。在声调语言里，话语中最后一个声调的体现层级常常比所预测的要低（比较 Pike 1948: 28；更详细的声学数据，见 Herman

1996）。很难看到如何在近似同样简单化的叠加模型中解释这种对特殊重调的特殊影响。

可以肯定的是，格拉贝（Grabe 1998：第 6 章）已对利伯曼和皮埃安贝尔的具体结论提出了质疑，她认为末尾重调之所以下降得比较大，是因为在利伯曼和皮埃安贝尔的实验材料中最后两个重调是由更大的时间 80 间隔分开的。她自己的结果似乎表明，从一个重调到下一个重调的降阶总量与两个重调之间的时间距离相关，如果我们处理的是一个时效依赖性的全局性走势，而不是对一个或多个语音实现参数所做的逐个重调调整，那就有意义了。① 但她的结论可能因其实验做的是英国英语而受到影响，而利伯曼和皮埃安贝尔的实验做的是美国英语；阿瓦尼蒂和戈杰瓦茨（Arvaniti and Godjevac 2003）的一项基于美国英语和希腊语的最新研究，似乎大体上符合利伯曼和皮埃安贝尔的观点，即在特定的点上有两个不同的下降因素。

很难说我们已经解决了总体走势建模的最佳方法，也很难说现在对下倾已大彻大悟。然而，与本章所讨论的其他一些问题一样，AM 视角让我们有可能超越无法解决的理论僵局，转向关于声调目标如何音阶标定的可处理的经验问题。至少在此程度上，AM 理论观已带来了真正的进步，5.2 节中将呈现这一进步的一些细节。

2.5　AM 描写与语调共性

既然我们已列出了 AM 理论的四条基本原则，给出了它们每一条的理由，那么最后对这一理论的一般描写潜能做一次具体的说明是非常有益

---

① 实际上，原则上没有什么可以排除降阶和"真正"（即时效依赖性的）下倾这二者存在的东西，并且皮埃安贝尔和贝克曼（Pierrehumbert and Beckman 1988：第 3 章）将这种可能性纳入了他们的日语模型之中。但检验这一模型在实证上的困难（区分降阶与下倾，区分两者与 F_0 的自然可变性）是相当大的，这个问题绝对还没有解决。

的。通过详细讨论一个具体的例子，我将展示 AM 方法如何使有意义的跨语言语调特征比较研究成为可能。这一点很重要，因为跨语言的比较研究是理解语调共性的先决条件。

语调系统有足够多的普遍认同的属性，许多研究者把它们视为语调信号的常见共性核心，它们或与发音时呼吸控制有关（如 Lieberman 1967），或与生物决定的高低音高交际效果有关（如 Bolinger 1978, 1986: 第 9 章，1989; Ohala 1984, 1994; Gussenhoven 2004: 第 5 章）。那些认为语调有个常见共性核心的人通常所强调的走势还包括下倾（以及更为常见的将低音高或下降音高与完整性相联系）、高音高或上升音高与疑问句和非末尾成分相联系，以及新的或其他有用的词上出现的局部音高移动。虽然否认广泛存在有关语调如何影响话语意义的说法是愚蠢的，但有充分的理由怀疑把它们视为语调比较描写的基础，即作为能把语言特有的差异看作是单个主题上的细微变化的这一背景。

将共性走势用作描写特定语言语调的基础存在着几个问题。第一，语言与语言之间、同一种语言的不同方言之间存在着许多明显的差异，对于经常接触的语言或方言说话人来说，这些差异常常非常引人注目。这些很难适用于任何一种以共性为基础的描写框架。第二，也是更为重要的一点，许多"共性"概括可以说是完全建立在以欧洲为中心的样本的基础上，因而不是真正的语言共性，而只是语言区域的语言共性。这方面特别有趣的是安妮·里亚兰有关非洲疑问句语调的研究，它提供了大量语言的清晰证据，证明在这些语言里，疑问话语的末尾往往具有如下的某些或所有特征：呼气性（breathiness）、慢音速、开元音和低音高（Rialland 2007）。最后，也是最为重要的一点，许多共性的概括之广泛、之模糊（"高音高或上升音高"），几乎不可以将它们纳入任何一种有意义的实证检验之中。若无普遍认可的描写语调的理论框架，就很难比较不同语言的语调，很难就相似性或差异性的意义得出任何一条可靠的结论。但若有这样的一种理论框架，就应该可以进行有意义的比较。

作为 AM 分析中可使那种比较成为可能的一个例子，我在此将在拉德（Ladd 1983a）的报告基础上对匈牙利语疑问句语调[①]的事实进行评述。几十年来，这些事实已确定无疑（例如，德西弗斯（de Sivers 1965）已清清楚楚地列出了它们），但常常因匈牙利语模式与许多西欧语言里疑问句语调之间的明显差异而被（如 Gósy and Terken 1994）认为是极其令人费解的。对于英语母语说话人来说，毫不夸张地说许多匈牙利语疑问句听起来像是强调陈述句，对于简单明确的语调共性理论来说，这表面看上去是个问题。不那么明显的是，词重音、焦点与音高扰动之间的关系，完全不同于人们仅在西欧语言的基础上可能期望的东西。

从 AM 的观点来看，匈牙利语疑问句语调与英语或法语里的那种上声曲拱之间存在着两种主要差别。首先，在匈牙利语（跟很多语言一样，包括俄语、罗马尼亚语和希腊语）里，核心重调在一般疑问句中的中性位置是在限定动词上。[②] 其次，虽然动词上的音高很低，但疑问句的调式是以高直降音高移动结尾的，对于许多西欧语说话人来说，听起来像是陈述式的直降重调，但它甚至不一定与重音音节相联结。在首先处理这些差异中的第二个差异时，我们可能说，匈牙利语疑问句调式最起码是由音高重调 L 后接一个边缘调的声调序列 H_L 组成的。L* 是与核心重调词的词重音音节（始终是首音节）相联结的；如果核心之后至少有两个音节的话，则边缘调 H 与倒数第二个音节相联结，边缘调 L 与末尾音节

---

① 请可能遭到术语"疑问句语调"干扰的读者注意：我很清楚语句类型与调式之间不存在简单的对应关系，更不用说确定性的关系（如见 Scherer, Ladd, and Silverman 1984; Haan 2001; Lickley, Schepman, and Ladd 2005）。这个词只是指，就像其他许多语言（包括希腊语和意大利语）那样，匈牙利语里没有说明一句话是陈述句还是疑问句的词汇或句法的通用标记，并且在许多案例中，仅仅语调便可用于表示这种区别。

② 4.1.1 节将讨论术语"（语调曲拱的）核心"和"核心重调"用以指大多数短语凸显重调的情况，别处称为"焦点重调"或"句重调"，或者简单地称为"主重音"（primary stress）。"中性"重调表示"没有特殊焦点"的概念，将在第 6 章中进行详细讨论，就像在一些语言的一般疑问句中核心落在动词上一样。

相联结。例如 [①]：

（23）　　 L*　　H L

Beszél a tanár ?

老师在讲话吗？　（字面意思：talks the teacher）

在这个例子中，倒数第二个音节碰巧也是 *tanár* 的重音（首）音节，但这只是巧合，正如我们用三音节名词替换后可以看到的那样：

（24）　　 L*　　　　H L

Beszél a miniszter ?

牧师在讲话吗？

83　如果倒数第二个音节也是核心音节（例如，如果动词是在句尾，或疑问句语调只用于名词短语），那么整个调式往右边"挤压"，因此倒数第二个音节变成了低升调，末尾音节变成了直降调（5.1.3 节将讨论单音节疑问句上会有什么事情发生）。我们可以把这表征如下：

（25）　　　　 L* HL

A tanár ?

如果有前核心重调，则它们通常是 H 的中程峰值：

（26）　　　 H　　L*H　 L

A magyar nehéz nyelv ?

匈牙利语难学吗？　（字面意思：the Hungarian difficult language）

_____

①　匈牙利语正字法中的锐音符表示元音长度，而非重音；词重音固定在词的首音节上。L* 表示低核心音高重调。AM 标示法的其他细节，将在下一章中介绍。

现在让我们来看看前面提到的第一个差别，即疑问句中核心的"中性"位置在动词上。焦点和强调中的差异可以通过改变词序（如在意大利语或俄语中）和改变核心位置（如在英语或荷兰语中）来表示，但如果没有特别的焦点，核心就在动词上。因此：

  （27） （a） L* H L

       Vettél szódát ?

       你买苏打水了（＝矿泉水）吗？（中性，出乎意外）

     （b） L* H L

       Szódát vettél ?

       你买**苏打水**了吗？（即：你买的是苏打水吗？）

     （c） H L*HL

       Szódát vettél ?

       你买**苏打水**了吗？（即：苏打水呢？你买了吗？）

在这些例子中，核心移位与词序变化的交互作用传达了不同的语用信息，这是匈牙利语的典型特征。这些细节不在本书讨论的范围之内，但值得指出的是，第四种逻辑可能性，即 *vettél szódát* 是 L* 疑问句核心落在了 *szódát* 上，这让母语说话人感到很奇怪。问题是，这种语调表示落在 *szódát* 上的窄焦点（见 6.1 节），但句法要求窄焦点成分出现在动词之前；因此，句法与语调之间就不匹配了。更多有关这种一般性主题的信息，见基弗（Kiefer 1967）、霍瓦特（Horvath 1986）、沃格尔和基内塞（Vogel and Kenesei 1987）、瓦尔加（Varga 2002：第 6 章）、森德洛伊（Szendrői 2003）、韦奇伍德（Wedgwood 2005）。

20 世纪 60 年代，语音学者们只具备一种把"重音"当作音高凸显、把"语调"当作总体话语曲拱的非自主音段基本观，不难想象那时的一个语音学者是如何被刚才总结的效果所迷惑的。在曲拱（27a）中，语音上最显著的音高扰动出现在 *szó-* 上，这种曲拱准确地说是焦点不落在"苏

84

打水"上的曲拱；如果我们想要焦点落在"苏打水"上，那么我们就要使用不同的曲拱，如（27b）、（27c）中的曲拱。然而，一旦我们了解到我们处理的是大多数西欧语里不出现的声调序列 L*_H_L，那么我们就可以看到所有的焦点和短语末尾音高峰的位置都恰恰是我们所期望的。曲拱成为重调和边缘调的基本结构划分、调式与主要重音音节和边界之间的联结方式以及随之而来在调式依靠主要重音音节数量、位置和焦点的位置实现中的变异情况，都正好像我们在其他地方发现的那样。匈牙利语疑问句语调与其他欧洲语里比较知名的语调模式之间的唯一差别是，（a）它有不同的声调序列，（b）"中性"重调是在动词上。

另一方面，值得强调的是，中性重调的位置和疑问句调式本身，确实都不同于我们在大多数西欧语里所发现的。也就是说，虽然 AM 分析带来了匈牙利语疑问句调式与许多其他共有的基本特征，但它也使以原则性方式将所有疑问句曲拱视为同一个主题的不同变异方式成为了可能。如果我们简单地说疑问句全都在话语末尾或靠近末尾具有高音高或上升音高的话，那么就可以把（而且已把；见 Bolinger 1989: 57ff.）匈牙利语疑问句语调视为疑问句语调共性本质的证据。根据前面的讨论，这似乎无法让人满意，并且 AM 分析可以将一种对匈牙利语疑问句语调的明晰化音系和语音解释与是不是语调共性的可证伪的说法组合到一起。像博林格的或欧哈拉的思想并没有被 AM 方法排除在外，卡洛斯·古森霍文与其学生所做的研究表明，可以将人类话语普遍"生物密码"的理论化与对某个语言或语言变体语调的仔细和详细探究组合到一起（如 Chen, Gussenhoven, and Rietveld 2004），但它们必须建立在更坚实的、承认不同地方存在差异的实证基础上。

第二部分

音　　高

3

语调的分析与标音

既然我们已经探讨了自主音段-节律理论（AM）的语调研究方法的理论和实证基础，并阐释了它在有意义的跨语言比较方面存在的可能性，那么接下来可以考虑的是 AM 对特定语言语调音系描述的技术细节。皮埃安贝尔对英语的分析显然是任何此类探讨的出发点。这种分析实际上有三个截然不同的版本：皮埃安贝尔（Pierrehumbert 1980）提出的原始版，皮埃安贝尔与玛丽·贝克曼合作（Beckman and Pierrehumbert 1986; Pierrehumbert and Beckman 1988）提出来的旨在取代原始版的修订版，构成标准英语原始 ToBI 标音系统一部分（Silverman *et al.* 1992; Pitrelli, Beckman, and Hirschberg 1994; Beckman and Ayers Elam 1993; Brugos, Shattuck-Hufnagel, and Veilleux 2006）的修订版的一个改进简化版。这些都将在 3.1 节中介绍。介绍简明扼要，概括性强，有几处简要提到分歧的事项、未解决的问题、其他语言以及进一步的发展情况，稍后又对其中的许多问题做了更为深入的探讨与分析。3.2 节将探讨 AM 原则扩展到英语之外的其他语言的描写问题。

3.1　皮埃安贝尔对英语语调音系的分析

3.1.1　记音惯例

先来谈一谈记音问题是有好处的，因为重要的是要将单纯的记音惯例与记音系统所表达的理论创新区分开来。为了与 2.1 节中所呈现的思想保持一致，皮埃安贝尔的记音法将曲拱表征为音高重调和边缘调的一个语符列。所有的音高重调都由一个单独的 H 或 L 组成，或由两个调的组合组成。在双声调的重调中，可以假定这两个声调中的一个是以某种方式处于中心位置；音高重调的中心调用星号表示（如 H* 或 L*），因而常把它称为"标星调"。除了这个标星调外，一个音高重调可以（但不必）含有一个（前面的）"引导调"（leading tone）或（后面的）"拖延调"（trailing tone），如 L+H*，即带引导低调的标星高调。双声调的记音符号所用于的案例是：音高重调的特点是 F_0 局部快速移动，而不单单是局部的最大值或最小值。[①]

　　在皮埃安贝尔的原始版中，边缘调被分成了两类：即**短语重调**（phrase accent）和**边界调**（boundary tone）。前者写成 H- 和 L-，或直接写成 H 和 L；后者写成 H% 和 L%。严格地说，边界调是一个与语调短语最末端（或在某些语言的某些案例中的最开头）联结的单独的调：H 调或 L 调。短语重调（有时也被称为"短语声调"）是在最后一个音高重调之后出现的独立的、不标星的调（即不充当双调音高重调中引导调或拖延调的不标星的调）。在皮埃安贝尔的原始版分析中，每个语调短语都以一个音高重调序列、一个短语重调和一个边界调结尾。修订版又增设了一个结构层，即**中间短语**（intermediate phrase）层，这样，每个语调短语都由一个或几个中间短语构成（有关讨论，见 Beckman and Pierrehumbert 1986: 4.3 节）。有了这个结构差异，就可以把边界调（T%）看作是语调短语（*IP*）的边缘调，把短语重调（T）说成是中间短语（*ip*）的边缘调。在一

---

　　① 在原始版的记音符号中，引导调和拖延调（还有下面马上要讨论的短语重调）都被写成后带提升连字符的形式（H- 或 L-）。双声调音高重调的两个声调是用"+"连在一起的，如 L*+H-。在一些以皮埃安贝尔为基础的早期著述（如 Gussenhoven 1984; Féry 1993; Grice 1995a）中，加号和连字符都是不用的，一种直接写成 L*H。其他的（如大多数 ToBI 系统）保留加号，但略去双声调重调中的连字符，保留表示短语重调的连字符。但在使用中，为了省事提升的连字符就会变成一个普通的连字符。

个由单个 *ip* 构成的 *IP* 中，修订版与原始版在分析上不存在实际差异（曲拱仍以一个音高重调、短语重调和边界调的序列结尾），但在一个由多个 *ip* 构成的 *IP* 中，非末尾的 *ip* 则只以一个音高重调和短语重调的序列结尾。自 20 世纪 90 年代中期以来，已有对短语重调的广泛调查与探讨（具体见 Grice, Ladd, and Arvaniti 2000; 4.1.4 节）。

3.1.2 调式结构和基本语调分类

刚才总结的记音方法表达了第 2 章所概述的几条语调音系学理论主张。第一，它格外鲜明地体现了音系学的基本主张，即一定要把曲拱分析为在话语中界定清楚的地点处出现的成分语符列。第二，更为具体地说，它明确区分了音高重调与边缘调这两类成分。第三，它把音高重调进一步分析为由一个或多个 H 调和 L 调所组成的调。

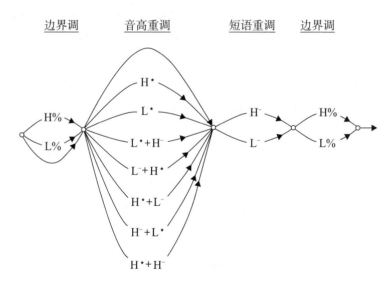

图 3.1 　根据皮埃安贝尔的原始版分析法生成英语语调调式的有限状态语法。引自皮埃安贝尔（Pierrehumbert 1980）。

记音法也体现了调式**结构**的几点思想。皮埃安贝尔（Pierrehumbert

1980）用图 3.1 所示的、可用来生成英语所有合法调式的有限状态语法对
这些做了总结。这个语法表明，调式的组成形式是一个或多个音高重调，
后接一个必不可少的短语重调和一个必不可少的边界调。这里，调式结构
值得突出强调，这意味着关于调式结构的两个相互关联的理论主张。首
先，这个语法表示所有可能的音高重调与边缘调序列都是合法的，皮埃安
贝尔（Pierrehumbert 1980: 30, 1988: 13）明确赞同这一点。[①] 其次，它表
90　示曲拱没有内在的成分结构，特别是没有类似于传统英国分析法中的"调
头"（head）和"核心"（nucleus）。上述这两点都表明，除了（微不足道
的）位置外，"核心前"重调与"核心"重调之间并无差异：对于皮埃安
贝尔来说，"核心重调"只是短语的最后一个重调。但如果我们接受了贝
克曼和皮埃安贝尔对短语重调修正后的理解，那么可以把"核心重调"定
义为**中间**短语的最后一个重调。这种用法越来越常见，ToBI 训练材料中
已对此做了明确的说明（Beckman and Ayers Elam 1993: 1.4 节；Brugos,
Shattuck-Hufnagel, and Veilleux 2006: 2.3 节），告诉用户把这个意义上的核
心重调视为比核心前重调更凸显。下面 4.1.1 节还会再来谈这个问题。

　　尽管有明显的创新，但在皮埃安贝尔对英语语调的基本分类中也存在
着很多与早先的分析相类似的东西，特别是与英国传统分析相类似的东
西。皮埃安贝尔在否认核心重调概念的理论地位的同时，也确实隐晦地承
认最后一个音高重调与后面的边缘调的组合形式与传统英语"核心调"非
常相似。具体地说，在皮埃安贝尔（Pierrehumbert 1980）的图表附录中，
她以一种引发与英国传统类别相比较的方式，举例说明了由音高重调、短

---

　　① 部分是因为序列没有特殊地位的理论主张，所以不存在表示序列或声调元素组合的
标准记音符号。下文将采用使用下画线把涉及边缘调的序列成分分开来的做法（如 H_L%、
H*_L、L_H%）。这样做的主要原因是，在某个分析层面或在某个描写框架中，可以把这些
序列视为几个组合体或几个单位。（显而易见，音高重调与短语重调的组合体（在某些情况
下边界调也在内），对应于英国传统上的核心调。）在我有机会提到一些通常不被视为更高
层级单位或组合体的序列（如：音高重调序列或词库声调语言里的声调序列）的少数几个场
合时，我是用省略号将这些元素分开的（如：H* ... H* 表示一个高的音高重调序列）。

语重调和边界调构成的 22 种 ① 组合的体现形式。表 3.1 总结了 22 种组合形式，并给出了每一种组合的可能的英式描写方式。其中有些对等形式有待商榷，但在多数情况下，可以把有明确对应关系的存在视为语调对立基本分类有效性的某种表示。如前（2.1 节）所述，罗奇（Roach 1994）在试图提供一种从英国传统"声调学的"（tonetic）记音法到 ToBI 记音法的自动转换方式时也提出了这一点。

不过，想要说出两个系统之间完整的对应关系是没有意义的。一方面，英国传统方法并不是单一的，而是对某些现象一系列不同的分析，其中包括一般的"调头"问题（核心前重调模式）和诸如"高降"与"低降"之间的具体差异问题（见 1.4 节中的讨论）。这意味着并不存在一种公认的可用来与皮埃安贝尔的分析进行逐项比较的英式核心调类的清单。

表 3.1 皮埃安贝尔（Pierrehumbert 1980）与英式核心调之间的对应表。 91
在贝克曼和皮埃安贝尔（Beckman and Pierrehumbert 1986）版本的分析中，两个标星的曲拱因降阶规则的修改（比较 3.1.3 节），将会变成呼叫曲拱的变异形式。标剑号的曲拱因为同样的原因，将是 1986 版本中的一个高调域的降升调。

皮埃安贝尔	英式
H* L L%	降
H* L H%	降升
H* H L%	程式化的高升
H* H H%	高升
L* L L%	低降
L* L H%	低升（窄调域）

---

① 皮埃安贝尔在最初分析时设定的是 7 种音高重调类型，而逻辑上由 7 个音高重调、2 个短语重调和 2 个边界调可能的组合实际上有 28 种。但由于实现规则产生的中和化的结果，据说其中有 6 种与其他序列是无法区分的。这 6 种中的 4 种组合涉及 5.2.5 节中所讨论的有争议的 H*+H 重调。

皮埃安贝尔	英式
L* H L%	程式化的低升
L* H H%	低升
L+H* L L%	升降
L+H* L H%	升降升
L+H* H L%	（带低调头的）程式化高升 *
L+H* H H%	（带低调头的）高升
L*+H L L%	（"勺状"）升降
L*+H L H%	（"勺状"）升降升
L*+H H L%	程式化的低升 *
L*+H H H%	低升 †
H+L* L L%	（带高调头的）低降
H+L* L H%	（带高调头的）低升
H+L* H L%	（带高调头的）程式化低升
H+L* H H%	（高调域的）低升
H*+L H L%	程式化的降（"呼叫曲拱"）
H*+L H H%	（高调域）降升

更重要的是，AM 方法旨在为分析语调的差别提供一种新的基础，而不只是为旧的相同描写方式提供一种新的记音符号。这两种方法的差别所在清清楚楚地反映在表 3.1 中对核心调类的分组方式上：这些分组在皮埃安贝尔的系统中是有意义的，但在英式系统中则没有意义。在皮埃安贝尔分析的基础上进行的分组，呈现出五套完全平行的四种类型，加上两个额外的类型，但从英国传统的角度看，某些像"低升"和"高升"之类的类型不92 可预测地出现在表中几个不同的地方，而且为了描写某些差别，还需要处处提到调域或前面的"调头"类型。

3.1.3　重调类型

皮埃安贝尔对英语语调的原始版分析设定了 7 种可能的音高重调类

型：H*、L*、L+H*、L*+H、H+L*、H*+L 和 H*+H。在标准修订版（Beckman and Pierrehumbert 1986）中，H*+H 重调被删掉了（见 5.2.5 节），本节是在所剩 6 种类型的基础上进行阐述的。在这 6 种类型中，两种是单调型的（H* 和 L*），4 种是双调型的（L*+H、L+H*、H*+L 和 H+L*）。这 6 种类型中有 3 种的语音描写非常直截了当（H* 是一个局部性的调峰，L* 是一个局部性的调谷，而 L*+H 则是一个低重调音节开始的上升调），但其他 3 种类型（L+H*、H*+L 和 H+L*）需要做些评析，我们在下文中将就此做些说明。然而，即便是前 3 种类型，熟悉英国或 IPO 标音传统的读者也应当牢记：语音描写只提及重调音节，并且理论上不存在使用这些"核心"重调与"核心前"重调之间的差别。把这些重调与不同的边缘调组合起来，可以产生感觉上截然不同的曲拱。例如，当 H* 后接一个短语重调 L 时，结果便是一个"下降的核心调"（韩礼德的音调 1）或 IPO 中的一个"类型 A 降调"；但当它们后接一个短语重调 H 时，结果便是一个"上升的核心调"（韩礼德的音调 2）或 IPO 中的一个"类型 1 升调"。当它们不后接任何一个短语重调时，就会给凸显的核心前音节做上标记（如韩礼德的显著性但无声调的音节）。

图 3.2 呈现了后接短语重调 L（图 a）和短语重调 H（图 b）的核心重调 H*；两张图也呈现了核心前位置上的 H*。[①] 图 3.2 也说明了 H* 重调在皮埃安贝尔分析中的特异性，即序列中的两个 H* 重调不是用一条峰到峰的直线连起来的；而过渡段据称则有个"下凹"，第二个 H* 重调体现为局部性跳跃至目标音高峰（Anderson, Pierrehumbert, and Liberman 1984）。在下文中讨论 L+H* 重调时我们将回到局部性跳跃上来，并将在 4.1 节中重新审视下凹过渡段。图 3.3 呈现了一个核心前的 L*。

———————————

① 本节中提供的图形主要是为了说明论述的要点，并不是为了全面介绍皮埃安贝尔对全部英语曲拱类型的处理方法。无论怎样，这样的介绍与音档以及交互式声学分析展示结合起来都会更有效；读者若想得到更多的例子、更详细的解释，请参看 ToBI 网站（Veilleux, Brugos, and Shattuck-Hufnagel 2007），特别是有详细标签的指南（Beckman and Ayers Elam 1993）和培训资料（Brugos, Shattuck-Hufnagel, and Veilleux 2006）。

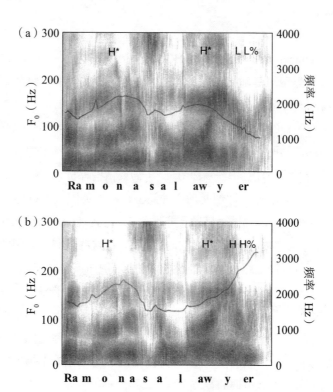

图 3.2　英语句子 *Ramona's a lawyer*（雷蒙娜是名律师），（a）当作一个带重调序列 H* ... H*_H_H% 的回声问句说出来的，（b）当作一个带重调序列 H* ... H*_L_ L% 的中性陈述句说出来的。按照传统的英国分析法，回声问句有一个高升调，而中性陈述句则有一个核心降调（或高降调）。

如图 3.4 所示，当后接一个短语重调 L 时，H* 与 L*+H 之间的差别最明显。这种差别似乎与英国传统几个版本（如 Kingdon 1958; O'Connor and Arnold 1973）中所谓的"降"核心调与"升降"核心调之间或韩礼德（Halliday 1967a）中音调 1 与音调 5 之间的差别相一致。在这些曲拱中，H* 的调峰一般是与重调元音同界，而在 L*+H 中，对应于 L* 的调谷是与重调音节同界，而调峰则是较晚同界的。在 AM 分析中，H* 与

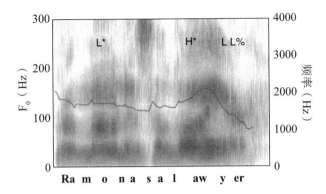

图 3.3 英语句子 *Ramona's a lawyer*，是以一个带重调序列 L* ... H*_L
L% 的陈述句说出的。核心前的低重调与核心降调组合起来，产生利伯
曼（Liberman 1975）所称的"意外羡余型曲拱"。

L*+H 之间在记音符号上的差别是一种表征这种差别的明显方式，但实际
上，在应不应当把降核心调与升降核心调视为涉及不同重调类型方面一
直长期存在分歧。英国传统几个版本（尤其是帕尔默（Palmer 1922）提
出的原始版本）都根本从不参照升降调，因此都暗暗地把下降前的一段
上升视为"降"这个单独语类内的一个副语言的变异问题。在一种受英
国传统影响的分析中，范德斯利斯和拉迪福吉德（Vanderslice and Lade-
foged 1972: 822）提出了一种用区别特征来表达的折中方案：他们建议
应把升降调视为一种降调的变异形式，因为变项之间的差别"清晰地传
达了标引式或副语言信息"，并且从特征"勺状"的角度分析了这种音
系差别。这一观点是以特征"延迟峰"（Ladd 1983a）或直接以"延迟"
（Gussenhoven 1984）方式引入到传统的 AM 之中的，并认为它在整体上
适用于 H 调或核心重调。这个问题还远未解决，部分原因是把差别视为
副语言的（即认为是梯度变异性，见 1.4 节）与从语言学特征角度对它
进行分析（即认为是语类型差别，至少拉德的版本是这样认为的）是有
明显矛盾的。拉德 / 古森霍文的分析也很难在语音上把它说清楚（比较
4.1.2 节）。但皮埃安贝尔的分析是无法解决这样一种直觉的，即这两种

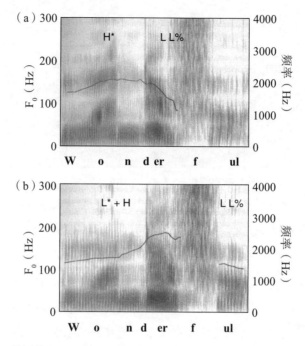

图 3.4　英语单词 *wonderful*（奇妙的），（a）以一个带重调序列 H*_L_ L% 的中性陈述句或单说形式说出来的，（b）以一个带重调序列 L*+H_ L_L% 的强调句说出来的。某些英式分析法把这两种曲拱类型的差别视为（a）降调与（b）升降调之间的差别，而其他方法则将二者都视为同一个类型的变异形式（如（a）平降调与（b）"凹"降调，或者（a）无延迟峰的降调与（b）有延迟峰的降调）。

96　曲拱类型在某种程度上是同一个基本语类的变异形式，这正是分类上长期存在分歧的根源。我们在 4.2 节中再回来谈这个问题。

我们现在来看一看在皮埃安贝尔的分析中语音解释不够明显的三种重调类型，即 L+H*、H*+L 和 H+L*。L+H* 重调从一开始就有问题。理论上讲，它的典型特征是，音高从前一个音节开始移动，而不是（像 L*+H 那样）移动到下一个音节上。这恰恰是标星符号所要表示的：两个重调类型中的标星调都是定义调，它与重调音节同界，而未标星调在一种情况下（L+H*）是引导调，在另一种情况下（L*+H）则是拖延调。但这种描写意味着存在一种区分 L+H* 与单调性 H* 的问题，因为正如我们在图 3.2 和图 3.3 中所看到的，H* 可以代表重调音节上的一次局部性音高跳跃。这个局部性音高跳跃还暗示从前一个音节开始的音高移动。按照 ToBI 指南，"L+H* 与 H* 的不同之处主要在于一种**更为实质性的上升音高移动**，它引向 H* 目标，即前面有个 L 目标"（Brugos, Shattuck-Hufnagel, and Veilleux 2006: 2.5.2 节；黑体为本书的强调）。所以，如果前面有一个显示引导 L 的层级的音节，那么 L+H* 与 H* 之间的差别通常就会相当明显，但在短语开头的重调音节上，L+H* 与 H* 是很难区分的，因而我们知道，标音者很难对这两种重调类型做出可靠的区分（Pitrelli, Beckman and, Hirschberg 1994）。

从某种意义上说，问题恰恰是出在对 H* 而非 L+H* 的语音解释上。H* 语音体现为一种局部性的音高跳跃，这似乎表明 H* 之前都有一个引导调 L。因此，所假定的 H* 与 L+H* 之间的差别提出了一个更为普遍的问题，即如何识别曲拱中的哪些点反映了声调目标的出现？如果 H* 和 L+H* 的特点都是在重调音节开头处的音高上升，那么我们凭什么来断定升调开头一方面是个 L 调，另一方面又根本是无调的？这个问题一直是大量讨论和实证研究的主题（比较 Ladd and Schepman 2003），而 97 且皮埃安贝尔提出的英语有 H*、L+H* 和 L*+H 三个不同高重调类型的这一主张仍然是有问题的。我们在下文中的几个地方再回来谈这个问题。

最后两个双声调重调类型（H*+L 和 H+L*）提出了对降阶的音系处理问题，但在我们讨论这些问题之前，需要加上一些简短的题外话。正如我们在 2.4 节中所看到的，皮埃安贝尔认为英语涉及降阶重调与非降阶重调之间的差别，这一观点得到了人们的广泛认同，但在降阶与特定重调的声调构成之间的关系方面，则存在着相当大的分歧。在皮埃安贝尔的原始版分析中，无论三个调在音高重调中起什么作用（即像 H*+L ... H*、H* ...

L+H*、L+H* ... L+H* 等之类的序列都会触发第二个 H 调的降阶），据说（就像在许多非洲语言里那样）降阶都是由任何一种 H ... L ... H 声调序列触发的。在贝克曼和皮埃安贝尔的修订版分析中，该主张被调整为：不管有没有声调序列 H ... L ... H，所有的双声调音高重调（即 H*+L、H+L*、L*+H 和 L+H*）都会触发其后**重调**（包括短语重调在内）的降阶。（这一调整导致了对表 3.1 中声调语符列的多重解释。）在这两种情况下，降阶都被看作是一个特定声调或重调**序列**的语音体现问题。另一种观点是拉德（Ladd 1983a）首次结合 AM 对英语的分析提出来的，该观点认为降阶本身是一种可独自选择的音系选项，它本质上要么可以，要么不可以适用于任何序列中的任何一个重调。这个独自选择的降阶赋值是通过在受到影响的声调前面加上一个感叹号来表示的，即非洲传统记音符号 /ˈ/ 的简化版。

这些观点之间的差别对成对话语（如对第 2 章例（21）和（22）中两个版本的 *my mother's diaries*）的描写产生了影响，而且这也让我们看到了皮埃安贝尔分析中 H*+L 重调的语音体现。图 3.5 中的图（a）呈现了非降阶版本（21），图（b）呈现了降阶版本（22）。两者都有两个音高重调；在皮埃安贝尔的体系中，两个重调序列之间的差别都是根据序列中的**第一个**而非第二个重调的音系性质来分析的。具体地说，把降阶的曲拱分析为一个 H*+L ... H* 的序列，在这个序列中，我们说重调触发了其后的 H* 重调的降阶，而把非降阶曲拱分析为一个双 H* 重调的序列。相比之下，根

98

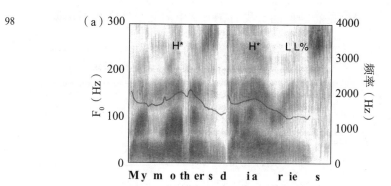

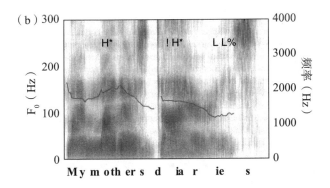

图 3.5　英语短语 *My mother's diaries*，（a）以一种带重调序列 H* ... H*_
L_L% 的中性或稍有强调的陈述方式或单说形式说出来的，（b）以一种
带降阶重音序列 H* ... !H*_L_L% 的、表达某种终结和 / 或亲近的陈述
或单说形式说出来的。更多细节，见正文。

据由拉德（Ladd 1983a）的提议发展而来的观点，把两个曲拱都看作是由
两个相同的高重调组成的；不同之处在于，在降阶曲拱中，第二个高重调
有一个附加的降阶特征，它在很大程度上独立于前面的特征。因此，可以
更加清楚地将重音序列记音为降阶时的 H* ... !H* 和无降阶时的 H* ... H*。
自 20 世纪 90 年代初以来，清晰透明的记音符号得到了普遍使用。[①]　　99

---

①　贝克曼和皮埃安贝尔（Beckman and Pierrehumbert 1986）指出了"降阶特征"概念
的一个潜在问题，即它原则上可用于系列中的第一个重调。她们提出，降阶概念本身意味着
要参照前一个重调，并指出，皮埃安贝尔的做法将降阶视为重调**序列**的一个属性，它本质上
不能将系列中的第一个重调降阶。我们当然必须认真对待这种反对意见，但正如 8.3.3 节将
要讨论的那样，如果我们把降阶解释为重调之间的一种"节律"关系，那么就可以避免这一
反对意见。此外，值得注意的是：只要我们认为不同话语之间存在音高层级的可比性，那么
对第一个重调降阶的讨论就不可能完全没有意义。也就是说，我们原则上可能会发现：在其
他条件相同的情况下，某些话语起始的 H 调都会成体系地低于其他调。实际上，康奈尔与
拉德（Connell and Ladd 1990）和拉尼兰（Laniran 1992）都曾各自独立地在约鲁巴语里寻找
过这种"起始降阶"的证据（这里，比较简单的是将起始 H 调的平均音高与起始 L ... H 序
列的 H 调的平均音高做比较），但两者均未找到。但在两项的研究中，都很容易说出什么会
构成初始降阶的证据，从而从经验上验证了这一观点，这表明降阶特征的观点并不是表面上
的不一致。

　　我们在结束讨论 H*+L 重调之前应当指出的是，很多作者还以一种完全不同的方式将记音符号 H*+L 用以指一种调峰后回落的重调。这种用法是由拉德（Ladd 1983a）和古森霍文（Gussenhoven 1984: 第 6 章）为英语提出来的，许多学者又将它用于其他一些语言（如德语（Féry 1993）、葡萄牙语（Frota 1998, 2002）、荷兰语（Gussenhoven 2005））。在所有情况下，这些提议都是指一种音高模式，可以换一种方法把它作为一种 H* 或 L+H* 重调后接短语重调 L 进行分析，因此，是否以这种方式使用 H*+L 的问题基本上是关于接不接受短语重调的概念。这个问题将在本章中反复出现，而且还在 4.1.4 节中再次出现。

　　至于 H+L* 重调，它明显表示一种从前一个较高的无重调音节到一个较低的重调音节的局部性移动，因此 H+L* 与 L* 之间的关系与 L+H* 与 H* 之间的关系具有一定的可比性。但这种相似性并不完美，因为在皮埃安贝尔的用法中，H+L* 中的"低"目标并不是一个局部性的谷底或 F0 的最小值。相反，它是在"降阶的"或局部降低的**高**调水平上测定的：也就是，H +L* 记音符号所表示的音高下降是从一个高音高降到另一个稍低一点的高音高，而不是一个高音高降到一个可被单独描写为低音高的水平。在皮埃安贝尔的原始版分析中，这种重调类型主要用于描写英语里"阶梯式"降阶的曲拱，它对应于 IPO 的"类型 E 降调"。图 3.6 中所示的是一个例子。虽然存在某种将这种重调类型分析成 H+L* 的动机（见 Pierre-humbert 1980: 第 4 章），但随后在 AM 用法中的发展变化却都已离开了皮埃安贝尔原始版的记音法。这里涉及两项明显在记音符号上的创新。第一，阶梯式降阶序列中的重调现被转写为 ToBI 标准中的 H+!H*，明确表明重调音节所在的水平不一定是在说话人调域的底部。第二，H+L* 现在广泛用于（例如，葡萄牙语（Frota 2002）、意大利语（D'Imperio 2002; Grice *et al.* 2005）、德语（Grice, Baumann, and Benzmüller 2005, 2007））指这样一种音高重调，在这个音高重调中，重调音节不仅前面有一个音

100

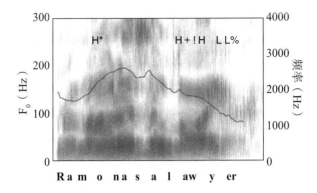

图 3.6　英语句子 *Ramona's a lawyer*，是以一种带降阶重调序列 H* ... H+!H*_L_L% 的表达某种终结的陈述句说出来的。核心音高重调 H+!H* 用以表示保持相对较高的音高，其后是核心前的 H*，降阶发生在紧靠核心重调音节之前。

高更高的无重调音节（因此是 H+），而且它实际上还或多或少位于说话人的调域底部（因此是 L*）。这种重调类型的意大利语的例子，见图 3.7 所示。

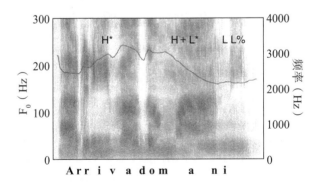

图 3.7　意大利语的句子 *Arriva domani*"她 / 他明天到"，它呈现了一种与图 3.7 中英语曲拱类似的降阶曲拱，并例示了通常将核心重调分析为 H+L* 的方法。更多细节，见正文。

3.1.4　边缘调

如上所述，"边缘调"在这里被用来作为皮埃安贝尔所称之为短语重调与边界调的涵盖词。正如我们在前面的小节中所看到的，边缘调在理论上完全独立于音高重调之外，这里所做的阐述是要阐明原始版理论主张的动机所在，特别是对短语重调和边界调分别做了阐释。但正如我们的记音惯例所表示的（见98页脚注①），将音高重调与边缘调识别为某种更高层级的单位，就像英国学派的"核心调"一样，这似乎完全是前后一致的，而且音高重调和边缘调的真正独立程度在 AM 理论中一直是一个未解决的问题。

3.1.4.1　短语重调

短语重调的思想是从布鲁斯（Bruce 1977）对瑞典语的分析中借来的。正如我们在 1.3.3 节中所看到的，布鲁斯证明，可以把斯德哥尔摩瑞典语的语调曲拱分析为一个或多个"词重调"（词库赋值的重调模式）序列，在每个短语焦点词的末尾后接一个附加的调峰，然而在语句的末尾降至说话人的调域底部。位于每个短语中焦点词末尾的调峰就是"短语重调"[①]。皮埃安贝尔的提议是，跟瑞典语一样，英语里每个短语的最后一个音高重调都后接两个不同的声调事件。这一分析的理据，显而易见是英语升降升核心重调曲拱的事例；在这里，可以把第一个"升"分析为一个 L+H* 或 L*+H 音高重调，"降"是短语重调 L 的反映，末尾的"升"反映了一个 H% 的边界调。在很多情况下，短语重调分析的理据并不是那么一清二楚，而且正如我们刚刚看到的，有许多建议认为，应把核心降调曲拱分析为一个 H*+L 音高重调，而非一个由 H* 音高重调和 L 短语重调组成的序列。现在还有许多根本不用短语重音的 AM 描写（最知名的或许是荷兰语的 ToBI 标注系统；Gussenhoven *et al.* 2003; Gussenhoven 2005）。

---

　　① 布鲁斯实际上采用的术语是"句重调"（sentence accent），而皮埃安贝尔未做评析地把它改成了"短语重调"。这一改动的合理性可以很容易用英语里句重调这个术语已具有的丰富含义来证实。

下面是皮埃安贝尔应用短语重调分析英语的细节。L 短语重调可以被直接解释为短语最后一个音高重调之后的低音高。在 H* 或任何一个双声调的音高重调之后，音高很快就会下降到这个低水平，并一直保持到最后的边界调为止，在此处它要么突然升起（H%），要么下降到说话人的调域底部（L%）。低音高的延伸范围可以横跨几个音节，如（1）中的句子所示：

（1）

We TOLD you we weren't coming!
我们**告诉过**你我们不来了！

这种低音高的横跨范围是皮埃安贝尔（Pierrehumbert 1980：第 5 章）用那种在许多非洲声调系统中发现的"声调延展"规则描写的，但也有其他的可能性。例如，格莱斯、拉德和阿瓦尼蒂（Grice, Ladd, and Arvaniti 2000）提出短语重调可能是多重联结的，既联结到核心重调音节，也联结到短语的末尾，低音高的横跨范围只是第一个低目标与第二个低目标之间的一种插值现象；利克利、舍普曼和拉德（Lickley, Schepman, and Ladd 2005）的发现可作为支持这一观点的证据。

H 短语重调应该近似表征最后一个音高重调之后的一个高音高，但在某些情况下，这一描写的实证基础是有问题的。主要问题在于调式，即从最后一个重调开始上升，一直上升到最后的调式，如英国传统上所认为的高升和低升核心调的模式。在 H*_H_H% 和 L*_H_H% 的序列中，没有明显的语音基础说明 H 短语重调"出现"在曲拱的哪个位置上；同样，在"低升调"序列中，在 L*_H_H% 与 L*+H_H_% 描写之间的选择上也没有明显的先验基础。[①]但正如我们在下文中将要看到的（3.2.3.1 节），英

---

① 这个说法仅适用于皮埃安贝尔（Pierrehumbert 1980）原始版的分析。在贝克曼和皮埃安贝尔（Beckman and Pierrehumbert 1986）的版本中，对降阶的修订版分析意味着这两个序列有不同的体现形式。比较表 3.1。

语里至少有一种音高模式，它为组织有序的 H 短语重调（即"呼叫曲拱"

103 （calling contour），拉德（Ladd 1978）把它叫作"程式化降调"（stylised fall））思想提供了明确的理由，如在：

（2）

Jennifer!   詹妮弗！

音高上的降阶表示（降阶的）H 短语重调的位置。

3.1.4.2 边界调

下面是皮埃安贝尔在对英语分析时对边界调所做的描写。H% 边界调都是末尾升调，通常发生在短语或语句的最后。在 L 短语重调之后，这是没有问题的，但在 H 短语重调之后则需要一条"升阶规则（upstep rule）"（Pierrehumbert 1980: 4.5 节）。也就是说，末尾升调是我们从 L 和 H 的序列中期望的语音结果，但从 H 和 H 的序列中可能只期望一个稳定不变的层级；升阶规则保证了 H% 边界调的层级高于其前面一个 H 短语重调的层级。在这两种情况下，II% 边界调显然都与荷兰语 IPO 分析中的类型 2 升调（即发生在短语末尾的"非凸显出借"音高移动）相一致。正如 1.2.1 节中所提到的，科恩和哈特（Cohen and 't Hart 1967）一开始觉得，音高移动可以如此独特、位置如此明确，但却不是凸显出借，这一点很奇怪，然而，现在看来，认识到离散的边界音高移动是我们在理解上向前迈出的坚实步伐，这似乎是无可争议的。[①]

L% 边界调是皮埃安贝尔提议采用的，我们最好能把它描写成不表示末尾下降，而只表示没有末尾上升。它在 L 短语重调之后表示渐渐地持续下降到说话人的调域底部，但在 H 短语重调之后则表示一种持续性水

---

① 英国传统研究中没有类似 H% 的东西，因此，英式核心调（如降升调）将最后重调上的音高移位（如降调）与短语末尾的音高移位（例升调）合并在一起。正因为这一点，正如 2.1 节所指出的，降升曲拱类别归属在英国传统中是一个长期未解决的难题。

平音高，与另外一个表征为 H% 的末尾升调形成对比。换言之，在皮埃安贝尔的记音符号中，H_L% 序列是指"短语末尾持续性水平音高"。呼叫曲拱似乎是"程式化语调"这一更为普遍现象的一部分（Ladd 1978）。除了这种情况外，持续性水平音高在英语里并不很常见，但在德语和荷兰语里却很常见。在描写英语程式化语调方面，我们曾在其他地方（Ladd 1983a）提出持续性音高意即不存在任何的边界调。这一标音手段，后被 104 ToBI 采纳（Gessenhoven *et al.* 2003）用于荷兰语的研究。与此相似，格拉贝（Grabe 1998）在她的德语语调分析时提出：采用不同于 H% 和 L% 的边界调 0% 方法来表征短语末尾持续性水平音高，应该更清晰、更透明。阿瓦尼蒂和巴尔塔扎尼（Arvaniti and Baltazani 2005）提出区分希腊语里的三种边界调（H%、!H% 和 L%），至少部分是为了能给末尾的持续性水平音高标音。3.2 节将再来谈这个问题。

3.1.5　ToBI

20 世纪 90 年代初期，皮埃安贝尔的英语分析法被改编用于所提出的英语语音数据库标准韵律标注系统，即所称的 ToBI（声调与间隔指数）（Silverman *et al.* 1992; Pitrelli, Beckman, and Hirschberg 1994; Beckman and Ayers Elam 1997; Brugos, Shattuck-Hufnagel, and Veilleux 2006）。ToBI 转写系统实际上总共有几个"层"（即时间上固定到话语的波形图中某个点上的符号语符列），包括拼写的转写，即一个为评注间隔语流等所保留的层和一个用于建议其他可能转写的层。在这些多个层中，两个最为重要的层是表示 F_0 曲拱中**声调**的层和标注每个词边界强度的**间隔指数**；这两个就是这个系统的名称。但在很多情况下，"ToBI 标注"和"ToBI 标音"短语指的都只是声调层。例如，早在 20 世纪 90 年代中期，已发表的与标注的语音数据库无关并且对边界强度不感兴趣的语调研究成果，就开始在必要时使用 ToBI 标音的声调符号来描写音高曲拱了（如 Birch and Clifton 1995）。因此，不说一说 ToBI 记音惯例，不把 ToBI 应用于其他多种语言，对 AM 语调音系学的讨论都将是不完整的。

为了提供一些背景以理解为适用 ToBI 对皮埃安贝尔原始版分析所做的修改，有必要简单介绍一下该系统开发的背景。ToBI 是一组美国研究人员的共同倡议，他们的主要兴趣是建立一个共同系统来表示所标记的计算机语音语料库中的韵律特征。参与这项倡议的主要两组人员各自提出了部分标注系统。我们可以称之为"To"组的那些人员对话语旋律狭义上的语调更感兴趣，并用皮埃安贝尔的英语分析法来做研究。"BI"组总体上更关注短语划分、凸显和韵律结构，并将"间隔指数"概念作为一种印象上表示词和短语边界强度方式提出来的（如 Price *et al.* 1991）。提出这一系统，不仅涉及了两个主要研究群组之间的相互妥协，还涉及与标注语料库潜在用户所做的（有关语音技术研究或对话研究的）详细讨论。一旦初步系统准备就绪，在 1992 年最终公布标准之前，还要与韵律标音的某些其他学派（尤其是 IPO 和英国传统学派）代表做进一步的讨论。自那以后，已经有了几次修改，如果把 ToBI 标准最近已被开发用于英语以外其他几种语言的事实都考虑在内，那么最引人注目的或许是现在被正式称为 MAE_ToBI（主流美国英语 ToBI）的系统（Beckman, Hirschberg, and Shattuck-Hufnagel 2005）。

MAE_ToBI 的声调层使用了 5 个音高重调类型（H*、L*、L+H*、L*+H 和 H+!H*）、两个短语重调（H- 和 L-）、两个末尾的边界调（H% 和 L%）和一个起始的边界调（%H）。此外，它还使用了降阶附加符号 /!/，这个降阶符号可用在同一个短语内任何一个前面还有另外一个 H 的 H 调（除了 H% 外）上（即 !H*、L+!H*、L*+!H 和 !H- 都是可能的，但它们不能用作短语中的第一个重调）。该系统还允许标音者表达对音高重调类型（X*）、音高重调出不出现（*?）的不确定性。7.1.3 节将详细讨论后一种类型的不确定性。

间隔指数层用 0 到 4 的数字标记了每个拼写的词边界。正如上面 3.1.1 节所讨论的那样，间隔指数 3 和 4 对应的是中间短语和语调短语边界。间隔指数 1 表示序列中词之间所期望的正常分音渡，而间隔指数 0 则是指某种特殊紧密程度（如在 *Did you get your ticket?*（你拿到票了吗？）这样的句子中 *get* 与 *your* 之间存在一个 *tch* 的过渡）。间隔指数 2 用于指词之间分音渡的声调与别的线索之间的不匹配情况；稍后将对此进行讨论。

　　在研发 ToBI 标准上，一方想用语音上清晰透明的标注，而另一方则对复杂语音实现规则进行抽象音系分析的想法很满意。皮埃安贝尔的 6 个音高重调类型减少到 5 个，并采用了降阶附加符号，便是在双方彼此妥协的基础上产生的。具体地说，双方议定的标准摒弃了皮埃安贝尔所持的降阶是一个具体重调**序列**语音体现问题的观点，采纳了拉德 106（Ladd 1983a）提出的想法，即降阶是对单个重调所做的一种有意义的修改，它至少可以在某种程度上独立在声调语境之外应用。做出这种改变的部分原因是：在实际的听觉转写中，人们并不总是清楚要不要把重调看作是降阶的（比较 Dainora 2001），用附加符号而非不同重调类型来转写这种差别，则是以某种方式反映了这种不确定性。更重要的是，之所以做出这种改变，部分原因是：该系统的一些贡献者发现，即使是在毫无疑问存在降阶的情况下，标准的皮埃安贝尔记音符号也难以使用。这样，对皮埃安贝尔的系统进行了两项具体的修改：首先，将 H*+L 从重调类型的列表中删除，因为正如在 3.1.3 节中所看到的，它只用作降阶的触发器。任何在皮埃安贝尔系统中被转写为 H*+L 的重调在 ToBI 中均被转写为 H*，其后的重调被标记上了降阶的附加符号 /!/。其次，在标准的皮埃安贝尔系统中，表示从前一个无重音音节局部降下来的降阶重调 H+L* 记音符号被 H+!H* 记音符号所取代。正如 3.1.3 节中所指出的，这一新的记音符号清清楚楚地表明，这个重调音节在说话人的调域中并不一定是低的，而只是比其前面的音节低，在某种意义上仍被视为是"高"的。

　　在推出这项双方都认同的标准的过程中，另外还做出的重要妥协是：间隔指数从 7 点降到了 5 点，以及接受短语重调概念，尽管接受这个概念在 20 世纪 90 年代初采纳该标准时仍是一个分歧很大的问题。具体地说，该标准采用的是贝克曼和皮埃安贝尔的观点，即短语重调是中间短语的边缘调，这意味着声调层上的任何一种转写都不言而喻地说明三种可能的词间分音渡等级，即语调短语边界（T%）、中间短语边界（T-）和无短语边界。现在，最初的间隔指数表（Prince *et al.* 1991）是用于纯印象派的转写，现有实验证据（de Pijper and Sanderman 1995）表明听话人对词间分音段等级的估算是相当可靠的。但双方认同的标准则有效地将间隔层从属于声调层，并且对间隔指数的印象主义使用施加严格限制，以标记出分音段的等级。间隔指数 3 和 4 分别阐述了 *ip* 间隔和 *IP* 间隔的特定含义，因此，任何一种合格的、说明已知一个词的短语重调的转写形式通常也都必须呈现出那个词与其后的词之间的间隔指数 3。

107　　　这给转写 F_0 曲拱带来了一些问题，按照皮埃安贝尔的分析，这些问题只能通过音高重调和短语重调的序列来产生，但并不包括可听到的边界或分音渡。例如：

（3）　Edinburgh's the capital of Scotland.　　爱丁堡是苏格兰的首府。

在皮埃安贝尔的系统中，必须把这个句子分析为涉及一个短语重调，因此也就涉及一个中间短语边界：

（4）　（a）H* L　　　　　　　H* LL%
　　　　　Edinburgh's the capital of Scotland.

然而，除了短语重调本身之外，完全有可能没有迹象表明 *Edinburgh's* 与 *the* 之间存在着边界。对于那不相信短语重调分析有效性的人（如一些参与 ToBI 标准讨论的人）来说，提出的将间隔指数 3 与短语重调相一致的规定往好了说似乎是循环性的，往坏了说似乎是对标示所要反映的语音现实性的误导。就像这些情况一样，通过允许间隔指数 2 与声调层上的短语重调结合起来使用，该问题在 ToBI 中得到了解决。也就是说，间隔指数 2 可以表示，除了所要求的边界外没有边界存在的任何线索。因此：

（4） （b）H* L   H* LL%
　　　 Edinburgh's the capital of Scotland.
　　　　　 2　1   1 1   4

间隔指数 2 也可以反过来用于指一种词间没有明显声调相关性的声音上的间隔。这一妥协可以让讨论继续进行，但代价是不能完全利用转写者对分音渡的印象主义判断。

3.2 AM 对其他语言语调的描写

3.2.1 英语之外 AM 的理论与分析

　　早在 ToBI 出现之前，皮埃安贝尔的英语分析法就已迅速确立了自己作为衡量其他语调描写的标准，而作为基础的自主音段节律理论很快便开始影响其他语言的研究。我自己的早期反应（Ladd 1983a）尽管在某些方面是一种批评，但仍表明该理论可用于理解匈牙利语疑问语调的现象（见 2.5 节），克服 IPO 分析荷兰语时所遇到的某些困难。大约在同一时间，古森霍文等人对荷兰语做了进一步的 AM 理论研究（Gussenhoven 1984；van den Berg, Gussenhoven, and Rietveld 1992; Rietveld and Gussenhoven 1995）。在 20 世纪 80 年代期间，德国语调协作研究项目组带头在德语描写中早期采用 AM 思想（如 Wunderlich 1988; Uhmann 1991; Féry 1993），而海斯和莱希里（Hayes and Lahiri 1991）将该理论简明而优雅地应用于孟加拉语的语调中。到 20 世纪 90 年代中期，已经出现了一些采用普遍的 AM 观点来处理特定语言或方言具体细节的文章和学位论文，其中有：研究巴勒莫意大利语的格莱斯（Grice 1995a）、法语的波斯特（Post 2000）

108

（由 1993 年硕士论文发展而来）、迪尔巴尔语的金（King 1998）（写于 1992 年）、西班牙语的索萨（Sosa 1999）（在 1991 年的博士论文基础上写成的）以及韩语的全钟昊（Jun 1993）。

自 20 世纪 90 年代中期以来，这一步伐大大加快。首先，现在至少有十几种语言都已有了相当完备的 ToBI 标音系统，如荷兰语、德语、希腊语、意大利语、日语、韩语等。（想要对这一研究提供一种详细的指南是愚蠢的，因为它在出来之前就已经过时了，见全钟昊（Jun 2005）一书中几篇总结对许多特定语言所做的 AM 描写的文章。）其次，其他许多 AM 研究既没有与 ToBI 移动紧密结合，也没有专门为语音数据库提供一个标示系统，但有助于我们充分了解其他几种已得到深入研究的语言，特别是罗曼语（如 D'Imperio 2002; Frota 1998, 2002; Prieto, D'Imperio, and Gili Fivela 2005; Prieto and Torreira 2007）。最后，还有一些新的研究将 AM 理论拓展到韵律系统以前未曾得到彻底研究的语言，如研究沃洛夫语（Wolof）的里亚兰和罗伯特（Rialland and Robert 2001）、马亚利语（Mayali）中的比宁基棍沃克语（Bininj Gun-Wok）的毕晓普和弗莱彻（Bishop and Fletcher 2005）、契卡索语（Chickasaw）的戈登（Gordon 2005）、郭特语（Kuot）的林德斯特伦和雷米森（Lindström and Remijsen 2005）以及研究帕皮阿门托语（Papiamentu）的雷米森和范赫芬（Remijsen and van Heuven 2005）。人们无法完全低估学术时尚对这种沉醉于 AM 观的推动作用，但公平地说，我认为它被迅速接受的部分原因是：它真正地揭示了语调描写中的老问题。

不过，即使是本章迄今为止的有限讨论，也应表明没有一个对英语或其他语言语调的"正确的"AM 分析法。相反，AM 语调音系研究所提供的是我们可以在新的语言的语调体系中找到结构类型的一种预期的框架。在这个预期的框架内，许多问题尚待解决（如短语重调构成的有用性），不同的学者是以不同的方式回答了这些问题，但在某种意义上说，总体上采用的仍是 AM 理论假设。这是我将上一章中呈现的 AM 理论基本原则与本章中的具体描写惯例区分开来的主要动因。皮埃安贝尔的英语分析不是一个统一的理论，而是在一个更为广泛的理论假设框架内描写英语语调音系的一个具体建议，这一点很重要。

记住这一点特别重要，因为 AM 理论在促进跨语体、跨语种的比较方面具有潜在的价值。我们已在 2.5 节中看到，是 AM 描写使得匈牙利语疑问语调中音高与焦点之间的关系看上去普普通通，而不是神神秘秘的——但只有当我们接受匈牙利语疑问语调与英语或法语疑问语调有不同的调式和不同的核心重调中性位置时，情况才如此。然而，这种跨语种比较的价值只在于描写上的可比性。我们若从表面上看不同的 AM 分析，可能就会忘记 AM 理论在其总体假设中有诸多重要的分歧点。只有通过探索 AM 概念在各种不同语言中的应用，我们才能解决更为广泛的问题。

再举一个短语重调的例子。荷兰语（如 Gussenhoven 2005）和葡萄牙语（如 Frota 2002）的描写都使用 H*+L 表示下降的核心调，而且也都根本不使用短语重调。如果我们把已发表的对这两种语言的描写与皮埃安贝尔对英语（或格莱斯、鲍曼和本兹穆勒对德语，或阿瓦尼蒂和巴尔塔扎尼对希腊语）的描写进行比较的话，就会得出如下结论：荷兰语和葡萄牙语没有短语重调，而英语、德语和希腊语则有短语重调，但这个结论可能没有任何意义。更有可能的是，所有这些语言里核心重调或短语末尾重调的结构都是差不多的，我们尚不确定描写它们的最好方法。弗罗塔（Frota 2002）对这一问题的讨论清楚地表明：她认为这是一个有关跨语言核心重调组成的一般性理论问题，而不是一个葡萄牙语与英语之间的差别问题。格莱斯、鲍曼和本兹穆勒（Grice, Baumann, and Benzmüller 2005: 56）也明确承认，AM 的不同德语分析之间的差别"属理论性质，而非类型学性质"。

这似乎是一个明显的结论，但如果我们想一想在对不同语言短语末尾 110 持续性水平音高的分析中存在的类似差异，就会明白事实并非如此。如上所述，皮埃安贝尔把英语里短语末尾持续性水平音高分析为 H_L% 序列，这与表示短语末尾上升音高的"升阶"序列 H_H% 形成对比。除了把末尾上升中的边界调升阶明确地标记为 ^H% 外，格莱斯、鲍曼和本兹穆勒（Grice, Baumann, and Benzmüller 2005）对德语的分析与此类似。其他几位学者（研究英语的拉德（Ladd 1983a）、英语和荷兰语的古森霍文（Gussenhoven 1984, 2005）、英语和德语的格拉贝（Grabe 1998）、契卡索语的戈登（Gordon 2005））提出应将短语末尾的持续性水平音高视为无边界调。阿瓦尼蒂和巴尔塔扎尼（Arvaniti and Baltazani 2005）通过提出沿着 H% 和 L% 旁边有一个 !H% 边界调，并使用相同短语重调和边界调的序列（如 !H%!H%）来表征短语末尾的持续性水平音高，以让希腊语里可以在短语末尾持续性水平音高处出现音高上的明显对立。对于不同语言里表面看上去相似的语调现象，有那么多不同的分析，再考虑一下不同的分析是基于理论差异而非类型学差异的可能性，似乎合情合理。但全钟昊（Jun 2005: 448）似乎得出这样的结论：如 ^H% 是德语特有的，而不是德语的 GToBI 分析所特有的。同样，阿瓦尼蒂和巴尔塔扎尼（Arvaniti and Baltazani 2005: 94）只接受升阶在标定德语和英语的边界调时起作用，并提出他们对希腊语短语末尾持续性水平音高所做的分析因希腊语不同而不同。当然，希腊语与英语完全有可能在音系上是不同的，但仅此一点并不意味着 H_L% 是对英语里短语末尾持续性水平音高的最佳分析。最终，也就是说，我们将不得不讨论对它们是什么的不同分析，而不是躲在每种语言都要按照自己的方式进行分析的概念背后。

3.2.2 跨语言比较中的问题

确保描写的可比性问题实际上是非常重要的，它与给研发 ToBI 最初标准带来最大困难的问题之一密切相关。在讨论制定标准的过程中有很多不同意见，有些人强调只应当指明语调系统中的音系不同成分，而有些人则觉得系统应该允许给令人印象深刻的语音细节做标音。其中一组（此处因缺少更好的标签而称为"语音组"）指出了某些特征认为值得标音但却

没有确定的音系地位（如 H* 与 L+H* 之间的差别），另外还有一种可能 111
性，即后来的发展显示别的某些语音细节虽在商定的系统中未被标出，但
在音系上却是重要的。另外一组（此处用一个同样无任何表示的标签称为
"音系组"）坚持认为，由于 ToBI 是一个标记音档系统，语音细节都能被
后来的信号核查获取，而且缜密的音系分析是决定哪些成分包含在符号标
签集合中的唯一可靠依据。

　　从根本上说，"音系组"是将他们的研究建立在对符号转写的明晰化
理论理解的基础上，即皮埃安贝尔（Pierrehumbert 1990；比较 Pierrehum-
bert 1980: 1.1 节；Pierrehumbert and Beckman 1988: 第 1 章；Pierrehumbert,
Beckman, and Ladd 2000）的论点是：没有科学有效的"系统语音"描写
水平，只有语言特有的能够且应该直接映射到声学信号上的音系抽象形
式。这种观点认为，任何一种（语音结构而不只是音高方面的）符号转
写最终都是基于某种分析。因此，它摒弃了理论中性的音高符号标记法
的思想（如 INTSINT-Hirst and Di Cristo 1998: 第 1 章；Hirst, Di Cristo, and
Espesser 2000），（可能尤其）还摒弃了由诺兰和格拉贝（Nolan and Grabe
1997）提出的并在其 IViE（英语语调变化，Intonational Variation in En-
glish）项目（Grabe 2003; Slater 2007）中应用过的思想（另比较 Hirst, Di
Cristo, and Espesser 2000），即区分基于音节的音高语音标音与更为抽象的
音系分析是很有用的。所以，从一开始，ToBI 的研发人员就煞费苦心地
指出，它是一个建立在英语语调具体**分析**基础之上的**音系**标注系统，并不
像许多人所想的那样，是一种语调通用的"高科技的 IPA"。

　　我在本书的第一版（Ladd 1996: 95）中反复重申过这一观点，而且又
在网上等其他地方的 ToBI 材料中对此做了突出强调。例如，在 ToBI 的原
主页上（Beckman 2007），有如下的免责声明："注意：ToBI **不是**韵律的国
际音标。语调和韵律组织结构因语言不同而不同，而且常因一种语言内的
方言不同而不同，所以有很多不同的 ToBI 系统，每个 ToBI 系统都是一种
语言变体所特有的、研究那个语言变体的学者群体所特有的"。贝克曼、

赫施伯格和沙塔克-赫夫纳格尔（Beckman, Hirschberg, and Shattuck-Hufna-gel 2005: 36-43）用了相当长的篇幅，铿锵有力地阐述了这一观点。他们引用皮埃安贝尔（Pierrehumbert 2000: 26）的观点指出，ToBI 系统"是在宽式音位标音的抽象化水平上"，因此它"必须由［语言的］韵律和语调模式清单来指导"，接着指出："这一点再怎么强调也不为过"（Beckman, Hirschberg, and Shattuck-Hufnagel 2005: 36）。理论上的问题当然很重要，但我认为情况远没有贝克曼等人所设想的那么清楚。

　　这里有两个问题：转写中所使用的符号的非正式"语义学"和音系分析中所涉及的抽象化的问题状态。关于第一个问题，任意选择已知某种语言的实际语音转写符号，这在理论上是很清楚的。例如，我们是否把英语的 *beat, bit, bait, bet, bat* 标音为 /biyt, bit, beyt, bet, bæt/（如 Trager and Smith 1951），标音为 /bit, bɪt, bet, bɛt, bat/（如 Giegerich 1992），或是标音为 //biːt, bɪt, beit, bet, bæt/（如 Cruttenden 1994b），并没有任何实际意义。这种音标之间的差异主要反映了英语元音系统音系分析上的差异，当然不是任何一致性的语音差异——事实上，在大多数情况下，人们未对不同语体的语音细节（如澳大利亚英语的 *bat* 与美国英语的 *bet* 之间存在着很大的语音相似性）加以适当的关注。语音学专业的学生勤学好问，想知道哪个标音是"正确的"，就需要让他们相信这种选择最后是个音系分析问题，而非他们的耳朵能辨别出来的问题。然而，IPA 确实为其符号集合提供了一种非常近似的"语义学"，因此，在英语单词 *beat* 和 *bit* 的发音中发现的各种元音都可以放心地用音标 /bit/ 来标音，但没有人会建议用 /bit/ 给 *boot* 或 *boat* 标音。对任何一个已知的 IPA 符号的语音解释是可变的，但不是漫无边际的。正是这些非正式的限定范围，"语音组"在提出应当以"语音上更透明的"方式对涉及降阶的语调差异进行表征时认认真真，很当回事。

　　第二个问题（即音系抽象化的本质）甚至更难。在刚刚引用的英语元音的例子中，跨英语变体比较中的主要问题是语音体现；从音系上讲，*beat, bit, bait, bet, bat* 这组词在所有英语变体中都是类似的。但这并非总是如此。例如，在标准苏格兰英语里 *good* 与 *food* 的元音之间就没有任何差别，而且这些词中的元音通常都很短，也很靠前；常用的 IPA 音标符号是 [ʉ]。我们会不会认为这个音是与一般英语音位 /u/ 相同？还是与 [ʊ] 相同？还是跟它们都不同？我们对这个问题的答案将会决定，我们是说苏格兰英语"没有 /u/"还是说它"没有 /ʊ/"，或者两个元音都没有。无论我们怎么说，我们的理论依据都不可靠。我们陷入了困局之中，一方面是 IPA 音标所赖以存在的语音类别的直观分类，另一方面是长期缺乏的在音位语类性质上的理论清晰度。事实上，这些问题在语言描写的许多领域都很常见，并非只是语音学和音系学：像"主语""名词""受格""词"等等许多术语都有可以有效地应用于许多语言描写的近似的外延，但似乎又都产生了个别语言里的细节问题。双方之间的紧张关系一直长期存在，一方面要承认跨语言之间的广泛相似性，另一方面又要认识到，作为一种严格的理论解释，任何语言或方言的语类都是使这个语类成为那个系统所独有的关系网络的一部分。①

但能够跨语言和方言进行比较无疑是很有好处的，正如我们在匈牙利语疑问语调的例子中所看到的，AM 方法似乎提供了新的、进行更有见地、更具经验性的比较的可能性。AM 分析和完整的 ToBI 系统都已快速扩展到了英语之外的其他语言，表明这最终是许多语言学者都想要做的事情。但为了做到这一点，我们不得不接受"IPA 的悖论"，即很难给普遍有效的语类（如 [f] 或 [o]，甚至"后高元音"）进行正式的定义，而且给任何一种特定的语言或方言的语类做出理论上的严谨的定义，或许都会

①　这个理论问题与元音清单的描写有关，对这个问题的一种有趣处理，见拉斯（Lass 1984）；一种对音标通常在理论上的尴尬地位的早期说明，见布龙菲尔德（Bloomfield 1933: 84f.）；皮埃安贝尔、贝克曼和拉德（Pierrehumbert, Beckman, and Ladd 2000）讨论了将音系共性的概念与具体语言的科学合理的语音描述相结合的难度。最近，哈斯佩尔马特（Haspelmath 2007）与纽迈尔（Newmeyer 2007）在一次相互交流中对这一问题进行了讨论，他们谈到了设立与语言无关的用于任何一种类型学概括（而不只是用于音系学和语音学）的语类的可能性和必要性。

阻碍进行理论上严谨的比较。事实上，ToBI 是"为其他英语变体……和其他语言研发韵律标注系统的一个总体框架"（Beckman, Hirschberg, and Shattuck-Hufnagel 2005: 9），这个想法本身就引出了一些难以理解的概念问题，即在不同的语言里应用一种常用的方法来标音意味着什么。

迄今为止，跨语言比较中的最严重问题是：难以通过两种不同语言或同一种语言的不同变体里的"同一种"模式来确立我们所要表达的意思，难以通过说出某个模式在某个语言或语言变体里"不出现"来确立我们所要表达的意思。对这些问题的一个很好诠释是由是非问句中所使用的降升曲拱提供的，特别是在交易或新话题开始时，诸如 *Could I have the bill please?*（请把账单给我好吗？）或者 *Is your mother there?*（你妈妈在那吗？）之类的问题。像这样的句子，在英国南部英语和许多荷兰语和德语的变体里使用所示的调式是很常见的，但在任何一种北美英语的变体里却不是这样，我们可以把它分析为一个高的核心前重调 H* 后接一个核心调 H*_L_H%。

（5）（a）　　　　H*　　H*　LH%
　　　　　　　Could I have the bill please
　　　（b）　　　　H*　　LH%
　　　　　　　Is your mother there?

在北美英语里，这类问题最有可能是带有一个高升的核心调 H*_H_H%。对于北美人来说，英国南部英语的调式往往听起来像是居高临下或不容置辩，因为在北美英语里，就其使用的范围而言，它大多仅限于用在表示强烈疑惑、怀疑或不相信但又无疑问句法的回声句上。[1]

---

[1]　就这个独特的英式曲调而言，值得注意的是，在传统英国语调文献中很少有人讨论它。韩礼德是唯一一位明确研究过它的人，他将它称为"音调 2"，以与"音调 2"（普通升调的疑问调式，即 L*_H_H% 或 H*_H_H%）和"音调 4"（英语的（升）降升曲拱，即 L*+H_L_H% 或 L+H*_L_H%）相区别。在其余的英国传统中，这个曲拱并不是明显地有别于非疑问句的降升调。

（6）　　　　H*　　　　H*LH%
　　　　You bought a Mercedes?　　　你买了一辆奔驰？

我认识一位母语为德语和美式英语的双语说话人，在此背景下，一想到他对讨论这个调式的反应，就觉得很有意思。正如刚才提到的，在许许多多的德语变体里，像（5）中的那些问句，H*... H*_L_H%调式是很正常的：

（7）　（a）H*　　　　　　H*　　LH%
　　　　　　Haben Sie heute Weizenbrot?　　　你今天有小麦面包吗？
　　　（b）　　　　　　H*　LH%
　　　　　　Ist deine Mutter da?　　　你妈妈在那吗？

当该调式用到（5）这样的英语问句上时，双语说话人跟普通美国人的反应是一致的，并惊讶地发现，完全相同的调式应用于类似的德语疑问句，却没有产生相同的效果。

这些有关德语和美式英语的相对说法似乎是准确有效的，也可能是有趣的，而且就像第 2 章末尾所讨论的匈牙利语疑问语调的例子那样，它们似乎指向了 AM 方法在促进我们对跨语言语调的理解方面具有潜在的价值。就像说出匈牙利语疑问语调在具体方面不同于英语或法语的疑问语调似乎很有用，很有意义（换言之，相同的意思是用不同语言里的不同调式来传达的）一样，目前能够说出相同调式可用于德语和英式英语，或者相同调式在英式英语和北美英语里可传达不同的意思，似乎也很有用。但严格地说，"相同调式"这个词并没有明确的解释。既然这些曲拱在具体细节上的差别取决于它们所应用的文本，那么所有这些话语具有"相同"调式的这种说法便意味着某种分析方法；既然这一分析最明显的理论基础是一种语言特有的调式类型音系清单，那么**不同语言**里的话语具有"相同"调式的这种想法就很容易被认为是毫无疑义的。如果我们坚持认为我们的

115

音标是语言所特有的，那么我们就没有理论上有意义的方法来追求跨语言的比较。

我相信 AM 语调研究方法给我们提供了一个类似的悖论。正如我刚才所做的，通过对 H* ... H*_L_H% 这类序列的意义进行跨语言或跨语种的比较，我们避开了同样的严格理论解释问题，收获了同样的描写优势，这一描写优势是我们从非正式元语言（如 IPA）或从**主语**和**受格**等术语的应用到各种语法系统的推导过程中获得的。出于这种考虑，下一节给出相互关联的三个案例研究，它们较为详细地说明了 AM 方法在理解语调的跨语体和跨语言差异上的潜能，**只要我们允许将不同语言和不同语体的东西看作是"相同的"**。第二个目的是要再次说明不应当把"AM 方法"与"皮埃安贝尔对英语的分析"等同起来；在第 2 章中所讨论的 AM 假设的总体框架内，可能有对各种语调现象的不同分析。

3.2.3 跨语言的语调音系学：案例分析

在开始讨论之前，重要的是要注意这样的一个事实：语调跟音段变化一样，也有"不同类型的差异"，对其进行分类既可能，又有效。威尔斯（Wells 1982）清清楚楚地阐释了它的基本思想，他在比较英语不同变体的音段语音方面时，区分了**词汇伴随性**（lexical-incidental）差异、**系统性**差异、**体现**差异和**分布**差异。**词汇伴随性**差异在具体词的音位选择上基本上是无系统性差异的：例如，*methane*（甲烷）在英式英语里有个 *meet* 元音，但在美式英语里却有个 *met* 元音。**系统性**差异是"系统"的或音位清单的差异，即一种语言变体里有对立，而另一种语言变体里却系统性地无对立：这方面的一个非常明显的例子是苏格兰英语里没有如 *Luke* 与 *look* 这两个元音之间的差异，正如我们刚刚所看到的，对这种缺失差异的音系解释远不是那么简单。与系统性差异相比，**体现**差异是语音细节上的差异，这些差异对音系对立清单没有任何影响：一个很好的例子是上文提到的英语里 *bi*, *bet*, *bat* 中的三个短的前元音。最后，**分布**差异是指系统中特定成分在所允许的音位配列分布上的差异：英语中最引人注目的这类差异是在"带 r 音"与"不带 r 音"变体的区别上，即允不允许 /r/ 音出现在词中的音节尾上，允许出现的像 *car*, *port*, *water* 这种一般美式英语的词，不允许出现的如标准英国南部英语的词。

　　语调上可比较的差异可以是**语义**差异（即同一种调式在意义或使用上的差异）、**系统性**差异（即在考虑语音差异的情况下，音系区别性的调式类型上的差异）、**体现**差异（即相同调式在语音体现细节上的差异）和**语音配列**差异（即调式与文本联结与所允许的调式结构上的差异）。这些差异，我们都将在后面举例加以说明。正如刚才所讨论的，在定义像"音系相同"之类的概念上存在很多观念上的困难，困难之多，差异分类都已失去了任何理论意义；对具体案例进行分类并不总是轻而易举，对于分类所依靠的音段差异，则常常确实是正确的。然而，在我们进入下面几个小节的案例研究之前，意识到存在不同类型的差异确实有一些启发式的价值。[①]

3.2.3.1　呼叫曲拱

　　在许多欧洲语言里，在某些情况下，人们离说话人有一定的距离时可以用两个持续音符上的一种吟唱的曲调来叫喊和欢呼，这个曲调是从一个相当高的水平上下降到一个略低的水平上。在多大程度上这个曲调是"吟唱的"，不是口头说出来的，既难界定，又不相同；两个音符之间的间距 117 通常但不一定是三个半音（有关一项对英语里呼叫曲拱的详细语音研究，见 Day-O'Connell 2012）。这似乎是所有使用这种"呼叫曲拱"的语言的共同特点，但语言与语言之间也存在着细微的差别，而这为刚才所列出的几种类型的差异提供了很好的例子。

　　呼叫曲拱的基本呼喊用法因语言不同而略有不同。在北美英语里，典

---

　　① 1993 年 6 月，在俄亥俄州立大学举行的第三届 ToBI 韵律标音研讨会上，弗朗西斯·诺兰（Francis Nolan）提出用明显类似于威尔斯的方法来描述语调变异的可能性。

型的用法是父母叫孩子回家，这种用法可能很普遍。但在德语里，成人之间的呼叫也用同样的调子，但通常要比北美的短一些，有时只是像［u u］或［hu u］之类的无词无言的声音。在我们的威尔斯式差异分类中，英德两种语言之间的这种比较既涉及体现差异，又涉及语义差异。此外，德国人也在各种场合使用近距离呼叫曲拱，也就是说，不是为了呼叫，而是为了打招呼、请假，这种近距离的用法在英语里很少见。[①]一种对英语和德语里呼叫曲拱用法与体现的详细讨论，见吉本（Gibbon 1976: 274-287）。

　　欧洲语言在呼叫曲拱方面也存在着"语音配列"上的显著差异。但在讨论这些之前，我们必须先要简要地谈一谈曲拱的音系表征问题。如前所述（3.1.4 节），拉德（Ladd 1978）将呼叫曲拱分析为"程式化"语调曲拱子系统的一部分，这个子系统与英语里非吟唱、非程式化曲拱有系统性的关系。就像皮埃安贝尔提出英语有降阶的建议一样，英语有一套"程式化"曲拱的基本观点也已被人们普遍接受，但音系分析的具体细节仍存在分歧，特别是末尾边界调的性质。为了便于本节的讨论，提取出 AM 处理呼叫曲拱的共同点，我将暂不考虑边界调问题，而通过采用 H ... !H 这种临时性的标音符号来把呼叫曲拱转写成由 H 调和降阶 H 调组成的一个序列。我在下文讨论陈述句的升调时，再回来谈这些细节问题。

　　在英语或德语里，呼叫曲拱的第一个 H 显然是个标星（重）调，因为它必须与话语的核心或最凸显的词重音音节相联结。核心之前的任何音节在完全吟唱的曲拱版本中都是一个 L 调，尽管它们可能在更"口语"的版本中处于十分不确定的中间层。如果核心后面有一个音节的话，那么 !H 就会跟在它的后面；如果核心后面有不止一个音节，那么降阶的位置就是由各种各样这里未做处理的因素决定的（但见下文 4.1.4 节；比较

118

---

① 近距离用法在美国英语里似乎特别有限。英国英语语调与北美英语语调之间的一个显著差别是：英国人在电话交流结束时将呼叫曲拱用在 *Bye* 上，这与北美英语通常所使用的陈述句降调形成对比。英国人的这种用法，北美人听起来觉得很滑稽。

Leben 1976, Haggo 1987）；如果主要词重音音节位于话语的末尾，那么它就会分裂成两个音节，为 H 调和 !H 调提供一个位置（用自主音段的说法，泊定位置）。如（8）所示：

（8）（a）（英语）

H*	!H	H*	!H	L H* !H	H* !H
Johnny		Jonathan		Rebecca	Jo-ohn

（b）（德语）

H* !H		H*	!H	L	H* !H	H* !H
Lisa		Ursula		Hans-Jürgen		Ja-an

另一方面，在匈牙利语（见 Varga 1989）和法语里，在不考虑任何重调凸显的情况下，H ... !H 序列将出现在最后的两个音节上，但如果只有一个音节，那么就像在英语或德语里那样，它的元音可以分裂成两部分。因此：

（9）（a）（匈牙利语）

H*	!H	H* !H	L H* !H	H*	!H
Anna		Pa-al	Katalin（或：Katalin）		

（b）（法语）

H* !H	H* !H	L	H* !H
Monique	Ja-acques	Anne-Marie	

或许最好是通过比较英语与法语中两个发音非常相似的名字（如 *Louise* 或 *Annie*）来体会英语 / 德语与匈牙利语 / 法语之间在联结呼叫曲拱中声调的方式上所存在的这种差别：

（10）（a）（法语）

H* !H	H*	!H
Louise	Annie	

（b）（英语）

```
L  H*!H        H*  !H
Loui-ise    Annie
```

这两个名字都是两个音节，因此法语处理它们的方法完全一样。但在英语
里，*Annie* 的词重音是落在第一个音节上，而 *Louise* 的词重音则落在第二
个音节上，所以该调式是以两种不同的方式与两个名字相联结的。[①]

呼叫曲拱的另一种变异性见于荷兰语里：就像在英语或德语里，第一
个 H 是 H*，它与主重调音节相联结；但是在 H* 之后，可能有两个甚至
更多不同的降阶，每个降阶似乎都表明又出现了一个不同的 !H 调。因此，
在玩捉迷藏游戏的过程中，荷兰小孩在叫别人回窝时可能会喊

（11）　H*   !H   !H
　　　　uit-   ko-   men

（字面意思是"出来"；在单说时，第一个音节承载主重音，最后一个音
节发生弱化）。德语里相对应的呼叫（可以以同样的方式用于捉迷藏的游
戏中）是

（12）　H*   !H
　　　　raus- kommen

仅有一个降阶。荷兰语版本中出现第二降阶和后续降阶所依据的原则与
话语的整体节律结构有关，古森霍文（Gussenhoven 1993）对此做了详

---

①　在一场有关这个总主题的研讨会报告之后，有人曾经讲给我一个据说是真实的故
事，讲的是两个都叫 *Louise* 的女孩，一个讲法语、一个讲英语，她们一起在渥太华的一个
双语区长大。她们俩经常一起在户外玩耍，并总能通过联系父母呼唤时的调式和内容分辨出
是在叫谁回家！然而，需要注意的是：法语说话人也可以把 *Louise* 视为一个音节 /lwiz/，在
这种情况下，应用呼叫曲拱，就像应用到单音节的 *Jacques* 上一样，而且听起来更像用英语
方式呼叫 *Louise* 这个名字。

细处理。

很明显，我们正在处理所有在这里讨论的语言里的相同调式问题，即再次面对采用"相同调式"概念所产生的观念上的困难。调式与文本的联结方式因语言不同而呈现系统上的差别，这似乎也很明显。我们如果注意不到呼叫曲拱在欧洲各语言之间存在着惊人的相似性，那么语调的比较研究显然就是不完整的；常常有人（如 Abe 1962）指出，这些相似性很可能可以用功能原则（如为确保远距离呼叫时能被听到，需要保持高音高）来解释。但如果没有注意到语言之间细节上的差异，那么比较研究同样是不完整的。在目前情况下，细节上最为明显的差异是本节所讨论的"语音配列"上的差异，即 AM 框架可以直接描写的那些差异。

3.2.3.2 法语／意大利语的悬降语调

法语有一种典型的语调模式，日常会话中很常见，它可以取代平常的陈述语调以传达额外的细微差别。从语音上讲，曲拱最好是从最后一个音节的后面来描写。最后一个音节是以相当平的中到高的音高形式发出的，前面紧靠它的音节要高很多，而前面的音节却都很低。福纳吉、福纳吉和萨普（Fónagy, Fónagy and Sap 1979）用乐谱将三个音高表示如下：

（13）

根据语音形式，我们把这个称为"悬降曲拱"（suspended-fall contour）。福纳吉、福纳吉和萨普把它叫作"陈述三角形"（triangle assertif），以区别他们也讨论过的"疑问三角形"。

悬降曲拱所增加的意义难以用语言来描述：似乎最好是把它描绘成跟耸肩动作一样的发声过程。它的意思可能类似于萨格和利伯曼（Sag and Liberman 1975）所讨论的英语的"意外羡余型曲拱"（另见 Bolinger 1982）：它似乎传达了这样一种观点，即陈述句的命题内容是（或者应该是）显而易见的。德尔（Dell 1984: 66）说道：曲拱是"将［句子］作为对他人陈述的一种不信任或不赞成的回答呈现的"。福纳吉、福纳吉和萨普在描述这种细微差异时只是说，它"让人们想起了孩子们嘲笑的曲调模式［Na-na-na!］"（Fónagy, Fónagy, and Sap 1979: 9）。例证如下。

（14）

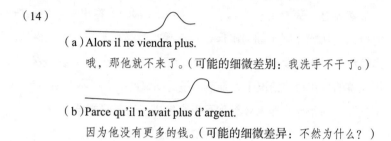

（a）Alors il ne viendra plus.

哦，那他就不来了。（可能的细微差别：我洗手不干了。）

（b）Parce qu'il n'avait plus d'argent.

因为他没有更多的钱。（可能的细微差异：不然为什么？）

德尔（Dell 1984）清清楚楚地把这个曲拱表征为一个低高中序列。假如这
121 个描写中没有区别性的中调，那么我们便可以将德尔的表征形式转换成
L+H+!H*，即一个降阶重调 H 接在一个 L ... H 引导调序列之后。因此：

（15）

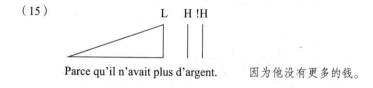

Parce qu'il n'avait plus d'argent.　　因为他没有更多的钱。

当然，在皮埃安贝尔分析英语涉及两个引导调的重调时还没有先例，L 在结构上很有可能是短语的一个左边缘调，或者结构上属于核心前重调；我在此处不再讨论这个问题。但值得一提的是 H+!H* 分析末尾两个调的证据。这个分析有两条主要证据：一条来自法语，另一条源自与意大利语的比较。

　　法语广泛使用了右错位句法手段来作为语篇的前景和背景。下面的例子是带右错位的名词短语，它们在法语口语里十分常见：

（16） （a）C'est pas joli, cette affaire.

这件事不太好。 （字面意思：it is not pretty, this matter）

（b）Elle t'a rien donné, ta mère?

你妈妈没给你什么吗？（字面意思：she gave you nothing, your mother）

（c）Mais tu l'as, ton passeport!

但你**有护照**！ （字面意思：but you have it, your passport）

这种右错位成分的语调完全取决于母句的语调：母句末尾高，右错位成分就高；母句末尾低，右错位成分就低。（德拉特（Delattre 1966）把右错位的这两种可能性称为（高）"回声"与（低）"插入"，指出它们处于互不分布之中。）因此：

（17）

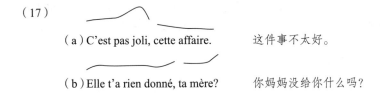

（a）C'est pas joli, cette affaire.　　　这件事不太好。

（b）Elle t'a rien donné, ta mère?　　你妈妈没给你什么吗？

我们必须给这个陈述句增加一条规定：以强调的或感叹的高调峰（德拉特（Delattre 1966）的**暗示语调**）结尾的母句，因调峰后急速下降而要后接低 122 的右错位成分：

（18）

Mais tu l'as, ton passeport!　　　但你有护照！

如果我们假设从调峰开始的这个下降（如果有的话，在单个音节上很少降到调域的底部）反映了一种底层的语调模式 H*_L，那么右错位成分的语调一律都只需要复制母句的最后一个声调。因此：

（19）

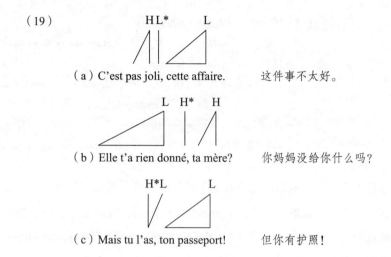

（a）C'est pas joli, cette affaire.　　这件事不太好。

（b）Elle t'a rien donné, ta mère?　　你妈妈没给你什么吗?

（c）Mais tu l'as, ton passeport!　　但你有护照!

　　现在来看一下悬降语调应用于含有右错位成分的句子时会发生什么事情。在这种情况下，还会再来一次降阶：右错位成分比母句的最后一个音节还要低（反过来又低于前一个音节），但不像（19）中的低的右错位成分那么低。因此：

（20）

Parce qu'il n'avait plus d'argent, Mercier.　　因为他没有更多的钱。

这正是我们所期望的，如果右错位成分复制了母句的最后一个调，条件是母句的最后一个调是：

（21）

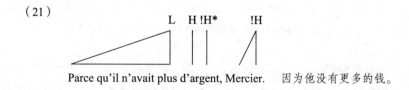

Parce qu'il n'avait plus d'argent, Mercier.　　因为他没有更多的钱。

　　H+!H* 分析的第二条证据来自于意大利语。意大利语有一个语音相 123
似的语调模式，这个语调模式用于与刚刚描述过的法语悬降曲拱有相似含
义的相似语境中。在以词重音音节结尾的话语中，该曲拱显然与法语的曲
拱一模一样：

（22）

Perché non ne voglio più.
因为我再也不想要了。（细微差异：正如你应该注意到的）

然而，在意大利语里，正常词重音位置是倒数第二个音节，而先前的重音
并不罕见。当所讨论的曲拱应用于无末尾重音音节的句子时，其结果可能
就像是在含有右错位成分的法语句子中，重音音节后再来一次降阶。因
此，以下两种情况都是可能的；第二个看来更具强调性（可能更具有某些
地域性变体的特点）：

（23）

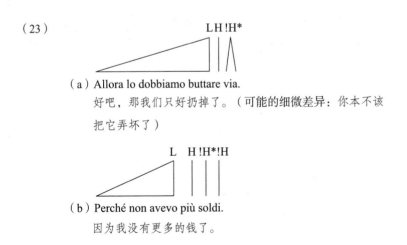

（a）Allora lo dobbiamo buttare via.
好吧，那我们只好扔掉了。（可能的细微差异：你本不该
把它弄坏了）

（b）Perché non avevo più soldi.
因为我没有更多的钱了。

总之，在重音音节方面，意大利语版与法语版的曲拱都是相同的，即一个在重音音节之前有两个音节的 L_H_!H* 序列。但鉴于意大利语的重音模式，任何时候重调词以一个非重音音节结尾时，都可以看到意大利语里带超高音高的完整形式的曲拱。在法语里，完整形式只出现在右错位的句子中。[①]

124　　最后一点值得一提。在法语里，呼叫曲拱与悬降曲拱之间的差别并不那么明显；也就是说，像下面这个话语：

安妮–玛丽

在呼叫曲拱（见例（9b））与悬降曲拱之间看来在语音上是模糊不清的，它传达了一种"你还指望谁？"这样的细微差异。这两个曲拱当然"感觉"不一样，当指出它们的相似点时，说话人惊讶不已；但也有可能应对它们进行同样的音系分析。然而，在意大利语里，两个之间的差别一清二楚；第一个 H 调在呼叫曲拱中是标星调，而降阶的 !H 在悬降曲拱中则是标星调。请比较：

（25）　（a）呼叫曲拱

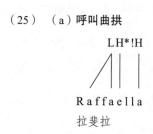

拉斐拉

---

① 核心后的 !H 调能以此方式重复，这让我们想起了前面小节中所讨论过的荷兰语版的呼叫曲拱。4.1.4 节将回来对类似重调的核心后调进行更深入的讨论。

（b）悬降曲拱

[Glielo devi dire a] R a f f a e l l a

你应该告诉拉斐拉（可能的细微差异：那不是我的问题）

意大利语里的音系差异能否作为法语里类似的音系分析的理据（由此可以解释法语说话人对两个不同曲拱的反应），尚待做进一步的研究。

3.2.3.3 "上升"陈述曲拱

我们的最后一个比较语调案例研究从英语里泛指"上升"的陈述曲拱开始，但很快把我们带回到呼叫曲拱上。一路走来，它给我们提供了更多的跨语言比较中所涉及的观念上困难的例子，还用实例阐释了跨语言描写框架的价值，以及在为具体语言或语言变体的具体曲拱提供 AM 表征形式时牢记比较目标的重要性。

我们从英语里的"高升尾音"（HRT）陈述曲拱开始，1.1.2 节中曾简要提到，有时非正式地把它称为"尾音上扬"。这是一种语调模式，表面上听起来是疑问句，但实际上是陈述句。这种用法在北美（如 Ching 1982）和澳大利亚 / 新西兰（如 Britain 1992）都很常见，但在英国（虽然可能正在传播开来）却相对罕见。它长期以来引起了学术界的广泛关注，特别是在澳大利亚和新西兰（有一篇有用的总结，见 Warren and Britain 2000），更不用说专栏作家、漫画家和喜剧演员所做的评析（如 Gorman 1993）。《尾音上扬：上升语调现象》是保罗·沃伦（Warren 2016）所写的对整个现象进行全面研究的一部专著。

出现这种情况的一个常见语境是在叙述等之类的独白中，在此说话人经常重复使用一个高升曲调来诱导听众，让他们接受；语调是一种"你听懂我的意思吗？"的简洁表达形式。还有两个陈述句常常是高升语调的语

125

境，它们是交易的开场白和特殊疑问句的答句。这两种情况均可以在以下
虚拟的交流中看到 [①]：

（26）　　　　　　　　H*　　　　　　　　H*HH%
　　　A:　I have an appointment with Dr Macmillan.
　　　　　我和麦克米伦医生有个约会。
　　　B:　What's your name?
　　　　　你叫什么名字？
　　　　　H*　　　H*HH%
　　　A:　William Jarvis.
　　　　　威廉·贾维斯。

在 A 开启对话的话和他对特殊疑问句的回答中，高升语调的意思大致是
"你在等我吗？""你有我的约会记录吗？"

　　为了理智地讨论这种用法，我们需要仔仔细细地想一想我们想要把它
与什么区分开来？理由是什么？首先，重要的是要注意：A 的两句话都是
陈述句，在这个意义上，命题"我和麦克米伦医生有个约会"和"[我的
名字是]威廉·贾维斯"都是断言，不是被质疑的。语调所传达的疑问
微差异适用于整个互动，但不适用于命题本身。与此相比，法语里的情
况，比如：

（27）

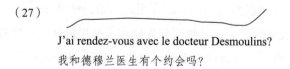

J'ai rendez-vous avec le docteur Desmoulins?
我和德穆兰医生有个约会吗？

　　此话语的疑问语调会产生语用上相当奇怪的意思，即"我和德穆兰医

---

①　这里，我把 HRT 注释为 H*_H_H%，但实际上，这是个尚未确定的问题，4.2.2 节
对其原因将做进一步的讨论。

生有个约会吗？"意思是，我们不能简单地说这种上升语调的美国或澳大 126
利亚英语的语句就是一种问句；实际情况要微妙得多。另一方面，我们也
不要简单地说它们是普通的陈述句。如果我们这样做了，就无法解释这种
用法被普通语言使用者注意和评论的事实。

那么，我们再一次面临这样一个问题：两个曲拱在语言系统中"相
同"是什么意思？在 HRT 陈述句的具体例子中，疑问细微差异是否表明
我们在这些例子中所拥有的仅仅是适用于陈述句的疑问语调？也就是说，
A 的话语是否有他在相同语境中所使用的相同语调吗？比如：

（28） Is this Dr Macmillan's office? 这是麦克米伦医生的办公室吗？

如果不是，它们有什么不同？澳大利亚和新西兰的几项研究（如 Fletcher
and Harrington 2001; McGregor 2005; Warren 2005）都提出这两个模式其
实在语音上并不相同，并记录了整体音域或同界的差异，这些差异似乎
跟 HRT 陈述句与真正疑问句之间的差异有关。然而，这种差异是细微的，
可以说是梯度性的。正如我们在 4.2.2 节中将要看到的，我们可以将任何
差异看作是一种副语言的变异，并将 HRT 陈述句分析为具有与高升疑问
曲拱相同的音系表征形式，这可能比较合理。

当我们探讨英语里其他表面"上升的"陈述曲拱时，特别是通常用
于"英国北部城市地区"（Urban North British, 简称 UNB）（Cruttenden
1994a）[1]英语陈述句中的上升或升降语调时，把 HRT 陈述句视为非常类
似于疑问句的一个原因就愈加清晰、愈加明确。博林格（Bolinger 1978:

---

① UNB 是克鲁滕登（Cruttenden 1994a）提出的涵盖型术语，指贝尔法斯特和格拉斯
哥（以及北爱尔兰和苏格兰西部）所操的英语变体和几个主要英国城市（特别是伯明翰、利
物浦、纽卡斯尔）所操的英语变体。这些英语的变体有一些共同的特点，这些特点有时因
爱尔兰的影响所致（见 Wells 1982, vol. II: 371; Bolinger 1989: 34）。这个解释并非不合情理，
因为所提到的三个英国城市和格拉斯哥市都是 19 世纪爱尔兰移民的主要目的地。但克鲁滕
登（Cruttenden 1994a）提供的证据表明：纽卡斯尔的典型语调特性早在 18 世纪都已存在。

510）简单地把 UNB 的陈述上升调与美国 / 澳大利亚或新西兰的 HRT 陈述句等同起来，并从普遍认为的"上升"疑问意义角度解释 UNB 模式。具体地说，他认为 UNB 上升调表示对传统但以前是有意义的提问态度的化石化，即上升调"曾经是有价值的，现在失去了"。他的提议是建立在美国 HRT 陈述句的基础之上：

127

　　许多说美式英语的人在连续叙述某件事时，实际上会在每句话的末尾使用这种结尾上升调——很明显，这是一种通道清理手段，实际上是在说"你在听吗？"因为除非有人做出注意的手势，否则独白就会停止。不难想象，这种习惯会成为一种传染病，之后，由于对话者厌倦了做手势，这种语言便可以说有了一个上升语调，它通常作为从句结束的标志。

　　然而，克鲁滕登清楚地表明：UNB 的上升与 HRT 的陈述句完全不同，两者在语用和语音上都存在差异。语用上，HRT 陈述句代表了一种语言上的选择：北美和澳大利亚 / 新西兰英语变体中的陈述语调在许多场合既可以是升调，也可以是降调，并且曲拱选择传达了一种细微的差异。UNB 变体似乎不是这样的：升调不是一个用疑问调式发出陈述句的问题，而只是一个用普通方式发出陈述句的问题。[①] 语音上，看起来在要求不同 AM 表征形式上的差异也是相当显著的：美式英语 / 澳大利亚和新西兰英语的曲拱都是从重调音节一直上升到短语的末尾，而在 UNB 的曲拱上，重调音节上的上升之后通常是一个明显的下降，有时但不经常一路降到说话人

---

　　① 在这些英语变体中，普通陈述语调与普通疑问语调之间的区别甚至还不清楚。20 世纪 90 年代初，在我的学生中，以格拉斯哥地区变体为母语的几个人（特别是安·黑斯廷斯（Ann Hastings）、萨拉·科尔（Sarah Cole）和亚当·哈夫曼（Adam Huffman）各自撰写了未出版的本科或硕士学位论文）似乎觉得没有这种差异。有限的实验研究表明：在没有句法线索的情况下，一句话是陈述句还是疑问句的最可靠标志是 H 的高度：H 的高度越高，话语就越可能被理解为疑问句（另见 McClure 1980）。但 UNB 变体本身之间存在很大的变异性，将它们放在一起可能根本不合适。例如，有理由认为，尽管伯明翰和利物浦的陈述语调与格拉斯哥很相似，但在陈述句与疑问句之间确实有明确的区别：L*_H_L% 可能被分析为陈述句，L+H*_L_L% 可能被分析为疑问句（比较 Knowles 1973）。

的调域底部。这一点如图 3.8 所示。

克鲁滕登（Cruttenden 1986: 139ff.）对 UNB 曲拱的传统英国分析是作为一种"上升-高平-陡降"，即在重调音节上的一个上升，其后在接近短语末端处接一个缓降或陡降。所以，用 AM 的话说，一种明显的音系分析是 L+H*_H_L%，或者可能是 L*+H_H_L%，或者只是（正如梅奥、艾利特和拉德（Mayo, Aylett, and Ladd 1997）为格拉斯哥英语标音所提出的）L*_H_L%，即一个低的或低升核心音高重调、一个高的短语重调和一个低的边界调。这与我们在 2.5 节中所给出的匈牙利语疑问语调的分析是相同的，这表明 UNB 陈述上升调涉及一种曲拱类型，而这种曲拱类型在大多数其他英语变体中不会出现。AM 表征形式再一次让我们有可能超越如下这些无法证明的主张，如语调共性是建立在"上升曲拱"之类松散描写的基础之上，在更具原则性的音系分析基础上进行更有针对性的比较。

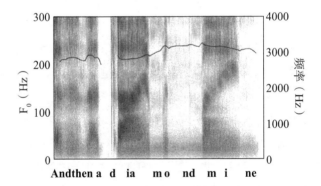

图 3.8 英语短语 *and then a diamond mine*，是由格拉斯哥的苏格兰标准英语说话人作为中性陈述句的最后部分说出来的。曲拱是一个在克鲁滕登的英式分析中所称的"上升-高平-陡降"，低升核心重调落在 *diamond* 的第一个音节上，其后是一个相对高的但逐渐下降到话语结尾处的音高。此句引自 HCRC 地图任务语料库（Anderson *et al.* 1991）；说话人正在描述她能看到但听话人却看不到的插图上的陆标布局。

然而，这一分析提出了一个新问题，并将我们带回到 3.2.3.1 节提出来的呼叫曲拱的音系分析上来。在贝克曼和皮埃安贝尔（Beckman and Pierrehumbert 1986）对皮埃安贝尔英语分析的版本和 MAE_ToBI 这两者中，L+H*_H_L% 和 L*+H_H_L% 这两个序列都被用来表示呼叫曲拱的变异形式；在皮埃安贝尔的所有版本分析中，边缘调序列 H_L% 在整个声调的清单中一直被用以指所有"程式化"曲拱类型的短语末尾的持续性水平音高。皮埃安贝尔的分析是基于这样一个假设：在 H 短语重调之后，唯一可能的对立是上升（H%）与持续性水平音高之间，因此后者可以用 L% 来表征。就末尾持续性水平音高而言，一个语音上更为清晰的标音要么是一个"水平的"边界调 0%（Grabe 1998），要么任何边界调都没有（Ladd 1983a; Gussenhoven 2005）。因此，我们需要在皮埃安贝尔的程式化语调分析和刚刚为 UNB 陈述句提出来的分析中研究一下 H_L% 边缘调序列明显不兼容的使用问题。

一种可能的答案是，这两种分析并不是不兼容。这是皮埃安贝尔 1993 年在俄亥俄州 ToBI 讲习班的讨论中提出来的。这种观点认为，重要的是任何一种方言里可能存在的对立集合。争论是这样的：在美国英语里，H 短语重调之后音高要么是平的，要么是升的，但不会是降的。所以，对美国英语来说，L% 与 H% 的双向对立表达了音系的可能性。如果在 UNB 英语里同样只有两种可能性（如要么降对平，要么降对升），那么 L% 与 H% 对 UNB 与对美国都同样有效。这两种方言之间的差别在于语音体现，而不在于音系。也就是说，H_L% 表征美国英语里的末尾持续性水平音高和 UNB 中的末尾降调，而 H_H% 则表征美国英语里的末尾升调和 UNB 中的或平调或升调。[1]

---

① 不巧的是，在 UNB 中，H 短语重调之后或许有三种可能性，即升、平和降。我说"或许"，是因为持续性水平音高与升调之间的差别可能不像其他大多数英语变体那样明显。例如，有人可能会说，UNB 中唯一一出现的实际的上升调是来自 RP 的方言借用，或者只有出现持续性水平音高，才代表没有边界调的不完整的话语。我认为这些论点是站不住脚的，但情况肯定仍不清楚。

　　然而，尽管理论逻辑学似乎掷地有声，但皮埃安贝尔的提议仍削弱了语调比较研究的 AM 描写性框架的价值。如果我们对明显不同的曲拱进行相同的音系分析，就会使我所举的那种跨语言和跨方言的比较往好了说变困难了，往坏了说就毫无意义了。正如我之前所提到的，整个比较工作取决于能够把相同的 AM 跨方言和跨语言分析当作"相同"调式的表征形式。具体地说，如果我们遵循皮埃安贝尔的建议，即在不同英语语体里，H_L% 的语音体现存在差异，那么我们就必须把 UNB 的呼叫曲拱视为音系上不同于美国的呼叫曲拱；更糟糕的是，我们将不得不把 UNB 的陈述曲拱和美国程式化的低升调视为音系上是相同的。然而，3.2.3.1 节中的比较取决于在诸多欧洲语言里能够使用相同的呼叫曲拱的基本分析法。除非能证明 UNB 的语调在欧洲语言的语境中离经叛道，极不正常，否则最好假定它的呼叫曲拱在声调上与其他欧洲语言是一样的。一般地说，如果这一章呈现的这种比较有任何价值的话，那就意味着我们不应对同一种　130语言里可相互理解的变体中明显不同的曲拱进行相同的音系分析。

　　避免将 UNB 陈述句与美国的呼叫曲拱混淆的唯一方法是对其中的一种重新做分析。在我看来，很明显应该改变后者。呼叫曲拱（就像拉德（Ladd 1978）所说的更为通用的术语"程式化语调"一样）十分特殊，并且在某种程度上处于整个语调系统的边缘地位。如果我们就像皮埃安贝尔那样，用短语重调和边界调的一个序列来分析它，就无法捕捉到这种边缘状态，而当将系统的其他对立考虑进来时，这些短语重调和边界调恰巧没有被使用，它们需要有关语音实现的具体评析。正如我在上文中所建议的，我认为，对于短语末尾的持续性音高，最合理的表征是一种没有边界调或带有格拉贝式 0% 边界调的表征，可能带有将每个音节与声调语符列中的不同层级相联结的声调延展。这样的表征形式将使我们可以像其他欧洲语言一样，自由地分析 UNB 的呼叫曲拱，并为 UNB 陈述调式使用语音上清晰透明的 H_L% 序列，而不必为不同英语变体的比较带来直观上难以置信的后果。

3.2.4 小结

2.5 节使用匈牙利语疑问语调的例子，阐释了我所看到的 AM 方法在跨语言理解语调性质上的丰富潜能。我说过，要想真的理解什么是语调共性，就不得不从各个语言的描写着手，用类似的术语（术语要精确，能作为可检验的假设的基础）来表达这些描写，而且我还提出，AM 框架给了我们创造这种描写的工具。然而，3.2 节进而又提出：如若坚持认为对 AM 方法涉猎领域的解释过于狭隘，就可以抛弃 AM 方法所赋予的优势。我特别指出：出于比较和分类的目的，坚持每一种语言都要用自己的方式做分析，这并无益处。准确地比较我们所要比较的内容很重要，但同样重要的是要认识到，必要的精确并不仅仅在于设计出表达特定语言中明显的语调对立的方式。部分类型学任务要求我们找到（诸如短语重调、核心等）基本 AM 概念和语调对立这一概念的正确定义。过早地判定我们已经解决了一种语言，我们可能就会错过在理解语言的某些方面取得真正进步的机会。

4

AM 音高音系学中的若干问题

我们现在已经比较详细地看过了 AM 理论如何提供一种成功用于许多语言的有效描述框架，以及它如何让我们有可能对语调共性给出更为具体的因而可验证性更强的说法。在我们讨论到有关对特定曲拱类型的合理分析之间的分歧上，这个讨论是在跨语言比较的背景下进行的：我们认为，从语言类型学的目标来看，某些分析比其他分析更合适。但许多分歧实际上取决于语调音系学本身尚未解决的理论问题，即与我们是进行跨语言比较还是试图描写某个语言的某个变体相关的问题。这些都是本章的主要论题。

4.1　声调描写中的若干问题

4.1.1　核心重调与核心前重调

我们从"音高"与"凸显"（即图 1.1 所概括的两个语调要素）之间的边界问题（即"核心重调"与其他类型的重调之间的区别）谈起。这种区别至少自英国传统开始以来，就一直以这样那样的形式成为创建语调结构理论的一部分。（关于对 20 世纪前核心思想先驱们的有趣讨论，见 Cruttenden 1992b。）根据英国学派的奠基之作（Palmer 1922），语调曲拱分为调头（head）、调核和调尾（tail）这三部分。只有调核是必不可少的，因此在单音节的话语中，曲拱仅由调核组成。在音节较多的话语中，调核出现在最凸显的重音音节上，通常也是在最后一个重音音节上。在调核中可以从一小组不同的"核心调"（在帕尔默的分析中有四个）中选择一个。调尾的形状（即调核音节之后延伸部分的曲拱）
132 很大程度上或完全在于核心调的选择。调头的形状（即核心音节之前延伸的曲拱）是单独选的，尽管英国传统中的许多学者（如 O'Connor and Arnold 1973）都已注意到某些调头与调核的组合特别受欢迎或不受欢迎。

　　尽管有些变化，但这个基本平面图自那时起就是英国描写语调方法的一部分。"调头"的曲拱类型清单一直是争议巨大的话题，核心调类型清单亦是如此，只是程度稍逊一些，但基本结构几乎没有变化。帕尔默所概述的、广泛认同的最为重要的结构变化，可能一直是这样一种观点，即调头是以主重音音节开始（见 Kingdon 1958），而这需要在曲拱的结构上增加调头前成分，即在调头前增加任何一些无重音音节。克里斯特尔（Crystal 1969）和韩礼德（Halliday 1967a）都曾对英国传统的许多假设提出了深刻的理论批评，他们甚至也保留了调核（用韩礼德的术语说"显调性"（tonic））与曲拱其他部分相区分的思想。根据英国传统划分曲拱的基本平面图，见图 4.1 所示。

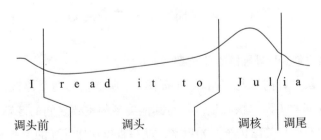

I read it to Julia

调头前　　　　　调头　　　　　调核　调尾

图 4.1 英国学派典型分析中对音高曲拱的划分

　　英国传统之外也有类似的思想。例如，派克（Pike 1945）对"主曲拱"与"前曲拱"做了区分，这几乎完全与调核（或调核+调尾）与调头（或前调头+调头）的区分相匹配。霍凯特（Hocket 1955, 1958）和特拉格（Trager 1964）二者都对与美国结构主义语调理论有关的相同区分的不同版本进行了探讨。IPO 传统虽最初没有这样的区分，但最后也将前缀、词根与后缀之间的一种三分法吸收进来，这在很多方面可以与英国对调头、调核与调尾的区分（虽然不同，但）相类似（'t Hart, Collier, and Cohen 1990）。

　　但正如我们在 3.1 节中所看到的，皮埃安贝尔对英语的原始版分析否 133 定了这一区分的有效性，并将核心重调仅视为短语的最后一个重调。具体地说，皮埃安贝尔否决了调头、调核、调尾的划分方法：曲拱是重调语符列，它是由图 3.1 中的有限状态语法生成的。皮埃安贝尔仍坚持把序列中的最后一个重调非正式地称为"核心"重调。她还承认了英国的核心调类型分类法与对她来说最后一个重调和其后语重调和边界调的序列之间存在实质性的对应关系（见 3.1.2 节和表 3.1）。但她不承认调核这一概念在其理论中有任何形式地位，而这一观点最初被 AM 传统中的其他人广泛接受。

　　但值得注意的是：皮埃安贝尔反对调核的论点，实际上主要是一种反对英国传统中"调头"的论点，即一种源自她反对总体曲拱形状的论点。也就是说，皮埃安贝尔之所以否认调头是一个可识别出来的曲拱的组成部分，主要是因为英国传统在调头的描写上常常是用总体形状（"斜调头"（scandent head）等）来表达的。正如我在别处（Ladd 1986）所指出的，重要的是要将反对调头作为一个总体形状的论点与反对调头作为强制性调核之前子语符列的论点区分开来。在不撇弃皮埃安贝尔提出的有关语调曲拱是音高重调或声调语符列的基本假设情况下，完全有可能将调核与其余重调区分开来，因而也完全有可能在未明确说出的情况下认识到调头的存在。在 AM 有关音高的假设与持有调核具有特殊地位的观点之间并不存在任何深层次的矛盾。

　　这是因为调核特殊地位的真正基础是它的"首要性"，即它是短语中唯一必不可少的音高重调的这一事实。正像我们在第 6、第 7 章中将要进一步看到的那样，这就是它在传达语用上凸显的词或成分时发挥重要作用的原因。贝克曼-皮埃安贝尔将短语重调修订为中间短语的边缘调（比较 3.1.4.1 节），这意味着核心重调是中间短语而非语调短语中的最后一个重调，他们的这一修订理念使调核的这一理念更加合理。因此，即使是更长的话语，我们也能很容易地讨论短的重调语符列内所界定的局部性的相对凸显峰。

核心重调概念与别的 AM 假设的基本相容性，在文献中已经得到越来越多的承认。现在，"核心"重调的引用，随处可见；正如 3.1.2 节中所指出的，线上 ToBI 训练材料不仅明确地将核心重调定义为中间短语中的最后一个重调，而且还要声明它比核心前重调更凸显、更显著。因此，按照 AM 的假设，对英国传统的术语进行了实质性的重新定义，但仍保留了它们在基本描写上的深刻见识，即每个中间短语都有它自己的凸显峰。在第七章中，当我们探讨短语划分和凸显的音系要素时，我们将再回到这个问题上来；本节余下部分将谈一谈显而易见的音高问题。

4.1.2　声调识别

我们在 2.3 节中看到，AM 方法的核心主张之一是，音高重调由 H 和 L 调组合而成，而第 3 章讨论的一些问题则是围绕着如何识别声调的基本问题。我们用什么标准来决定一个给定的声调是由一个或两个（甚至三个）调组成的？我们又怎样确定语符列的一个点上有没有一个调？

正如我们在第 1 章中所看到的，布鲁斯（Bruce 1977）代表了 AM 方法的重要基础之一。在这篇文章中，声调是通过 F_0 曲拱中的**拐点**来识别的。局部最大值对应于 H 调，局部最小值对应于 L 调。这是非常"具体的"声调概念，并没有给什么是曲拱中的声调留下多少争论的空间。它确实留下了一点点空间，因为可以把物理上出现在曲拱中的局部最大值与局部最小值归因于 F_0 的音段扰动等其他非语调因素。布鲁斯（Bruce 1977: 第 5 章）也明确阐释了声调目标在比如目标非常接近的 H ... L ... H 序列中可能达不到的可能性。但总的来说，用拐点来识别声调，严格限制了对已知曲拱的可能的音系解释范围。

这种把声调作为拐点的具体概念，不明不白地被皮埃安贝尔摈弃了。正如我们所看到的，在她的方法中，声调不一定与拐点相对应，拐点也不一定反映出声调的语音体现。我们在 3.1.3 节中看到后一种情况的例子：两个 H* 重调之间的低拐点并没有用来反映任何一种形式的 L 调，但对它的解释则是，语音上将 H* 建模为两个重调之间带有一个"下沉过渡段"的一个局部性音高上的跳跃，而不仅仅是一个调峰。在同一节中，我们还看到了相反情况的例子，即设定的声调不与拐点相对应。例如，H*+L 重调中的 L 从未体现为一个低目标或一个拐点，但只起到触发下一个 H 调的降阶作用，而 H+L* 重调中的 L* 则很可能代表一个目标，但绝不会是一个低拐点：它是一个低于前面语境的重调目标，但是在降阶 H 调的水平上测量的。[1] 同样，皮埃安贝尔对英语程式化曲拱分析中的 L% 并不代表一个末尾的低目标，而仅仅表示在 H 短语重调之后没有进一步的上升而已（3.1.4.2 节和 3.2.3.3 节）。

先验地说，没有理由拒绝皮埃安贝尔的方法，也没有理由选择布鲁斯的方法。从许许多多非洲语言的声调音系研究中可以非常清楚地看到，我们必须考虑这样一种可能性：底层音系语符列中的声调可能在语音上无法体现为不同的 F_0 目标值。比如，在皮埃安贝尔的英语分析中，最明显的情况涉及降阶。在许多语言里，H ... L ... H 序列中的 L 可能没有单独体现为一个拐点，但可能只实现在第二个 H 相对于第一个 H 的降低上。其他的情况就不那么清楚了，但仍然肯定涉及声调与目标值之间的一种更为复杂的关系。例如，拉尼兰（Laniran 1992：第 3 章；Laniran and Clements 2003）说明：在约鲁巴语里，序列 L ... H ... H ... H 和 H ... L ... L ... L 均不是从 L 到第一个 H 或从 H 到第一个 L 的突然一步实现的，而是涉及从 L

---

① 我这里指的是皮埃安贝尔的 H+L* 原始版用法（即在 ToBI 标准中变成了 H+!H*），而非罗曼语、德语等标音中 H+L* 的常见用法；比较 3.1.3 节和 3.1.5 节。

到第三个 H 和从 H 到第三个 L 的一个逐渐的过渡过程，就好像中间的音节在声调上都未赋值一样。关于音系声调与 F_0 目标值之间的关系，我们还有很多不了解的地方；但很明显，"声调＝拐点"这一简单等式的局限性太大，不能作为一条普遍有效的声调体现原则。

与此同时，在处理无词库声调的语言时，有理由不要过于热情地假定间接体现的声调。首先，我们放弃布鲁斯的简单等式，就丢掉了对我们建构理论的一种有力的经验检验。在有词库声调的语言里，我们常常有独立的证据表明，设定的声调不是作为目标的点出现的，这是因为我们可以观察到单个语素和词的形状在不同音系语境中的交替音变。在只有重调的后词库或语调的用法中，我们没有这种现成的限制我们描写的方式。

我对"延迟峰"特征的一项早期建议（Ladd 1983a）清楚地说明了摈弃对声调与拐点的识别问题。我认为，布鲁斯对瑞典重调 1 与重调 2 之间差别的"同界"分析可以扩展用于描写其他语言在 AM 声调分析语境下的语调差别。具体地说，我认为，英语里的升降或"勺状"重调（如见 Vanderslice and Ladefoged 1972: 822; Ladd 1980a: 35, 110–112）在声调构成上与一般下降重调相同，不同之处仅仅在于 H 调与重调音节同界的方式上。我在声调上把两者都分析为 H*+L，但提出，在一般降调中，调峰在音节中先发生同界，而在"勺状"降调中，调峰很晚才进行同界，有时同界是在后面的无重音音节中（"延迟峰"）。我认为，这个分析表达了（在无法始终如一地区分它们的传统分析中所反映的）两个重调类型之间在功能上的相似性，但同时又提供了一种语音上明晰化的差异描写。然而，这种描写实际上并不是语音上明晰化的：它忽视了这样一个事实，即勺状曲拱在开始上升到延迟的高峰和随后的下降之前，常常涉及在重调音节上微微地降阶到低拐点的过程。我现在承认，这个低拐点几乎肯定会被解释为一个低的与重调音节（即 L*）同界的重调目标；也就是说，延迟峰曲拱应被处理为 L*+H，其还后接一个 L 目标值（如短语重调）。我把注意力都集中在调峰的同界上以及我把所有下降重调曲拱都视为 H*+L 的论点上，我的提议仍无法从语音上对这一低拐点做出解释。

在皮埃安贝尔的英语分析中，两个 H* 目标之间出现那种"下沉过渡段"，这个案例提供了一种更为广泛的、对无视拐点问题的解释。布鲁斯最初认为，声调目标之间的过渡只是简单的直线插值而已。皮埃安贝尔自己的研究工作已经证明了这种理想化的做法在描写日语声调体现中的价值（Pierrehumbert and Beckman 1988: 特别是第 4 章）。但正如我们在 3.1.3 节中所看到的，她在分析英语时提出，从一个 H* 重调到下一个之间的过渡并不是两个高峰之间的一种直线插值，而是存在着从第一个 H* 直到第二个 H* 之间逐渐下沉和下降的过程，即在这个点上有个局部性的、往第二个调峰层级的上升过程。

这个分析本身有一定的优点，但从总体描述的角度来看，就像皮埃安贝尔自己承认的那样，这就造成了对拐点的解释问题。例如，*Their mother's a lawyer*（他们的母亲是名律师）有相同的两个重调上的调峰。在这个双重调的句子中，我们在理论上对 H* ... L+H* 与 H* ... H* 进行区分。序列 H* ... L+H* 从第一个高峰开始，缓缓下降到第二个高峰前的一个很低 137 的水平，而序列 H* ... H* 则呈现了一个在第二个 H 之前逐渐下降的下沉过渡段，而就在这个点上它微微但突然上升。这个分析提出的一个显而易见的问题是，（假定我们确确实实能够区分两个曲拱）为什么渐渐地降和突然地升在一个案例中反映了一个目标 L 调（即 L+H* 重调中的引导调）而在 H* ... H* 序列的案例中则根本就没有目标的调，只是有个"下沉"而已？拉德和舍普曼（Ladd and Schepman 2003）以及迪利、拉德和舍普曼（Dilley, Ladd, and Schepman 2005）均对这一问题进行了详细探讨，并明确表明：在所有这些曲拱（包括一种由经验丰富的 ToBI 标音学者标音为 H* 的曲拱）中，升调一开始很突然，并与重调音节的首音差不多是同时存在的。（例如，在 *Norman Elson* 与 *Norma Nelson* 这样的名字中，名与姓之间的调谷时间随中间 /n/ 的音节身份不同而不同。）他们还表明，升调开始时的 F_0 水平在不同语境中是极其一致的，而且就像下沉过渡段分析所预测的那样，并没有随两个重调之间的距离而变化。简言之，他们的所有数据都指向了一个结论：升调的开头是一个声调的目标值，其时机和 F_0 的水平均受到了悉心调控。

皮埃安贝尔已认识到下沉过渡段是其理论中一个不成功的特点，并声称她"确实想要舍弃它，提出了这样一种解释，即［这类曲拱］中的下沉源于一个 L 调"（Pierrehumbert 1980: 70）。但即使把她的其他分析决定都考虑进来，也没有其他可以想到的 L 的来源。特别是，对下沉过渡段直观满意分析的最大障碍是她对降阶的抽象声调处理方法。正如 3.1.3 节所指出的，皮埃安贝尔对英语的原始版分析和贝克曼–皮埃安贝尔的修订版分析都将降阶视为特定声调序列的语音体现问题。一种或以其他方式适合描写下沉过渡段的声调序列（即 H*+L ... H*）被抢先用于触发降阶；而另一种声调序列（即（L+）H* ... L+H*）则会触发皮埃安贝尔原始版分析中的降阶，并会与贝克曼–皮埃安贝尔修订版中对 L+H* 的定义相冲突。但如果（就像 ToBI 通常所描写的那样）把降阶视为一种对可以独立于具体声调语符列应用的调域所做的正交修改，这些问题就会不翼而飞，并且将"下沉过渡段"视为涉及一个实际 L 调的可能性变得更有吸引力。

无论如何，这个案例都表明，声调是由什么构成之判定不是在分析的真空中做出的。由于只关注我所看到的皮埃安贝尔未能提出对下降重调的一种"颇具远见的分类"分析，我对"延迟峰"曲拱的分析未能意识到

138 AM 方法在详细描写语音目标值方面的潜力。皮埃安贝尔由于优先考虑降阶的分析，所以无法理解一个由两个高重调组成的序列中第二个 H* 目标之前的拐点意义。在上述两种情况中，"声调＝拐点"这一等式因先要考虑的其他因素而被抛弃。不管怎样，"声调"的定义都需要澄清。

4.1.3　声调的音系组织

在下沉过渡段等其他许多案例中，音系处理语音拐点上的相互冲突因素主要是**音系组织**（phonological organization）问题。皮埃安贝尔在著述

中的一项核心主张是，可以将声调组成更大的结构，如音高重调、调式等。在一个描写层次上，F_0 曲拱是声调语符列的体现形式，而在另一个层次上，则必须认识到这个语符列是有内在结构的。如果我们确定已知的一个语音拐点代表一个声调，那么我们需要做的第一件事情是，确定它如何适应一个更大的音系结构。例如，要想让皮埃安贝尔认为两个 H* 重调之间的低拐点是声调的一种反射作用，她就不得不在音高重调类型中为它找到一个位置。但她的**独立的**理论假设（即音高重调从来不会由两个以上的声调组成）严重限制了可能有的音高重调类型的数量。正是因为这一假设，皮埃安贝尔对降阶的分析干扰了将低拐点视为一个声调的认识，反而青睐"下沉过渡段"的分析。

我们如果仔细区分了声调的识别与它们音系组织的分析，那么就可以更清楚地看到 AM 分析中的哪些方面是基于基本假设的，哪些本质上是在这样的假设框架内做出的假说。请再来看一看英语里应用于第 2 章例（1）和例（2）中 Sue 和 a driving instructor 的升降升曲拱。AM 方法的基本假设要求这个曲拱中至少要有四个调：一个起始的 L 调、一个调峰的 H 调、一个调谷的 L 调和一个末尾的 H 调。我们可能想要证明调谷中有两个 L 调，一个紧随调峰 H 调之后，一个紧挨着末尾 H 调之前；关于调峰 H 调之前的曲拱延展，我们可能也有更多的话要说；但至少要有四个调。然而，既然有了那四个调，那么具体描写假说是，可以把它们组成一个 L+H* 音高重调、一个 L 短语重调和一个 H% 边界调。可能还有其他分析方法。

例如，经典英国学派就像把这个曲拱分析为应用于 a driving instructor 139 那样，可能把它分析为一个降升"核心调"和一个低的"调头前"的调。其实，调峰 H 调、调谷 L 调和末尾 H 调可以组成一个单位，而起始的 L 调则是另一个单位的反映形式。实际上，英国学派内部很不清楚核心调是如何延展到多个音节之上的（在此案例中，核心音节 driv- 和"调尾"的音节 -ing instructor），但却一致认为降升调构成了系统中（有别于调头前的）

单独的一个单位。因此，我们不妨把这个英国分析转换成 AM 术语，即它涉及一个调头前的 L 调和一个 H*LH 的核心重调，这个基本上相当于古森霍文（Gussenhoven 1984）提出的 AM 音系方案。两种分析都涉及相同的 L ... H ... L ... H 声调序列，但他们却是以截然不同的方式组成这个序列。

马丁娜·格莱斯（Grice 1995a, 1995b）的著述明确讨论并清楚阐释了承认声调的存在与设定它在调式音系结构中的位置之间的差别。格莱斯指出，巴勒莫意大利语里短问句的核心音节或最凸显音节总是被标记为降调前的一个高调峰；她还指出，调峰（不像英语里的调峰＋降调核心调式，或巴勒莫意大利语里的陈述调式）的前面一定是一个调谷或一个曲拱的低平调延伸。所以，我们现在处理的是一个 L ... H ... L 的声调序列。正如格莱斯所指出的，在英国传统中，第一个 L 不可避免地被指派给那个"调头"（即曲拱在核心前的延伸部分），而核心部分则会被分析为一个降调或升降调。相反，她认为 L 是疑问语调核心的重要组成部分，并提出核心重调结构如下：

（1）

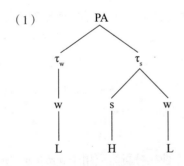

用这里的话说，格莱斯与英国传统之间的问题不是 L 调是否出现在核心 H 调峰前，而是它的音系身份问题：它是属于核心曲拱还是属于前面的核心前的延伸段？

140　　　然而，这个问题不局限于 L 调的成分结构。格莱斯在提出（1）这样的结构时，也在 AM 方法上开创了她在一定程度上已证明了的新的理论依据。也就是说，格莱斯与标准皮埃安贝尔式分析之间的问题并不是何为声调问题，甚至也不是主导 L 调是不是核心调的一部分问题，而是怎样能把许多个调组成一个音高重调的问题。皮埃安贝尔为音高重调提出了一种平铺结构（flat structure），这个结构带有一个必不可少的标星调和顶多一个无标星的调。如果我们坚持这样的一种结构，巴勒莫语疑问核心的组成就一定是一个 L+H* 音高重调和一个后接其后的短语重调 L。格莱斯为音高重调提出了一个更为精细的结构，即在单独的一个重调中可以容纳三个甚至四个调；在她的分析中，巴勒莫语疑问核心的所有三个调都是同一个音高重调的一部分。[①]

　　有关古森霍文的"声调联结"概念，可以做些相关评论；这个概念是他在早期研究荷兰语和英语（如 Gussenhoven 1984）时提出来的，现仍是 ToBI 系统的一部分（Gussenhoven 2005）。古森霍文提出，组成声调在任何一种已知的重调序列中都有各种可能的体现方式，这取决于短语的划分方式与语速。具体地说，他提出，为了与音高重调联结得更紧密，就有可能移走或删除特定的某个声调。当**部分**联结时，一个音高重调的拖延调是与其后的重调的引导调重新相联结的；当**完全**联结时，拖延调将被删除。因而古森霍文提议将下面的三个序列联系起来，如其例句 *Toronto is the capital of Ontario*（多伦多是安大略省省会）所示：

（2）　　　　　　　　　　　H*L　　　　　　　　H*L
　　（a）基本形式：　　Toronto is the capital of Ontario
　　　　　　　　　　　H*　　　　　　　L　H*L
　　（b）部分联结：　　Toronto is the capital of Ontario
　　　　　　　　　　　H*　　　　　　　　H*L
　　（c）完全联结：　　Toronto is the capital of Ontario

---

　　①　格莱斯在其随后的著述（如 Grice *et al.* 2005）中修改了她对巴勒莫意大利语的分析，以使其更符合其他的 ToBI 标音系统，但这并不影响这里所列出的观点，也没有减损对她早期理论探讨的兴趣。

在此讨论中，我们可以看到，古森霍文的主张涉及两个不同的方面。首先，他确定了在特定低肘部或拐点的语音位置上彼此有别的三个曲拱。其次，他提出三个曲拱在音系上是系统相关的，即从某种意义上说，它们是同一个事情的不同版本而已。在传统的皮埃安贝尔分析中，在对三种类型的表层声调分析上并不存在任何重大分歧。（2）可能是 H*_L ... H*_L，意思是它由两个中间短语组成；另外两个分别可能是 H* ... L+H*_L（2b）和 H* ... H*_L（2c），即两个例子中都仅有一个中间短语。但由古森霍文所设定的那种音系关系是不会被假定的；只是曲拱不同而已。古森霍文对（2a）和（2b）的分析将我们的注意力都集中在两个 H* 之间的 L 调上：它是什么样子的调？它来自何处？对皮埃安贝尔来说，它有两个完全不相关的源头，代表两种根本不同的现象：一种它是不同中间短语 *Toronto* 的短语重调，另一种则是 *Ontario* 上的重调的引导调。通过将音系中的两个曲拱相关联，古森霍文提出两种情况处理的是同一个东西：它在底层是以某种方式与第一个重调相联结的，但可以来回移动它。

乌曼（Uhmann 1988, 1991）详细讨论了对德语里类似数据所做的一项广泛的分析。跟古森霍文的方法一样，乌曼的方法假设 L 调底层归属于第一个重调。她认为这个 L 调可以或大或小地向右延展，产生各种不同的语音体现的赋值结果；在（2a）这样的案例中，乌曼将会使 L 调只与 *Toronto* 中紧后面的重音音节相联结，而在（2b）这样的案例中，L 则将会延展到所有中间无重调的音节上。她还明确允许出现中间情况的可能性，并把这种情况与不同的可能焦点结构联系起来。这再次表明，乌曼讨论的一些内容可以由皮埃安贝尔采用一个中间短语边界的位置和作为短语重调的 L 的方法来处理。

在每次阅读 AM 原则时，都能看到在（2a）与（2b）中的两个 H* 重调之间明显有某一种低声调。皮埃安贝尔的英语分析法提供了一种明确的方式来给两个曲拱中的低调标音，以此把短语重调与主导调或拖延调明确区分开来。然而，它却没有提供一种将曲拱处理为密切相关的方法。古森霍文或乌曼的分析都相当随意地利用了各种音系规则，其方式可能经不起仔细检查，但它们值得关注。他们对皮埃安贝尔在描写上所做出的严格区分提出了质疑，并认为短语重调和拖延调可能在某种程度上是同一件事情的不同体现。从皮埃安贝尔的英语语调描写角度看，这完全是个异端的观点，但从稍微宽泛的角度看，则毫无疑问属于 AM 方法的一般范围。

4.1.4 短语重调

最后，我们来看短语重调问题。回想一下（3.1 节）下降核心重调在皮埃安贝尔的英语描写中被分析为由一个高（H* 或 L+H*）重调、一个 L 短语重调和一个末尾边界调组成的序列。我们若接受把核心重调重新定义为中间短语的末尾重调，就会只关注音高重调与短语重调的组合问题，并把下降核心重调视为 H* 或 L+H* 音高重调与 L 短语重调的一种组合形式。无论哪种方式，从一开始，将核心重调分析为由一个重调与一个单独的边缘调（短语重调）组成的序列或组合形式，都一直存在争议。许多作者（包括我自己在早期的论文中）都已提出或仅仅认为：下降核心重调表达式显然是一个 H*+L 音高重音（如 Ladd 1983a; Gussenhoven 1984; Féry 1993; Frota 2002），因而在大多数欧洲语言里根本没有设立一个短语重调的理据。我现在承认有大量证据可以证明这个短语重调的存在；也就是说，有证据表明这样的观点，即核心重调由两个不同的音系成分组成：一个重调元素和一个外围元素或边缘调。

一条重要的证据是：许多语言里的核心重调调峰比核心前调峰同界得更早，这一点已在最近的研究中被反复证实。斯蒂尔（Steele 1986）早就已经对英语里的这一点做了非正式的论证，在最近对不同语种的语音研究中也已有更多这方面的论证，如尼伯特（Nibert 2000）的西班牙语，阿瓦尼蒂和巴尔塔扎尼（Arvaniti and Baltazani 2005）的希腊语，舍普曼、利克利和拉德（Schepman, Lickley, and Ladd 2006）的荷兰语以及拉德等（Ladd *et al.* 2009）的 RP 和苏格兰英语研究。对这个发现的明显解释是：

如果承认短语重调的存在，那么也就是说必须要更早地与核心重调调峰同界，以便为即将到来的短语重调腾出空间。我们知道，这种"声调拥挤"（tonal crowding）影响语调曲拱在不同韵律语境中的实现（如 Arvaniti, Ladd, and Mennen 2006; Prieto and Torreira 2007），而且下面的短语重调的出现肯定是一个可能的声调拥挤的来源。据我所知，这个解释是瓦尔德（Hualde 2002）最早提出来的。[①]

143　　另一个需要考虑的问题是刚才已经讨论过的古森霍文和乌曼的建议，即两个高重调调峰之间的调谷可以被认为是一个半独立的拖延调，不管它在体现方式上细节变化如何，但它在底层中是前面重调的一部分。有人可能理所当然地认为，"底层作为前面声调一部分的半独立的拖延调"是对"短语重调"的有用定义。如果我们忽略细节上的具体差异，接受短语重调在一些稍微更广泛的意义上可能呈现出各种不同的体现形式（声调联结等）这一观点，就可能很容易地将古森霍文和乌曼的观点融入到对核心重调与核心前重调之间差异的一种更为广泛的理解中。对这个问题的一些有益探讨，可见于弗罗塔（Frota 2002）。

　　支持短语重调分析的最重要的一系列证据是存在一种最好称为核心后重调的东西。跟许多有关语调的观点一样，这在韩礼德的著述中也有先例。韩礼德（Halliday 1967a, 1970）在分析英语时设立了两个"复合调"：下降后接低升（韩礼德的第 13 调）和升降后接低升（韩礼德的第 53 调）。按照韩礼德的观点，这些复合调都有两个显调性（即核心）重调，第二个调隶属于第一个调。用韩礼德（Halliday 1970: 43）的话来说：

　　　　带……调 13 和调 53 的音调组与其他音调组均具有相同的显调性标记新信息的一般信息模式。不同之处仅仅在于，在信息单位中，有两个而非一个

---

　　① 这并不是说瓦尔德的解释已得到普遍接受。不同学者（如研究西班牙语的费斯（Face 2002））提出采用不同方式来直接表征核心与核心前重调的不同同界方式。

说话人决定专注信息的地方。

　　这两个显调性并不是等值。第一个（调 1 或调 5 的）显调性是"主要的"，第二个（调 3 的）显调性是"次要的"。主要显调性承载调组中的主要新信息。次要显调性表达的信息在某种程度上是次要的，或辅助性的。

英语里"核心后重调"或"复合调"观点的主要基础是观察到，核心重调后的某些声调事件以某种方式与重音或凸显相关。在短话语中，核心音节之后最多跟着几个无重音的音节。非常不准确的是，将降升或升降升调式视为单独一个从核心通过"调尾"到话语末尾的连续移动，这就是英国传统的"降升（或升降升）核心调"所表示的意思。但正如我们在 *sue* 和 *a driving instructor* 案例（2.1 节）中所看到的，当核心后音节的数量增加时，曲拱越加明显是由一个核心下降或升降重调和一个上升边界移动组成的。实际上，随着音节数量的进一步增多，在最凸显的核心后音节上设定一个 L 重调就变得越来越合乎情理。请看下例：

144

（3）　

I thought she was dancing tonight.　　　　我原以为她今晚在跳舞。

按照预定的语调，这句话的最凸显重音是在 *thought* 上，其意思是，"我原以为（不管别人可能说了什么）她今晚在跳舞，结果证明我是对的"。也就是说，在 *thought* 上有一个（升）降核心重调和一个末尾的边界升调。但凭印象，*dancing* 上似乎也有一个 L 重调。例如，在很多传统英国的著述中，可能会将这样的句子标音为 *I `thought she was ‚dancing tonight*，即 *thought* 上带有一个"高降调"，*dancing* 上带有个"低升调"。这个标音的 AM 形式可能是

（4）　　　　H*　　　　　L*　　　　LH%
　　　　I thought she was dancing tonight.

159

如果我们把"核心"重调只是定义为中间短语中的最后一个重调，那么这种标音的问题便是，它无法表示 *dancing* 上的重调在某种程度上隶属于 *thought* 上的重调。这就是韩礼德的"复合调"概念所达到的效果。

正如我们在 3.2.3.1 节中所看到的，呼叫曲拱是一个 H* 重调后接一个降阶的 H 调。核心后重调的某个概念似乎在它的描写上也很有用。莱本（Leben 1976）和哈戈（Haggo 1987）已经注意到，降阶到 !H 的位置易受相对凸显影响；具体地说，!H "喜欢"出现在最凸显的核心后的音节上。例如：

（5）　　　H* 　!H 　　　　　H*!H 　　　H* !H
　　　　　（a）Lunch is ready!（比较 L u - u n c h! 和 Lunchtime!）
　　　　　　　H* 　　　!H 　　　　H* 　!H
　　　　　（b）Jonathan's turn!（比较 Jonathan!）
　　　　　　　H* 　!H 　　　　　H*!H 　　　H* 　!H
　　　　　（c）Taxi's waiting!（比较 T a x i! 或 Taxi's here!）

核心后凸显对荷兰语呼叫曲拱的作用甚至更明显：正如我们在 3.2.3.1 节中所看到的，荷兰语的呼叫曲拱中可能有不止一个核心后 !H，古森霍文（Gussenhoven 1993）明确表明这些阶出现在节律强的音节上。这一表现与如下这一观点相一致：英语或荷兰语呼叫曲拱中的核心后 !H 在某种意义上说是一个**重调**，就像韩礼德的"次要显调性"一样。

格莱斯、拉德和阿瓦尼蒂（Grice, Ladd, and Arvaniti 2000）对核心后重调现象及其与短语重调问题的联系进行过广泛的讨论，这一讨论主要是基于他们所称的"东欧语的疑问调式"（East European Question Tune，简称 EEQT）。这就是 2.5 节中称作"匈牙利语疑问语调"的曲拱；使用 EEQT 的语言有匈牙利语、希腊语、罗马尼亚语和塞尔维亚-克罗地亚语，但明显没有比如保加利亚语或捷克语。正如我们在 2.5 节中所看到的，这个曲拱由一个 L*（或 L*+H）核心音高重调和一个 H_

L% 边缘调的序列组成。考虑到 AM 方法的一般假设，在匈牙利语里，主重调之后的 H_L% 序列很明显只涉及边缘调，它不是一个音高重调，尽管它在声学上具有显著性。这样说有两个原因：首先，H_L% 序列不会使它所在的词成为焦点或凸显；其次，也是更为重要的，H_L% 序列总是出现在最后一个或两个音节上，并对词库重音的位置完全置之不理。但在别的使用 EEQT 的语言里，H_L% 序列的身份是有问题的：具体地说，边缘调与音高重调之间的界线是模糊的。格莱斯、拉德和阿瓦尼蒂（Grice, Ladd, and Arvaniti 2000）主要是用希腊语里的数据来阐释这一点的。

在希腊语里，如果主重调之后都有足够多的词汇材料，那么 H_L% 边缘调序列中的 H 就将与下一个词的词重音音节相联结。这在如下一对例子（词重音音节如在标准希腊语正字法中是用尖音符表示的）中得到阐释。

（6）　　　　　　L*HL%

　　（a）xorévi?　　　　　　　她在跳舞吗？（字面意思：s/he-dances）

　　　　　　　　L*　　　H　　L%

　　（b）xorévi apópse?　她今晚在跳舞吗？（字面意思：s/he-dances tonight）

（6a）中明显用作边缘调序列的 H_L% 与（6b）中 *apópse* 的重音音节表现出某种联系。从定义上看，寻求与词重音音节相联结的声调是**音高重调**；然而，就像韩礼德的"次要显调性"一样，并像呼叫曲拱中降阶的 H 一样，这个"重调"在某种重要意义上仍隶属于必须视为核心调的 L* 重调。例如，在（6b）中，疑问句的焦点仍然是宽焦点：话语的语力不是"她今晚在跳舞吗？"而只是一个有关正在发生的事情的中性问题。如果我们想要把焦点落在"今晚"上，我们就必须将核心调移到 *apópse* 上，并将核心前重调置于 *xorévi* 上：146

（7）　　　　H*　　　L*　HL%

xorévi apópse?　　　她今晚在跳舞吗?

　　这表明对这些数据的适当分析如下。在许多东欧语言里，是非疑问句的语调由一个与焦点词重音音节相联结的 L* 或 L*+H 后接一个 H_L% 序列组成。在某些语言（如匈牙利语）里，H_L% 总是与短语的边缘相联结的。在其他语言（如罗马尼亚语、希腊语）里，这个联结可能就像在匈牙利语里那样，如（6a）或（7）那样。另外，H_L% 的 H 可能是**与焦点词之后的词中的重音音节相联结的**，如（6b）那样。如果我们把"音高重调"定义为"与凸显音节相联结的音高曲拱中的成分"，那么在后一种情况中，H"短语重调"只能被视为音高重调。然而，在任何情况下，L* 都是主重调，因为它就是那个表示话语焦点的。当 H 音高重调出现时，因而它在某种意义上是核心后的。

　　如例（4）那样，可以从核心后 L 在西德语降升调式中的位置上得出类似的观察结果。可以看出，降升曲拱中低核心后（一个或几个）拐点的同界受核心之后词重音音节的位置影响：格莱斯、拉德和阿瓦尼蒂（Grice, Ladd, and Arvaniti 2000）在德语数据的基础上对此做过非正式的讨论，利克利、舍普曼和拉德（Lickley, Schepman, and Ladd 2005）对荷兰语这方面问题做了系统调查。利克利等人表示：在带有两个核心后音节的地名上，降升疑问曲拱根据核心后音节都是弱化元音无重音的（如 *Tongeren*）还是其中一个音节有个完整元音因而可以说是"次重音的"（如 *Eindhoven, Hengelo*）产生细节上的系统差别。这些差别与如下观点相一致：L 短语重调寻求与次重音核心后音节相联结。

　　最后，或许也是最重要的一点，我们应该注意到，韩礼德的复合调概念虽明确预示了核心后重调观点，但也漏掉了一个要点，因为它未曾想把这两个复合调（他的调 13 和 53）与普通英语的"降升调"（韩礼德的调 4）联系起来。如上所示，有一种从短话语到长话语再到词汇句法更丰富的话语的连续性：在短话语（如 *Sue!?*）中，单纯"降升调"分析似乎恰当可行；在较长的话语（如 *A driving instructor!?*）中，主要音高重调与末尾升 147调是明显分开的；在词汇句法更丰富的话语中，分开的末尾升调似乎表示具体核心后的词上的某种凸显（如 *I thought she was dancing tonight!*）。按照这里提出的观点，所有这些曲拱中的核心后低调谷在某种意义上都是相同的，并请韩礼德先生谅解，它们之间确实根本没有音系上的差别。在所有的案例中，我们处理的都是 L"短语重调"，它本身可能体现为较短曲拱中末尾升调的调头，或体现为一个较长曲拱中的核心后重调。就像东欧语疑问调式中的 H 调那样，也就是说，如果有的话，那么这个核心后 L将依附到词重音音节上，否则只形成降升调之间的调谷。我们将在 8.1 节中再来讨论短语重调与核心后音高重调之间的联系。

4.2　AM 描写中的语调意义

4.2.1 语义组成性与音系分析

本章和全书的重点都是在语音和音系问题上，但应当指出的是，皮埃安贝尔对英语语调的分析已引发了人们尝试解释语调调式的"意义"，而且这种解释已被用作认为一种音系分析强于另一种音系分析的证据。沿此研究路线的学者还有马克·斯蒂德曼（Mark Steedman）和朱丽娅·赫施伯格（Julia Hirschberg）及其同事，他们的研究牢牢地落在皮埃安贝尔的英语研究以及卡洛斯·古森霍文和我本人的研究上，其研究基本上都是对那种分析的批评。这项研究通常对语调意义研究有许多重要意义，但这里对我们来说，最为重要的一点是：这些研究者中有一些正利用有关语调**意义**的事实来阐明语调**形式**的问题。换言之，赫施伯格和皮埃安贝尔都已采用如 H 短语重调的意义分析，部分作为一种主张 H 短语重调存在的方式；而我和古森霍文则都已采用如降阶的意义分析来提出降阶特征（或其他某种直接的声调相对音高层级音系表达式）的存在。

　　我认为，公平地说这条研究路线是从我本人有关"调峰特征"（Ladd 1983a）的论文中提出对皮埃安贝尔语调音系学的批评开始的。本质上说，148 这些"调峰特征"旨在作为一种重调类型交叉分类的手段：重调除了高与低之外，还可以分降不降阶、延不延迟、提不提升，等等。我把这一系统当作一项"有见地的分类学"演练，提出这些特征可使"语音赋值与语言学概括"的结合成为可能。例如，我们在 3.2.3.1 节中讨论时提出通过使用适用于降阶重调的降阶特征来直接表达降阶曲拱之间印象上的相似性。相比之下，在皮埃安贝尔的分析中，降阶只是出现"触发性"声调序列所产生的语音结果，而且降阶中的曲拱并不共有唯一某个音系属性。我认为，皮埃安贝尔声调描写的音系分类法并不完善，因为它在印象上相似的曲拱表征上完全不同，但在印象上非常不同的曲拱表征上却非常相似（比较对表 3.1 的评注）。

　　我在拉德（Ladd 1983a）中并没有很明确地阐述我所提出的特征的理论地位，只是诉诸于像"语言学概括"与"印象上的相似性"之类的模糊概念。但语调音系学中交叉分类特征的观点在古森霍文的英语研究中得到了广泛发展，交叉分类分析与语调意义理论之间的关系也得到了明晰化的阐释（Gussenhoven 1984）。古森霍文提出英语有两个基本"调"（大致相当于皮埃安贝尔分析中的重调类型），即 H*L 或降调、L*H 或升调以及 H*LH 或降升调。可以对这些"调"进行各种"修改"，如程式化（见 3.2.3.1 节）和延迟（见 2.2.3 节）等。[①] 于是，在所能描写的具体细微差异和具体语调差别功能的基础上，对这项音系分类的每一项条款（声调和修改方式）都赋予了一个基本意义。例如，古森霍文表示，这三种基本重

────────

　　① 在其后的英语（2004：第 15 章）和荷兰语（2005）研究中，古森霍文用更复杂的声调序列，特别是用音高重调与边缘调的组合形式（如一般语调与程式化语调之间的差别被视为涉及后面边界调有没有之间的差别，而非作为一种基本普通"调"的程式化修改形式）来对许多 1984 年描写的"修改"做重新分析。这里，为讲解清楚，我是以他最初的分析来呈现一切的。

调类型中的每一种都各自有一个不同的基本语篇功能：降调用于将一个实体引入"背景"或对话者的共享知识之中（因而它作为基本陈述语调的用法）；升调用于对所述实体是否是背景的一部分不置可否（因而它作为基本疑问语调的用法）；降升调用于从背景中"选择"一个实体。所提出的"修改"意义与基本重调类型的意义相互作用，我们为每一个"修改"的意义提供类似的描写方式；例如，调峰的延迟据说表示话语在某种意义上 149 至关重要，非同凡响。这样的意义显然极为普遍，但古森霍文却广泛讨论了它们如何（在已知各种关于语用推理性质的合理假设情况下）在特定语境中产生特定细微差异。此外，古森霍文（Gussenhoven 1984：第 7 章；另见 Gussenhoven and Rietveld 1991）用感知实验的结果支持他的分析，这项实验要求讲英语的人对相同话语上不同曲拱之间的相似性做出判断。除了一些例外，这些实验表明，古森霍文的分析表征为相似的曲拱也被听话人感知为相似的。

在某一相关领域的发展中，沃德和赫施伯格（Ward and Hirschberg 1985）提出了一种对英语升降升核心曲拱（皮埃安贝尔的 L*+H_L_H%）的语义和语用解释，如下例所示：

（8）   L*+H   L H%
  （a）He's a good b a d m i n t o n p l a y e r.   （他们的图 1。）
      他是一名优秀羽毛球运动员。
  （b）A：Did you feed the animals?
            你喂动物了吗？
      （H*）   L*+H L H%
    B：I f e d t h e c a t.   （他们的例 13，引自 Ladd 1980a。）
      我喂了猫。

沃德和赫施伯格认为这个曲拱有唯一一个基本意义，可以把这个意义解释为"不确定性"。他们展示了听话人如何用语用推理原则来获取特定语境中的特定细微差异。他们在随后的研究中提出了这个通用方法（如 Hirschberg and Ward 1992, 1995）。然后，跟古森霍文一样，沃德和赫施伯格是我们在 1.4.3 节中所描述的"语言学者的语调意义理论"的拥护者。沃德和赫施伯格的研究与古森霍文的研究之间最重要的区别是，前者认真尝试用形式语义学从业者所熟悉的术语来表达他们的分析。

沃德和赫施伯格（Ward and Hirschberg 1985）本身并不是想要为皮埃安贝尔的英语分析做辩护。他们用皮埃安贝尔的标记符号 L* + H_L_H% 来指疑问中的曲拱，但并不想将此分析扩展到皮埃安贝尔系统中的其他成分上。从某种意义上说，他们往往是通过对整个曲拱而非单一音高重调的关注来削弱皮埃安贝尔对各个音高重调和边缘调独立性的坚持。但皮埃安贝尔和赫施伯格（Pierrehumbert and Hirschberg 1990）的随后研究将沃德和赫施伯格的形式明晰化标准与关注描写皮埃安贝尔系统成分（特别是 6 个音高重调、两个短语重调和两个边界调）的基本意义结合起来。马克·斯蒂德曼（Steedman 1991, 2000; Prevost and Steedman 1994）在语调意义的研究中也提出过类似主张，尽管斯蒂德曼关心的不是在英语语调音系的竞争分析之间的选择上。在这两种情况下，音高重调的选择均被视为传达"词项用相联结的重调所赋值的有关各个话语指示语、修饰语、谓语及其关系的地位的信息"（Pierrehumbert and Hirschberg 1990: 286）；短语重调和边界调也是同样确定的。最后，这个需要比如沃德和赫施伯格对 L* + H_L_H% 曲拱的意义分析必须是从 L*+H 重调、L 短语重调和 H% 边界调的意义推导而来的。

因为"赫施伯格-皮埃安贝尔的语调意义理论"在某些方面已被视为 AM 方法所造就的一项重大创新（如 Hobbs 1990），所以值得强调的是，皮埃安贝尔和赫施伯格的这项研究的主要新颖之处在于他们试图**为贝克曼-皮埃安贝尔的英语语调分析要素**提供语调意义。在其他方面，就像我们刚才所概述的其他研究一样，他们是基于语言学者的语调意义理论。皮埃安贝尔和赫施伯格非常感谢古森霍文、博林格等人，他们想要的创新是

150

主张语调意义是组成性的，特别是最好能用贝克曼–皮埃安贝尔的分析来理解组成性。在某种意义上说，可以将他们的论文当作对拉德–古森霍文批评的回应：皮埃安贝尔和赫施伯格（Pierrehumbert and Hirschberg 1990: 282f.）接受意义的相似性应被音系表达式的相似性反映出来的观点，她们寻求证明皮埃安贝尔的分析要素确实有共同的意义。也就是说，她们接受拉德–古森霍文的前提，但拒绝皮埃安贝尔的分析需要修正的结论。

尽管在这里有不同的观点，尽管皮埃安贝尔和里特维尔德（Gussenhoven and Rietveld 1991）所产生的清清楚楚的结果表明，古森霍文的分析比皮埃安贝尔的分析更能说明听话人的相似性判断，但在这个问题上却很少有真正的辩论。我认为，这主要是因为我们对语用推理知之甚少，辩论无法成为结论性的。就他们自己而言，像古森霍文、斯蒂德曼或赫施伯格和皮埃安贝尔的分析都能被评定为合情合理或难以置信，这取决于谁在做评价。但尚未有一个理论框架可以使我们进行一项得到普遍认同的比较性评价。目前，有关语调意义的各种提案并不是语调音系学的 151 可靠证据来源。

4.2.2 梯度变异性与音系分析

意义似乎是个特别有问题的音系分析指南，其所在的这个领域涉及通常被称之为梯度性（gradience）的问题。正如我们在 1.4 节中所看到的，现有很多的案例，其中的一种语调差别被一个分析者视为涉及一个连续体的两个端点（即基于一个语类内的梯度性副语言变异），而另一个分析者却认为它涉及两个截然不同的语类（即基于语言上的区别）。在 1.4 节所例示的具体案例中，在将下降核心重调视为一个可以实现不同强调程度的单一语类还是设定两个语类不同的重调类型（如低降调和高降调）问题上现仍存在着不确定性。最近的 AM 文献引起了几个新的这类分歧，而且迄今为止，AM 传统的研究人员显然在克服我所叫的"副语言僵局"（paralinguistic stalemate）方面并没有比前面的学者更成功。有一些进展，我们现在对什么是梯度性的，什么是语类性的（如比较 Ladd and Morton 1997）有一些更清晰的**语音**证据，但我们在对语调将语音与意义联系起来的方式的理解上仍缺少一些东西。

有一个典型的且得到充分研究的例子，它涉及德语里句首话题的对立性表达问题；当"帽型模式"[①]应用于以下句子时，通常两种类别的起始上升重调之间会有差别：

（9）

（a）Am Montag hat's geregnet　星期一下雨了（字面意思：On Monday has it rained）

（b）Am Montag hat's geregnet　星期一下雨了

在（9a）中，*Montag* 上的重调在第一个音节的元音处达到了音高顶峰，因而通常被标音为 H*；状语短语 *Am Montag* 仅仅是作为背景。在（9b）中，*Montag* 的第一个音节通常听起来很低，而重调性升调似乎在第二个音节处达到了它的音高顶峰，所以标音为 L+H* 或 L*+H 似乎比较妥切；这个语调模式强烈暗示了与其他某一天的天气有所不同（"但星期天的天气晴朗"）所形成的对立。对这一差别的讨论还有费里（Féry 1993）、伯灵（Büring 1997, 1999）和雅各布斯（Jacobs 1997）；有关标音，见GToBI 网站（Grice, Baumann, and Benzmüller 2007）。

但布朗（Braun 2006）对这一差别所做的实验调查并未给两种模式之间明显的二分法提供证据。她的研究是基于 9 位说话人阅读长长的一系列短段落的话语，其中与（9）相同的句子都嵌入在对比与非对比的语境中；

---

① 德语文献中常将这个模式称作"桥型重调"（Brückenakzent），一个明显由伍德里奇（Wunderlich 1988）引入的术语。在适当考虑 3.2 节所讨论问题的情况下，把荷兰语的帽型模式（1.2.1 节）和德语的桥型重调当作一回事似乎很准确。

说话人没有意识到他们是在不同的语境中阅读相同的句子。结果清楚地表明了三件事。第一，对说话人发音进行详细的声学分析表明，在"对立"语境中说出的重调与在非对立语境中说出的重调之间存在几个语音维度上的显著差别。例如，对立重调的音高峰平均都要比非对立重调的更晚、（相对于音段语符列而言）更高，并且重调词在对立语境中要比在非对立语境中的时长更长。然而，这些是均值（即将所有的重音作为一组的均值）在统计上的显著差别：不存在清清楚楚的两类明显具有对立与非对立重调特征的语音属性组。第二，感知任务是基于刺激的，并具有重新合成以反映产出实验结果的语调曲拱，在随后的这类感知任务中，德语听话人在识别重调是用于对立语境还是非对立语境方面所取得的成果非常有限。这似乎证实了，尽管在说这种句子的方式上可能存在一些可解释的语音差别，但这些差别并不包括映射到不同语用解释上的不同音系语类。第三，8 位经验丰富的 ToBI 标音者给出了极其不同的口语话语中上升重调的标音结果。两种语境都没有前后一致的表征方式，标音者之间也没有什么共识；8 位标音者中的 4 位通常不会给出对立与非对立版本的不同标音。这样很难维持一种将两个明显的语用语类（非对立与对立主题）与两个明显的音系语类（H* 与 L+H* 或 L*+H）联结起来的分析，但同时也表明，我们不能简单地驳回语用差别是由语调表示的主张。

　　一个类似的例子涉及 2.3.3 节中所讨论过的利伯曼和皮埃安贝尔 153（Liberman and Pierrehumbert 1984）称之为"背景–回答"与"回答–背景"的曲拱。为方便起见，这里将第 2 章例（19）复制如下：

（10）　（a）"背景–回答（BA）曲拱"
　　　　　问：What about Anna? Who did she come with?
　　　　　　安娜呢？　　　　她和谁一起来的？

　　　　　答：Anna came with Manny.
　　　　　　安娜和曼尼一起来的。

（b）"回答–背景（AB）曲拱"

问：What about Manny? Who came with him?

　　曼尼呢？　　　　　谁和他一起来？

答：Anna came with Manny.

　　安娜和曼尼一起来。

此例中的语用差别是很明显的：其中一个重调指称语被认为是新的（利伯曼和皮埃安贝尔的"回答"），另一个是已知的（利伯曼和皮埃安贝尔的"背景"）。虽然基于两个重调高峰的相对高度在回答/背景排序（10b）中是这个差别的明显语音标示，但在背景/回答排序（10a）中，相对高度则似乎并不是那么可靠的线索。还有学者（如 Pierrehumbert and Hirschberg 1990: 296; Steedman 2000）提出，该差别也是基于两类重调类型之间的一种音系上的不同。这两类重调类型分别是：表示"回答"（斯蒂德曼称之为**述位**）的 H* 和表示"背景"（斯蒂德曼称之为**主位**）的 L+H*。但卡尔霍恩（Calhoun 2006）的实验调查所得出了与布朗的德语帽型模式研究相似的结论：没有语音证据证明两种重调类型之间存在语类上的差异。在她的一部分研究中，一位训练有素的说话人发出了多个让训练有素的听话人满意的区别；在她的另外一部分研究中，类似于布朗的研究，未受过任何训练的说话人是在迫使人们做出适当语用解释的语境中读句子。跟布朗一样，卡尔霍恩只发现有许多声学维度，有时可以确定，在这些维度上两种被认为对立的重调类型之间的平均差异却很小。卡尔霍恩没有直接研究标音专家对她的测试话语是如何处理的，但在这方面，值得注意的是，*Anna/Manny* 曲拱中的重调在文献中已有多种不同的标音。这两种重调都被皮埃安贝尔（Pierrehumbert 1980）处理为 H*；L+H* 表示"背景"、H* 表示"回答"的具体提议似乎源自皮埃安贝尔和赫施伯格（Pierrehumbert and Hirschberg 1990），而后在斯蒂德曼

154

（Steedman 2000）中得到全面发展。[①]

刚才讨论过的两种情况涉及难以想到的语用差别：关于主位、主题、对立和已知性的文献可以追溯到几十年前，而且对于这些概念应当如何使用，仍然没有明确的共识。特别是，对于所涉及的语用概念是语类性的（如主位与述位；Steedman 2000）还是梯度性的（如已知性的等级；Prince 1981），仍没有共识。但至少在英语里有一个别的语调差别的案例，这个案例阐释了同样的一个音系问题：一个还是两个语类？但这涉及一个更明确的语类性语用差别，即陈述与疑问之间的差别。争议的音系差别是，传统英国描写中所称为"低升"与"高升"核心调之间不同的不同，而这在 AM 分析中可能被表征为 L*_H_H% 与 H*_H_H% 之间的不同。这种不同在所谓的 HRT（即高升尾音；3.2.3.3 节）陈述句的研究中具有特殊意义，在此已有人（Fletcher and Harrington 2001; McGregor 2005）提出 L* 与 H* 之间的差异可用于表示陈述句与疑问句之间的差别，并/或传达其他交互上的差别。（沃伦（Warren 2005）有个相关主张，但他的音系解释有点不同。）但在这两项研究中，证明所假定的 L* 与 H* 之间差别的语音证据是基于以两种语用定义方式使用的 HRT 曲拱之间的小的平均声学差异，而非界定两个音系类型的不同语音属性丛。显而易见，这与布朗和卡尔霍恩的发现很相似。

我相信刚才讨论的所有情况都揭示了有关语调中音义映射的某些基本 155
东西。它们似乎都需要一种讨论语调音系学与语调语用学之间关系的方式，

---

① 在这方面，值得提一提由戴诺拉（Dainora 2006）提出的一项发现，是证明 H* 与 L+H* 之间存在一种语类差别的证据。就已标音的自发言语语料库中两个独立界定的语境而言，戴诺拉表示，这两个语境之间在标音专家所使用的 H* 和 L+H* 标音比例上存在着显著差别。然后，她在此基础上提出，所假定的重调类型语类差别一定是真实的。事情的发展并不是这样。如果只有一种上升重调语类，它沿着一个语音体现连续体发生系统性调节变化（这一点，已由布朗和卡尔霍恩两者的研究表明），如果标音系统为语音体现连续体的两端提供不同的标签，如果标音专家在两种系统不同的语境下标示重调的方式没有差别，这实际上是相当令人惊讶的。

这让我们能认识到存在相当粗糙的音系语类（如 HRT 或帽型模式），而与此同时，以已知一个语类得到语音体现的方式从梯度性变异中推导出完全不同的语用解释。这似乎没有争议，而且在某些情况下确实如此。具体地说，当所涉及的梯度性语音维度是调域，语用解释差异涉及态度的差异时（如赫施伯格和沃德（Hirschberg and Ward 1992）的发现，即更宽的调域应用于 L*+H_L_H% 曲拱时，往往将解释从"不确定性"变成了"不敢相信"），几乎没有人会不同意我们正在处理在单个语类的体现中有意义的梯度性变化。但我想说的不止于此。我相信，即使是在两种可能的解释似乎截然不同（如疑问与陈述、主位与述位）的情况下，即使当语音体现上的不同涉及除总体调域之外的维度（如早些同界与晚些同界）时，我们仍然在处理受有意义的梯度变异性影响的少数语类。也就是说，尽管似乎很明显，疑问与陈述、主位与述位作为**语义 / 语用概念**是绝对不同的，标示这些语类的明显不同的语调模式可能仅是一个语音体现连续体的相反的两端。

事实上，在刚才讨论的许多研究著述中存在这样一种矛盾，那就是许多作者已暗暗地以此方式进行了思考。例如，弗莱彻和哈林顿（Fletcher and Harrington 2001）、麦格雷戈（McGregor 2005）谈到了 L* 与 H* 两种不同重调类型之间的一种差别，但却把二者都视为总体"HRT"现象的一部分。如果 L* 与 H* 之间的不同真的是一种音系语类上的不同，那么 H*_H_H% 与 L*_H_H% 之间的差别，原则上应当恰好与比如 H*_H_H% 和 H*_L_H% 之间的差别一样大。也就是说，把 H*_H_H% 和 L*_H_H% 放到一起作为一个单独的研究领域是没有理论基础的。直觉告诉我们（在我看来是正确的），HRT 是一个连贯现象，但它在对所提出的音系差异的严格理论解释上却没有被表达出来。类似评论也适用于任何区分早同界与晚同界上升重调同时还继续提及"帽型模式"或"桥型重调"的讨论。我们需要的是一种古森霍文式的音系学，这种音系学已在 4.2.1 节中做过讨论，它的语类数量很小，并有一组有意义的梯度性修改维度，而不是一种像皮埃安贝尔和赫施伯格的那种建立在更大绝对不

156

同音系成分清单基础之上的系统。但细节仍然难以捉摸，我们现在仍被"副语言僵局"所困扰。

4.3　语调与音高的词库使用

还有一个有待讨论的重要话题：到目前为止，我们还没有谈到词库声调语言的语调问题。如果说 AM 理论声称为讨论语调提供一个普遍的理论框架，那么从这个意义上说，确定能将声调语言里所观察到的语调现象置于迄今为止所提出的理论中显然至关重要。特别是，对声调与语调或（用第 1 章的术语说）词库音高特征与后词库音高特征之间的关系进行研究非常重要。本章的其余部分将简明扼要地讨论一下这一总体领域中三个特定的主题。

4.3.1　音高音系学的统一性

或许在讨论之初要指出的最为重要的一点是：通过在某一描写层级上把语调曲拱描写成声调语符列，AM 理论为用同样的方法描写所有语言里的音高音系学提供了基础。没有必要认为声调语言与非声调语言之间存在着一种音系类型上的根本差别，也没有必要认为声调与语调音高特征之间存在着一种根本差别。关于词库声调与句层语调之间关系的许多传统观念都是基于我们在 1.3.2 节和 1.3.3 节所讨论的音高曲拱的"覆盖"模型。按照这一观点，词库声调是局部性（如音节层级上的）F_0 事件的来源；然后，这些局部性的 F_0 事件被叠加在表达（像陈述与疑问之间差别那样的）语调或后词库意义的全局性总体曲拱形状之上。但正如我们所看到的，不可能将"词库的"与"局部性的"等同起来，也不可能将"后词库的"与"全局性的"等同起来。至少在某些情况（比如布鲁斯（Bruce 1977）所分析的瑞典语词重调差别的情况）下，F_0 的语调方面（短语重调）跟词库方面（词重调）完全一样，是声调语符列的局部化事件。这表明，**在任**

何一种语言里，音高曲拱只是声调语符列的体现形式。就像在英语里那样，可以把声调组织成后词库的音高重调，或者就像汉语里那样，可以在词库表达式中给它们赋值，或者就像布鲁斯分析瑞典语那样，可以有某种词库与后词库声调的组合形式。但所有语言的音高音系学都涉及由一系列局部性 F_0 事件组成的序列性声调结构；声调语言与非声调语言之间在这一方面并没有什么根本差别。

157　　既然有了这一观点，那么像汉语与英语音高曲拱之间的明显语音差异，只不过是一种功能差异所产生的**结果**，而且不涉及音系类型的本质差异。在汉语里，更多"发生"在音高曲拱上，因为词库声调出现在几乎每一个音节上，它们之间的过渡只有几毫秒；在英语里，正如我们在 2.1 节中所看到的，音高重调大多只出现在凸显的词上，其过渡可能横跨几个音节。但不论它们的功能如何，赋值都是同一种音系实体；无论它们的长短如何，过渡都是同一种语音现象。没有必要认为声调语言涉及一个本质上不同的音系结构层级。

　　实际上，只要我们为避开英语音高重调的语言特性而将边缘调从我们所称作的**核心声调**（core tone）区别开来，我们在第 2 章和第 3 章中对音高重调与边缘调所做的区分，似乎便可以有效地扩展到所有的语言中。例如，日语明显具有音高重调和边缘调；前者与词重调音节相联结，而后者则出现在各种类型韵律范域的左边缘（有时也出现在右边缘）。边缘调表现为短语划分的信号，在某种情况下也暗示陈述与疑问之间的差异，而音高重调是词库赋值的，只涉及声调模式 HL（详细讨论，见 Pierrehumbert and Beckman 1988）。那么，在许多方面，音高曲拱的结构很像英语里曲拱的结构：两种语言对构成曲拱主体的 F_0 事件与曲拱边缘的 F_0 事件都做了明确的区分。但在英语里，两种类型特征都具有句层或后词库功能，而在日语里，重调成分是在词库赋值的，只有边缘调是后词库的。通过强调核心声调与边缘调之间的结构差异，而非词库赋值的调与语调赋值的调之间的功能差异，我们强调了声调音系学（即 F_0 音系学）在所有语言里的共同特征。

由此可见，声调语言与非声调语言之间的根本差别主要是一个声调赋值如何落在所应落在的地方的问题。在汉语里，核心声调是语素音系形状的一部分，而在英语里，它们则在短语的选定词上表示语调的"句重调"。在东京日语里，核心声调表示词库赋值的重调，而边缘调则是语调性的，但在大阪日语里，某些边缘调也是词库赋值的（McCawley 1978；Kori 1987）。与此同时，在约鲁巴语里甚至可能没有边缘调（或者如果有的话，它们完全可以从最后一个核心声调的词库赋值中预测出来）。[①] 相反，在某些语言里似乎根本没有核心声调，只有边缘调；这一点是由里亚兰和罗伯特（Rialland and Robert 2001）在描写沃洛夫语（Wolof）、林德斯特伦和雷米森（Lindström and Remijsen 2005）在描写郭特语（Kuot）时提出来的。所有这些不同类型的可能性可以很容易地纳入 AM 音系观所造就的描写框架内。

4.3.2 声调与语调的交互作用

但很明显，语调特征确实存在于声调语言里，它们通常涉及声调调型语音体现方式上的差异。至少有两种截然不同的现象已被当作声调语言的语调特征引用的。这些是：（1）对特定声调（尤其是对短语或话语结尾处的声调）进行修改，以表示像疑问与陈述这样的差异；（2）局部性或整体性扩展或压缩调域，以表达情感、标记强调，或表达像疑问与陈述那样的语调差异。这两种常常被用作证明声调与语调之间关系的叠加模型的证据，但根据目前提出的理论，两者都有直截了当的解释。

首先让我们来看一看短语末尾的声调修改。经常有报道说，声调语言"修改"短语或话语结尾处的词库赋值的声调，以表示各种话语层级或后

---

① 在约鲁巴语里（Connell and Ladd 1990），末尾的词库 L 调是以下降到说话人调域底部的方式体现的（L 边缘调？），而末尾的 H 和 M 调是以持续性平调或轻微升调方式体现的（H 边缘调？没有边缘调？），但陈述与疑问之间没有其他任何明显的语调对句层语用学的影响。

158

词库的作用结果，如研究成都方言的张念莊（Chang 1958）、研究泰语的艾布拉姆森（Abramson 1962）。这一点可以直接从刚刚所划分的核心声调与边缘调之间的差别角度得到解释。

例如，张念莊（Chang 1958；重印于 Bolinger 1972: 408f.）对成都方言疑问句所做的分析报告了如下疑问句中最后一个字调的"扰动"情况：

成都方言的单字调

一声	阴平	高升	保持高升，句尾往往比通常要高一些。
二声	阳平	低降	变成低平调。
三声	上声	高降	变成高平调。
四声	去声	低降升	变成低升调。

张念莊她自己把这些变化描写为（即从覆盖模型角度）将声调叠加在总体句调之上的结果，但鉴于扰动仅限于最后一个音节这一事实，AM 理论认为一种更为合理的分析是核心声调与边缘调的交互作用。具体地说，我们可以把这些句末修改看作是将最后一个音节与声调和**随后的高边缘调**相联结的结果。也就是说，该曲拱的基本形状是由恰巧构成话语的语素的词库赋值声调决定的；在曲拱的边缘处，可以有额外的调，它们影响最后一个或几个词库赋值声调的语音体现。我们已经看到了其他已产生语音作用的例子，它们可以很容易地被解释为多个声调与一个音节相联结所产生的结果（如上面 2.1 节，见下面 5.1.3 节）。

一种可能更为复杂的声调与语调交互作用类型是调域的调整。毫无争议的是：人们生气或激动时，或仅仅想让嘈杂环境中的人听到时都可能会"提高自己的嗓门"。按照这里提出的观点，可以将这种对总体调域的修改视为一种与声调语符列成正交的副语言效应。举个理想化的例子，如图 4.2 所示，声调序列 M … H … H … L … M 可能以不同的方式得到体现，但这则取决于说话人的总体情感水平。这种调域的效应在非声调语言里是以完全相同的方式出现的：就像在约鲁巴语里那样，在英语里，我们同样可以很好地区分"正常调域"与"扩展调域"且在其他方言里均为相同调式的版本。也就是说，副语言的调域修改与语言的声调赋值之间的关系在声调语言与非声调语言里是相同的。所以，副语言调域修改的存在并不构成反 AM 理论的证据，或者确实并不构成反任何语调结构音系学理论的证据：无论我们如何描写调域的修改，它都同样适用于所有的语言。

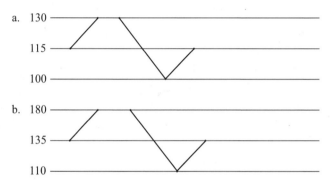

图 4.2 虚拟声调序列 M … H … H … L … M 的理想化音高曲拱，是以（a）正常调域和以（b）扩展调域说出来的。

还需要注意的是，调域的修改不一定是适用于整个短语或话语的全局性效应，但可以仅限于语句中特定的词或其他很短的部分。最明显的例子是"强调"，这个我们已在 1.4.1 节中在讨论音高的语言学方面与非语言学方面之间的交互作用时提到过。很明显，我们必须允许局部性调域赋值的存在，这可以影响一个或几个特定声调的语音体现，而且这些调域的赋值有别于描述具体声调的音系赋值。（在汉语里，这些修改可被用来表达"焦点"上的差异问题，如第 41 页脚注①所引用的案例。）此外，很明显，这种调域的局部性修改是很难在覆盖模型中实现的。例如，戈丁（Gårding 1987）提出，汉语里的"早期焦点"句都有一个焦点后迅速变窄的"格栅"，而对于正常的"后期焦点"句，格栅仍一直保持宽的，如图 4.3 所示。但对这些格栅的总体形状进行有效的定量描述几乎是不可能的，而且戈丁未曾尝试过任何超出非正式描写的东西。正如我们在 1.3.2 节中所看到的，现代音高曲拱定量模型（如许毅的模型）都以可以影响单个 F_0 事件调域的语音体现参数方式来定量处理这些效应。"焦点后压缩"是调域的一种局部性变化，它出现在话语中某个特定的位置上。这种方法允许许毅（如 Xu 2005; Wang and Xu 2011）把它当作"焦点后压缩"问题来描写戈丁的"早期焦点"，而不是从总体格栅角度来描写它。图 4.4 呈现了这如何影响一种有三个平调的语言里声调体现的示意图。似乎很明显，这种对调域的影响又再一次地与语调音系学的 AM 描写方法完全一致。

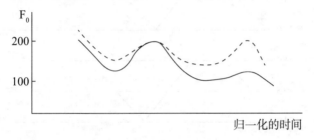

图 4.3 表示汉语里焦点位置的总体曲拱形状。两个例子中的话语是由同一个说话人说出的"宋岩卖牛肉"。虚线表示焦点在话语中出现得很晚且调域一直基本上保持不变情况下的曲拱；实线表示焦点在主语"宋岩"上且调域在谓语"卖牛肉"处突然变窄情况下的曲拱。引自戈丁（Gårding 1987）。

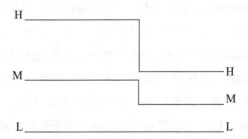

图 4.4 声调语言焦点影响音高实现建模的理想化的"声调空间"。声调空间突然变窄，标记焦点成分的结束。更多细节，见正文。

然而，还有其他看起来更像总体趋势的调域效应，最明显的是疑问与陈述曲拱之间的差异。例如，总体音高水平在陈述句中逐渐降低，而在疑问句中总体上则一直很高，这种情况并不少见。这是像格罗纳姆那样的主张的基础（1.3.2 节，图 1.5），即语调必须用一种模型来描写，在这种描写中，局部性 F_0 事件叠加在总体曲拱形状上：疑问句是平调，陈述句是降调。关于声调语言也有类似的主张（如研究汉语的有戈丁（Gårding 1987）、沈晓楠（Shen 1990），研究基帕雷语（Kipare）的有赫尔曼（Herman 1996））。但对一些非洲语言的研究表明，或许最好也把这种音域的影响看作是赋值局部性 F_0 事件相关调域上的差异。

具体地说，林道（Lindau 1986）、因凯拉斯和莱本（Inkelas and Leben 1990）对豪萨语（Hausa）的研究清楚地表明，这种趋势主要是可以通过在话语中明确界定的点在局部性音高上的连续性逐步变化来进行分析的。如同在许多非洲语言里那样，在豪萨语里，H ... L ... H 序列中的第二个 H 实现时的音高水平通常要比第一个 H 低。此外，这种效果可以迭代出现，因此 H ... L ... H ... L ... H ... L ... H 序列中的每一个 H 都是在一个逐步降低的音高水平上实现的。然而，这种通常被称为"下漂"的整体下降趋势，显然是受到音系限定的；在无交替音变的声调序列（如 H ... H ... H ... H ... H）中只有非常轻微的"下倾"，所以由 H 调绘制而成的"顶线"的斜度比有交替音变序列的情况要小很多。

现在，这种下漂效用不适用于疑问句。在豪萨语疑问句的 H ... L ... H ... L ... H ... L ... H 序列中，H 调都在大致相同的音高水平上实现的，尽管可能还有一点点的轻微"下倾"情况。显然，这意味着后词库或语调因素影响词库赋值声调语符列的实现。但这是以一种完全符合序列性音系结构观点的方式实现的：显然，豪萨语的语调模式是通过在声调序列中的几个连续的点上运不运作降阶规则方式（2.4 节，图 2.5）而不是在某个（我们可能从比如格罗纳姆对丹麦语的描写中所期望的；比较图 1.5）适用于疑问或陈述的总体斜度上操作方式局部产生的。沿线贯穿陈述曲拱的斜度，很大程度上取决于曲拱的词库声调构成，而且不能说它是一种适用于陈述句的整体形状。语调与字调存在着一种交互作用，但它一定是从局部性音系事件实现角度描写的。这正是 AM 理论带给我们的预期。

4.3.3 "音高重调"语言 [1]

最后，我们讨论整个声调与语调交互作用研究领域中的第三个主题，即贝克曼（Beckman 1986）在"有无重音的重调"题目下讨论过的语音类型学问题。贝克曼的"重调"可以定义为"对词内一个或几个特定音节的特殊音系处理"。根据这个定义，"有重音重调"与"无重音重调"是音节特殊处理能在语音上得以实现的两种方式。因此，"重调"是一种词库中赋值的抽象音系特征，而"重音"则是一种对音系抽象形式可能的具体实现的语音描写。下文中，我将把贝克曼所说的重调称为**词库重调**（lexical accent）。

正如我们（在 2.2.1 节）所注意到的，贝克曼指出，在像英语这样的语言里，词库重调常常是以我们所称的重音体现的，即一个包括增加的强度和时长以及各种不同的频谱相关物在内的语音属性<u>丛</u>。**除此之外**，重音音节往往伴随着我们所称之为音高重调的主要音高移动。贝克曼对英语与日语进行了比较，结果表明：在日语里，词库重调仅由音高移动来标记，根本不由重音来标记。在此基础上，她支持传统上对"动态重调"与"曲调重调"的类型区分：动态重调或重音重调是由重音实现（且常常由音高移动相伴随）的词库重调，而曲调重调或无重音重调则总是或只由音高移动实现的词库重调。

---

[1]　在准备本书的英文第二版时，我无法对这一小节做修改，以把最近的"词韵律类型学"研究适当地考虑进来，特别是把海曼（Hyman 2006）的重要论文以及雷米森（Remijsen 2002）和多诺霍（Donohue 1997）的著作适当地考虑进来。因此，对现在这个中文版来说，我倾向于大幅度地压缩这一节。［由于作者对 4.3.2 和 4.3.3 节做了修订，故未标边码 159-168——编者］

因为贝克曼的区分是在对英语与日语做了比较的基础上做出的，所以我想在这里提到的是可能存在的混乱。在英语里，音高特征仅仅是后词库的或语调的，而在日语里，音高特征是在词库中赋值的。但这种不同和重音重调与无重音重调之间的区分完全没有关系。重音重调与无重音重调是一种**语音**类型上的维度（词库重调是否由重音体现？）。音高特征的词库与后词库赋值是一种**音系**甚至形态类型上的维度（音高特征可否在词库中赋值？）。重要的是，不要仅仅因为日语恰好是那样表现的而认为"无重音重调"是一个词库赋值音高特征的问题。

这就引出了像瑞典语和塞尔维亚-克罗地亚语那种欧洲"音高重调"语的问题。据我所知，所有这些语言显然都有贝克曼语音学意义上的"重音"，至少其中一些语言（像英语或孟加拉语而非像日语那样的语言）有可能选择不同的音高重调类型来传达不同的语用意义。（最明显的例子是，塞尔维亚-克罗地亚语有一种疑问中使用的音高重调类型，即莱希斯特和伊维奇（Lehiste and Ivić 1980, 1986）所说的"反向模式"，这与陈述句和单说形式中所用的模式不同。）这类语言与英语之类语言不同之处在于，音高重调类型的选择似乎受到词库因素和后词库因素的影响。因此，瑞典语区分重调 1 词与重调 2 词，而塞尔维亚-克罗地亚语则区分下降重调与上升重调等。

对这些语言的正确声调分析并不完全清楚。对这些语言，现已有很多建议，它们认为重调曲拱本身是不变的（如 HL），可变的是重调曲拱与重调词上的音段的同界。也许这些分析中最著名的是我们已在 1.3.3 节和 2.3.4 节中广泛讨论过的布鲁斯对瑞典语的研究，而类似的分析也已用于其他语言，如布朗和麦考利（Browne and McCawley 1965）对塞尔维亚-克罗地亚语重调的分析。相反，后来的一些研究表明，音高重调构型可以涉及词库和后词库声调赋值的组合，例如，因凯拉斯和泽克（Inkelas and Zec 1988）分析了塞尔维亚-克罗地亚语重调的差别，其基础是预先联结的词库赋值的 H 调的位置：下降重调在词首音节上有一个词库中已联结的 H 调，而上升重调则在非起始的音节上有一个词库中已联结的 H 调。古森霍文及其同事对荷兰语和德语中部莱茵兰方言的词重调差异研究（如 Gussenhoven and van der Vliet 1999; Gussenhoven 2000）采用了类似的方法：对于大多数这些方言，他们认为词库重调的基本区别是在重音音节上存不存在词库 H 调。但最近的观点（如 Morén-Duolljá 2013; Köhnlein 2016）已指向更像布鲁斯最初分析那样的分析，表明重调性声调的同界受词库赋值的韵律结构差别的制约，这种差异的音系本质是韵律结构而非声调问题。

无论这一争议最终以何种方式结束，我们都能再次看到假定我所称为音高音系学的统一性的重要性。所有这些研究欧洲"音高重调语言"的方法都没有对词库赋值声调与后词库赋值声调之间进行根本性的区分。在语音上，这两者之间的区别是无关的：对于所有语言里的所有音高曲拱，输入语音体现的是一个声调语符列。显然，欧洲音高重调语言分析对我们理解语言类型学有着重要的影响（瑞典语是不是"声调语言"？），但这两种方法都不需要在词库与后词库声调之间产生一种音系上的差别。我所说的音高音系学的统一性是不受影响的。

语调语音学：同界与声调目标的音阶标度

按照自主音段音系学，可以把话语的音高曲拱看作是声调语符列的体现。那么，语音研究的一个明显问题是：这些声调是如何体现的？一般可以把声调的语音体现设想为某种声调目标；声调目标可以发生变异所在的主要语音维度是它们的音高层级（即通常所称的**音阶标度**（scaling））以及它们与音段语符列中的辅音和元音的时间配位（即通常所称的**同界**（alignment））。自 20 世纪 80 年代以来，这个自主音段理论观在仪器语音学研究方面一直卓有成效；总体上，这一研究已表明，音阶标度和同界高度合法，并能系统地受到一系列语音与音系作用的影响。本章将对这项研究及其一些音系意义进行评析。

5.1 声调目标与音段语符列的同界

5.1.1 作为一个语音维度的同界

至少从 20 世纪 70 年代 IPO 研究者的早期研究工作开始，人们就很清楚，语调差异可以通过音高移动与音段语符列同界上的差别来表达。例如，IPO 对荷兰语语调的分析区分类型 1 升调与类型 3 升调，据说两者都是"凸显借予"的音高移动（即音高重调）；两者的区别是，类型 1 升调在凸显音节中是提早同界的，而类型 3 升调则是稍晚同界的。这一差别与类型 A 降调与类型 C 降调之间的差别相匹配：类型 A 相对早一些，类型 C 相对晚一些。这些升调和降调可以组合组成 1A 和 3C 升降重调：1A 是一个普通的宣布性"尖帽型"重调，3C 传达一种额外的细微差别。本质上相似的音高移动可以以明显不同的方式与音段语符列同界，这一想法因而在荷兰语 IPO 的研究中得到了清晰的阐述；它也体现在奥德（Odé 1989）对俄语的 IPO 式的描写中。

170

　　大体上类似的想法，显然也在研究斯堪的纳维亚语词重调差异的学者们中单独形成。豪根和朱斯（Haugen and Joos 1952）近乎说出，挪威语里重调 1 与重调 2 之间的本质差别是一个重调性音高移动于重调元音之间形成不同同界的问题。同界思想在戈斯塔·布鲁斯（Bruce 1977）的论文中得到了明确且广泛的发展，并在确立 AM 音高音系学方法上做出了重要贡献。回想一下（1.3.3 节），按照布鲁斯的观点，瑞典语的词与重调之间差别的本质是在重调曲拱的 H（F_0 的最大值）与相对重音音节同界的方式上。具体地说，布鲁斯发现，重调 1 与重调 2 之间的差别是由一个高调峰在重调构型中早期出现的时间这一可靠的线索提示的，即重调 1 的重调音节开始之前，重调 2 的重调元音开始之后。通常，这个高调峰后接一个降调，但布鲁斯发现，在某些情况下这个降调可以缩短，或完全消失，只有高及其同界是不变的。

　　早期关于瑞典语词重调差异的说法（部分除了豪根和朱斯（Haugen and Joos 1952）之外）专注于**重调音节本身**的音高曲拱，学者们对他们所观察到的音节曲拱的极端变异性困惑不解（如见 Hadding-Koch 1961）。布鲁斯的见解是，理解了重调音节上的 F_0 曲拱仅仅是由哪个声调出现以及它们与音段语符列如何同界所产生的结果。如果 H 与音节的开头同界，音节便会有个下降曲拱；如果 H 与音节的末尾同界，音节便会有个上升曲拱。在此见解的基础上，布鲁斯和戈丁（Bruce and Gårding 1978）继而提出了瑞典语词重调的一种韵律类型学，表明所有拥有它的变体中的重调差异都是由重调 1 的调峰早早同界表示的，即使两种重调的调峰可能在不同的方言里会相对早一些或晚一些发生同界，即使可能存在别的某些伴随性的语音或音系差别。

自布鲁斯的那篇论文以来，一些实验均已证实，同界上的差异均能表示几种语言里准语类上的音高差异。第一个这样的研究似乎是由科勒（Kohler 1987）进行的。科勒操纵升降音高移动与德语句子 *Sie hat ja gel-ogen*（她在说谎，字面意思为 she has yes lied）中重音音节 *-o-* 的同界，并把刺激呈现给经典语类感知研究中的大批听话人（如见 Repp 1984）。其结果提供了早些同界语类（带有无重音音节 *ge-* 时的调峰 F_0；即用 AM 术语说，或许 H+!H* 重调）与晚些同界语类（带有核心重调音节 *-ol-* 时的调峰 F_0；即用 AM 术语说，H* 或 L+H* 重调）之间在刺激连续体中一种明显间断性的证据。科勒提出，感知边界对应于已知的早同界（他所称的"确立的"）与新的晚同界之间一种语义/语用上的差异；鲍曼（Baumann 2006）对德语里使用降阶重调所做的观察证实了这一点（比较第 2 章第 85 页脚注①）。科勒还提出，实际上有一种三分法：已知的、新的和强调的。"强调的"比一般"新的"同界要晚（比较 4.2.2 节中的讨论），但这并不是他实验研究的一部分。科勒（Kohler 2005）和尼布尔（Nieburhr 2007）最近已采纳了三分法或四分法的观点。

其他几项（以一系列欧洲语言为对象，采用一系列研究方法的）同界研究也已获得类似于科勒的结果。例如，皮埃安贝尔和斯蒂尔（Pierrehumbert and Steele 1989）运作自然说出来的美国英语短语 *Only a millionaire*（只是个百万富翁）的升降升音高曲拱来产生一种曲拱的连续体，或早或晚将这个连读体中的第一个（重调性）升调与词库重音音节 *mil-* 同界，并将运作的话语呈现给要求模仿该语调的听话人。他们预测说，听话人的发音不会忠实性地重新复制这个连续体，但会分成两种呈现 L+H* 升调（早同界）与 L*+H 升调（晚同界）之间差异的同界类别。至少对于一些实验参与者来说，这一预测得到了证实。同样的通用技术已被迪利和布朗（Dilley and Brown 2007）用于更大规模的研究中，结果很相似，尽管迪利和布朗的方法及其理论解释都集中在重调音节及其随后音节的相对 F_0 层

171

级上，而非特定调峰的同界上。

在一项更为传统的感知研究中，里特维尔德和古森霍文（Rietveld and Gussenhoven 1995）创用了刺激连续统一体（stimulus continua），其中的荷兰语"平帽型"曲拱的核心下降音高移动（比较 1.2.1 节）是或早或迟与（一组单音节无意义词中的一个）核心重调音节同界。然后，他们要听话人报告重调音节听上去是高（晚些与降调同界）还是低（早些同界）。听话人的反应呈现出典型的 s 型曲线，反映出在同界连续体中明确局部化的地方"低"与"高"之间的语类变化。大约在同一时间，韦霍文（Verhoeven 1994）报告了荷兰语平帽型上升核心前重调的类似语类发现。德因佩里奥和豪斯（D'Imperio and House 1997）的实验使用了那不勒斯意大利语里升降核心重调曲拱的同界连续统一体，结果表明，听话人在对测试句是作为陈述句（早同界）还是疑问句（晚同界）做出明确的判断，马卡洛娃（Makarova 2007）报告了俄语里陈述句与疑问句之间一种非常类似的语音差异。最后，值得注意的是，我们发现同界的语类差异不仅存在于语调中，也存在于词的声调系统中：例如，雷米森和阿约克（Remijsen and Ayoker 2014）报告称，在南苏丹尼罗河的希卢克语（Shilluk）里存在着一种早同界降调与晚同界降调之间的语类差别。

我们从刚刚评析的研究中可以得出这样的结论：F_0 同界的语音连续体能从听话人那里触发本质上的语类反应，而且将相对于音段语符列的音高移动同界视为一种音系差别赖以存在的语音维度，也是恰如其分的。注意：这个结论基本上是理论中立的，即它不以任何方式预设 AM 语调音系学：它**完全符合** AM 思想，即音高曲拱由以界定明确的方式与音段语符列同界的声调目标语符列组成，但它也与其他观点一致。许多刚刚总结出来的发现就像它们所依据的一些实验的方法论一样，是用升调和降调的同界方式而非用 F_0 拐点或声调目标值来表达的，最起码他们承认不同的理论解释。但不管同界数据最终是否支持语调音系学的 AM 方法，任何对语调的一种理解都要把真正的语音现象考虑进去，它们在这里仍起作用。

5.1.2　音段锚定

前面小节中所讨论的事实可能理论上是相对理论中立的，但 F_0 音段同界特定 AM 解释的更好证据来自于大量对语调曲拱声学细节的受控"产出"研究。就像布鲁斯的早期研究那样，许多这些研究都是基于 F_0 最大值和最小值的同界，即 4.1.2 节中所见到的很容易解释为音系声调语音反映的"拐点"。这些研究已多次发现，F_0 拐点的同界极具一致性和可预测性。

这种一致性显然是由阿什比（Ashby 1978）最先在英语里发现的。阿什比当时正在探索传统英国英语语调分析"高降"和"低升"核心重调构型的声学相关物。他让三个受过语音训练的说话人朗读一长串随机列出的句子，除了指明这个或那个核心重调类型外，没有任何如何说出这些句子的指令。阿什比惊奇地发现：句子的核心前延展部分千变万化、难以捉摸，但核心重调的体现则极为一致。对于高降曲拱，就每个分开考虑的说话人而言，调峰的音阶标度和同界都表现出很少变化：例如，一个男性说话人在元音开始后大约 35 毫秒有大约 200 赫兹与之同界的调峰。句末核心单音节上高降曲拱的末尾低调也极为稳定：同一个男性说话人在元音开始后 150 毫秒音高低至大约 100 赫兹。低升曲拱的特点是一个低的，微微下降的"音程，其长度是一个元音开始后总发声时间的线性函数"（第 334 页），紧接着是一个斜率固定的突然上升（6.7 八度/秒），持续到发声结束。

在阿什比之后的十年间，第一个受 AM 启发的仪器研究证明了拐点的同界既能有可预测的稳定性，也能有可预测的变异性。这一时间的两项研究（Silverman and Pierrehumbert 1990; Prieto, van Santen, and Hirschberg 1995）探讨了韵律语境对重调音高调峰同界的系统影响，特别是近似于其他音高重调（"重音冲突"）和韵律边界对这种同界的系统影响。西尔弗曼和皮埃安贝尔运用 *Mom Lemm, Mama Lemm, Mamalie LeMann* 等虚拟名称来调控核心前高重调与其后（核心重调的）词的开头之间的距离。他们证明，核心前重调的调峰在音节中越早同界，它就越接近下面一个词，

173

即随后词边界和／或随后核心重调似乎对核心前调峰的同界施加了一些反向时间压力。（他们还发现了语速的作用，即当语速增加时，核心前的调峰将在音节后面进行同界。）与此大致相同，但普列托、范桑顿和赫施伯格（Prieto, van Santen, and Hirschberg 1995）用一套更为复杂的变量研究了重调调峰在墨西哥西班牙语中的同界问题，跟西尔弗曼和皮埃安贝尔一样，他们发现对同界所产生的极其一致的交互性作用，这是基于重调音节在测试词中的位置（即落在词首音节、词中音节或末尾音节上的词库重音），基于测试词相对于随后韵律边界的位置（句子末尾、单独短语之前或同一个短语内另一个词后的短语末尾），基于下一个词的位置音节或重音音节，如果有的话。例如，他们发现：相对于音节而言，词末重调音节中的重调调峰比词首或词中重音音节中的重调调峰更早同界；短语末尾词的重调调峰（＝核心重调）比短语中间词中的重调调峰（核心前重调）更早同界。这些结果再一次有力地说明了来自随后韵律边界的某种反向时间压力。

这些发现形成了阿瓦尼蒂、拉德和门嫩（Arvaniti, Ladd, and Mennen 1998）对希腊语核心前重调中一种音高调峰同界研究的背景，这项研究发现了后来称之为"**音段锚定**"（segmental anchoring）的现象。阿瓦尼蒂和拉德（Arvaniti and Ladd 1995）已表明：希腊语里升调在核心前重调中的开头部分恰好与重调音节的开头部分重合（具体地说，它似乎平均在音节首辅音开始之前的几毫秒时被同界的）。他们也知道升调尾（核心前重调）呈现出颇具变异性的同界，而且似乎也受后面边界和重调的影响，其影响方式与西尔弗曼和皮埃安贝尔与普里托、范桑顿和门嫩所展示的英语和西班牙语里的方式是一样的。为了更好地阐释这些影响的本质，阿瓦尼蒂、拉德和门嫩区分了我们可能称为时间压力的"音系"定义（如受影响的音高重调与随后边界或重调之间相隔音节的数量）与"语音"定义（如两者之间时间间隔的实际时长），并且因为了保持音节数量不变而把注意力集中到了后者身上。在他们的全部材料中，测试音节总是词中倒数第二个音节，测试音节与后面重调音节之间总是有三个无重音音节。他们通过使用固有的较短（如 /-tikoto-/ ）和较长（如 /-ɣlosiksa-/ ）的中间无重音音节序列来操纵持续的时间。

在这些条件下，他们跟西尔弗曼和皮埃安贝尔不一样或跟普里托、范桑顿和门嫩不一样，没有发现时间压力对调峰同界的系统影响。相反，他们吃惊地看到，调峰总是与紧随测试音节的无重音音节的开头部分同界，而与此同时又再现了阿瓦尼蒂和拉德（Arvaniti and Ladd 1995）的发现，即前面的调谷（即重调性升调的开头部分）总是在重调音节的音节首处或其前面处同界的。简言之，他们的结果呈现了阿什比（Ashby 1978）所报告的那种同界的一致性。[①] 更多实验证实了最初的观察结果。重要的是，更多的实验表明，不管两个指定同界点之间由音段定义的间隔持续多长时间，重调性升调的开头与结尾都是以相同方式同界的。重调音节的开头与随后的无重音元音之间的时间间隔有很大的变异性，这取决于所涉及的音段序列，但同界仍未受到影响。显然，这就需要升调没有固定的时长。此外，鉴于对升调头和尾的（F_0 层级）音阶标度对于每个说话人来说都是相对恒定的，升调的斜率也不是固定的，而是根据升调的可用时间进行调整的（见图 5.1）。相反，看起来希腊语核心前重调在语音上不变的是在升调头和尾两点的同界上，而不是在整体升调的斜率或时长上。

阿瓦尼蒂、拉德和门嫩认为，这一发现为 AM 假设提供了强有力的支持，即音高移动不是语调的基本组块，而只是从一个声调目标到另一个声调目标的过渡段。大多数先前的 F_0 声学模型都是基于带标准斜率（如 't Hart 1979）或标准时长（如 Fujisaki 1983）的音高移动，这与这些移动是语调成分的假设相一致的。事实上，至少有一项实验研究（Caspers and

175

---

① 应当强调的是，这一说法特别适用于实验场合，在这里，介于测试音节与随后重调之间的音节有三个。阿瓦尼蒂、拉德和门嫩也发现了西尔弗曼和皮埃安贝尔还有普列托、范桑顿和赫施伯格所报告的那种时间压力的影响，但只是通过减少介于中间的音节；就某些说话人而言，只有当介于中间的音节减少到零的时候，才会产生对同界的影响。

to roði̱tikoto ...

i paremvasi tu ...

图 5.1　阿瓦尼蒂、拉德和门嫩（Arvaniti, Ladd, and Mennen 1998）发现的由"音段锚定"所阐释的理想化音高曲拱。重调性升调的开头和结尾处的 F_0 拐点在时间上分别与重调音节的开头和随后的无重音元音同界。这意味着升调时长取决于这两个音段界标之间的间隔时长。由于 F_0 拐点都是在大致恒定不变的层级上针对任何一个已知的说话人音阶标度的，因此升调的斜率也是可变的。

van Heuven 1993）明确旨在确定当音高移动在时间压力下得到体现时是斜率还是时长将会领先，并且得出的结果最好能被描述为非结论性的，尽管它也观察到了特定拐点的一致性同界。阿瓦尼蒂、拉德和门嫩认为，早期的这些语音模型在平调与构型之争中未明说地采纳了"构型"观（2.3.1 节），并且一种更为完善的语音描写将源自对 F_0 目标属性而非 F_0 移动属性的测量。

　　阿瓦尼蒂、拉德和门嫩在音段锚定上的发现在许多语言里已再现了许多次。例如，创用**音段锚定**这一术语的拉德等（Ladd *et al.* 1999）表明：不管语速如何，英语的上升核心前重调都一直锚定在音段性路标上：在音段时长随语速减少或增加时，便对斜率和时长进行调整，以保持重调性 F_0 升调的头与尾分别与它们的音段锚地同界。在一致性音段锚定上的进一步发现有研究英语的迪利、拉德和舍普曼（Dilley, Ladd, and Schepman 2005），日语的石原武（Ishihara 2003），加泰罗尼亚语的普列托（Prieto 2005），所有这些研究都清楚地表明音高移动的斜率和时长都不是恒定的，而需要根据移动头与尾的音段锚地之间的距离进行调整。许毅的几篇有关汉语里声调与音段之间协调的论文报告了让人想起音段锚定的发现，特别是在低调或降调前的一个升调末尾处的音高调峰正好与作为升调音系宿主的音节末尾同界的这一事实（Xu 1998）。[①]

阿瓦尼蒂、拉德和门嫩（Arvaniti, Ladd, and Mennen 1998）最初认为，音段锚定可能直接反映了特定音系声调到音段结构中特定的点上的自主音段联结。例如，我们可以这样解释希腊语上升核心前重调的同界：在语调音系学中，有一个与起始音节边界相联结的 L 调和一个与随后无重音元音相联结的 H 调，如图 5.2 所示。拉德、门嫩和舍普曼（Ladd, Mennen, and Schepman 2000）对这种解释起到了重要的推动作用，他们指出音段锚定点的位置受音段语符列音系特性的影响。具体地说，他们发现，荷兰语里核心前上升重调的开头部分是与重调音节的开头部分同界的（就像在希腊语里一样），但升调末尾（即调峰）的同界有赖于元音在音系上是长的还是短的（是紧的还是松的）：伴随长元音的调峰在元音中晚些同界，而伴随短元音的调峰则在随后的辅音中晚些同界。他们能够证明这不只是音段时长的一种语音效应：荷兰语"长的"/i/ 和"短的"/ɪ/ 在时长上基本上是相同的，只是在元音音质上有所不同，但在同界上仍然有所不同。

在此发现的基础上，拉德、门嫩和舍普曼提出，可能不是从音系元音长度角度而是从音节结构角度来解释音系元音长度对荷兰语同界 177 的影响。

---

① 许毅（Xu 2005; Xu *et al.* 2015）发现在音高曲拱与音段之间始终如一地存在着时间上的同界，这些发现是他的 PENTA 音高语音模型的核心部分，该模型完全基于"音节同步序列目标趋近"的假设（Xu 2005: 245）。事实上，PENTA 不仅观察到音高目标似乎始终锚定在音节上，而且还假定**每个音节**都有一个音高目标值。这一规定对于像汉语这样的声调语言来说是合理的，但正如我们前面（2.1 节和 4.3.1 节）所提到的，它很难适用于许多欧洲语言语调曲拱的描写。

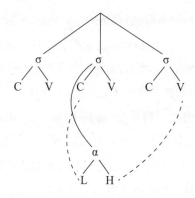

图 5.2　一种可能的将音段锚定作为第二次联结的音系解释。作为一个单位的重调构型 LH 主要与作为一个单位的重调音节相联结，然后，组成声调 L 和 H 第二次又分别与重调音节的左边和其后面的无重调元音相联结。

他们的理由是：在荷兰语里，元音间的单辅音若在长元音后，一定就是下一个音节的音首，而在短元音后，则可以将它解释为双栖性的（Schiller, Meyer, and Levelt 1997）。因此，可以将他们研究中所观察到的结果模式解释为核心前调峰**在重调音节末尾处**的同界。实际上，拉德、门嫩和舍普曼提出元音长度的影响是间接的，如果将重调分析为一个与音节左边界相联结的 L 调，与右边相联结的 H 调，那么就可以对他们的数据进行音系解释。

但舍普曼、利克利和拉德（Schepman, Lickley, and Ladd 2006）的后续研究则提出，拉德、门嫩和舍普曼（Ladd, Mennen, and Schepman 2000）所报告的同界作用可能直接受元音长度的约束，并表明它当然不能总是用音节结构来解释。舍普曼、利克利和拉德发现，元音长度对同界的作用就像与带核心前重调一样，与带荷兰语的核心重调一起出现，但无论在哪种情况下，核心调峰都是在重调元音内同界好的，而且音节结构在双音节核心重调词中的预期作用是不存在的。但不巧的是，拉德、门嫩和舍普曼最初在音节基础上对音段锚定的解释都已经落地生根。许多学者把音节边

缘概念当作"音段锚定假说"的某种定义特征。例如，普列托和托雷拉 178
（Prieto and Torreira 2007）发现，西班牙语里的核心前重调调峰的同界不
同，这取决于重调音节是否具有音节尾辅音：由于他们所观察到的同界规
则无法用音节边缘来表述，所以他们认为这一发现对音段锚定观构成了挑
战。类似评析可见于许毅的著述中（如 Xu and Sun 2002: 1441; Xu and Xu
2005: 163）。

因此，强调音段锚定首先不是一个音系假说，而是一个语音规则的经
验发现，这似乎很重要。作为一个可以观察到的、易于复制的事实问题，
音高移动与音段语符列是以这样一种方式协调一致的：它们起始点和结束
点的时间通常可以根据音段语符列自身上的地标来确定，如"重调音节的
起始处""横穿重调元音后的辅音一半儿的位置""大约进入随后的无重
音元音的 15 毫秒处"等地标。这里的一些音段地标可能是音系范域的边
缘（如重调音节的起始处），但另外一些（如进入无重音元音的 15 毫秒
处）则不是。音系制约因素在确定语音规则细节上可能起作用，这也是既
可以观察到的，又可以复制的。正如我们所看到的，拉德、门嫩和舍普曼
（Ladd, Mennen, and Schepman 2000）表明：在荷兰语里，长元音和短元音
的同界是不同的，这种作用无法用实际元音长度来解释；拉德等（Ladd *et
al.* 2009）在标准苏格兰英语里找到了一种几乎相同的作用。同样，普列
托和托雷拉（Prieto and Torreira 2007）表明，西班牙语里的音段锚定细节
受音节结构的制约。但承认存在音系条件约束并不等于将音段锚定视为单
个声调音系联结的一种直接反映。

几项研究发现了不同语言之间或同一个语言的不同变体之间在同界
方面存在系统性差异的证据，这些研究对音段锚定的直接音系表达式提
出了进一步的质疑。正如布鲁斯和戈尔丁发现总体同界在不影响重调 2
比重调 1 更晚同界这一概括的情况下可以随瑞典方言地区的不同而不同
一样，其他研究也已发现，"相同"曲拱在不同方言或语言里的实现可以
沿同界的维度而有所不同。例如，阿泰尔和拉德（Atterer and Ladd 2004）

报告说，核心前重调升调在南部德语里要比在北部德语里更晚，在德语里
179　要比在英语里更晚；这一发现后来被穆克（Mücke *et al.* 2009）复制和推
广。阿瓦尼蒂和戈丁（Arvaniti and Gårding 2007）发现美国英语的南加州
说话人（早同界）与明尼苏达州说话人（晚同界）之间存在着一种类似
的差异。道尔顿和尼·查赛德（Dalton and Ní Chasaide 2005）报告了爱尔
兰语的不同方言里有类似的发现，埃洛迪塔和卡莱（Elordieta and Calleja
2005）报告了巴斯克西班牙语的不同变体里有类似的发现。拉德等（Ladd
et al. 2009）报告称，标准苏格兰英语里重调调峰的同界要比南部英国英
语（"RP"）更晚；他们还报告说，英语核心重调调峰的同界要比荷兰语
更早。[①] 所有这些发现都表明，我现在处理的是语音实现的细节，而非不
同的音系表达式：所报告的差异与英语 bid、bed 和 bad 中的短前元音语
音实现的范围很类似，它们在不影响各种音系区别的情况下因方言的不同
而产生巨大的差异。

　　前面的讨论强调了我在拉德（Ladd 1983a）中明确指出**同界**与**联结**之
间在术语与概念上差异的必要性。如同在一般的自主音段音系学中那样，
联结是那种以某种方式"属于一起"的抽象音系属性。同界是一种**语音**属
性，即 F_0 曲拱中的事件与音段语符列中的事件的相对定时性。例如，无
论是重调 1 还是重调 2，但根据定义，在已知的一个瑞典语词上的词重调
曲拱大概都与词库重调音节相联结，而两者之间的语音差异是一个词重调
降调相对于词库重音音节的同界问题。这意味着（音系）联结并不需要对
（语音）同界做出详细预测的这一简单事实。很显然，如果 H 调与已知的
一个凸显音节相联结，我们便可能希望在那个音节附近的某个地方（不是

---

　　① 虽然这些研究都牢固地建立在 AM 假设的基础之上，但类似的发现早在几十年前
就被德勒特（Delattre 1963）报道过，他在一项比较语音研究中观察到：美式英语里普通陈
述性下降曲拱的调峰与重音音节的同界要比西班牙语、法语和德语里相对应的调峰更早。可
以肯定的是，他用重音音节上的曲拱形状（美式英语里是"降调"，其他语言里是"升调"）
而非作为一个同界问题来表达他所观察的结果，但他所使用的图形表达式清楚地表明，这种
差异同样也能用类似曲拱的同界来描写。

在几个音节之前或之后）找到一个 F_0 的调峰，但这个调峰可能是在那个音节的前部或后部，而且确实可能完全是在音节的时间限制之外。应当把联结作为一个音系概念，一般不应当给同界的具体差异赋予一种直接的音系表达式。

与塞音中的嗓音起始时间（voice onset time，简称 VOT）做类比，可 180 能会使这一点更清楚。如果我们说一种语言有一种塞音中的嗓音性对立，则希望找到至少部分基于 VOT 的一种语音差异。然而，没有一个与已知音系语类相对应的绝对的 VOT 值。例如，我们知道，VOT 可以随语言的变化而变化，并受到各种条件因素的影响（如软腭塞音通常要比舌前或双唇塞音的 VOT 更长；Cho and Ladefoged 1999）。但这种变异性很少反映在音系的描写中；传统上都把英语和意大利语描写成塞音上具有一种音系的嗓音性对立，尽管某些意大利语的无嗓音性塞音在语音上与某些英语的嗓音性塞音非常相似。最近，区分"真正嗓音性"语言（如意大利语）与"送气性"语言（如英语）的音系学理论化（如 Honeybone 2005; Beckman *et al.* 2013）并不影响这一点：与嗓音相关的（"喉音性"）特征是语类性的音系抽象化，而 VOT 的量化语音细节则是在总体描写的一个不同部分中得到适当处理的。由于 VOT 和 F_0 音段同界涉及喉音姿与喉上音姿在时间上的协调问题，因此比较妥当的似乎是在音系和语音上用类似的方法来描写它们。拉德（Ladd 2006）进一步讨论了音段锚定描写时语音细节与音系表达式之间的关系。

最后，在这方面应当提到的是，本小节中所讨论的发音规律的感知相关性并不清楚。当然，不太可能直接把 F_0 拐点感知为这样的（这又是一个理由，即把它们的同界看作是底层声调音系联结的一种直接反映可能没有什么意义）。除此之外，许多曲拱无法在重调音节上呈现出清晰的拐点，许多拐点并不是清晰的最大值或最小值，但仅仅是 F_0 的相对水平延展部分与一个明显的升调或降调之间的"肘腕处"或反曲点（如 D'Imperio and House 1997）。因此，似乎更可能的是，拐点的位置以某种方式影

响对重调音节 F_0 水平的感知，这既要相对于说话人的调域，也要相对于邻近的音节。这些问题才刚刚开始进行实证研究（如 Dilley 2005; Knight and Nolan 2006; Dilley and Brown 2007; 另见 Chen and Xu 2006），现在预测这项研究将对我们的理解产生什么影响还为时尚早。

5.1.3 对同界的压缩、截短等作用

　　我们已经看过了几种情况，其中同界的细节可预测地受到各种不同因素的制约。首先，在某些情况下，特定重调类型在特定语言里的音段锚定绝对受某种音系因素的影响，如元音音系长度（Ladd, Mennen, and Schepman 2000; Ladd *et al.* 2009）或音节结构（Prieto and Torreira 2007）。其次，语音压力则源自于紧邻的声调或边界，在某些情况下，这种语音压力梯度性地影响着特定声调赋值的语音体现；这些是由西尔弗曼和皮埃安贝尔（Silverman and Pierrehumbert 1990），由普列托、范桑顿和赫施伯格（Prieto, van Santen, and Hirschberg 1995）以及更笼统地说由许毅和孙学京（Xu and Sun 2002）所探讨的那些作用。注意：可以把 4.1.1 节中所指的核心重调与核心前重调在同界上的一致性差异视为语类性音系影响或梯度性语音影响的一个例子：我们可以假设同界直接受作为核心或核心前重调的音系地位的影响，或者（正如瓦尔德（Hualde 2002）所提议的那样）我们可以把这两者之间的差异归因于即将出现的短语重调对核心调峰的语音压力。

　　无论我们怎么解释核心重调中的同界作用，它们显然都是因语言不同而不同。在我们一直研究的几个欧洲语言里，核心重调至少是由一个音高重调和一个边缘调组成的。在这几种语言里，常常出现的情景是：两个调、三个调，甚至更多的调与单音节短语或话语中的单个音节相联结，这便产生了不同语言以不同方式解决问题的语音压力。回想一下适用于两种不同文本的英语升降升调式的例子，这个例子在 2.1 节中曾被用来阐释 AM 描写框架的有效性。在 *Sue!?*（休！？）中，调式似

乎像是一个单个连续性的升降升调，而在 *a driving instructor!?* （驾驶教练！？）中，我们可以看到它由两个明显不同的部分（核心音节处的升降和末尾边界的升调）组成。用 AM 的话说，声调序列是 L*+H L_ H%。在更长的话语里，声调是以大概下列的方式将自身延展到可延展到的音节上：

（1）

但在单音节的话语中，只有一个可延展的音节，因而音高上升完了之后下降，然后又上升：

（2）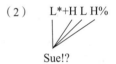

在（2）中，所有的声调都联结到了一个单独的音节上，这种复杂的音高移动在英语里很正常。（如果不是这样的话，2.1 节中对 *Sue* 与 *driving instructor* 的比较就不会那么令人信服了！）但在某些语言里，对可以联结到单个音节上的声调数量是有上限的，最常见的上限是两个。这一点可以 182 用 2.5 节中所讨论的匈牙利语疑问语调来说明。正如我们所指出的，这是一个声调序列 L*_H L%，其中 H 短语重调倾向与倒数第二个音节相联结。在两音节的话语中，短语重调被挤压到末尾音节上，但区别性的低升降模式都出现在两种情况中。但在单音节话语中，曲拱通常被弱化为一个简单的升调。用 AM 的话说，这个可以这样来描述：可以联结到单独一个音节上的声调最多不超过两个。所以，如在

（3） sör?   啤酒？

我们可能会说它的底层是：

（4）　　L* H L%
　　　　sör

但只有三调疑问调式中的前两个调都与话语的唯一音节相联结，末尾的
L% 没有被联结，结果得到的曲拱是一个升调。

　　处理核心重调中语音压力的这两种模式被（如 Grønuum 1991）称
为（英语类型的）**压缩**（compression）和（匈牙利语类型的）**截短**（trun-
cation）。不同的语言似乎倾向于一种策略而非另一种策略，尽管它们之间
的差别绝非泾渭分明。例如，英语总体上是一种压缩语言，但格拉贝等
（Grabe *et al.* 2000）则认为英语中可能存在着地域性变化。希腊语也明显
倾向于压缩，至少是在疑问语调上：当 L*_H_L% 疑问调式的核心重调被
应用于末尾重音音节时，末尾音节便会加长，而且 L* 的同界要比带倒数
第二个或第三个重音音节的更早（Arvaniti, Ladd, and Mennen 2006）。相
比之下，匈牙利语和巴勒莫意大利语（Grice 1995a）则似乎更喜欢截短
（格莱斯表达截短的术语是**剪短**（curtailment））。

　　压缩和截短在绝对末尾位置的核心重调中最显眼（并且还提供两种语
言之间差异最明显的例子），但每当重调太接近而不能完全实现时，也会
出现类似的效果。这个主题已被广泛研究过（如 Caspers and van Heuven
1993; Xu and Sun 2002; Prieto 2005）。还是在这里，语言看起来有各种各
样的方法来处理语音压力：特别常见的似乎是，两个 H 调峰之间的 F_0 调
谷"下沉不足"（即在一个更高的 F_0 水平上得到实现；如 Prieto 1998），
但为了产生一个更容易实现的重调序列，一个重调类型还可以被另外一个
所取代（如 Arvaniti, Ladd, and Mennen 1998; Prieto 2005）。前一种策略涉
及类似压缩的东西，而后一种则与截短相类似。

　　压缩似乎明显是一个调整曲拱的语音实现问题，而从某种意义上说，
曲拱的语音实现在音系上一直保持不变。截短是否涉及实际的音系替代

还仅仅是语音弱化，并不总是一清二楚。在（4）那样的例子中，人们可以想象写出一条断开与截短调相联结的音系规则；这种声调规则通常都是在有关非洲声调系统的自主音段文献中设立的，格莱斯（Grice 1995a: 171ff.）就是用这样的方法讨论了她的意大利语语料的。但两类描写之间的界线并没有看上去那么清晰。例如，在匈牙利语里，如果出于副语言学的原因延长了单音节的话，那么就有可能把疑问调式的所有三个调都放在这个单音节上。例如，表达惊奇：

（5）　　L* H L%

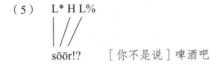

söör!?　　　［你不是说］啤酒吧

这可能表明音系赋值保持不变，而在（3）末尾处没有任何音高上的语音下降，这只是对如下这一事实的语音调整：即音节的响音部分不够长，无法实现完整的升降音高曲拱。但不管怎样，希腊语和匈牙利语在处理单音节上的核心重调时很明显都采用了不同的策略，无论是当作一个语类音系规则的问题，还是当作一个梯度性语音实现赋值问题。

　　在某些语言里，也有明确的证据表明诸如处理这种语音压力的音系替换策略之类的东西。例如，在德语和荷兰语里，说话人看起来通常使用一种不同的调式，而不是产出一种末尾重调音节上的降升音高移动。假设有人把购物袋或一些钱留在了百货公司收银机旁边的柜台上，准备走开。我们可以使用 3.2.2 节中讨论过的高降升疑问语调来说出下面任何一句话：

（6）　（a）　　　　　H*　　　L H%
　　　　　　　Ist das IHRE Tüte?　　这是**你的**包吗？
　　　（b）　　　　　　　　H* LH%
　　　　　　　Ist das Ihre TÜte?　　这是你的**包**吗？
　　　（c）　　　H*　　　　LH%
　　　　　　　Ist das IHR Geld?　　这是**你的**钱吗？

184　然而，虽然它在语用上十分恰如其分，但把高降升三个声调压缩到最后一个单音节上说

（7）　　　　　　　　　　H* LH%
　　　　　Ist das Ihr GELD?　　这是你的**钱**吗？

这在语音上听起来怪里怪气（同样的观察结果，见 Féry 1993: 91）。比较自然的是调整调式，把它变成一个简单的升调：

（8）　　　　　　　　　　H* HH%
　　　　　Ist das Ihr GELD?　　这是你的**钱**吗？

荷兰语里也有避免最后重音音节上出现高降升语调的现象，否则，荷兰语跟德语一样，通常在疑问句中使用这个调式。利克利、舍普曼和拉德（Lickley, Schepman, and Ladd 2005: 178f.）表明，在一个无脚本的荷兰语对话的语料库中，根据倒数第二或第三个重调音节情况，末尾重调音节的疑问句使用高降升调式的比例要比预想的低很多。"失去的"高降升调式似乎已被升调所取代，或被截短并体现为降调。

5.1.4 同界音系学

　　尽管有明确的证据表明，同界是在音系差异的基础上使用的，并受到大量合法的语音变异的影响，但它的理论地位仍然不甚明确。布鲁斯本人在他的论文（Bruce 1977）中并没有对他的标记法中的同界差异给出直接的音系表达式，他在音系上把重调 1 和重调 2 处理为 H 和 L 序列。在他的分析中，同界差异是由语音实现规则的操作产生的，并且从某种意义上说，它根本不是音系学的一部分。鉴于词重调差异在词库和形态上的重要性，这的确不能令人满意。

　　皮埃安贝尔（Pierrehumbert 1980）发展了布鲁斯有关同界可以是音系

差别的语音基础的思想，并在音高的 AM 描写中以一种表示这种差异的方式引入了标星符号（3.1.1 节）。具体地说，她提出：在英语里，早同界与晚同界的升调之间、早同界与晚同界的降调之间都存在差异，如果我们将升调和降调理解为双调性音高重调 L+H 或 H+L 的话，就可以在音系上理解这种差异。根据这种分析，早同界重调与晚同界重调之间的不同是两个调中的哪个调与重调音节相联结的问题。例如，在一个早同界的升调 185 中，只有 H 是与重调音节相联结的，而 L 是"引导调"；这就是用皮埃安贝尔的符号 L+H* 所表达的内容。标星符号瞬间获得了成功，布鲁斯本人后来把他自己对瑞典语重调 1 和重调 2 的描写重新分析为早同界的 H+L* 和晚同界的 H*+L 之间的一种差异（Bruce 1987）。

然而，这并不是故事的结局。如果标星符号只用于表示双调性重调中两个调的相对同界，则可以把它看作是等同于 4.1.3 节中所讨论的格莱斯的节律符号。也就是说，H+L* 和 H*+L 可以当作如下节律表达式的缩写形式：

（9）

但事实上，这种抽象的纯关系性的解释与用星号将单调性音高重调从非重调性声调区别开来（即区分音高重调 H* 与短语重调 H-）的做法是不一致的，这表明星号**不**是纯关系性的，而是表示某种凸显程度或其他某种内在的语音内容。这种星号符号的"语音"用法很快就占据了上风。作为一个典型的示例，请看吉本（Gibbon 1998: 93；黑体为原书的强调）对北部德语与南部德语之间的同界差异所做的描写："一般来说，南部方言是与**右错位凸显调峰**相联结的，即感知为重调的音节有个低音高，（经常后接一个调峰的）音高上升出现在如下的一种音节中（ToBI 的 L*+H，类似

语的第一个或第二个莫拉进行第二次联结，而两种第二次联结模式表现为两种不同的语音实现模式。第二次联结的这个思想随后被格莱斯、拉德和阿瓦尼蒂（Grice, Ladd, and Arvaniti 2000）用以描写东欧语疑问调式中的短语重调。正如我们在4.1.4节所看到的，这个调式有两种不同的语音实现模式：一种是H短语重调调峰出现在核心后的词重音音节上，一种是它出现在最后两个中的一个无重音音节上。受皮埃安贝尔和贝克曼的启发，格莱斯、拉德和阿瓦尼蒂提出：在任何情况下，首次联结都是带边界的，但根据语境，可能会有一种与无重音音节或核心后词库重音音节的第二次联结。

但第二次联结近来已被不同的学者用以描写同界的细节上。由普列托等人合写的这篇论文（Prieto et al. 2005）对这一思想进行了最详尽、最完整的阐述。他们主要是基于他们在加泰罗尼亚语上升核心前重调中所分析的一种同界三分法，提出有必要将音高重调与重调音节的首次联结从韵律结构中特定点的音高重调组成调的第二次联结区分开来。这些第二次联结的可以是结构边界（如重调音节的末尾），也可以是结构成分（如重调音节的第一个莫拉）。这种同界差异的音系分析很有可能最终会被证明是合理的。完全在普里托、德因佩里奥和吉利·菲维拉的研究之外，泽加和尼蒂萨罗（Zsiga and Nitisaroj 2007）近来在对泰语的分析中提出了一种对各种声学与感知数据的简单解释，这一解释是基于如下的这个假设，即泰语声调的成分明显与音节的第一个或第二个莫拉相联结，而非与作为一个整体的音节相联结。拉德、门嫩和舍普曼曾提出，音高重调与荷兰语长短元音的同界可以从各个声调与音节边缘联结方式的角度得到解释。但考虑到先前讨论的与他们提议相关的那些问题（5.1.2节），可能不应该不加批判地接受这种将同界细节的直接音系表达式作为自主音段联结差异的主张。AM方法已经让我们在理解同界方面取得了真正的进步，但我们仍有大量的语音研究工作要做。

5.2 调域与声调目标值的音阶标度

在讨论过声调目标值在"水平"时间维度上的语音实现之后，我们现在转向沿音高维度"纵向"音阶标度的问题。正如在 2.3 节中所看到的，语调的基本 AM 方法涉及用两个抽象的音系调层和一套适度详尽的语音实现规则来做的一种分析。有了声调语符列（即 AM 方法中的最终音高曲拱表达式），在给音高曲拱提供明晰化语音实现规则中的一项重要任务就是确定每个声调实现所在的 F_0 层级。在一个显而易见的方法（即 20 世纪 80 年代（如 Pierrehumbert 1981; Liberman and Pierrehumber 1984; Ladd 1987b, 1990b; van den Berg, Gussenhoven, and Rietveld 1992）在实验语音合成系统的具体应用中发展起来的方法）中，有几个各自独立但交互作用的因素影响着每个声调：如果说话人提高了嗓门，所有声调都会高于正常值；如果一个声调发生降阶，它将会比其他情况下的音高要低，等等。

然而，音高是一种反常的语音特征。在处理音段性语音方面，我们有许多基本上对所有说话人都有效的参照点，并且发音与声学方面的音段音也都有完善的分类框架。说话人之间存在一定程度的差异性，但这并不影响"不圆唇的后高元音"或"近似 1800 赫兹的第二共振峰"之类描写的 189 有效性。对于音高来说，这种固定的指称术语普遍缺乏：音高在人与人之间（如男性与女性的语音）、不同场合之间（如厌烦与生气的语音）甚至一部分话语与另一部话语之间（如"下漂"与其他类似效果）都有明显的不同。这似乎是说，我们必须提供明确**相关**的特征描述。

现在的问题是与什么相关？现在明显有两种思考相关音高特征性质的方法：它们可能与说话人的嗓音相关，也可能与话语的其他部分相关。出于很快就会变清楚的原因，我将这两种方法分别称为**归一化**（normalising）和**初始化**（initialising）。在理论探讨音高音系学时，两种观点之间的适当平衡长期以来一直是争论的焦点，或仅仅是简单的困惑。因此，我们在可以讨论如何音阶标度声调目标值的问题之前，需要先处理一下更为普遍的调域问题。

5.2.1 "超音段"特征与初始化方法

描写音高特征时需要某种相关性，这一思想的来源是，音高是一种内在相关性或组合性的特征，这一点只是在有移动或变化时才能得到正确的解释。这种思想已在语音学界和音系学界广泛存在，雅各布森、方特和哈勒（Jakobson, Fant, and Halle 1952）对此曾进行过明确的讨论。他们颇具影响力的区别特征方案在**固有**特征（即可用纯声学术语描述的元音和辅音特征）与**韵律**特征（即取决于他们对话语语境内声学变化或对立的定义的音高、重音和时长特征）之间设定了一个基本的分界线。雅各布森、方特和哈勒（Jakobson, Fant, and Halle 1952: 13）声称任何一种"固有的区别特征的对立都〔是〕可以定义的，无须参照该序列。不涉及对一个时序上的两个点做比较。另一方面，可以只参照时序来界定韵律特征"。尤其是在提到音高时，他们赞成派克的观点，并引用他的话说："重要的特征是音节与其前后音节的相对高度"（Pike 1948: 18）。

雅各布森、方特和哈勒对固有特征与韵律特征所做的区分几乎完全符合美国结构主义对音段音位与超音段音位所做的区分（如 Lehiste 1970）。

190 除此之外，对由音段与超音段（或固有与韵律）分隔所表示的音高特征的一般理解是"构型"立场在"平调与构型"争议之中存在的基础（比较2.3.1 节）。"构型"观描写音高曲拱用的是本质上指时序的成分，如"在重音音节中早上升的调"：升调就是升调，无论是在从 90 赫兹到 120 赫兹的低沉的男性嗓音中，还是在从 200 赫兹到 450 赫兹的生动活泼的女性嗓音中，都是"上升"的。没必要提及音高层级，因此也没必要在描写中的任何地方处理音域差异问题。

一般来说，雅各布森、方特和哈勒的音系学理论最好能在我所称的一种音高语音学"初始化"描写中付诸实施。这种描写试图根据**话语中的前**

面内容提供所有声调的不变特征。（简单地说，H 调可能比前面的 L 调高 6 个半音，比前面的 H 调低半个半音。）为了获得实际的 F_0 值，这个模型唯一需要的是每个话语的初始状态。不需要提及说话人的音域特性；所需要的只是一个起点，以及可以根据与其之前的目标所赋值的每个后续目标。例如，在这个模型中，可将低升与高升区分开来，区别是前者的起点比其前面的更低，而后者的起点更高。这是博林格（Bolinger 1958, 1986）关于英语音高重调类型或"纵断面图"（profile）定义的明确部分，都是用朝向或离开重调音节的音高变化来表达的。

显然，初始化方法能够对许多方面的 F_0 进行建模：例如，它可以很容易地用来描写强调、话题改变等等之类调域的局部改变。克里斯特尔（Crystal 1969: 143−152）广泛发展了这一思想。在克里斯特尔的标音系统中，每个音节与其前一个音节都有 5 至 7 个可能关系中的一种：同级、稍高、稍低、很高、很低、（只有重音音节有的）特高和特低。还有，这些差别可以与克里斯特尔所称的"升阶"（step-up）和"降阶"同时出现，影响全段语音（如插入短语）的总体层级。此外，根据音域的起始点与结束点之间的距离，将它们归类为正常域、宽域和窄域，每个区别性的音高移动（核心调）可能都要横跨这样的一个域。通过将这些变化的维度组织起来，克里斯特尔能够转写大量的语音细节，无须参照任何绝对的 F_0 层级或说话人的调域上下限。

然而，雅各布森-方特-哈勒的观点以及将"超音段"与"音段"根本 191 分开的观点都有众所周知的问题。这些问题中最为重要的是，存在着拥有几个平调音位的语言（如约鲁巴语）。我们若采纳初始化观点，就不得不对这些彼此相对的声调音位加以定义：例如，在某个有待确定的领域内，H 高于 M，M 高于 L（见 Clements 1979）。但这个定义并不总是适用于某个特定的话语。在许多这样的语言里，很有可能有一音节一个调的语言，也很有可能有音节语符列都带同样的调的语言。这种情况对固有特征与韵律特征之间的形式差异提出了一个问题：如果只能将 H 定义为局部高于

M 或 L 的话，那么在只有 H 调的话语中，它一直是无法定义的。①

　　第二个表明相对于说话人嗓音音域来定义音高层级的有效性的现象是存在着"高升"与"低升"的区别性。某些声调语言（如广东话）里有这种区别性，许多理论上只基于音高移动的语调描写中也设立了这种区别性。例如，荷兰语语调的 IPO 模型区分降到调域底部的类型 A 降调与部分或不完全下降的类型 E 降调。许多（自帕尔默（Palmer 1922）开始的）传统英国英语语调描写区分高升调与低升调，还有一些（特别是 O'Connor and Arnold 1973）区分高降调与低降调。如前所述，博林格等人曾试图用组合方法对这种进行定义，但我们可能不得不承认"低升调"相对于说话人的总体嗓音音域而言是低的，因此语音上描述说话人音域范围内的音高层级的某种方法最终也是需要的。②

　　这些和其他问题构成了莱本（Leben 1973）广泛批评超音段概念的基础。在莱本研究的基础上，自主音段音系学在很多方面放弃了音段与超音段之间存在着一种基本区别的想法。这方面的一个明显例子是，对词库声

---

①　在这个问题上，雅各布森和哈勒（Jakobson and Halle 1971: 37）提出了如下建议：

　　韵律特征的两种选择作为一个对立的两种说法并存于代码之中，而且还同时出现并在信息中产生了一种对立性。如果信息太简短，不能包含两个对立的单元，那么这个特征可以从语音序列所提供的替代线索中推断出来；例如，……一个单音位信息的语域［可以］从元音开头和／或衰减时的调制跨度中［推断出来］。

事实上，只要我们理解音高感知在平调语言里的运行方式，就知道以某种方式考虑组合问题：例如，在许多非洲语言里，L 调通常稍有下降，这有助于将它们与 M 和 H 调区分开来（如见 La Velle 1974）。但雅各布森和哈勒的建议似乎等同于承认，即使在没有组合对立的情况下，也有不同音高层级的语音线索，因此不清楚为什么认为音高层级根本不同于别的音系区别性。

②　这个问题在早期的平调与构型争议中就已经出现了。斯雷德（Sledd 1955）认为，像低升与高升之类的任何一种区别都确确实实削弱了平调与构型的二分法。但某些英式描写（特别是舒比格（Schubiger 1958）和克里斯特尔（Crystal 1969））把这种区别视为副语言的或跟升调与降调之间的区别成正交关系，因此可以说保持了一种纯粹的基于"构型"的描写方式。

调的自主音段分析并不认为音高系统的初始单位必须涉及改变或移动。如果有什么不同的话，他们力求用静态型平调来表达全部的音高对立。汉语里有指称音高移动的有力理据（Pike 1948; Wang 1967; Gandour 1978）。即使是在描写这类语言时，自主音段的分析通常青睐将曲折调视为 H 和 L 之类的平调序列（如 Woo 1969; Anderson 1978; Yip 1989; Duanmu 1994; 有关评述，见 Yip 2002: 第 3 章）。

还有一种更为基础的方法，自主音段音系学和节律音系学在此方法上已经远离了雅各布森、方特和哈勒的观点。在自主音段表达式中，音高特征与音段特征完全相似。这种情况不仅在术语"曲调"（melodic）指称两种特征的用法中可以看到，而且在刚才提及的曲折调与双元音之间的类比中也可以看到。另一方面，在当前的非线性音系学中，重音和时长是根据音系语符列的结构属性处理的，而不是作为语符列本身的特征或成分处理的。传统的超音段特征或者雅各布森的韵律特征，在这个理论框架内并不构成任何一种自然类：我们若要用雅各布森术语表达自主音段观，那么肯定会说音高是一种固有的特征，唯一的韵律特征是重音和时长。

5.2.2 归一化方法与"声调空间"的概念

刚刚讨论过的理论因素表明，我们应当探讨调域的归一化模型的可能性，而不是初始化模型的可能性。归一化模型是根据特定说话人的某些参照点（如 F_0 的最大值和最小值）来具体化调域概念（或我们可能称之为"声调空间"（tonal space）概念）的。这种模型试图从说话人之间、副语言影响之间等的差异中提取要点，并用从这个提炼变异性来源的过程中所 193 产生的**理想化的说话人声调空间**来表达对声调不变特征的描述。例如，不是说 H 调比 L 调高一段距离，而是说 H 调是在说话人的当前声调空间的顶部实现的。这种模型中的声调赋值不会参照话语的语音语境：低升构型起始点的低，是相对于理想化的声调空间定义的，而不是像在初始化模型中的那样，相对于前面某个音高级别定义的。

正如我们在 2.3.4 节中所看到的，刚刚描述过的具体化的"声调空间"与具体化的"元音空间"很相似，后者已是近一个世纪以来语音做法的一部分。元音音位既不是用共振峰的绝对值定义的，也不是相对于话语语境中的其他元音定义的，而是相对于元音空间定义的。例如，我们并不担心有人说，重音时的元音有"更外围的"实现，即使对特定的任何一位说话人（或确实，对特定的任何一个元音）来说，"更外围的"概念在数量上有某种不同的含义。我们不认为，只有通过听到同一个话语中的其他元音，才能正确感知到这个元音的音质（虽然这种组合上的效应实际上与感知有关，如拉迪福吉德和布罗德本特（Ladefoged and Broadbent 1957）所做的著名实验所示）。声调空间与元音空间之间的主要区别似乎已经提到：声调空间在不同的说话人之间，不同的情景之间都有明显的差异。这似乎不足以说明将音高音系学视为涉及一种截然不同的音系成分。

或许最简单的声调空间归一化模型将指定个人总体调域的最高值和最低值，并根据这些点定义 F_0 的语音。这就是厄尔（Earle 1975）在研究越南语单音节词的词库声调时所采用的研究方法。在给每个说话人的"平均 F_0 调域"（即声调空间）的顶部赋值为 100，给底部赋值为 0 的情况下，厄尔根据沿着为每个说话人所定义的百分比音阶标度移动的情况，从语音上定义了 6 个词库声调曲拱中的每一个单字调。罗斯（Rose 1987）在他的汉语吴语研究中采用了一种略有不同的研究方法：他的特定说话人归一化音阶标度是基于 z 值变换（z-score transform）[1]，而不是调域的顶部和底部，而且他确实认为，这种归一化优于厄尔的。但在这两种情况中，结论基本上是相同的。**对声调曲拱的归一化描写呈现出说话人之间的高度一致性**。图 5.3 呈现了厄尔和罗斯的研究结果。

---

[1]　z 值归一化是基于数据点的统计分布——这里是话语里或说话人言语的较长数据库里每个单独分析框架的 F_0 值。给 F_0 均值指派一个归一化的 0 值，归一化音阶标度上的单位大小是由标准差决定的：若 F_0 值高于均值 2 个标准差，则归一化音阶标度值或 z 值是 +2.00；若 F_0 值低于均值 1 个标准差，则 z 值是 -1.00；等等。

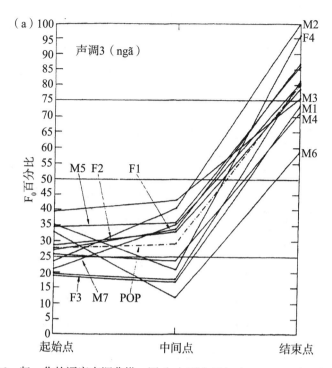

图 5.3　归一化的词库声调曲拱。图（a）引自厄尔（Earle 1975），它呈现了越南语声调 3（*ngã*）的平均起始点、中间点和结束点，它依据的是 12 名不同说话人的多次朗读情况，这些情况绘制在归一化的百分比音阶标度上，其中每个人的调域底部是 0，顶部是 100。图（b）引自罗斯（Rose 1987），它呈现了 7 名不同说话人所说的汉语吴语声调 1 和声调 3 的音高轨迹，它被绘制在归一化的 z 值音阶标度上，其中说话人的 F_0 均值是 0，音阶标度单位是根据每个说话人的平均标准差来定义的。

这两种归一化提供的都是一种语音描写，这种描写并不基于话语语境，但却可以对特定语境下特定说话者所说的特定声调的声学特征进行明晰化的定量预测。例如，按照厄尔的定义，越南语声调 3（*ngã*）大约从 28% 开始，略微上升到大约音节中间点的 30%，然后猛升到大约音节末尾的 80%。（如图 5.3 所示。）相比之下，声调 2（*sǎc*）则大约是从 35% 开始，上升到中间点的 50% 以上，最后达到 100%。两者都是"升调"，都跨越了说话人的大部分调域，但归一化描写让我们有可能详细预测不同说话人会有什么不同。

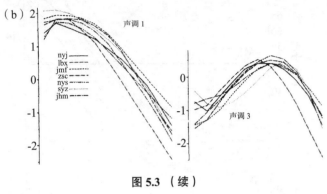

图 5.3 （续）

类似发现也见于类型上不同的声调语言。例如，布鲁斯·康奈尔（Bruce Connell）提供给我的曼比拉语（Mambila，喀麦隆和尼日利亚边境地区的一种北部班托德语）的数据显示了与厄尔和罗斯所描述的那些语言相同的一种规律，但是在一种有四个平调音位的语言里。康奈尔记录下词的许多符号，这些词都带有 4 个中的一个声调音位，他还获得了 5 个说话人（3 男 2 女）中每一个人的每个声调音位的 F_0 平均值。这些数据在表 5.1 的上半部都已给出（更多细节，见 Connell 2000）。尽管说话人之间的绝对值相差很大，但即使在厄尔提出的那种非常简单的模型上，说话人之间的大部分偏差也都不见了。具体地说，如果我们将每个说话人的低调平均值设置为 0，高调平均值设置为 100，并将高-中调和低-中调的平均值表达为那些特定说话人的归一化音阶标度上的百分比值，那么对于所有说话人来说，这两个中间调的实证值都是相似的。这可以在表 5.1 的下半部看到。我们可以将这种模型应用于平调就像应用于动态调那样容易，这一点有力说明，谈谈说话人之间某种音高层级的语音对等性，既可能又有效，因此，"声调空间"概念是值得发展的。

表 **5.1**　5 个说话人语音中的 4 个曼比拉语词库声调的 F_0 均值（数据由布鲁斯·康奈尔提供）。表的上半部：平均值（Hz）。下半部：以每个说话人总体调域的百分比方式表达的平均值，其根据是将高调平均值设置为 100，低调平均值设置为 0。更多细节，见正文。

	CD ♂	SM ♂	BJ ♂	VM ♀	MD ♀
高	166.4	120.2	136.0	251.6	199.6
高-中	141.9	108.7	120.4	214.0	175.6
低-中	130.3	101.6	115.1	197.0	166.9
低	116.9	92.2	104.3	171.9	149.1
高	100	100	100	100	100
高-中	51	59	51	53	52
低-中	27	34	34	31	35
低	0	0	0	0	0

　　无论声调空间的语音模型最终形式是什么，从刚才总结的仪器数据中都很清楚地呈现出一个重要的事实：不同音域的说话人之间音高的语言对等性不是基于任何类似音阶的东西。在音阶中，不同范围内的等效间隔是基于**等效频率比**。例如，"完美五度"音域的频率比总是 3∶2 ；如果一个音符的频率是 3x 赫兹，另一个音符的频率是 2x 赫兹，则这两个音符听起来总是有五分之一的间隔。当男女一起"齐声"唱歌时，他们通常唱不同的八度，即女士比男士高八度。这意味着女士音符的频率总是男士音符频率的两倍，但两种噪音的频率比是相同的。所有已知的音程系统都是基于这样的恒定比率（对这个问题及其相关问题所做的一项很好的综述，见帕特勒（Patel 2008））。

　　然而，语言里却没有这样恒定不变的东西。例如，在表 5.1 所列的曼 197 比拉语数据中，高调与高-中调之间的频率比从说话人 CD 的 1.175（2.8

个半音）到说话人 SM 的 1.105（1.7 个半音）不等。尽管如此，但从所参照的特定说话人通常使用的频率范围上看，这些间隔在语言学上是等效的。也就是说，对于 CD 和 SM 来说，高-中调的音阶刚好是在声调空间的中间上方：表 5.1 中的数字 51% 和 59% 表明，高与高-中之间的间隔略小于说话人特有的高与低之间间隔的一半。因此，听话人可以——实际上必须——从表 5.1 所示的音高水平规则中提取出至少两种信息：他们可以"在语言学上"区分高与高-中，同时还可以"在副语言学上"评定 SM 比 CD 有更窄的声调空间。这种双重分析在音乐中没有明显的相似之处。

因此，重要的是要从一开始就要意识到，调域或声调空间不是一个单一的语音变量。广义上说，我们需要考虑至少两个部分独立的维度，F_0 调域在此维度上可以各不相同：整体水平的差异和**跨度**（已用的频率范围）上的差异。一个说话人的嗓音可能比另一个说话人的嗓音要高，但除此之外，一个说话人的惯常频率跨度可能比另一个说话人的更宽或更窄。例如，在表 5.1 中，我们可以看到，女性说话人 VM 的嗓音量程明显高于男性说话人 SM，他们两人之间根本没有任何重叠部分；但我们也可以看到，男性说话人 CD 的嗓音量程虽然只略高于男性说话人 BJ，但明显比 BJ **更宽**（CD 是 50 赫兹或 6.1 个半音，相比之下，BJ 是 32 赫兹或 4.6 个半音）。原则上，我认为也应该有可能找到如表 5.2 所示的虚拟的男性数据之类的情况（另见下面 5.2.3 节中图 5.4 以及 Liberman 2007），其中两个说话人的嗓音是一个说话人的声调空间完全包含在另一个说话人的声调空间之中，虽然我们在康奈尔的 5 个说话人的数据集合中没有找到这样的例子。无论如何，很清楚水平和跨度至少是部分独立的。

这种部分独立性意味着，我们只通过将 F_0 数据从线性赫兹音阶标度转换成其他某种音阶标度（如由格拉斯伯格和摩尔（Glasberg and Moore 1990）基于心理物理学研究提出的对数半音音阶标度或"等效矩形带宽"（ERB）音阶标度）是无法对源自人际之间的音高差异进行归一化的。赫米斯及其同事（Hermes and van Gestel 1991; Hermes and Rump 1994）都已十分清楚地表明：对于来自同一声源的以不同总体调域方式重新合成的某些单个的音高运动来说，最好是在 ERB 音阶标度上表达音高移动大小的感知相等性，ERB 音阶标度大约是在赫兹音阶标度与半音音阶标度之间。但这个结论取决于所涉及的具体实验任务，也可能取决于刺激物源于单个噪音的这一事实。显然，对于表 5.1 所给出的那种多个说话人的数据，ERB 音阶标度在消除横跨差异方面不会比半音音阶标度更成功。

表 5.2 在表 5.1 中的数据基础上虚拟的数据。说话人 A 比说话人 B 的低调更低、高调更高，但两个说话人在音阶标度两个中调上却采用了相同的比例。更多内容，见图 5.4。

	A	B
高	160	125
高-中	124	112
低-中	104	104
低	80	95
高	100	100
高-中	55	56
低-中	30	30
低	0	0

可以肯定的是，水平和跨度往往确实是共同变化的：**若用赫兹测量，水平越高，跨度就越宽。若用赫兹测量跨度，女士通常比男士的跨度要宽，尽管若用 ERB 或半音测量跨度，其差异就会大幅度地减少（或在某

些情况下甚至颠倒过来）。这种协方差（covariance）肯定是为什么水平和跨度常常没有明确区分但又在笼统的术语"调域"下聚集起来的原因之一。此外，副语言对水平的调整（"提高某个人的嗓门"）可能难以与跨度的调整区分开来：在英语这样的语言里，大多数重调是由音高峰（或 H 调）标记的，由于提高或加宽的效应都是提高了高调，所以很难从经验上将二者区分开来。不过，正如到目前为止提供的数据所表明的，并且也正如我们将在下一节中更详细地看到的那样，最明显的跨度差异不能简单地通过选择一个特定的测量单位超自然地从数学上转换出去。不管他们在 F_0 水平上有何不同，一些说话人使用了相对较宽的跨度，而另一些说话人则使用了相对较窄的跨度，因此，任何一个调域模型都必须分开处理这两种情况。

5.2.3 调域和音阶标度的实验研究

我们可以认为，声调语言里的单音节单说形式或许是最可能发现上述那种规律的地方。但对长话语的大量研究，不管该话语来自其他声调语言，还是源自几个非声调的欧洲语言，它们都指向了相同的结论：对音高目标的音阶标度是高度体系性的，无论是在说话人内部还是在说话人之间。在详细讨论这个主题之前，大体上概括这些研究在寻找什么，特别是当"声调空间"概念能从词库声调语言推广到语调音高音阶标度上时勾勒出我们可能希望找到的东西，都将是很有益处的。

正如我们所看到的，厄尔将每个声调曲拱三个点（三个目标值）的音阶标度与第 2、第 3 章中的术语相比较，发现通过定义说话人特有的百分比音阶标度，可以给出一个所有说话人大约都有效的目标音阶标度的定量定义。如果这种规律性不限于声调语言，那么我们就会期待在欧洲语言里不同说话人的话语语调目标音阶标度中找到类似的一致性。例如，请看使用所示的中性陈述语调说出的句子。

（10）

I've been there before.　　　　我以前去过那里。

我们可以识别出 4 个目标：初始 L、*been* 上的重调 H*、随后在 *there* 上产生"肘腕型"的 L、末尾的 L%。由三个说话人说出的这 4 个目标的非归一化的虚拟数据，见图 5.4 所示。可以看出，有一个男性说话人和两个女性说话人，其中一个跨度是宽的，另一个跨度是窄的。然而，如果我们将三个单独的调域归一化，使 H* 代表 100%，L% 代表 0%，那么对于所有三个说话人来说，4 个目标点都是一样的，见图 5.5 所示。这是那种支持归一化模型的发现。

在此介绍之后，让我们现在转向一些实验结果。首先，我们来看一看对不同说话人说出的同一种曲拱的研究。如果某些目标被所有说话人在他们自己的说话人特有的音阶标度上标度为同一个层级，那么我们就会期待发现一个说话人的目标值与另一个说话人的目标值之间存在着一种高度相关性。这种期待得到了若干研究数据的证实，如索尔森（Thorsen 1985, 1986）、利伯曼和皮埃安贝尔（Liberman and Pierrehumbert 1984）、拉德和特肯（Ladd and Terken 1995）以及施赖伯格等（Shriberg *et al.* 1996）。

这里，我详细考虑了引自尼娜·格罗纳姆所做的两项标准丹麦语研究 200 中的数据（以索尔森的名义（Thorsen 1985, 1986）出版的，我非常感谢尼娜·格罗纳姆向我提供了这些原始数据）。在这两项研究中，格罗纳姆录下了 4 个不同发音人对 8 个不同句子的 6 种读音。句子的长度从 1 个音高重调到 8 个音高重调不等。对于每个句子，我已将目标作为开始和结束的 F_0 值，以及与每个音高重调相联结的谷与峰。针对每个说话人，我因而考虑了 160 个目标（2 项研究×（每个重调有 2 目标的（1+2+3+4+5+6+7+8）重调 +8 个句子中每个句子的起始目标和结束目标））。对于每个目标，我取每个说话人的 6 次重复的平均值，以表示该说话人那个目标的预期达到的 F_0 层级。

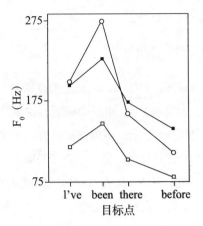

图 5.4 3 个说话人的英语陈述句 *I've been there before* 发音中 4 个目标点的虚拟平均数据。无论水平和跨度的差异如何，人们感觉曲拱是相似的。

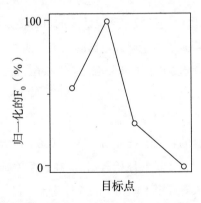

图 5.5 源自图 5.4 的虚拟数据，是在类似厄尔（Earle 1975）使用过的归一化百分比音阶标度上重新绘制的。归一化去除了图 5.4 中所看到的水平和跨度上的差异。

201　　图 5.6 绘制了一个说话人与另一个说话人的所有平均目标值。总的来说，这幅图显示的是：如果一个目标在一个说话人的调域中是很低的，那么它在另一个说话人的调域中也是很低的；如果一个目标对一个说话人来

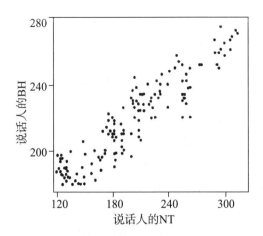

图 5.6 两个说话人在格罗纳姆的丹麦语句调研究中朗读相同句子时 F_0 目标值之间的相关性（Thorsen 1985, 1986）。所绘制的每个值都是 6 个重复读音的平均值。更多细节，见正文。

说是适度高的，那么对于另一个说话人来说也是适度高的，等等。图 5.6 中所呈现的两个说话人目标值之间的相关性是特别高的，已达 0.92。对于格罗纳姆的两项研究中所有的一对对说话人来说，相关性都不会低于 0.89。在我作为合作者或主管者参与的对别的语言的三项研究中都已发现同样的总体情况（关于 15 个标准荷兰语说话人的 Ladd and Terken 1995 和 Shriberg *et al.* 1996，关于 16 个标准南部英式英语（"RP 英语"）说话人和 16 个苏格兰标准英语说话人的 Patterson and Ladd 1999，以及 3 个粤语说话人的 Yuen 2003）。遗憾的是，这些研究的详细数据从未完整发表过，这些研究中记载最好的是有关荷兰语的研究。但他们没有任何理由认为格罗纳姆的结果是非典型的。

当我们讨论说话人内部的副语言调域变化时，可以看到类似于图 5.6 中所示的规律性，即单个说话人嗓音的提高与降低。利伯曼和皮埃安贝尔（Pierrehumbert 1980; Liberman and Pierrehumbert 1984）率先使用实验诱导的整体调域调整作为研究声调目标之间系统关系的一种手段，这项技术后来被用于其他一些研究中，如布鲁斯（Bruce 1982）、皮埃安贝尔和贝克 202

曼（Pierrehumbert and Beckman 1988）、利伯曼等（Liberman, *et al.* 1993）、拉德和特肯（Ladd and Terken 1995）、施赖伯格等（Shriberg, *et al.* 1996）。（注意：利伯曼等（Liberman, *et al.* 1993）研究的是一种声调语言，即伊博语。）如果我们假定说话人之间的差异和说话人内部的副语言调整是可比较的[①]，我们则会期望它们在其数量的实现上是相似的。特别是，我们会期望一个说话人在正常话语嗓音中的目标音阶标度与他或她自己提高或降低嗓音时的目标音阶标度是相关的。

这一期望已得到上述所有研究的证实。如果计算不同调域之间的相关性，就像我们在格罗纳姆的数据中计算说话人之间的相关性一样，我们就会得到相似的结果。图 5.7 是基于布鲁斯（Bruce 1982）的一项研究，在这些研究中，说话人在低调域（好像"被分离的"）和高调域（好像"被牵连的"）中说出相同的曲拱。它显示了两组（从分开和牵连的读法中）相对绘制的目标点。相关性再次达到了 0.90 左右。拉德和特肯（Ladd and Terken 1995）和施赖伯格等（Shriberg, *et al.* 1996）报告了基于上述更大的荷兰语数据集得出的类似结果。

5.2.4　调域建模

虽然所有这些证据都初步表明，有可能定义用于音高语音归一化模型中的说话人特有的音阶标度，但仍存在大量的理论和实证问题。最明显的是，相关性系数过于粗糙，无法揭示出任何说话人特有的音阶标度所具有的很多相当清晰的定量属性，或者在调域的研究中也无法表达许多相当清

---

　　①　这两种调域差异在理论上具有可比较性，但它们却提出了一些不同的方法论问题；因为为了获得在不同调域中说出来的"相同的"曲拱，我们必须指示说话人有意提高或降低一些嗓音，而这对结果语音自然性的影响具有不确定性。还有，如果我们让说话人说出的话听起来生气、惊讶、厌烦或其他什么的，我们可能会得到各种其他影响（如涉及语速、音质，还可能涉及调式本身），因此，我们无法确认我们现在处理的是"相同的"曲拱。但尽管存在这些困难，文中所引用的来自这些研究的成果表明，他们已成功地让说话人在不同的调域中说出相同的曲拱。

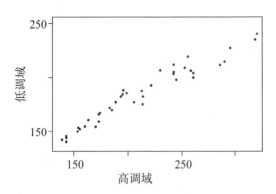

图 5.7 基于布鲁斯（Bruce 1982）的数据，一个说话人在"牵连"与"分离"的情况下朗读同一个句子时 F_0 目标值之间的相关性。所绘制的每个值都是 6 次重复朗读的平均值。

晰的定量规律。要想捕捉到这些规律性，则需要更复杂的调域建模。

相关性系数无法捕捉到的最明显的定量规律性是，调域底部是一个人嗓音中相当稳定的特征。正如我们在 2.3.3.1 节中所看到的，在各种语言（包括词库声调语言）里，对阅读和自然口语的大量研究都表明，话语末尾的音高下降达到了一个较低的 F_0 水平，这基本上不受提高或降低嗓音的影响，也不受说话人调域内其他变化的影响。广义上说，这意味着提高嗓音涉及**自下而上扩大音高跨度**。

在这种情况下，最简单的说话人内部的调域调整的定量模型，将话语末尾的低音高作为说话人特有的零水平（zero level）或参照频率（F_R），把正常目标值表达为 F_R 的一项函数，然后用一个常数因子来音阶标度嗓音提高或降低时所有或上或下的目标值。例如，假设我们确定在正常语音中平均曲拱开头的 F_0 值是 F_R 值的 1.5 倍（即高于 F_R 的 7 个半音），而一个平均的调峰值则是 F_R 的两倍（即高于 F_R 的 12 个半音或一个八度）。然后，我们给那些目标分别赋予 1.5 个和 2 个抽象音高值。如果提高嗓音将起始的值增加到 1.75（F_R）（即乘以 1.167），那么该模型将会预测，峰值将按比例增加到 2.33（F_R）。这种模型如图 5.8 所示。

204

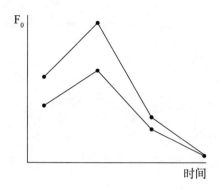

图 5.8　由一个说话人调域调整的简单模型所预测的虚拟数据。调域的底部保持不变，而且当嗓音提高（到上线）或降低（到下线）时，所有的其他目标值（实心圆）都被上下音阶标度，以此方式来保持目标值之间的固定比例。

数学上，可以将该模型表述为：

$$（11）\quad F_0 = F_R \cdot T \cdot r$$

这里，F_R 是调域底部的参照水平的赫兹值，T 是正常调域中任何一个已知目标的抽象音高值，r 是个调域乘数，其正常调域的值是 1.00。这个模型也可以很容易地扩展到对说话人之间调域差异的描写中，就像下面这样：

$$（12）\quad F_0 = F_R \cdot T \cdot N \cdot r$$

在这个公式中，我们给每个目标都指派一个**不变的**抽象音高值 T，因子 N 是通过调整每个说话人的跨度 T 值对不同说话人进行归一化的。因此，基于刚才所给出的例子，我们可以将 1.5 和 2 视为曲拱起始点和典型高调峰的抽象音高值。如果一个说话人的实际起始点和高峰值是他或她 F_R 值的 1.5 倍和 2 倍，则可以说他或她的 N 值是 1.00；如果一个说话人是窄跨度的，其实际起始点和高峰值分别是 1.125（F_R）和 1.5（F_R），则他或她的 N 值是 0.75；如果一个说话人是宽跨度的，N 值（比如说）是 1.15，则可以预测他或她的起始点和高峰值分别是 1.725（F_R）和 2.3（F_R）。

然而，这种模型不能胜任的理由至少有三点。第一，话语结尾的低一直没有明显变化，至少在两方面已遭到质疑：拉德和特肯（Ladd and Terken 1995）以及施赖伯格等（Shriberg *et al.* 1996）都已表明，对于大多数的说话人来说，极度提高嗓音会轻微影响话语末尾的低；赫施伯格和皮埃安贝尔（Hirschberg and Pierrehumbert 1986）认为，话语末尾的低保持不变，至少在一定程度上是测量困难造成的，并表明，操纵话语末尾低的精确值来反映语篇结构，可以使合成语音听起来更好。第二，古森霍文及其同事所做的大量实验（其概述见 Gussenhoven *et al.* 1997）都已表明，在刺激句中操纵话语末尾的低，对所感知的重调高峰的凸显没有产生什么影响；这表明，参照频率或说话人特有的音阶标度底部概念无法以任何一种简单的方式与特定话语中实际话语末尾的低相识别。第三，即使没有这种反对意见，（12）中所示的那种简单的乘法模型**并不起作用**，最根本的是它无法对上述已在调域调整、调域比较实验中所观察到的定量规律做出准确的预测。因此，现在需要一个更为复杂的定量模型。

人们对这种模型做过各种尝试（如 Ladd 1987b, 1990b; Clements 1990; Traunmüller and Eriksson 1994），但在这个领域中有两种普遍的研究类型：早期由利伯曼和皮埃安贝尔及其同人（Pierrehumbert 1980; Liberman and Pierrehumbert 1984; Pierrehumbert and Beckman 1988; Liberman *et al.* 1993）所做的探索工作和最近由许毅及其同事在 PENTA 模型方面所做的研究工作（Xu 2005, Xu *et al.* 2015）。很难对这些直接做比较，部分原因是第一组论文中的细节差别很大，部分原因是 PENTA 试图全面描述音高曲拱的声学细节，而不是专门关注调域调整的规律性。但所有这些研究的基本思想是，调域不是一个简单的概念，但却一定涉及像上面所描述的水平与跨度之间的区别。PENTA 的定量模型明确采用了这一区别（"高度"与"跨度"；Xu and Wang 2001: 334）；利伯曼等（Liberman *et al.* 1993: 159）也表达了相同的基本观点，他们说：调域的调整除了像（12）这样模型中的乘法因素外，还涉及一些加法成分。这意味着提高嗓音不只是一个从调域底部的固定参照水平按比例增加目标的音阶标度问题，还涉及一些对参照水平的调整问题。图 5.9 中呈现了一种沿着这两种研究类型进行调域调整的可能的模型。

5.2.5 AM 语调描写中的调域

前几节表明，一种经验上充分的调域归一化模型是一种切实可行的方法。本节将转向更为具体的问题，即如何能将这样一个模型并入 AM 的声调音系描写中？特别要讨论一下声调目标音阶标度时所称的**内在因素**与**外在因素**之间的区别。内在因素用以指声调目标在"声调空间"中的相对位置所涉及的因素；而外在因素则是用以指声调空间本身的调整。就上文（12）所示的那种定量模型而言，内外因素是用方程的 T 项表示的，而外在因素则是说话人的水平和跨度（F_R 和 N）变项以及话语的总体调域（r）变项。若要将语调的语言学描写映射到调域的归一化模型上，就必须知道哪些现象应以哪种方式建模。

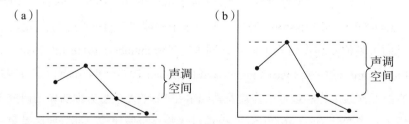

图 5.9 一种可能的调域调整模式，其中声调空间宽度的扩大与缩小一定程度上与调域底部之上声调空间的高度无关。这个独立变量的意思是，目标之间的比例并不都保持不变；例如，曲拱中的"肘腕处"在（b）的提高嗓音中比在（a）的正常嗓音或降低嗓音中更接近调域的底部。

有些事情似乎没有争议。一个明显的例子是 H 调与 L 调之间的本质区别。在其他条件都相同的情况下，H 本质上比 L 高，这是两个调都有的一种语言的本质。厄尔和罗斯在其声调归一化研究中所记录的那种差别也是内外的："在其他条件都相同的情况下"，越南语声调 2（sắc）的终点又一次高于声调 3（ngã）的终点。至于外在因素，似乎很明显，它们包括说话人总体调域之间的差异。与 H 调和 L 调相对应的实际的 F_0 值，显然取决于说话人是男性还是女性，是声音单调的人还是声音活泼的人。声调空间的声学实现主要取决于说话人和副语言语境，但声调在声调空间中的位置以及它们的语言学特性都不会受到影响。

但许多音阶标度效果不能如此整齐地归类。最明显的一个中间现象的例子是降阶，特别是那种某些非洲语言里看到的"非自动化的"降阶。例如，在埃菲克语的双音节词中，在第一个音节的 H 调之后，在 H、!H（降阶的 H）与 L 之间有三方面的区别，见如下引自康奈尔和拉德（Connell and Ladd 1990）的例子： 207

（13）　　　H H
　　（a）ǫbǫñ　　蚊子
　　　　　H !H
　　（b）ǫbǫñ　　首领
　　　　　H L
　　（c）ǫbǫñ　　藤条

认识到（13b）中的第二个音节是降阶的 H，不是 M，而这一点仅仅是从温斯顿（Winston 1960）开始的，似乎已是一个来之不易的独到见解。降阶分析的证据令人信服：降阶"发生"在话语里的一个确认的点、确认的声调上，但受到影响的声调则为接下来的声调确立了一个新的上限，因此相同级别的后续声调显然是 H，不是 M。这一点有力地说明降阶是一个"外在的"音阶标度因素，即对声调的音阶标度不涉及特定层级在声调空间内的赋值，而涉及对声调空间本身的调整。但与此同时，把这种明显的语言学现象与带有副语言或非语言因素（如说话人的身份）的降阶混在一起，这从直觉上看似乎有些奇怪。因此，如何处理 AM 语调音系学中这些难以分类的因素，目前还没有很多的共识。

一个关键性的问题是，应不应当在声调语符列中表征一种特定的差别？皮埃安贝尔对英语的分析为这个问题提供了不同的答案。有些差别是明确当作声调语符列的一部分处理的，因此有可能使用内在的音阶标度规范把它们纳入建模之中；声调语符列中的其他一些差别一直都被忽略，因此被明确地视为涉及外在的调域效应；还有些差别在不同版本的分析中是以不同的方式处理的。

首先请看从声调语符列中始终被略去的效应。这个语类一般包括调域因局部强调和相对凸显所致的扩展与压缩，这是皮埃安贝尔（Pierrehumbert 1980: 第 1 章）简要讨论过的一个主题，但其他方面大多都未做探讨。更有趣的是，这个语类还包括利伯曼和皮埃安贝尔在 *Anna/ Manny* 实验中所发现的"回答–背景"句与"背景–回答"句中的重调调峰之间的常量关系（见 2.3.3 节）。这些曲拱中的重调音系分析是相同的（在皮埃安贝尔（Pierrehumbert 1980）的原始版描述中是 H*，而在利伯曼和皮埃安贝尔（Liberman and Pierrehumbert 1984）中则是未赋值的；比较 4.2.2 节），并且"回答与背景"之间的关系是单独赋值的。这种单独赋值的性质从来就没有说清楚过（在这一方面，它更像布鲁斯对瑞典语词与重调之间差异的最初分析中的同界赋值，见 5.1.4 节），但它当然不是音系的。事实上，贝克曼和皮埃安贝尔（Beckman and Pierrehumbert 1992）似乎认为，它根本不是任何一种语言赋值，而仅仅是说话人在应对特定实验任务时所采用的控制副语言调域的一致方法。

对这些效应的处理方法可以与降阶的处理方法做比较。在皮埃安贝尔的模型中，降阶总是在声调语符列中表征的，这明显是音系的。正如我们已经多次看到过的那样，皮埃安贝尔将降阶视为一条语音实现规则作用的结果，这条规则是在某些特定声调语符列上应用的，而不是在其他成分上应用的，尽管实际语音实现模型似乎包含了内在和外在的因素。降阶的某些方面是作为对某些东西（如声调空间）的"外在"调整建模的（尤见皮埃安贝尔和贝克曼（Pierrehumbert and Beckman 1988: 第7章）中的模型）。但在 H+L* 重调 ① 的情况下，音阶标度赋值明显是内在的：正如我们在3.1.3 节中所看到的，在皮埃安贝尔的分析中，这里有一个**低**调（L*），若不是此处，可能会把它视作一个降阶的**高**调层级进行音阶标度的，即该模型在未做调整的声调空间内提供了不同的音阶标度赋值。

　　最后，在皮埃安贝尔的著述中，至少有一种英语差别是以两种不同的方式处理的，即她最初分析为涉及 H*+H 重调的差别。在最初版的分析中，H*+H 被用来表示一个高重调，它后接一个持续的高平调，持续过渡到下一个高重调，而与此相反，当下一个是高重调时，H* 重调后接的则是一个"下凹"的过渡段（见 3.2 节）。在这个分析中，可以说 H*+H 中的 H 拖延调延展到了一个音节上，从而产生了特有的持续高音高。然而，H*+H 重调具有某些理论上不可取的特性，这导致贝克曼和皮埃安贝尔对这一分析进行重新修订，将 H*+H 全部排除在英语重调类型清单之外。她们（Beckman and Pierrehumbert 1986: 306）指出："我们现将［H* 重调之间的持续过渡段］分析为涉及在提高但压缩的调域内所产生的普遍的 H* 重调"。换言之，重新把最初导致皮埃安贝尔设立 H*+H 重调的语音细节分析为影响 H* 重调之间下凹过渡段的外在的音阶标度因素。

　　这种突然的改变表明，就像我所熟悉的其他每个语调研究方法一样，AM 理论在一定程度上也存在调域的问题。重新分析没有什么真正的理由：贝克曼和皮埃安贝尔表示它是"利伯曼和皮埃安贝尔（Liberman and Pierrehumbert 1984）所引入的调域处理新方法的一种自然结果"，但在利

---

　　① 这个指的是皮埃安贝尔最初意义上的 H+L*，即 ToBI 的 H+!H*（见 3.1.3 节和 4.1.2 节第 149 页脚注①）。

伯曼和皮埃安贝尔的研究中从不提及 H*+H，而且也没有对这是他们研究工作的"自然结果"这个说法做任何详尽的阐释。也从不提供有关什么时候可以"提高和压缩"调域的具体细节。^① 正如我在前面所指出的，虽然利伯曼和皮埃安贝尔确实介绍了外在化音阶标度因素在她们分析 *Anna/Manny* 实验中所涉及的差别时的这一思想，但没有其他任何语调差别完全是用这种方式分析的。理论上令人尴尬的 H*+H 就这样被废除了，但更普遍的调域缺乏理论的清晰度问题仍没有得到解决。

这个问题是索萨（Sosa 1999）在对西班牙语的语调进行全面的 AM 描写时提起来的。索萨不接受贝克曼和皮埃安贝尔对英语 H*+H 所做的重新分析。他采取一种声调音阶标度描写的强"初始化"方法，主张**扩展**原来的 H*+H 分析所涉及的那类方法，直接在声调语符列中表征**更多**调域上的差别。他的西班牙语重调类型清单中有：H*+L（如在皮埃安贝尔的英语分析中，触发下一个重调的降阶）、H*+H（代表与皮埃安贝尔的最初英语分析相同的那种重调类型）和 H+H*（表示疑问句中高核心调上的额外的高度）。关于 H+H*，他说：

> 我们认为这个音高重调是必不可少的，其原因是语音的：在提高这个音节声调的高度方面，这个音高重调能比简单的 H* 重调所能提高的更高。无需考虑曲调事实就可以声明，如下倾中止是造成［核心前曲拱的］水平曲拱的原因，而后 H* 音高重调是引发最后一个核心上的音高提高的原因，因为……加拉加斯方言与其他方言是有差异的，它们有下倾中止，但没有相对于话语主体相对高度明显提高音高高度的……。因此，我们设立 H+H* 音高重调，已考虑了这个方言里［是非］疑问句的语音细节，此外，这还意味着产生升调的信息在底层是存在的，而且与其他方言里的情况不同。（Sosa 1999: 157）

210

---

① 正如我们刚才在 5.2.4 节所看到的，提高调域，通常会使声调空间变宽，而不是变窄。因此，"提高但压缩"调域的思想虽然明显不可能是先验的，但却可能难以与大多数有关调域调整的发现相一致。

　　索萨的指导原则可以表述如下：如果语调的差异是音系的，那么它必须用不同的声调语符列来表征。除了明显的语言外效应（如说话人之间的调域差异）外，索萨的分析中没有外在音阶标度因素的任何地方。甚至更高的非疑问句总体音高，都被索萨分析为声调序列的一种差别，尽管这种现象在许多语言里都已报道过，都已设定过，可能经论证被视为副语言的，因而作为一种外在化的音阶标度因素。索萨认为，疑问句中的总体提高反映了仅限于是非疑问句的起始边界调（H%）的出现，这触发了起始的升阶。这个起始的升阶"增加了第一个重调音节的频率……，使之达到了明显高于话语的正常水平。在这个起始高度的基础上，语音实现规则将赫兹的数值指派给后面的声调，结果产生从［核心前曲拱］一直到［核心］整个疑问话语的更高音高高度"（Sosa 1999: 152）。

　　由前一节的讨论可以清楚地看出，我不赞同索萨的研究方法。我认为，语调的描写对在声调语符列中明确的点上运行的外在音阶标度因素起着重要的作用；除此之外，我认为，这将简化西班牙语或英语之类语言的声调表达式。但索萨的研究在两个重要方面与这里的讨论相关。首先，它的优点是使调域的理论标准更清晰。它是从一种分析的零假设出发的，即假定语调的差异是音系的，**是在声调语符列中表征的**，除非有明确的依据另作处理。其次，索萨的研究表明：AM 语调音系学中调域现象的正确处理绝不是一件容易的事。皮埃安贝尔的解决方法是将降阶视为在声调语符列中表征的一种准内在化效应，把所有其他的音阶标度效应都视为外在的，基本上是非音系的。这种解决方法在 AM 假设的总体框架内不是唯一合理的可能性。我们将在第 8 章中讨论另外的一种可能性。

第三部分

短语划分与凸显

214 的含义。为了能够在讨论音系问题的时候不把句法和语义问题看得过于随意，我将通过一系列简单的例子非正式地介绍宽焦点的一般问题。[①]

6.1.1 是"正常重音"还是"突出强调"？

请看短语 *five francs*，这个短语可以在讨论法郎数量的特定语境中使用，在此情况下，我们可以说焦点是在 *five* 上：

（1）　I didn't give him three francs, I gave him five francs.
　　　　我没有给他 3 法郎，我给了他 5 法郎。

在这种情况中，*five* 上通常会有一个音高重调，而 *francs* 上却没有，因而重调与焦点直接相关，这种模式的简单表示法是 *FIVE francs*。同样的短语也可以用于一种讨论货币单位的语境，在那个场合，我们可能会说焦点落在 *francs* 上：

（2）　I didn't give him five pounds, I gave him five francs.
　　　　我没有给他 5 英镑，我给了他 5 法郎。

在这个场合，*francs* 上常会有一个凸显的重调，而 *five* 上要么没有重调，要么只有一个弱重调。重调与焦点之间又一次存在着一种直接关系，我们可以非正式地将这一模式标示为 *five FRANCS*。（正如我们在第 7 章中将要看到的，现有一个有关 *five* 在此场合会发生语音上的何种变化的重要问题）。

最后，在相对不寻常的场合，还有一种我们可以称之为"双焦点"的模式，即 *five* 和 *francs* 上都有非常凸显的重调。这一点可以在非常谨慎的话语中找到，如（3）所示：

---

① 正如比弗等（Beaver *et al.* 2007）所指出的，那些研究围绕焦点的句法/语义问题的人与那些关注音系和语音问题的人之间的分歧越来越大。我在这里的讨论可能会使一些人认为是这种情况的症状。

（3）　　I didn't give him SEven EUros, I gave him FIVE FRANCS.
　　　　我没有给他 **7 欧元**，我给了他 **5 法郎**。

此例中的第一个小句（*I didn't give him seven euros*）还解释了音高重调的
一个基本特征，即在音高重调出现在多音节词上时，重调将出现在词的词
库重音的音节（*seven* 中的 *se-* 和 *euros* 中的 *eu-*）上。

在所有的这些案例中，重调与焦点都是直接相关的，即在语音和语用
上对各个词都予以了强调。但无法总能对句重音做出如此直截了当的解
释。除了刚刚概述的三种相当具体的语境之外，短语 *five francs* 也可以用 215
于其他各种场合，在这些场合，焦点不是落在单个词上，而是可以说落在
整个短语上：

（4）

	a dollar	1 美元	
	fifty centimes	50 生丁	
	my notebook	我的笔记本	
I didn't give him	your camera	你的照相机	, I gave him five francs.
我没有给他	the car keys	车钥匙	，我给了他 5 法郎。
	a sandwich	一块三明治	
	a lot of money	很多钱	

这个在意义或功能上明显不同于前三个例子。在那些案例中，短语 *five
francs* 中的一个或两个词与相当具体的一组数字或货币名称中的其他可能
的词形成对立；在这里，短语 *five francs* **作为一个单位**与从一组或多或少
无限制的可能性中选出的另一个短语形成对立。这一区别似乎可以用来区
分（1）或（2）中落在单个词上的"窄焦点"（narrow focus）与（4）中
落在更大结构成分上的"宽焦点"（broad focus）。

半个多世纪以来，围绕着宽焦点的问题一直是有关句重音描写的争
议焦点。问题如下：尽管意义上有明显的区别，但（4）中表示更大结构
成分上的宽焦点句重音模式与（2）中表示单个词 *francs* 上的窄焦点句重

音模式是相似的，或者是相同的。也就是说，句重音涉及一种不对称性：当主重调是在 *five* 上时，其本意是在 *five* 上的窄焦点，但当主重调落在 *francs* 上时，其本意要么可以是在 *francs* 上的窄焦点，要么可以是在整个短语上的宽焦点。如果一个句子要想传达整个短语或成分上的焦点，那么是根据什么选择一个词承载主重调的？①

20 世纪 50 至 60 年代，有两个彼此不同且具竞争力的宽焦点研究法，216 我们把它们称为正常重音观与突出强调观。正常重音观起码可以追溯到纽曼（Newman 1946），它在 20 世纪 70 年代之前至少在美国语言学界一直占据主流地位，这一点或许可以在乔姆斯基和哈勒（Chomsky and Halle 1968: 第 3 章）的核心重音规则中得到确定性的印证，而且它仍然在影响着一些主流著作，如钦克（Cinque 1993），特别是苏维萨雷塔（Zubizarreta 1998）。按此观点，仍存在着一种可以用规则为每个句子赋值的凸显（"正常重音"）模式。该模式为句中的一个词赋予一个最凸显的重音——即主重音。正常重音既无意义，也无功能：它仅仅是音系规则应用于表层句法结构所产生的结果。另一方面，正常重音的任何一次偏离，都会涉及重音词上表示某种对立或强调的"对比重音"。对立或强调本质上是不可预测的，而且也超出了语言学规则的范围——用我们在第 1 章中使用的术语来说，它是副语言的。

突出强调观似乎根植于布拉格学派"功能句子观"的理念（如 Daneš 1967），这一点得到了博林格（如 Bolinger 1958, 1972b）的有力支持，而

---

①　术语宽焦点和窄焦点都是由拉德（Ladd 1980a: 第 4 章）提出来的，但并没有完全按照刚才描述的方式使用。"宽焦点"最初主要指的是"全句上的焦点"——即正如我们稍后将要看到的，替代早期的术语"正常重音"。然而，现在看来，宽窄焦点的重要区别之处是一种程度问题：焦点可应用于任何大小的成分上，小到前缀之类的单个语素，大至整个小句或句子。例如，（4）中的句子清晰地表达了短语 *five francs* 与前半句中相对应的短语之一——（*a sandwich*，*the car keys* 等）之间形成的一种对立。因此看起来像是"窄焦点"。然而，对这里的讨论至关重要的是宽焦点问题仍然存在，因为这种对立适用于整个成分而非单个的词，但唯有对立成分中的一个词才可以承载主重调。

后蔡菲（如 Chafe 1974, 1976）等其他广义"功能主义"学者们热情接受了这一观点。博林格指出，词（任何话语中的任何一个词）都可以获得"焦点"或"强调"来表示新颖、对立或其他特定的有用信息，而且成为焦点的词是由音高重调标出的。所有音高重调都具有独特的意义，并且话语中的任何音高重调都不会成为主重调。因此，"正常重音"与"对比重音"之间没有明显的区别：正常重音仅仅是信息连续统的一端。博林格明确反对音高重调的某一特定模式是由规则指派的观点，并提出音高重调的使用是由"兴趣"和"权势"（即用这里所使用的术语说，副语言因素）主导的：说话人决定强调什么，不是一个语法问题，而是一个他们在特定场合、特定时机想要说什么的问题。他试图为句重音提供语言学规则的想法，在他的一篇文章题目中得到了简洁的概括："重调是可预测的（如果你会读心术的话）"（Bolinger 1972b）。

在某些案例中，可以通过突出单个单词来对宽焦点提出一种合理的解释。例如，在 *He went on FOOT*（他**步**行去）这类的句子中，我们可以轻松地指出，*foot* 是句义的核心，而且若已知 *foot*，那么，动词形式 *went* 在很大程度上也是可预测的。无论语境是 *He left the car and went on foot*（他下了车而后步行。这里，我们不妨说焦点落在整个成分 *went on foot* 上），还是 *He didn't go by car, he went on foot*（他不是开车去，而是步行去。这 217 里，焦点明确落在了 *foot* 或 *foot* 所在的短语上），这都是真的。但无论哪一种情况，都可以把 *foot* 视为句中最具信息量的词，因此用重调最为妥切地突出这个词；没有必要调用宽焦点概念。但至少在某些宽焦点案例中，这种解释并不完全合情合理。例如，在我们所举的例子 *five FRANCS* 中，我们不得不说，*francs* 在宽焦点案例中带主重调，因为它比 *five* 更有信息，更为显著。在下面的这类交流中，很难看到这样的情况：

（5）　　A: What did they give you for participating in the experiment?
　　　　　你参加这个实验，他们给了你什么？

B: Five francs.

5 法郎。

在该案例中，如果这段对话发生在以法郎为货币单位的国家中，那么 *francs* 几乎完全是可预测的；*five* 是信息的兴趣点，但主重调却落在了 *francs* 上。突出强调观在此情况下所能做的最好的事情是，说明其他因素在决定话语的显著性因而成为焦点方面也起着作用。（例如，*francs* 更显著，因为它是名词，或者因为它位于话语的最后。）但这种论证本质上是循环性的，因为认为 *francs* 是话语中更显著的主要证据就是它承载了重调。像（5）这样的例子构成了反纯粹突出强调观案例的核心。

6.1.2 焦点到重调的方法

大概是在二十世纪七八十年代期间，突出强调理论与正常重音理论之间的差距逐渐缩小。这在很大程度上归因于我们可以称之为古森霍文（Gussenhoven 1983a）之后的"焦点到重调"方法（Focus-to-Accent Approach，简称 FTA）的发展（如 Schmerling 1976；Ladd 1980a；Gussenhoven 1983a；Selkirk 1984 等所给出的例示）。这种方法建立在（自乔姆斯基（Chomsky 1972）和杰肯道夫（Jackendoff 1972）开始的）句法与语义的生成语法研究背景下对"焦点"概念的探索上，它的成功有赖于皮埃安贝尔恢复了博林格的音高重调的概念。[1]FTA 观点的特点是，它将"焦点"的语义/语用观与"重调"的语音/音系观区分开来，而且至关重要的是，它允许焦点应用于比单个词更大的话语部分。按照这种观点，句重音的语言学描写涉及两个互补但本质上又不同的方面：一要说明话语中哪部分是焦点；二要说明现有焦点模式是如何通过重调位置传达的。说话人有关哪个词或哪个成分成为焦点的决定，受到各种各样语境的影响，而

---

[1] 实际上，韩礼德（Halliday 1967a, 1967b）先前也曾提出过类似观点，但可惜这些文章对美国主流语言学研究所产生的直接影响微乎其微。

我们对这些语境往好里说知之甚少：这些正是博林格、蔡菲、韩礼德等人一直关注的因素。然而，一旦我们指定了话语的焦点部分（再说一遍，可以比单个词更大），重调在焦点成分内具体词上的定位将多多少少自动遵守特定语言所具有的规则或结构原则，如古森霍文的"句重音指派规则"和"最小焦点规则"。这类规则涵盖了由传统正常重音规则处理的大部分内容。

自 20 世纪 80 年代中期以来，类似于 FTA 的观点已成为很多焦点语义学研究（如鲁思（Rooth 1985, 1992）或克里夫卡（Krifka 1991, 2006）对 only 和 even 这类逻辑算子辖域的解释）以及焦点与句法和音系组织交互方式研究（如 Selkirk 1984; von Stechow and Uhmann 1986; Steedman 1991, 2000; Büring 1997, 1999; Féry and Samek-Lodovici 2006; Erteschik-Shir 2007）的基础。这项研究的中心问题之一是句重音是如何表示宽焦点的，关键概念之一是**焦点投射**（focus projection）概念。其思想是：在层级句法结构中，焦点可以从一个重调词往上"投射"到一个更高的节点上，而这个更高节点统制整个成分，结果是整个成分被当成了焦点。自 20 世纪 80 年代以来，许多关于焦点和句重音的句法和语义学文献都已将这个问题视为确立支配焦点投射的原则，其中包括确认允许焦点投射的非标记或中性凸显模式。

因此，FTA 理论似乎是正常重音观与突出强调观之间的一种成效性妥协。它接受了突出强调观的前提（即从某种意义上讲，句重音的位置总是有意义的），摒弃了正常重音观的暗示（即正常重音和对比重音之间有着本质的区别）。正常重音被重新解读为全句的宽焦点，对比重音是窄焦点，这一理论明确允许焦点可以出现在长短各异的成分上。与此同时，它还为正常重音观的直观性提供基础：句重音的某些因素是建立在语法原则（即当成分的焦点大于一个单词时决定凸显位置的原则）的基础上。也就是说，FTA 理论可以很容易地将窄焦点置于单个词上，但 219 在整个成分或全句都是宽焦点的情况下，也允许存在指定重调位置的

"非标记性"或"中性"模式。通过这种方法，它避免了传统正常重音观的某些悖论，如像 *Even a two-year-old could do that*（即使是两岁的孩子，也能做到）这种"必须拥有对比重音"的句子（比较 Schmerling 1976: 49）。这只是传统结构主义概念的问题，即每个句子都有一个由结构决定的"正常重音"模式。一旦我们接受了重调表示一个（某种规模的成分上的）焦点，而且某些词和结构的使用（如 *even*）关键性地涉及单个词等小成分上的焦点，那么将这些数据与"中性"重调概念协调起来就不存在问题了。

　　虽然 FTA 观点和焦点投射作为描写宽焦点的机制思想都已被人们广泛接受，但焦点和句重音现象在文献中仍存在很大争议。一方面，FTA 观点在音系方面仍存在重要问题，因为几乎可以肯定是"重调"过于简单，无法作为一种描写什么可使焦点词和成分凸显的方式。第 7 章将对这些问题进行广泛的讨论，但现在只提请注意这些问题是我在本章中使用术语**句重音**的主要原因。另一方面，该问题在句法和语义上受两方面的困扰：一是理论内部对信息结构与真实条件语义学在形式语法理论中的关系存在着分歧；二是与很多可以以各种不相容的方式进行合理讨论的模糊概念（如"熟悉性""对立""主题""观点"）有关。在所有的这些讨论中，一直持续不断地都能感觉到博林格式突出强调观的某些特征。

　　粗略地说，一些试图摒弃焦点投射概念的研究业已建立在区分不同方面语用意义的基础上，但这些语用意义却在术语焦点或突出强调概念上混为一体，难以分别。特别是，不同作者将词或短语的"新颖性"（如是否最近提到所涉及的实体或新近已被引入话语中）与其"对立性"或"信息性"（如句子的重点是否在于说出一个命题对一个话语实体而非另一个话语实体是真的）区别开来。韩礼德（Halliday 1967a）曾对此做过清晰的区分，相关思想最近已在如兰布雷希特（Lambrecht 1994）、瓦尔杜维和维尔库纳（Vallduví and Vilkuna 1998）、基斯（É. Kiss 1998）以及斯蒂德曼（Steedman 2000）、克鲁季夫-科尔巴约娃和斯蒂德曼（Kruijff-Korbayová and Steedman 2003）中得到了发展。[①] 例如，斯蒂德曼的信息结构概念涉及**主位 / 述位**与**对立**（*kontrast*）[②]/ **背景**两个正交的维度：第一个不同 220 是，句子的哪一部分是新的或有趣的信息，哪一部分是话语中旧的信息；而第二个不同是，句中各部分是如何符合句子的真值条件命题内容的。

通过对该问题的两个方面进行区分，这些学者大多自己采用一些方法来解决宽焦点问题。例如，斯蒂德曼将命题表述成主位 / 述位的思想（具体地说，主位和述位可以小至单个词，也可以大到整个句子的思想）给他的理论赋予了一种处理已在焦点投射的标题下讨论过的许多现象的手段。另一方面，对立的语义 / 语用概念与博林格把焦点作为突出强调的概念享有很多相似之处，而且就像博林格那样，斯蒂德曼（又一次继瓦尔杜维和维尔库纳之后）将对立处理为由重调表示的。所以，尚不清楚他是否完全可以避免必须只将重调指派给单个词而非成分的这个问题。类似评论似乎也同样适用于其他明确废除焦点投射观点的研究。

博林格思想经久不衰的另一个理由是，存在着没有真正出现宽焦点问题的重要实证研究领域。其中一个领域是针对会话的动态组织以及说话人与听话人之间的信息流。现在有许多基本上独立的研究各种具体问题的传统，这些问题有：实体可能先前提及的、新引入的等不同种类的话语地位（如 Prince 1981）；这种话语地位持续多久以及是什么导致它们发生变化（比如，为了就像前面提到的那样计算，前面提到的必须在一定的时间内发生？发生一定数量的话语轮次？一定数量的主题转移？如 Grosz and Sidner 1986）；指称实体依赖话语地位的方式（一个全描写性的名词短语，一个带定冠词的名词，一个代词等，如 Halliday and Hasan 1976; Gundel, Hedberg, and Zacharski 1993; Couper-Kuhlen and Selting 1996）；最后，话语地位对指称词语是否重调以及句法上如何排列的影响（如 Nooteboom

---

① 对这一思路的最新贡献，见 Kratzer and Selkirk 2020。
② *kontrast* 有时读作"K-contrast"，把它这样拼写，是为了将其确立为可正式定义意义的技术术语，以与一般语言的词 *contrast* 有所区分；比较 Vallduví and Vilkuna 1998。

and Terken 1982; Nooteboom and Kruyt 1987; Terken and Hirschberg 1994; Clifton and Frazier 2004; Swerts, Krahmer, and Avesani 2002）。所有这些传统做法的共同之处在于关注说话人确定焦点落不落在某个成分上的原因。由于他们研究的往往是可称之为带不带重调词的单个实体，所以他们的注意力都集中在了词的话语地位与词的重调情况之间的关系上。将重调置于焦点成分**内**的哪个地方的问题是不会出现的，因而宽焦点很少受到关注。

　　最后，正如对音高模式的描写一样，在对凸显模式的描写中，博林格对语调共性的强调从未离开过表层。跨语言比较是 FTA 和突出强调观对宽焦点明显做出不同预测的一个领域。如果重调是有直接意义的焦点或话语显著性的信号，而且在不考虑说话人意图和具体语境下是无法预测的，如果宽焦点需要用与窄焦点相同的术语进行解释，就很容易提出重调与焦点的关系是某个普遍（可能是语言前的）语调重点功能中的一部分。这是博林格明确提出来的，许多研究话语重调学者的观点中也隐含着这一主张。相比之下，那些主张焦点投射的或承认结构在讨论宽焦点中的作用的人，往往引用特定语言的规则或原则。所以，在本章余下部分，我将对十几种语言的句重音数据进行评析，目的是表明一种重调与焦点有直接关系的普遍性突出强调理论在实证上并不妥当。

　　具体地说，我的目的是通过对不同语言里可比较的句子的考察，来论证特定语言的差异存在于句重音的宽焦点模式中。例如，请看下面这种虚拟的数据：

（6）　**语言 A**　　　　**语言 B**
　　　This is book RED　　This is BOOK red　　这是一本红色的书
　　　I bought car NEW　　I bought CAR new　　我买了辆新车
　　　He has nose BIG　　He has NOSE big　　他是个大鼻子

仅在语言 A 中，突出强调理论可能认为，在没有其他影响的情况下，主重调将落在句末（已在许多场合被广泛观察到的、博林格的"权势重调")。仅在语言 B 中，该理论可以提出，本质上名词比形容词更具信息性，因此可能引起说话人的注意（博林格的"兴趣重调"）。但对语言 A 与语言 B 进行**比较**，也无法坚守这些原则是普遍性的，或这些原则之间的相互抵触可由个别场合中的个体说话人根据普遍原则加以解决。两种语言的不同似乎无法避免地指向了特定语言所具有的（因而可能是结构相关的）将重调置于宽焦点成分内的原则。这种比较方法——据我所知最先是由米歇尔·克费尔（Michel Kefer）在 1986 年撰写的一篇文章中提出来的，不幸的是，这篇文章从未发表过——是后面章节所采纳的总体策略。在这种比较的基础上，有可能证明——在我看来是结论性地证明——在句重音模式上存在着一致性的跨语言差别。这反过来又意味着，不管焦点与重调之间到底有什么关系，它都不只是一个将某种普遍性强调手法应用于个体信息词的问题。

重要的是弄清楚，在比较句中孤立地单说形式时，我们并不只是回复到老式的正常重音概念。正如我们在 6.1.1 节中所看到的，结构主义和早期的生成学者都将正常重音视为一种单独由结构决定的、根据定义与语境无关的凸显模式。在语境中，人们可以获取句中任何一个地方的"对比重音"，但原则上，在完全没有任何语境的情况下（即作为句子的单说形式时），人们应能引出正常重音模式。我们若为支持 FTA 观点而舍弃这个正常重音观，就不得不对语境提取凸显模式提出质疑。常有人（如 Bolinger 1972a）提出：想要在"无语境下"（如在语言学家的 223 研究中作为一个例子读出来时）确定句子的重调模式，这在方法论上是行不通的，因为说话人可能会想象到各种以不可预测方式影响句重音的语境。

这条总体论证的方法论因素显然具有某种作用力：说话人确实可以想象到影响句重音的语境，因而我们必须小心谨慎，不要把句重音理论建立在可能被这样扭曲的数据上。另一方面，值得强调的是：在 FTA 观点中，我们不会在无语境下定义任何东西。正常重音的概念被重新定义为能表示宽焦点的凸显模式：没人说，这个模式是没有语境的，而只是"无标记的"——即在没有令人信服的语法或语境原因选择其他某种模式时而选择的模式。我们继续提到说话人的交流意图以及话语使用的语境：*five FRANCS* 的宽焦点模式适用于很多的语境，而 *FIVE francs* 的窄焦点模式则适用于很少的语境，但尚没有依赖任何"无语境"假设的东西。这是结构主义和早期生成观点定位的一次重要转变。

显然，我们需要谨慎对待单说形式的句重音模式：由于刚刚引述的方法论问题，我们不可能成功地把宽焦点模式作为单说形式引出。然而，在某种意义上，这对跨语言比较的影响要小于对单个语言的探索。如果我们比较跨语言的单说形式并发现句重音模式中的一致性差异，那么就很难用所引出的单说形式的理论或方法问题来解释这些差异。也就是说，很难想象到用以解释语言间在结构平行单说形式中的一致性差异的普遍语用原则。我相信，这些比较数据表明我们必须超越突出强调理论，并采取某个版本的 FTA 观点。

6.2　句重音的跨语言模式

对跨语言差异的讨论安排如下：首先，给出三种一般类型的案例，我相信其中的跨语言差异的证据相当清楚。这些是：

（1）　疑问句；
（2）　去重调化与"语义重量"；
（3）　谓词与论元。

224 在广泛呈现数据之后，我将简要讨论一下这三大类型案例之间可能相互关联的方式，并想一想，如果有的话，句重音的哪些方面受普遍原则支配。

6.2.1 疑问句

6.2.1.1 是非疑问句

最可信的跨语言差异见于是非疑问句（yes-no question, 简称 YNQ）中。在某些像英语这样的语言里，是非疑问句与陈述句在句重音规则上完全相同。因此在"单说形式"上，我们期望：

（7） 陈述句： She bought a BOOK. 她买了本**书**。
是非疑问句：Did she buy a BOOK? 她买了本**书**吗？

以下两种形式在某种程度上无疑都是非中性的：

（8） 陈述句： She BOUGHT a book. 她**买了**本书。
是非疑问句：Did she BUY a book? 她**买了**本书吗？

英语的是非疑问句就像英语的陈述句那样，**可以**将主重调置于动词上，但通常只是当动词后接的不是一个词库名词时：

（9） 陈述句： She's SLEEPING. 她在**睡觉**。
是非疑问句：Is she SLEEPING? 她在**睡觉**吗？

简言之，这些语料中没有任何表明是非疑问句与陈述句之间的差异与句重音无关的东西。

但在其他一些语言（如俄语）里，这两类句子具有不同的模式。俄语的陈述句就像英语的陈述句那样，如果动词后面有个名词，那么最大凸显便落在了这个名词上：

（10） Ona kupila KNIGU （字面意思：she bought BOOK）
她买了**书**

另一方面，在是非疑问句中，无论动词后面是否有个词汇性词语，中性凸显模式或单说形式都是最大凸显落在动词上：

（11）　（a）Ona SPIT?　　　　　（字面意思：she SLEEPS?）

　　　　　　她**睡觉**吗?

　　　　（b）Ona KUPILA knigu?　（字面意思：she BOUGHT book?）

　　　　　　她**买**书了吗?

主重调落在名词上的是非疑问句无疑是非中性的；也就是说，可以感觉到疑问句

（12）　　Ona kupila KNIGU?　　　她买了**书**吗?

的窄焦点落在"书"上，这就像英语的 *Did she BUY a book*？焦点落在"买"上一样。如果我们想用俄语说一些类似于英语 *Did she BUY a book*？的话，那么必须把词序改成（13）：

（13）　　Ona knigu KUPILA?　　　她**买**了书吗?

比较跨语言相似句子的方法，有效地排除了关于中性句重音性质或适宜某种凸显模式的确定语境的争议。必须把这些差异看作是真实的。[①] 像俄语这样的语言，不管句中是否含有名词，是非疑问句都将重调落在动词上；而像英语这样的语言，仅当后面没有词库名词时，是非疑问句才将重调落在动词上。在此情况下，"像英语这样的语言"指除了罗马尼亚语以及很可能南部意大利语之外的所有日耳曼语族和罗曼语族中的语言；而"像俄语这样的语言"则指罗马尼亚语、匈牙利语、希腊语以及（如

---

　　① 博林格在他给我的最后一封信（1990 年 6 月 10 日）中承认，这种情况"对于我想说的东西而言，肯定是个不解之谜"，尽管我认为公平地说，他不过仍一直坚信他自己长时间坚守的突出强调理论的终极有效性。

果不是所有的）很多斯拉夫语族中的语言。对于大多数语言来说，事实仍尚待确定。

是非疑问句有两种中性或默认的句重音模式，它们的存在可能与有关疑问语助词的跨语言事实有关。在有疑问语助词的语言里，语助词主要有两个位置。在第一种语言里，疑问语助词出现在句子的两头，或是开头位置（如约鲁巴语）或是句末位置（如汉语）；在这些语言里，疑问语助词的位置与句子焦点的位置无关。在第二种语言里，语助词附加到疑问句的焦点上；如果没有特别的焦点词，那么语助词就像俄语里的主重调那样，附加到限定性的动词上。例如，在土耳其语里[①]，疑问语助词通常是作为限定动词等谓词上的一种后缀或附加成分出现的：

（14）　（a）Gazete geldi mi?

（字面意思：newpaper come-PAST［过去时］INTERROG.［疑问语助词］）

报纸来了吗？

　　　（b）Yorgun musunuz?

（字面意思：tired INTERROG. -2PERS. -PLURAL［疑问语助词-第二人称-复数］）

你们累了吗？

但如果焦点不是在动词上，而是在某个特定的词或成分上，那么疑问语助词将附加到焦点上： 226

（15）　（a）Mehmet mi geldi?

来的是穆罕默德吗？

---

① 　此处及下文中引自土耳其语的重调数据是基于康奈尔大学于 1976 年 7 月举办的土耳其语结构研讨课上的课堂笔记。大多数的语句源自安德希尔（Underhill 1976），所显示的句重音模式是根据研讨课上的母语者顾问维迪亚·塞拉诺格鲁（Vedia Ceranoglu）的语音确定的。

（b）Buraya uçakla mı geldiniz, vapurla mı?

你是乘飞机还是乘轮船来？

（字面意思: here-to plane-by INTERROG.［疑问语助词］come-PAST-2PERS. -PLURAL［过去时–第二人称–复数］, steamship-by INTERROG.［疑问语助词］）

在其他许多语言里，疑问语助词紧随句子的第一个词或成分之后出现，并且特别焦点的词可以移至第一个位置；如果没有特别焦点的词，那么第一个位置上的词将再次成为限定性的动词。以下例句引自俄语：

（16）（a）　Mark li čitaet?

马克在读书吗？　　　　（字面意思: Mark INTERROG.［疑问语助词］reads）

（b）　Čitaet li Mark?

马克在读书吗？

其他语言（如古典拉丁语）可能也有类似的例子。疑问句的焦点与限定性动词之间似乎又一次存在着一种特别的联系。

6.2.1.2 特殊疑问句

那么，对于是非疑问句，似乎存在着两种不同的跨语言的句重音规则：一种是疑问句展示出一个特别的（动词上的）主重调的中性位置，一种是主重调在疑问句与陈述句中的中性位置相类似。类似结论似乎适用于含有 *who*（谁）、*how*（怎样）和 *what*（什么）之类的疑问句（英语里通常称作 WH- 疑问句，这里简称 WHQ）。各种关于焦点和重调的著述（尤其 Culicover and Rochemont 1983: 139–144）对特殊疑问句中特殊疑问词的凸显处理得都很不自然。从逻辑上看，特殊疑问词似乎是疑问句的焦点，然而起码在英语里，特殊疑问词通常不承载最为凸显的重调。也就是说，英语有

（17）　Where are you GOING?　　你要**去**哪里？

但没有

（18） WHERE are you going?　　你要去**哪里**？

虽然后者似乎完全是从焦点角度解释重调位置所需要产生的。

　　然而，确实存在着特殊疑问词在无标记句重音模式中是最凸显的语 227
言。首先，情况似乎是这样的，在没有 WH- 移位的语言里，特殊疑问词
通常是句中最后一个名词短语。因此，我们在土耳其语里看到：

（19）　Halil's NE verdiniz?　　（字面意思：Halil-to WHAT you-gave）
　　　　你给了哈利勒**什么**？

而在孟加拉语里，我们有：

（20）　Ram KAKE dekhlo?　　（字面意思：Ram WHOM saw）
　　　　拉姆看到了**谁**？

同样，没有 WH- 移位的英语特殊疑问句（总是以反义疑问句出现的）具
有落在特殊疑问词上的主重调：

（21）　（a）You did WHAT?　　你做了**什么**？
　　　　（b）They went WHERE?　　他们去了**哪里**？

等等。

　　在 WH- 移位的语言里，只要句子相当地短，核心重调就肯定落在特
殊疑问词上。这一点与通常英语特殊疑问句的比较更具相关性。例如，在
罗马尼亚语里，人们说：

（22）　（a）UNDE mergi?　　你要去**哪里**？
　　　　（b）CÂȚI bani ai?　　你有**多少**钱？

（c） CÂND a plecat?	它**何时**离开的？
（d） CINE a chemat?	**谁**打来电话？

匈牙利语基本上也是如此：

（23）	（a） KI az?	那是**谁**？
	（b） MIT vettél?	你买了**什么东西**？
	（c） MILYEN volt a vacsora?	晚餐**怎么样**？

希腊语亦是如此：

（24）	（a） PU ine?	在**哪里**？
	（b） JIATI efije?	她**为什么**离开了？
	（c） TI idhes?	你看到了**什么**？

因此，跟是非疑问句一样，我们有了两种基本类型模式：一种是（如英语里）特殊疑问句遵循与其他句子类型相同的句重音原则，一种是存在着一条特殊疑问句的特定规则，借此主重调的中性位置落在了特殊疑问词上（如在罗马尼亚语或希腊语里）。

6.2.1.3　注意事项

228

在结束疑问句句重音的讨论之前，重要的是要注意在确定什么是事实方面的两个潜在的难点：第一个是，存在着影响上述那种简单概括的句长作用；第二个是，在很多情况中，尤其是在疑问句中，确认句中最凸显的词或音节并不是直接在语音上完成的。我在这一节的讨论中尽量避免这些问题，但在继续讨论之前，有必要先对这些问题做一下概述。

我们粗略地看一看头一个问题便会注意到：在据称把主重调放在特殊疑问词的特殊疑问句中，如果句子较长，句子后面可能就会有一个或多个重调。因而在罗马尼亚语里，就可能找到（25）和（26）中的任何一个版本[①]：

　　（25）　（a）Unde ai cumpărat cravata ASTA?

　　　　　　（b）UNDE ai cumpărat cravata asta?

　　　　　　你在哪里买的这条领带？

　　（26）　（a）Cu cine ai vorbit la FACULTATE?

　　　　　　（b）Cu CINE ai vorbit la facultate?

　　　　　　你在大学里跟谁谈过话？

7.3.1 节将对句长及其对句重音的影响做进一步的讨论。

　　现在，我们来看一看更实质性的问题，即如何确认最凸显的音节？让我们考虑一下这样一种说法：许多语言里的是非疑问句都是主重调落在动词上。俄语在这一点上的数据十分清楚，因为俄语里正常的是非疑问句语调都是高的重调调峰落在最凸显的音节上：L+H*_L 或类似形式。（正常的陈述句语调是：!H*_L 或 H+L*_L；疑问句的重调调峰出现得比陈述句的要晚；比较 Odé 1989: 第 5 章；Makarova 2007。）但在许多东欧语言里，正常的是非疑问句语调是 L*_H_L%（见 2.5 节和 4.1.4 节）。因此，在这些语言里，这里描写为"最凸显"的音节在语音上却是**低的**，并且句中其后所接的是一个峰降（peak and fall），至少西欧人听起来认为这个峰降在声学上要比 L* 更显著。正如 2.5 节中所指出的，这种将低音节分析为核心音节或最凸显音节，将峰降音高移动分析为后核心部分和附属部分，应该都是没有争议的。至少自 20 世纪 60 年代起，匈牙利语言学家就已对此做过清晰阐释。然而，一些学者（如 Gósy and Terken 1994; Xu 2005）对语音实现的认识相当狭隘，他们仍将语用上的凸显性与声学上的显著性等同起来，忽视或拒绝接受低音高音节在理论上和语用上可能比其后的高峰更凸显的观点。因此，重要的是要指出，刚在本节中做出的类型学陈述取

229

　　① 事实上，很难将这些版本中的一个与另一个区分开来。

决于讨论中对音高音系描写的有效性。阿瓦尼蒂、拉德和门嫩（Arvaniti,
Ladd, and Mennen 2006）给出了大量的音系描写的语音证据，至少在希腊
语里是这样的，他们批评了许毅（Xu 2005）恢复对焦点和疑问语调的一
种强烈的普遍主义研究方法[①]。

　　类似的问题也出现在前主重调的特殊疑问句的案例中。例如，在语音
上，落在罗马尼亚语里与意大利语里表达"你要去哪里？"短语上的曲拱
之间存在着相当大的相似性：

　（27）　（a）　　　　　　H*　　　L　L%
　　　　　　罗马尼亚语：Unde mergi?
　　　　（b）　　　　　　　H*　H+L* L L%
　　　　　　意大利语：　Dove vai?

但上面 6.2.1.2 节中的讨论是基于一种对具有不同音系结构的两种语言
的分析：在罗马尼亚语的例子中，核心重调是在特殊疑问词 *unde* 上，
mergi 是在核心后；而在意大利语的例子中，*dove* 是在核心前，核心重
调 H+L* 是在 *vai* 上。（也就是说，意大利语的曲调中含有罗曼语族宽
焦点陈述语调中通常使用的同一种重调类型，见 3.1.3 节和图 3.7。）同
样，只有在音系分析正确的情况下，类型学上的说法才有效。这种情
况没有像希腊语和匈牙利语的是非疑问句语曲拱那样得到了充分的研
究，但考虑到语音细节和母语者的直觉，说明这里所提出的分析方法
是正确的。

　　语音因素涉及及 F_0 在特殊疑问词（如 *unde* 或 *dove*）第二个无重音音节
上的轨迹。在罗马尼亚语（27a）中，*unde* 的无重音音节上的音高下降很
快，而 *mergi* 上没有更多的移动。这表明，这个短语（即 *unde*）上只有一
个重调。相比之下，在意大利语（27b）中，*dove* 上的音高一直相对较高，

---

　　①　更多有关许毅对焦点的研究，见 4.3.2 节以及 7.1.1 节第 285 页脚注①。

并逐渐下降到后面的重音音节 *vai* 上。例如，在下面这些意为"你在哪里买到它的？"的句子（加下画线的是动词的词重音音节）中，如果我们在特殊疑问词的重音音节与动词的重音音节之间增加更多的无重音音节数量，就可以更清楚地看到这两个曲拱之间的差别：

（28）　（a）　　　　　　　　H*　　　L　　　　L%
　　　　　罗马尼亚语：Unde l-ai cump<u>ă</u>rat
　　　　（b）　　　　　　　　H*　　　　　H+L* LL%
　　　　　意大利语：　Dove l'hai comp<u>r</u>ato?

至于母语者的直觉问题，各种语言说话人的非正式提问方式呈现出明显的差异：罗马尼亚语、匈牙利语或希腊语的说话人都能坚定地直觉到特殊疑问词承载此类句子中的主重调；而意大利语或葡萄牙语的说话人则往往是不确定的。显然，如果说意大利语或葡萄牙语的说话人能清楚地直觉到动词承载主重调，那么情况就会更清楚，但差异仍值得注意。值得注意的是：在这方面，如果要对哪个词最凸显做出元语言的判断，那么一般欧洲语言说话人似乎通常会将高音高与句重音等同起来（如见 Bolinger 1958: 131-134, 1965: 38-43 的重印版）。这个可以解释以意大利语或葡萄牙语为母语的说话人在"这个"主重调在特殊疑问句中的位置上的不确定性：虽然在这里的分析中特殊疑问词的音高是最高的，但它并不是句中最凸显的重调。不管怎样，特殊疑问句跟非疑问句一样，句重音的类型学研究在某种程度上取决于音系分析的有效性。

　　最后需要注意的是，克费尔（Kefer 1986）试图通过采用理论前的对句重音的语音定义，并将他的类型学研究集中在陈述句上来回避音系分析的正当性问题。这种方法在短期内可能更有说服力，但我相信，最后必须承认，我们的结论取决于我们的音系分析，这也是我在这里详细讨论这个问题的原因。长远来看，探索母语者直觉的跨语言实验，可能有助于确立上面各段所描述的不同相对凸显模式的现实性。

6.2.2 去重调化与"语义重量"

我刚刚提到，疑问句的句重音数据显然很难与普遍主义的突出强调理论相契合。从跨语言角度看，是非疑问句与特殊疑问句似乎具有两类不同的凸显模式，而且主重调在是非疑问句中可能出现的位置与疑问语助词可能出现的位置有明显的相似之处。所有这些事实都表明，疑问句的重调方式是一个特定语言的语法问题，而非突出焦点词的普遍原则问题。另一方面，无可否认的是，这些数据是有限的，而且在某些情况下可能还存在问题。对疑问句句重音的研究还远远不如陈述句的多，而且除了这里的简短介绍之外，完全有可能还有其他的复杂之处，可以用来支持不同的解释。所以，本节将集中讨论充分研究过的陈述句中的句重音数据，这些数据构成了突出强调理论的案例核心。

具体地说，本节探讨英语里句重音可能受句中词等其他成分相对信息量的影响情况。例如，众所周知，主重调往往**不落**在话语中重复的或"已知的"成分上，或者**不落**在模糊的或系属的成分上。对于突出强调理论的拥护者而言，这一事实清楚地说明了句重音在各种语境中的一般原则：说话人对可重调词的相对语义重量或信息量进行评估，并将重调放到句中最具信息量的一个或多个点上。然而，尽管这些观察结果在英语里可能是行之有效的，但它们并非适用所有语言，这一点不难证明。为支持非普遍性的主张，就像我们在讨论疑问句时所做的那样，本节采纳了克费尔的方法来研究不同语言在结构上相似的例子。讨论分为三部分，每一部分处理三类下属案例中的一类：语境的去重调化、不定代词、"空语义的"（semantically empty）词汇。无论哪种情况，跨语言差别的存在似乎都是无可争议的。

6.2.2.1 语境的去重调化

语言之间一项重调上的重要差别是在对重复词或短语的处理上，一般地说是在对"已知"信息的处理上。下面是一些英语的例子：

（29） （a） A : I found an article for you in a German journal.

我在一本德语杂志里帮你找了一篇文章。

B : I don't READ German.

我不**懂**德语。

（b） I brought her a bottle of whisky, but it turns out she doesn't LIKE whisky.

我带给她一瓶威士忌，结果她不**喜欢**威士忌。

在上述这两个例子中，一个我们可能期望带主重调的词（德语的 *whisky*）在刚刚使用过它的语境中或者在刚刚提到它所指的实体的语境中都没有负载主重调。我在自己有关这一主题的早期研究（Ladd 1980a）中使用了"去重调化"术语来描述这一现象，这个术语现已被大家广泛采用。

在对基于西日耳曼语言（特别是英语）的重调和焦点所做的研究 232 中，去重调化的话题显得很重要。对于那些认为在或多或少不考虑结构（突出强调观）的情况下重调出现在话语中新的或其他显著部分的人来说，它代表关键性的证据。然而，在许多语言里，像（28）中的那些话语都没有对句重音模式做调整，以反映正常重调词的重复性或"已知性"。

英语之内，人们已注意到在夏威夷的皮钦语（Vanderslice and Pierson 1967）以及印度和加勒比地区的英语（Gumperz 1982: 第 5 章）里都是没有去重调化的。范德斯莱斯和皮尔森给出了下列例子（原例 8 的拼写已标准化）：

（30） Forty-three per cent is government OWNED and fifty-seven per cent is privately OWNED.

43% 为政府**所有**，57% 为私人**所有**。

甘伯兹（Gumperz）的一个印度英语的例子（125 页上的例 21，已略去对韵律细节的大量讨论）是：

（31）　　If you don't give me that CIGARETTE I will have to buy a
　　　　　CIGARETTE.

　　　　　你若不把那**香烟**给我，我就得去买**烟**。

让我们来看一看英语之外的情况。克鲁滕登（Cruttenden 1993）报告了对
这个和其他句重音模式跨语言差异的初步研究结果。他的发现是，有些语
言（如英语）多多少少坚持对重复材料去重调化，而有些语言（如他所给
出的西班牙语的例子）则十分强烈地抵触去重调化。这种差别（特别是荷
兰语与意大利语）已被斯沃茨、克拉默和阿维萨尼（Swerts, Krahmer, and
Avesani 2002）用实验证实。

　　我在其他地方（Ladd 1990a）也曾给出了罗马尼亚语和意大利语的例
子，它们理所当然应归到反去重调化的语言之列。下面这个罗马尼亚语的
句子就是这样的一个例子，这是在我当选富布赖特学者一年后即将搬出当
时的公寓时，一位大学雇工按照我年初签下的物品清单检查公寓内物品时
所说的话：

（32）　　[... o să vedem] ce AVEŢI şi ce nu AVEŢI

　　　　　［……我们瞧瞧］啥**你**有，啥**你**没有

　　　　　（字面意思：[...we'll see] what you-have and what not you-have）

一种忠实保留重调模式的地道翻译应该是（33a），而不是所预期的（33b）：

（33）　　（a）（？）So let's see what you HAVE and what you don't HAVE.

　　　　　（b）　So let's see what you HAVE and what you DON'T have.

　　　　　　　　所以，让我们来看看你**有**什么，你**没**有什么。

233　下面这个来自意大利语的例子对操标准英语的人来说特别有说服力。说话
人是意大利前总统斯卡尔法罗（Scalfaro），主题是关于在 20 世纪 90 年代
初期所谓的"贿赂之都"丑闻期间对大规模行贿、腐败所做的司法调查：

（34） [le inchieste] servono a mettere a POSTO cose andate fuori POSTO
（字面意思：[the investigations] serve to put to place things gone
out-of place）
这些调查帮助让混乱的局面恢复正常。

同样，保留（35a）中凸显模式的一种地道翻译听起来肯定很奇怪，但采用了这种修辞上的排比形式，（35b）中的模式在英语里更显自然：

（35） （a） The investigations are helping to put back in ORDER things
that have got out of ORDER.
（b） The investigations are helping to put back in ORDER things
that have got OUT of order.
这些调查帮助让混乱的局面恢复正常。

即使是在反去重调化的语言里，主重调在某些情况下仍能从中性位置或默认位置移开。意大利语或罗马尼亚语通常都是坚决不去重调化的，但在这两种语言里，元语言的直接纠正法可以有勘误表上相匹配的和无视次序所做更正上的重调：

（36） Non ho detto CASA bianca, ho detto COSA bianca
我说的不是白色的**房子**，而是白色的**东西**

意大利语还随时允许对非限定动词形式、谓语性名词和形容词短语进行语境去重调化，特别是在由此而产生的主重调落在助动词上时，还有在否定句中时：

（37） （a） Non È la mia bici（l'ho presa in prestito）。
这**不**是我的自行车（它是借的）。
（b） Non È intelligente.
他**不**聪明。

（c）Non ti POSSO aiutare.

我帮**不了**你。

（d）Non c'HA invitato.

他**没有**邀请我们。

但这种重调移动是有明确句法限制的。我曾经在用意大利语大声朗读一段儿童故事时，遇到下面这样的句子（故事中一只小斑马正在接受奔跑指导）：

234 （38）　Correre è come camminare in fretta, soltanto si deve andare molto più in fretta.

奔跑就像快走（英语直译为 in haste），只是你得走得快一些（英语直译为 much more in haste）。

根据（39b）中所示直译中适宜的模式，我采用了（39a）中的句重音模式：

（39）　（a）Correre è come camminare in FRETTA, soltanto si deve andare molto PIÙ in fretta.

（b）Running is like walking in HASTE, only you have to go much MORE in haste.

奔跑就像快走，只是你得走得快一些。

这种模式被以意大利语为母语的说话人毫不犹豫地否决了，显然是因为它只将副词性短语中的一部分 *molto più in fretta* 去重调化了。

另一种是在英语里并不罕见，但在各种罗曼语里从未出现的去重调化类型，它实际调整了词重音。一个经典的例子是博林格（Bolinger 1961b: 83）的 *This whisky wasn't EXported, it was Deported*（这个威士忌酒不是出口的，而是被驱逐出境的）。下面是来自 BBC 新闻广播的一则已验证的例子：

（40） Greek drivers have found the wreck of the British liner BriTANNic, sister ship of the TItanic…

希腊司机找到了英国班轮大不列颠号（也是泰坦尼克号的姊妹船）的残骸……

在这句话中，*Titanic* 的词重音被移位到两艘船名的对比点的焦点上。类似的例子是英语以 *-teen* 结尾的数字，它们单说时词重音是在 *-teen* 上，但数数时可以很容易看到移动后的重音：

（41） FIFteen, SIXteen, SEVenteen, EIGHTeen, NINEteen, TWENty
15，16，17，18，19，20

相应的词重音移动在罗曼语里是不可能的。我在说意大利语时曾尝试这样说：

（42） Moglie quaranTENne, marito CINquantenne
40 岁的老夫人，50 岁的老丈夫

为强调"40"与"50"的对比，将 *cinquanTENne* "50 岁"的正常词重音移到了首音节上。结果就像我在（39）中尝试去重音化那样，这在意大利语里是完全不能接受的。我曾在别处（Ladd 1990a）注意到了罗马尼亚语里类似英语里连续数十位数的例子，即从几十数至 100：

（43） cinZECI, şaiZECI, şapteZECI, optZECI, nouăZECI, o SUtă
50，60，70，80，90，100

数数的语境是相同的；英语十位数在形态上是透明的，罗马尼亚语十的倍数极为相似，但在罗马尼亚语里不存在任何将重音从重复成分 *-zeci* 上移走的倾向。（注意：拼写形式 *-zeci* 代表一个单音节 [zɛtʃ]。） 235

罗曼语大多不允许直接去重调化，但它们都却拥有许多实现类似语调效应的形态句法手段。其中最为常见的是右错位法，即将一个成分（通常但不总是一个名词短语）移到小句之外，并将某种代词留在它的位置上。在此情况下，总是把右错位的成分发成语调的附加语（见 7.2.2 节），即意味着一般陈述语调中的音高是低的，因此右错位的效果在语音上很像英语句中最后一个词去重调化后的效果。下面是源自意大利语的一个例子，它说明了句法手段与英语去重调化语音效果的相似性。这句话是说给一个小孩听的，他的小弟弟刚洗过澡：

（44）　　Adesso faccio scorrere il TUO, di bagnetto.
　　　　　（字面意思：now I-make run the yours, of bath-DIM［指小词］.）
　　　　　现在我帮**你**洗澡。

在英语里的类似语境中，同样的意思表达为：

（45）　（a）Now I'll run YOUR bath.

这句话用意大利语直译是：

（45）　（b）Adesso faccio scorrere il TUO bagnetto.

这是可能的，但远不如（44）自然。这样使用右错位，也是法语里一种极为常见的"实现去重调化"的手段（见 3.3.2 节）。

　　这就引出了重调与词序之间的关系问题。瓦尔杜维（Vallduví 1991；另见 Vallduví and Zacharski 1994）主要是在自己对加泰罗尼亚语与英语所做的比较的基础上提出，某些语言（如英语）有"可塑性的"凸显模式，某些语言（如加泰罗尼亚语）则没有。一种语言若是非可塑性模式的，那么它就被限定在改变词序，将词移至它们在句中可以带或不带重调的适当位置上。词序的这种改变要么可以直接通过"打乱"方式完成，要么通过使用右错位、分裂、前置等之类的标记句法结构来完成。并不是所有的罗

曼语都是不可塑性的：加泰罗尼亚语似乎是抵制将主重调移出短语末尾位 236
置或句末位置之外最强烈的那种语言，而且详细的比较研究清楚地表明，
语言阻止去重调化的程度千差万别。例如，恩里克·瓦尔杜维（个人交
流）指出：意大利语里有（37）中这种重调落在助动词上的句子，但加泰
罗尼亚语里没有直接相对应的句子，它在所有的这类场合则都必须采用右
错位手段。

　　在任何情况下，这个简短调查的结论一定是，去重调化语言与无去重
调化语言之间存在差异——或者准确地说，两类语言之间存在差异：一类
是允许、青睐或实实在在地规定对重复的或以其他方式给出的材料去重调
化的语言，另一类是去重调化不受青睐或句法上受限、仅在元语言更正的
情况下所允许的和/或主要通过词序调整可实现的语言。这个结论很难与
重调普遍用于突出焦点词的主张相一致。

6.2.2.2　不定代词

　　另一个重调化的 FTA 与突出强调观之间所存在的具体分歧之处是在
someone 和 *nothing* 之类的"不定代词"上。这些在英语或荷兰语里通常
无重调地出现在普通名词短语要加重调的位置上：

（46）（a）英语
　　　　（i）They've DISCOVERED something.　　他们**发现**了什么。
　　　　　　比较：They've discovered the DRUGS.　他们发现了**毒品**。
　　　　（ii）She can't EAT anything.　　她**吃**不了什么东西。
　　　　　　比较：She can't eat FISH.　　她吃不了**鱼**。
　　　（b）荷兰语
　　　　（i）Ze hebben iets GEVONDEN.　　他们**发现**了什么。
　　　　　　字面意思：they have something found
　　　　　　比较：Ze hebben DRUGS gevonden.　他们发现了**毒品**。
　　　　（ii）Ze kan niks ETEN.　　她**吃**不了什么东西。
　　　　　　字面意思：she can nothing eat
　　　　　　比较：Ze kan geen VIS eten.　　她吃不了**鱼**。

如果这些代词构成了一种可辨识的词类，那么一种以结构为基础的解释在句重音规则上将会欲罢不能地根据它们的"词类"对它们做出特别的规定。但是同样地，这些代词的语义模糊性或不确定性似乎与突出强调方法相一致：它们因对语义重量或兴趣贡献很少而无重调。仅根据英语或荷兰语的数据，是不可能解决这个分歧的。

237　　但跨语言的比较结果表明在处理这些名目的方式上存在一致性差异。在某些语言里，不定代词和其他名词短语一样，都是为了重调目的处理的；但在其他一些语言里，它们的可重调性则不如普通的词库性名词短语。有些语言区分否定性不定代词与非否定性不定代词，只对非否定性不定代词予以特殊处理（Kefer 1986）。关于不定代词重调属性的一般性讨论，见哈斯佩尔马特（Haspelmath 1997），特别是该书的 5.7 节。

　　英语对待否定性不定代词就像对待词库性名词短语一样，而对待非否定性不定代词就如同对待人称代词一样。因此有：

（47）　（a）I saw NOBODY.　　　　　我**没**看见**任何人**。
　　　　　　比较：I saw MARIA.　　　　我看见了**玛莉亚**。
　　　　（b）She HEARD something.　　她**听**到了什么。
　　　　　　比较：She HEARD it. She heard FOOTSTEPS.
　　　　　　　　　　　　　　　　　　她**听**到了。她听到了**脚步声**。

但在意大利语里，所有的不定代词都像其他名词短语一样，不区分否定性不定代词与非否定性不定代词。因此有：

（48）　（a）Ho sentito MARIA.　　　　我听到了**玛莉亚**的声音。
　　　　（b）Ho sentito QUALCUNO.　　我听到了**有人**的声音。
　　　　（c）Non hosentito NESSUNO.　　我没听到**什么人**的声音。

像 *Ho SENTITO qualcuno* 这样句子的唯一解释是作为一种元语言的更正或

对比（如 "I didn't see someone, I heard someone."（我没看到人，我听到有人））。然而，在某些句法环境中，我们也可以查明意大利语里否定性不定代词与非否定性不定代词之间的差异，一种间接影响句重音的差异。具体地说，这种差别可能与意大利语里词序的可接受性判断有关。下列任何一种词序均是可以接受的：

> （49）　（a）Ho sentito qualcuno parlare.　　我听到有人在说话。
> 　　　　（b）Ho sentito parlare qualcuno.　　（字面意思：I heard talk someone）

但是带有否定性不定代词的动词末尾排序就更不可接受了：

> （50）　（a）（？）Non ho sentito nessuno parlare.　我没听到有人说话。
> 　　　　（b）Non ho sentito parlare nessuno.　　（字面意思：I heard talk no one）

当然，这些不仅仅是有关词序的事实，而是具有这样的结果：*qualcuno* "某人"可不可以出现在句末承载重调位置上，而 *nessuno* "没有任何人"却一定要在那里出现。从某种意义上说，意大利语跟英语一样，它们的否定性不定代词都比非否定性不定代词更有可能承载主重调。但在这两种语言里，产生这种现象的语法机制并不相同："句末承载重调位置"这个概念隐含地表达了如下的瓦尔杜维思想，即某些语言可以调整其句重音模式（"可塑性的"），而某些语言则不能调整（"不可塑性的"），取而代之的一定是调整其词序。

6.2.2.3 "空语义的"实义词

相对信息量似乎影响句重音的第三类情况是本质上模糊的词或一般实义词，如 *person, man, thing, stuff*，等等。在英语里，这些词通常以无重调形式出现，而且似乎又以青睐突出强调观的方式出现的。博林格（Bolinger 1972b: 636）指出，"某些名词的空［语义］可以通过与其他语义更丰富的名词做比较得到阐释"。他的例子有如下的成对句子：

> （51） （a）（i）He was arrested because he KILLED a man.
>
> 　　　　　　　他因**杀**人被捕了。
>
> 　　　　（ii）He was arrested because he killed a POLICEMAN.
>
> 　　　　　　　他因杀害一名**警察**被捕了。
>
> 　　　（b）（i）I've got to go SEE a guy.
>
> 　　　　　　　我得去**见**一个人。
>
> 　　　　（ii）I've got to see a FRIEND.
>
> 　　　　　　　我得去见一个**朋友**。
>
> 　　　（c）（i）I'm going over to the DOCTOR's place.
>
> 　　　　　　　我准备去**医生**处。
>
> 　　　　（ii）I'm going over to the doctor's BARN.
>
> 　　　　　　　我准备去医生的**大房子**。

他正确地批评了布雷斯南（Bresnan 1971: 271），提出像 *man* 和 *guy* 这类名词构成了一种"半代词"语类。正如博林格（Bolinger 1972b: 636）所指出的，这个解释是循环性的，因为"确认这种名词的……唯一方式是看它们在重调时的表现"。此外，他还注意到这些形式常常表现出可变异性："真正代词的重调表现是可预测的，而空语义名词的重调表现则只是有高度的可能性"。所有这些证据似乎都强力支持突出强调观。

　　"形容词＋名词"短语是一种与此相关的空语义和可预测性似乎会影响重调的案例类型。博林格（Bolinger 1972b: 638）引证了几个形容词而非名词负载重调的例子：

> （52） （a）I like it because it has a SILKY sheen.
>
> 　　　　　　我因它**丝绸般的**光泽而喜欢它。

（b）… I don't see how you could make it to OUR place in 45 minutes unless you went through every RED light.[①]

除非你一路上闯**红**灯，否则我无法理解你如何在 45 分钟内抵达**我们**这里。

同样，莫纳汉（Monaghan 1991: 149f.; Monaghan 1992: 155ff.）确认了几种形容词＋名词的组合，这些组合的重调可能落在形容词上，包括带十分不特定名词（如 *meeting, committee*）的短语，以及带指示或序数形容词（如 *latter, second, alternative*）的短语。这类摘自本书中其他章节处的形容词＋名词组合的几个例子是：

（53）（a）[the motivation is] to avoid the seemingly unverifiable speculation of IMPRESSIONISTIC work, and to permit the use of familiar parametric STATISTICAL approaches（p. 19）

［动机是］要避免对**印象**研究中做出看似无法验证的猜想，而且也要允许使用常见的参数**统计**法（第 19 页）

（b）a SIMILAR case [involves the English *-teen* numbers]（p. 234）.

类似的例子［是英语以 *-teen* 结尾的数字］（第 234 页）

最后一类情况是人们常说的句子取决于信息量因素的情况，它涉及句末副词和介词短语。例如，表示此时此刻的时间和地点的短语常常是以无重调形式出现的：

（54）（a）I saw an ACCIDENT today.　　我今天撞见了一起**事故**。
　　　（b）There's a FLY in my soup.　　我的汤里有只**苍蝇**。

---

① 许多读者都发现这个例句很奇怪，而 *red light* 上的这个重调模式并不能很好地阐释博林格的观点，除非是从历时角度看：我怀疑这句（已验证的）话的说话人说的是一种美式英语，该短语是词汇化复合词重音，即主重音落在 *red* 上。

蔡菲（Chafe 1974, 1976）提出了一种解释，这种解释是有关句重音、代名词化等各种现象取决于说话人对听话人意识中或位于听话人注意力中心处可能有的东西做出评估的方式的（比较 Grosz and Sidner 1986；Gundel, Hedberg, and Zacharski 1993），他在提出这种解释时广泛依靠的就是这些案例。不过，博林格指出，这不只是一个听话人的意识中是什么的问题，还是一个更为普遍的信息量和可预测性方面的问题。如其所言，"在下列句子

They STRANGLED him to death.	他们把他**勒**死了。
They hounded him to DEATH.	他们追捕他，把他追捕致**死**。
They scared him to death.	他们把他吓死了。

240（再次回答**发生了什么事情**？）中，第一句 death 去掉了重调，因为扼杀的结果通常是**死亡**；第二句给 death 加上了重调，因为追捕本身并不致命；第三句是无论哪种方式都可以，因为这里形象地说存在着一种选择"（Bolinger 1972b: 639）。博林格还提出他的重调理论"预测［平常的膳食］不具有特别的语义重量，因而是 Peter had CLAMS for dinner（彼得晚餐吃了蛤蜊），但膳食之间的一些东西可能会有这样的重量，因而是 I had some nice CLAMS for my SNACK this afternoon（今天下午我吃点心时吃了一些好吃的蛤蜊）"（Bolinger 1972b: 638）。

　　在所有刚刚引证的案例（空语义名词，如 person 或 thing；形容词和名词在短语中相对的语义重量，如 silky sheen 或 statistical approaches；以及句末副词和介词短语）中，支持突出强调观的证据似乎相当令人信服。但跨语言的对比结果表明，情况并不是那么一清二楚。意大利语抵制去重调化，并像对待任何其他名词短语一样对待不定代词。在像意大利语这样的语言里，上述英语例子中几乎没有一个拥有一个相对应的反映信息量的句重音模式。例如，为了重调，将意大利语里的空语义名词处理得就像处理任何其他名词那样：

（55）　（a）…perché ha ucciso un UOMO.　…因为他杀了一个**人**。

　　　　（b）…perché ha ucciso un POLIZIOTTO. …因为他杀了一名**警察**。

在任何情况下，*ha UCCISO un uomo* 只能包含明显对比或元语言修正（如"杀死，不是伤害"）。本质上说，句末副词和介词短语也是如此。我们也发现它们很少有去重调化趋势，而且变异性也很少。

（56）　（a）C'è una mosca nella MINESTRA.　**汤**里有只苍蝇。

　　　　（b）L'hanno spaventato a MORTE.　他们把他吓**死**了。

至于与英语短语 *silky sheen* 或 *statistical approaches* 相似的例子，这些是不可能在意大利语里构建起来的，因为名词短语中的正常词序是"名词＋形容词"。但值得注意的是，无论相对的语义重量如何，意大利语"名词＋形容词"短语都没有以主重调落在名词上的倾向。

6.2.2.4　词和句法对相对语义重量的影响

241

　　因此，看来既存在着一些相对信息量与句重音相关的语言，也存在着一些无关的语言。但那些不是语言特有的唯一差别。在那些确实考虑相对语义重量的语言里，具体细节因语言不同（甚至因同一个语言内的方言不同）而有所不同，而且这种不同是不可预测的。制约因素既有词方面的，也有句法方面的。

　　由专有名词和普通名词组成的英语短语很好地解释了这些案例的复杂性，例如 *George Square*（乔治广场）、*Alzheimer's disease*（阿尔茨海默氏病）。正如曾多次所指出的那样，当这些短语用作街道名称时（如 *Wellington Street*（惠灵顿街）、*Chesley Drive*（切斯利大道）、*Dryden Road*（德莱登路）、*Gillespie Crescent*（吉莱斯皮新月地等）），如果第二部分是"街道"，那么主重调就落在名称的第一部分上（即 *WELLINGTON Street*），否则就落在第二部分上（即 *Chesley DRIVE*、*Dryden ROAD*、*Gillespie CRESCENT*）。半个世纪以前，一位语言业余观察者提出的（见 Mencken

1948）且自那时起不止一次反复出现的解释似乎就是，在一座小镇中，*street* 是用于这些名称中最不具体、信息量最少的名词，因此可以给它去重调化。

我在拉德（Ladd 1980b）中注意到其他几组名词也是如此，如 *Tompkins COUNTY*（汤普金斯县）、*New York STATE*（纽约州）、*Baffin ISLAND*（巴芬岛），但 *GONDWANA land*（冈瓦纳大陆）却非如此。我没有注意到的是，在这些案例中存在着一致性的方言差异。例如，在用于建筑名称的几组名词中，*house* 在美式英语里是不带重调的，如 *FAUNCE House*（方斯大楼，即布朗大学学生会大楼）、*BLAIR House*（布莱尔大厦，即美国政府在华盛顿的国宾馆）；比较一下 *Morrill HALL*（莫里尔楼）、*Carrie TOWER*（嘉莉大厦）、*Johnson MUSEUM*（约翰逊博物馆）等，但在英式英语里却非如此，如 *Adam HOUSE*（亚当楼，即爱丁堡大学考试厅）、*Broadcasting HOUSE*（广播大楼，即英国广播公司在伦敦的总部）。我也没有注意到，有定性可以产生影响：当这类短语在带上定冠词发生词库化时，它们更有可能对普通名词去重音化（如纽约的 *Rockefeller CENTER*（洛克菲勒中心），但华盛顿的 *the KENNEDY Center*（肯尼迪中心）除外）。也就是说，相关的信息量显然发挥了作用，但它是在特定语言或方言的词库和语法所限定的范围内发挥作用的。

相对信息量与语法之间相互作用的一个很好释例，是我住在纽约州伊萨卡市（Ithaca）附近的乡村地区时所观察到的一种常见用法。乡村道路的官方名称几乎都以 *Road* 而非 *Street* 作为普通名词，如 *Tunison Road*（图尼森路）、*Townsendville Road*（汤森维尔路）、*Lodi Center Road*（洛迪中心路）等，因此按照上述所讨论的英语规则，重调应落在 *Road* 上。但在乡村语境中，名称中真正的信息元素是专有名词。所以，当地居民在用名字指代道路时常常会增加个定冠词，这样他们就可以给 *Road* 去重调化，而后将主重调放在名称上，如 *the TUNISON Road*、*the TOWNSENDVILLE Road*。这个例子表明相对信息量以及语法和词具体作用的重要性。如果相对信息量如突出强调观所主张的是句重音中最为重要的因素，那么说话人就有可能简单地说 *TUNISON Road*、*TOWNSENDVILLE Road*。但这样的发音会产生不必要的窄焦点：添加定冠词似乎**在保留宽焦点的同时**还支持了这种移动。这一效果在突出强调观中是难以解释的。

　　冰岛语里也有类似的案例。根据克里斯特扬·阿纳森（Kristján Árnason 2005: 453ff.），"［男］人"这个词在**限定性**的"形容词 + 名词"短语中是可以去重调化的，仍然表达宽焦点，但在非限定性短语中却不是这样的。其他信息量更大的名词在"形容词 + 名词"的短语中都会承载主重调，无论这个短语是限定性的，还是非限定性的。例如：

（57）　（a）Þarna er GAMLI maðurinn.
　　　　　　那里是位**老**人。（字面意思：there is old-DEF.［限定性］man-DEF.）
　　　　（b）Þarna er gamall MAÐUR.
　　　　　　有位老**人**。（字面意思：there is old man）
　　　　（c）Þarna er gamla PÓSTHÚSIÐ.
　　　　　　那里是老**邮局**。（字面意思：there is old-DEF.［限定性］post-office-DEF.）

这些句子的重要之处在于它们都能用于表达宽焦点，尽管事实上主重调是在（57b）和（57c）中的名词上、（57a）中的形容词上。也就是说，冰岛语在两个方面与英语相似：首先，有些个别的相对无信息量的名词，它们可以去重调化，且仍然表达宽焦点；其次，限定性青睐这种非限定性不青睐的去重调化。但英语与冰岛语并不直接对应：如果不表示 *old* 上有某种窄焦点，我们在英语里就不能使用 *the OLD man*。

　　另一个类似的案例是英语和匈牙利语用以表示钱数的短语。如前面例（4）所示，在英语表示钱数的短语中，主重调落在货币的单位上：*five FRANCS*, *fifty CENTS*, 等等。但在匈牙利语里，主重调一般不是在货币的单位上。因此，在与前面所讨论的完全相似的语境中，我们可能会发现：

（58） A：Mennyit kaptál érte? 你把它卖了多少钱？

B：SZÁZ ötven forintot. 150 福林。

243 英语与匈牙利语之间的相似性与 6.1.3 节所概述的虚拟的跨语言相似性几乎相同。在类似的语境中，我们的短语里是同一种排序的对应词，但我们发现：一种语言里有一种凸显模式，另一种语言里则有另一种模式。这两种模式都可以**单独**提出一种博林格式或突出强调观的解释，但对这种差异的解释有效地破坏了突出强调理论的预测价值。突出强调显著信息的普遍策略简直不能解释跨语言的所有重调事实。匈牙利语的模式使博林格的意思成为一种"兴趣型重调"（福林的数量才是最为重要的，单位是可预测的），而英语的模式作为一种"权势型重调"却是有道理的（在其他条件相同情况下，把重调放在最后）。英语采用同等对待货币数量和单位的相对信息量方法，而匈牙利语则采用分别对待的方法，这一点是说不通的。似乎没有办法避免把这种差异放在各个语言的语法中。

匈牙利语的例子提出了一个更为普遍的句法和音系的"中心语"问题。在匈牙利语里，（58）所示的重调模式实际上可能反映了名词短语的一般事实，而非有关钱数的具体事实，即名词短语通常倾向于让第一个元素（即形容词–名词序列中的一个形容词，如第 2 章例（26）中的 *nehéz nyelv*）承载重调。注意：在本例中，重音落在数字 *száz ötven* 本身的第一个元素上；对比英语的 *a hundred and FIFTY*（150）。看起来有些语言可能通常更喜欢"左中心"的音系短语，即最凸显位置在首位而非末位的短语。如果这是真的，那么匈牙利语便可能是这类语言的一个例子：注意匈牙利语的词重音永远是在词的第一个音节上（见 Halle and Vergnaud

1987，他们提出，短语层和词层中的韵律中心语是同一种结构赋值在韵律层级结构不同层级上的实例）。已提出的说法（Nespor and Vogel 1986:168ff.）甚至是，这种音系"中心语"与句法"中心语"存在着系统性的关系，尽管支持这种说法的证据相对偏少（另见 Ladd 2001: 1384f.）。

对任何短语层上"左中心"（即起始句重音）说法进行评估的一个难点是由上面 6.2.1.3 节所讨论的那种因素所致，即由对音系分析有效性的不确定性所致，特别是由在许多这种情况下成分长度问题高度相关的这一事实所致。在匈牙利语的名词短语和数字名称的案例中，似乎很可能相对较短的名词短语确实将主重调落在首成分上，而较长名词短语（如很长 244的数字名称）却也将凸显重调落在最后一个成分上。对这一一般性议题的广泛讨论，见于瓦尔加（Varga 2002: 第 6、第 7 章）对匈牙利语短语重音模式的精彩描述。这种长短的影响与我在前面（25）和（26）的例子中所提出的有关罗马尼亚语特殊疑问句的内容类似，通常可能是典型的"左中心"音系成分。下面，在 6.2.3 节与 7.2.3 节中所讨论的英语不及物的句子将给出更多这方面的例子。

6.2.2.5　小结

在我看来，本节所论及的英语数据可作为支持突出强调观的最佳证据。仅从英语案例来看，即使在许多宽焦点的案例中，相对语义重量显而易见也是句重音中的关键因素。这一事实驱动了突出强调观，也促进了研究者努力更多地理解"相对语义重量"（话语地位、信息量等）的性质：理解了相对语义重量，就自然而然地理解了句重音。

然而，从跨语言比较的角度看，英语的数据就不那么令人信服了。本节所给出的全部证据表明，相对语义重量可以在句重音中起作用，这一说法在某些语言的某些句法语境中并不那么鼓舞人心。对于那些与之相关的语言来说，这并不会降低研究影响相对语义重量的语境因素的重要性，但这确实意味着，结构因素在所有语言中也都起着至关重要的作用。

6.2.3 谓词与论元

我们现在来谈一谈句重音模式中第三个潜在的跨语言差异领域，即在有些语言里存在着一种论元与谓词之间的重调性差异的主张，即谓词（动词和谓词性名词或形容词）在可重调性上不如论元（句法上连接到谓词上的名词短语）。这种主张，至少在现代文献中似乎是由施梅林（Schmerling 1976：第 5 章）最先提出的。从一开始，它就是一种用传统的正常重音规则来解释一个长期存在并被广泛讨论的问题的方法。

在传统的以句法为基础的正常重音解释中，句中的最大凸显据说是落在最后的一个实义词上。这条规则在使用不及物谓词的英语句子中遇到了245 严重困难。有些这样的句子最为自然的发音似乎是将主重调放在主语上，而另外一些句子似乎更适合将主重调置于谓词上，但对另一些句子，甚至连支持正常重音思想的人之间都无法达成一致意见。几十年来，关于这两种重调模式发生的条件，文献中已有很多的讨论，这里对这些条件进行了简单概述。

在描述单个事件的短句中，青睐核心重调落在主语上：

（59）　（a）The COFFEE machine broke.　　**咖啡**机坏了。
　　　　（b）The SUN came out.　　　　　　**太阳**出来了。
　　　　（c）His MOTHER died.　　　　　　他的**母亲**去世了。

尤其如此的是当谓词表示出现与消失，或当以其他方式将主语引入话语中时（Allerton and Cruttenden 1979）。相比之下，正如费伯（Faber 1987）所指出的那样，如果主语表示人的一个主体，谓词表示一种主语可能对其具有某种控制力的行为，那么核心重调更可能落在动词上。用一个比费伯那时更常见的术语来说，一般给谓词去重调化的案例涉及**非受格谓词**（Perlmutter 1978; Levin and Rappaport-Hovav 1995; Sorace 2000）：

（60）　（a）My brothers are WRESTLING.　　　我的兄弟们**在摔跤**。

　　　　（b）Jesus WEPT.　　　　　　　　　　耶稣**落泪**了。

　　　　（c）The professor SWORE.　　　　　　教授**发誓**了。

其他常承载谓词上重调的不及物句子类型有类指主语的句子以及陈述定义、永恒真理和高度抽象化的句子（Gussenhoven 1983a: 403ff.; Faber 1987: 352f.）：

（61）　（a）Wood FLOATS.　　　　　　　　　木头**能漂浮**。

　　　　（b）Penguins SWIM.　　　　　　　　企鹅**会游泳**。

　　　　（c）Hope FADED.　　　　　　　　　希望**破灭了**。

如果主语"被主题化"（在某种意义上这不是很清楚）或者容易参照上下文，那么动词就更有可能承载重调：这就解释了（62）中施梅林（Schmerling 1976: 41f.）最先讨论过的常被引证的一对例子。

（62）　（a）Truman DIED.　　　　　　　　　杜鲁门**死了**。

　　　　（b）JOHNSON died.　　　　　　　　**约翰逊**死了。

这是两位美国前总统死亡的报告，两个都是在开始对话时说给施梅林的。246约翰逊的死是意外的，（含有一个非受格动词的）命题是作为一个单独事件提出来的；相比之下，杜鲁门的身体状况已在新闻中出现了好几天，这个句重音通过把**杜鲁门**处理为一个"主题"，将话语与先前的那个语境联系起来。费伯（Faber 1987）和古森霍文（Gussenhoven 1983a）也曾讨论过稍有区别的一对类似话语。

　　鉴于这些数据，施梅林提出，在不考虑其他因素的情况下，论元本质上比谓语更有可能承载重调。她认为主重调落在不及物谓词上的案例在某个方面很特殊，如在她所称之为的"主题与评述句子"（Schmerling 1976: 89ff.）方面，在此情况下，主语在某种程度上是可预测的，或在上下文中是已给出的（如在（62a）中）。宾（Bing 1979）、拉德（Ladd 1980a）和古森霍文（Gussenhoven 1983a）都遵循施梅林的原则，将论元与谓词之间的基本区别置于其重调化规则之中；古森霍文在遵循施梅林的原则上更进一步，他讨论了语用上的不同句类（如他的"事件句"和"定义句"），它们往往将主重调落在主语或谓词上。

　　施梅林注意到，论元的可重调性在德语里也更加明显：例如，在（宾语后于动词的）主句中，在（宾语先于动词的）小句中和在使用非限定词汇动词形式的主句中，宾语名词通常比及物动词更凸显。因此：

　　（63）　　（a）Sie liest ein BUCH.

　　　　　　　　她在读**书**。

　　　　　　（b）Er denkt, dass sie ein BUCH liest.

　　　　　　　　他想她在读**书**。

　　　　　　（c）Sie hat ein BUCH gelesen.

　　　　　　　　她读了一本**书**。（字面意思：she has a book read）

第二个例子的直译是 *He thinks that she a book reads*；施梅林（Schmerling 1976: 84）指出，英语说话人在朗诵这个直译的句子时，可能会将最凸显的重音放在 *book* 上，而非 *read* 上。塞尔柯克（Selkirk 1984: 5.2.2 节）对德语也有类似的看法，古森霍文（Gussenhoven 1984: 第 2 章）详细论证了这在荷兰语里基本上亦是如此。

　　然而，这三种语言里却也有一个很好的例子可以说明，名词与动词247（或论元与谓词）之间的任何明显差别都只是一个一般性的相对语义重量或信息量的作用问题。换言之，可以说，名词一般比动词具有更多的相对语义重量，而在一个或数个特定名词已给定的情况下，动词常常便是中规中矩，可预测性很高。如果真是如此，那么像施梅林的那些数据实际上支持突出强调观，因而任何对结构（即对谓词与论元之间差异）的引用都是不必要的。博林格（Bolinger 1972b; 1986: 第 7 章；尤其 1989: 第 9 章）已经有力地证明了这一点。

　　支持博林格观点的证据之一是可变性的存在。主重调在不必表示明确的对立或窄焦点的情况下，既可以出现在名词上，也可以出现在动词上，这方面的例子很多。例如，博林格（Bolinger 1972b: 637）指出，句重音在"名词与语义含量较低的动词相对"时是可变的：

（64）　（a）I can't go with you; I've got too many THINGS to do.
　　　　　　我不能跟你去，我有太多**事情**要做。
　　　　（b）I can't go with you; I've got too many things to DO.
　　　　　　我不能跟你去，我有太多事情要**做**。

他（Bolinger 1972: 638）注意到，"当名词和动词同样丰富时，情况亦是如此"：

（65）　（a）We're looking for a neighbourhood where there are other boys to PLAY with.
　　　　　　我们在找一个有其他男孩可以**一起玩**的街区。
　　　　（b）We're looking for a neighbourhood where there are other BOYS to play with.
　　　　　　我们在找一个有其他**男孩**可以一起玩的街区。

（66）　（a）It's too heavy a price to PAY.
　　　　　　这个代价**承担**起来太重了。
　　　　（b）It's too heavy a PRICE to pay.
　　　　　　这个**代价**承担起来太重了。

　　支持博林格观点的另外一条证据涉及了有定性对指称短语可重调性的影响（比较 6.2.2.4 节）。此类情况已有广泛讨论，并与德语相关；在德语里，有定性既影响词序，也影响句重音，这已确定无疑（如 Kiparsky 1966; Jacobs 1982）。例如，在句末具有非限定性动词形式的句子中，如果前面的宾语名词短语是有定的，那么核心重调很容易出现在动词上，但如果宾语是无定的，则一般不会。如下例子是基于（Cinque 1993）而来的[①]：

248

（67）　（a）Der Arzt wird einen PATIENTEN untersuchen.

医生将为一个**病人**做检查。

（字面意思：the doctor will a patient examine）

（b）（?）Der Arzt wird einen Patienten UNTERSUCHEN.

（?）医生将为一个病人做**检查**。

（c）Der Arzt wird den PATIENTEN untersuchen.

医生将为那个**病人**做检查。

（d）（OK）Der Arzt wird einen Patienten UNTERSUCHEN.

（可接受）医生将为那个病人做**检查**。

当宾语名词短语无定（如（a）和（b））时，它可能指的是一个新引入话语中的实体，将主重调放在这个动词上是很奇怪的。相反，当宾语有定（如（c）和（d））时，它可能指的是一个"已知"实体，相应提供的信息较少。结果是，主重调落在动词上更容易被接受。

最后，就像特殊疑问句中的句重音一样（见 6.2.1.3 小节；比较 7.3.1 节），无论谓词的语义或论元的信息状态如何，句子的长度也都能在这里起作用。具体地说，给主语加重调适用于这种不及物的句子，特别是当这个句子很短时：即使是带不受格的谓词，在较长成分的句子和带动词短语中附加状语成分的句子中，都可能存在谓词上的重调情况。

（68）　（a）Former President Johnson unexpectedly DIED today.

前总统约翰逊于今天意外**去世**。

---

①　我扩展了钦克的例子，以表明问题是主重调落在动词上的相对可接受性，这取决于名词短语的有定性。钦克本人给出这些例子，好像唯一的可能性是，当宾语有定时，重调落在动词上（67a），无定时，则落在宾语上（67d），但实际的情况要比这更微妙。更多关于相对可接受性概念及其理论意义，见 Bard, Robertson, and Sorace 1996 及其中引用的一些文献。

（b）The dog's mysteriously DISAPPEARED.

这条狗神秘地**消失了**。

同样，有人可能会说，较长或"较重"的成分提供的信息更多，因而更易于成为主重调的负载单位；如前所述，我们将在 7.2.3 节中再回来讨论成分重量的这种效应。

那么，在所有这些案例中，如果我们只考虑来自西日耳曼语言的数据，那么在突出强调观与一种持特定语言规则的 FTA 解释之间做决定几乎又一次是不可能的。但如果进行广泛的跨语言比较，某些语言就像英语一样，就会在句重音规则上区别对待论元与谓词，而别的语言则似乎是以同等方式对待论元与谓词的。例如，荷兰语和德语与英语相似，而意大利语和西班牙语则不同。仅仅从信息量的普遍原则角度来说明英语或德语的数据，似乎毫无益处。

不幸的是，直接将英语或德语与西班牙语或意大利语进行比较非常复杂，因为很难找到与（59）中 *The COFFEE machine broke* 类似的句子。西班牙语或意大利语里这些不及物事件的句子通常是动词–主语（VS）的词序：

（69）　　S'è rotta la CAFFETTIERA.　　　　　　　　　　249

　　　　　咖啡机坏了。

　　　　　（字面意思：has broken the coffee machine）

也就是说，就像否定不定代词与非否定不定代词之间的差别一样（6.2.2.2 节），西班牙语或意大利语等语言里的词序调整可能通过操纵核心重调的位置来间接实现英语直接实现的重调效果。事实上，西班牙语或意大利语中的 VS 词序出现在与英语里那些无重调的不及物谓词惊人相似的语境中，而且在任何已知的语境中，西班牙语或意大利语里 VS 与 SV 词序之间的细微差别，大体上与英语里有无重调的不及物谓词之间的细微差别极为相似（这方面的例子见 Bolinger 1954；Hatcher 1956；Ortiz-Lira 1994）。
这一观察结果为句重音的突出强调观提供了一些安慰，因为它意味着"论
元上的重调"或"谓词上的重调"看起来在不同的语言里具有相似的语用
效应。然而，与此同时，对这些相似性的突出强调解释并不能解释这样一
个事实：有些语言（如英语）可以很容易地将重调从最后一个实义词上移
走，而别的一些语言（如意大利语）则必须调整词序，以使适当的实义词
处于重调位置。

　　关于名词和动词的相对可重调性，更多有关英语或德语与意大利语或
西班牙语之间差别的直接证据源自某些特定的结构形式。这些包括诸如
（70a）中的不定式"小句"和诸如（70b）中不含名词的短的关系从句：

　　（70）　（a）I have a BOOK to read.　　　　我有本**书**要读。
　　　　　　（b）It was caused by the FISH she ate.　是她吃的**鱼**引起的。

在英语里，这些常将主重调置于最后一个名词上，而非后面的动词上（比
较例 64-66）。而在意大利语里，相应的句子则将主重调置于动词上：

　　（71）　（a）Ho un libro da LEGGERE.　　　我有本书要**读**。
　　　　　　（b）È stato provocato dal pesce che aveva MANGIATO.

　　　　　　　　　　　　　　　　　　　　　　是她**吃**的鱼引起的。

正如博林格所指出的，此类结构在英语的短语（如 *things to do*（要做的事）
和 *price to pay*（要付的代价））中确实是可变的，所以将（70）中的模式
作为揭示英语里中性句重音模式是不恰当的。但显然，存在着跨语言的差
别，因为这种可变性在意大利语里是不存在的：即像 *cose da fare*（要做的
事）或 *prezzo da pagare*（要付的代价）这样的意大利语短语只能将重调置
于动词上，除非和平常一样，是在非常明确的元语言对比的情况下。与英
语不同，在绝大多数的语境中，意大利语确实将主重调置于最右边的实义

词上。这也就意味着，英语里谓词与论元之间在可重调性上的明显差异并不只是重调突出的一般原则的一个具体事例，而是涉及一条特定语言所具有的、以结构为基础的句重音规则。

刚刚引用的例子除了可以直接告诉我们句重音以外，还让我们意识到了方法因素：若要在名词和动词的相对可重调性上寻找语言间的明确差别，就需要看一看动词位于句末的结构。这样的结构在比较英语与意大利语时是很难找到的。一个更为明显的地方是在主宾谓（SOV）语序的语言里。具体地说，有人预测：在一种论元比谓词更可能负载重调的 SOV 语言里，主重调的中性或宽焦点位置是在宾语上，而在一种重调上不区分谓词与论元的 SOV 语言里，它则是在动词上。

SOV 语言之间确实存在这样的差异。在土耳其语里，尤其是带有不定宾语时，最后的重调通常落在宾语上（见 247 页脚注①）：

（72） Eski müdür bir KITAP yazdı.　　前主管写了一本书。
（字面意思：former director one BOOK wrote）

另一方面，在孟加拉语里，最后的重调一般落在动词上（Hayes and Lahiri 1991）：

（73） Ram Shamoli DEKHLO.　　拉姆看见了沙莫利。
（字面意思：Ram Shamoli saw）

这种差异似乎证实了语言之间存在着平等与不平等对待论元与谓词的差异。但我们又一次被数据上的分歧所困扰。金（Kim 1988, 转引自 Cinque 1993）在一篇类型学调查的文章中提出，包括孟加拉语在内的大多数 SOV 语言都拥有宾语上的无标记句重音。这一点直接与刚刚引用的来自海斯和莱希里的数据相矛盾。我们可能会因莱希里是孟加拉语的母语说话人，初步认为海斯和莱希里更可信，但显而易见，这正是需要 251

更多数据的原因所在。有待对 SOV 语序语言的宽焦点句重音模式进行仔细的研究。

6.3　句重音模式的类型学

句重音跨语言差别的存在自然导致类型学的问题，以及对语言之间在句重音模式上的差异限制。（借用朱斯（Joos 1957: 96）的常被引用的说法，）语言是否可以"无限制地、以不可预测的方式"有所不同？变化的范围是否受到原则上的限制？或者，就此而言，这种明显的变化是否都受到某个已知语言其他某个属性的制约？

第一种可能性是不存在对语言之间句重音上差异的原则性限制，逻辑上不可能将这种可能性排除在外，但这与当前关于语言类型学的许多思想背道而驰，也与许多长期存在的有关语调普遍倾向的观察结果相矛盾，因而我不再对它做进一步的探索。第三个可能性是跨语言句重音的显性多样化，实际上是其他某种东西的一种反映，这种可能性已在传统生成句法的各种著述中被泛泛地提出。例如，钦克（Cinque 1993）提出一种"句重音的零理论"，该理论认为句子的最凸显重调出现在句子表层结构中最深内嵌的成分上，因此主张句重音的显性差异实际上是句法差异。苏维萨雷塔（Zubizarreta 1998）也提出了一种类似的观点，但它是基于生成句法的一种不同版本。无论人们偏爱哪一种句法，我认为，根据上述各节所提供的数据，这种观点是无法维系的；但逐点对钦克或苏维萨雷塔的观点进行反驳，业已超出了本章的范围。

这让我们不得不去寻找制约语言与语言之间句重音模式可变性的原则。根据迄今为止已做的讨论，似乎很清楚，这些原则在某种程度上涉及不同原则之间的某种平衡行为或竞争——在一个已知的句子中，一条原则（如有定性）可能青睐将主重调置于词 x 上，而另外一条与此相竞争的原则（如论元与谓词的相对可重调性）则可能青睐将它置于词 y 上。这反过来又表明，用优选论（Kager 1999; Prince and Smolensky 2004）进行描述将会很有吸引力，确实有人已对这种描述做过讨论，如费里和萨梅克-洛多维奇（Féry and Samek-Lodovici 2006），戈尔曼、皮埃安贝尔和考夫曼（German, Pierrehumbert, and Kaufmann 2006）。我不打算在这里进行这样 252 的分析，但在本节中，我将简短地指出一些必须涉及的潜在竞争原则。

首先，在所有的语言里，即使是在像匈牙利语这种强"左中心"的语言里，主重调似乎很明显倾向于出现在短语或句子的结尾处。这就是博林格的"权势重调"概念。这条规则实际上可能是由两条更为基础的原则组成的：一种是避免句子前部出现主重调的倾向，一种是主重调置于实义词上的倾向。但根据这种"最右"的倾向，主重调必在最右边（明显元语言更正的情况除外）的语言与因各种其他原因允许主重调出现在句子前部（包括博林格的"兴趣重调"）的语言之间似乎存在着相当明显的差别。在前一种类型中，主重调的中性位置在所有或几乎所有的案例中都是在最右边，而我们讨论过的因素（提问与陈述、相对信息量、词类、有定性、音系的中心语等等）都没有起任何重要作用。诸如意大利语和加泰罗尼亚语，这些都是瓦尔杜维所说的［－可塑性］语言。在后一种类型中，即在瓦尔杜维的［＋可塑性］语言（如英语或希腊语）里，我们已讨论过的因素都允许主重调出现在句中更左的地方。用优选论的术语说，主重音必在最右边的制约条件如在加泰罗尼亚语里将统制其他大部分或所有的句重音制约条件，但在英语里则被其他与信息量相关的制约条件所统制，在希腊语里则被与疑问焦点相关的制约条件所统制，在匈牙利语里则被与音系中心语相关的制约条件所统制，等等。

在主重调不完全落在最右边的实义词上的语言里，另一个明显的类型学问题是，将重调引至左边的各种因素之间存不存在一种系统性的关系？例如，鉴于是非疑问句与特殊疑问句之间存在明显的相似性，试图将它们的表现联系起来是很有诱惑力的——事实上，这就是我通过在同一节中处理这两种类型未明说出所要做的事。也就是说，有些语言（如罗马尼亚语、匈牙利语）可能出于重调化目的而采用不同方法处理疑问句与陈述句，而别的语言（如英语、意大利语）则可能采取相同的处理方法。或者，在已知的任何一种语言里，是非疑问句与特殊疑问句在重调化的表现上可能各不相同，彼此独立：可能存在着将主重调置于是非疑问句中的动词上并像陈述句那样处理特殊疑问句的语言，还可能存在着将主重调置于特殊疑问句中的特殊疑问词上但像陈述句那样处理是非疑问句的语言。从表面上看，确定此类情况是否存在似乎很简单，但存在的情况多种多样，非常复杂，诸如孟加拉语里特殊疑问句需要一种窄焦点调式的情况（Hayes and Lahiri 1991: 4.2 节），或土耳其语里是非疑问句中的焦点先由疑问语助词标记，后仅由句重音标记的情况，或者甚至在某些语言里特殊疑问词出现在小句句首，而在其他语言里它们则占据通常由论元名词短语填充的位置的情况。此外，句重音在许多语言的疑问句中的可靠信息并不多；这一领域的类型学研究缺乏广泛的实证基础。

　　同样，我们可以推想，所有与可重调性和信息量有关的因素（语境去重调化、不定代词和空语义名词的特殊处理方式以及有定性的作用）都系统性地跟论元与谓词的不同处理方式相关。例如，我们可以推想：如果一种语言认为谓词比论元更不容易负载重调的话，那么它往往还会将语境给定的材料去重调化，并在涉及不定代词或空名词的句子中呈现变异性。这一推想的基础是博林格的建议，即论元与谓词的差异是一种重调化与信息量之间一般性关系的具体体现。如同疑问句中的重调化那样，确定这些变异性的维度是否是独立的似乎很简单，但从句子长度对可重调性的影响到世界不同语言里的谓词与论元存在不同词序模式，情况仍很复杂。所以，再次强调我们对跨语言的可重调性知之甚少，似乎很有益处。我相信，这里给出的跨语言差异的例证，加上类型学的变异性应受到高度限制的普遍期望，都明确提出了一个实证研究的重点。

7

句重音中的音系问题

在我看来，第 6 章中所讨论的这种证据使得任何一种对句重音的共性突出强调观都变得不堪一击。但 FTA 理论也存在着明显的理论漏洞，这是宽焦点作为实证研究和理论争议的一个主题存在下来的一个原因。在这些问题中，有些本质上是音系的，而且都围绕着我们使用相同符号 *five FRANCS* 来表示 *francs* 上的宽焦点与窄焦点这一情况展开的。这种符号用法表明存在着两种论证句重音合理性的需求。首先，它表明，某些句重音在不同的焦点解释之间是**有歧义的**。其次，它还表明，一个短语或话语都必须有一个最凸显的（主）重调。这些具体的论题以及它们对句重音音系学的更广泛的意义，是本章的主题。

7.1 焦点–重调观的音系问题

7.1.1 宽焦点模式真的有歧义吗？

本节将详细讨论这样一种说法，即宽焦点句重音模式 *five FRANCS* 可以与窄焦点模式一起进行识别，因而以此方式用符号标示的模式可能存在着歧义。如果总能区分开宽焦点说法与窄焦点说法，则宽焦点（或焦点投射）就没有给突出强调观带来根本性的困难；它只需要对作为一个整体的宽焦点模式进行更为详尽的说明。毫无疑问，*five francs* 这个短语的发音方式是**可能的**，它相当明确地传达了 *francs* 上的窄焦点信息。但各种证据表明，某些句重音模式真的是有歧义的。

一方面的证据来自重调模式感知实验研究的结果。古森霍文（Gussen-hoven 1983b）表明，英语听话人虽在某种条件下可以区分类似于宽焦点的句重音模式与 *five FRANCS* 的对比重音版本，但将这些模式相互混淆的可能性仍然比将它们与类似于 *FIVE francs* 的模式混淆的可能性要大得多。一项由伦普和科利尔（Rump and Collier 1996）所做的更大的研究显示荷兰语也有类似的影响。诚然，这个证据可以从两种不同的角度来看。例如，伦普和科利尔强调其数据中对应形式的潜在区别性，而不是其易混淆性，但他们的数据清楚地表明，*FIVE francs* 对应的模式在声学上与其他模式截然不同。

从玩笑和文字游戏中可以更清楚地证明，宽焦点与窄焦点之间存在真正语言学上的歧义。威利·萨顿（Willie Sutton）是 20 世纪 30 至 40 年代臭名昭著的美国银行劫匪，一个例子就来自他在被捕后不久与记者的一段对话：

（1）　记者: Why do you rob banks?　　　你为什么抢劫银行？
　　　萨顿: Because that's where the money is.　因为钱就在那里。

可以说，记者的问句有个落在整个（动词＋宾语）短语 *rob banks* 的宽焦点；也就是说，问题问的是，萨顿为什么会参与抢劫银行的反社会活动？但萨顿的回答显然是一种俏皮话和诙谐的应答，认为这个问句的焦点只落在 *banks* 上，即好像提问者已预设萨顿参与了抢劫什么东西，并想要知道他为什么抢劫银行而不是杂货店或加油站。

正如符号标示法所表示的那样，理解这一证据的合理方式是说，实际上，我们写成 *five FRANCS* 的这两种模式（即宽焦点说法和落在 *francs* 上的窄焦点说法）在语言学上是相同的，但这两种说法可以通过使用在语音上增强的**强调**来区分。按照这一观点，强调是一种副语言手段，它有时可以发挥作用：也就是说，我们对两种截然不同的重调模式（*FIVE francs* 与 *five FRANCS*）有语言学上的区分；而且除此之外，我们还有副语言梯度性修改这些模式实现的可能性，从而选出单个的词。"强调"与"重调"常常可以携手同行，但这并不意味着它们是同一件事。

　　如果我们把句重音的位置视为类似于焦点语助词的位置，那么这种观点（基于 4.2.2 节对梯度性的讨论）就可以说得更合乎道理。在许多情况下，许多语言里，焦点语助词在句中具有中性或缺省位置，但可以附加到别的位置上来表达窄焦点。如果语助词位于中性位置，那么宽焦点与窄焦点说法之间就有可能存在歧义问题。在这些案例中，就像通过重调所传达的焦点信息一样，不同程度的局部强调可能有助于澄清所要表达的意思。例如，在俄语里，如果有一个否定语助词 ne 的话，那么它就会出现在窄焦点成分之前，否则就在限定动词之前。若要窄焦点落在动词上，则可以用强调性重调（如下列示例中黑体所示）把这一点明确地表示出来：

（2）　（a）Ne MARK čitaet.
　　　　　　　马克没在看书［别人在看书］。（字面意思：not Mark reads）
　　　（b）Mark ne čitaet.
　　　　　　　马克没在看书。
　　　（c）Mark ne ČITAET.
　　　　　　　马克没在**看书**［他在做别的事情］。

也就是说，把焦点解释为宽焦点还是窄焦点，取决于有没有局部性强调，而不仅仅是有重调或者有否定助词。[1]

---

　　① 正如我们在 4.3.2 节中所看到的，强调是通过提升和 / 或扩大调域等其他（或许梯度变异性的）语音线索来传达的，汉语里的焦点似乎最好分析为包含了这种强调。这类强调在许毅的著述（如 Xu and Wang 2001; Xu 2005; Wang and Xu 2011）中已得到了广泛的讨论，并且陈轶亚和古森霍文（Chen and Gussenhoven 2008）也对它的语音实现做了仔细的实证研究。对于任何理解焦点的语音基础来说，这最终都是一个重要的议题，但由于本章主要讨论句重音的音系问题，所以把强调处理为一种额外的特征，这种特征至少在欧洲语言里或许最好被看作是副语言的。陈轶亚和古森霍文（Chen and Gussenhoven 2008: 744f.）的建议是：在汉语里，可以用一种抽象的"节律"结构来恰当地分析强调对调域的影响。他们的建议与欧洲语言里的相对调域由一种层级结构所支配的提议（8.3.3 节）相一致。对本章的这一议题来说，更为重要的是，他们的观点呼应了 7.2.3 节中的提议，即句重音本身本质上是一种韵律结构的副产品。

当焦点由语助词而非重调传达时，毫无争议的是，焦点模式的选择是明确的：焦点标记附加到要么一个词上，要么另一个词上。在语言特征（焦点语助词的位置）与副语言特征（标示窄焦点的"强调性重音"）的区分上也是毫无争议的，因为语言特征是音段性的，而副语言特征是超音段性的。这里的提议是：在英语这样的语言里，语言的重调位置与副语言的强调程度即使在语音上都是超音段性的，也都应以相同的方式加以区分。这再次提出了 4.2.2 节中讨论过的关于"梯度性"与语调意义的问题，但我要提出的一般性的解释是：现有某些重调模式，它们在宽窄焦点之间的解释上存在歧义，并且用副语言方式可以消除歧义。

所有的这些证据都指向这样的结论，即在 *five francs* 这样的短语中只有两种基本句重音模式：一种是句重音落在 *five* 上，一种是句重音落在 *francs* 上。（这里没有考虑第 6 章例（3）所诠释的"双焦点"情况，下一章将回来再讨论它们。）为了强调单个的重调词，我们可以通过扩大调域、提高音强等方式来夸大这个词的重调，让它在语音上更凸显。这个强调有助于明确重调传达窄焦点：如果以此方式夸大 *five* 上的重调，则强调就是羡余的；但如果以此方式夸大 *francs* 上的重调，则强调有助于消除焦点解释上的歧义。但无论哪一种情况，都可以把强调看作是一次对两种基本模式的调整。

7.1.2 存不存在单独的一个"核心"重调？

FTA 观点的另一个重要问题是，宽焦点的概念是在每个句子或短语中**单独**一个重调位置（通常为最后一个重调词）的基础上形成的。这种做法显然是非正式的，而且一些学者（特别是宾（Bing 1980）和博林格（Bolinger 1986））还对此提出了质疑，但令人惊讶的是，它在各种文献中很普遍，甚至在突出强调观的支持者中也很普遍，并且不难证明它是有实证依据的。因此，尝试将其置于一个更可靠的理论基础上是有益处的。

首先，认为句中最后一个重调更凸显，很显然这**在语音上**是无法证实

257

的。最后一个重调在音高和总体音强上通常都是很低的，而博林格则只不过将它更凸显的直觉视为不知何故由其话语中的位置引起的一种错觉（见 Bolinger 1986: 58ff. 和第 6 章的各处）。（他并没有去探讨这种幻觉的存在是否可能有趣或具有启发性。）IPO 传统将重调的凸显与音高扰动的规模相联系，用明晰化的语音方式来确定它的凸显（如 't Hart, Collier, and Cohen 1990; Terken 1991; Hermes and Rump 1994; Rump and Collier 1996），并且没有任何理论上的理由认为最后的重调有什么特别之处。然而，很容易表明，在大多数场合，最后一个重调在表达焦点上确实具有特殊的地位：最后一个重调的位置决定了宽焦点解释是否可能。这可以拿一个短语并逐渐扩大它来加以说明。

请看短语 *a cup of coffee*。完全可以将这个短语中句重音和焦点的基本情况与上述 *five francs* 例子的情况相比较。宽焦点可以用 *a cup of COF-* 258 *FEE* 模式来表示，而只有窄焦点说法可用 *a CUP of coffee* 模式来表示：也就是说，第一个模式有可能在焦点落在全句上（一杯咖啡而不是一个三明治或一块蛋糕）与焦点落在 *coffee* 上（一杯咖啡而非一杯茶或可口可乐）之间存在着歧义；第二种焦点明确落在 *cup* 上（即一杯咖啡而非一壶咖啡）。就像 *five francs* 的例子那样，*coffee* 上的重调不一定是宽焦点模式中短语的唯一重调：*cup* 在不影响焦点的情况下也可以获得重调。但 *coffee* 上的重调一定是短语的**最后一个**重调，这就是 *a cup of COFFEE* 这一符号所表达的意思。

最后一个重调的位置非常重要，这一点可以将这个短语扩展到比如 *five francs and a cup of coffee* 来体现。这个短语的宽焦点说法适用于我们在第 6 章例（5）中所说的那种场合：

（3）　　A: What did they give you for participating in the experiment?
　　　　　　他们给了你什么让你参加实验？
　　　　　B: Five francs and a cup of coffee.
　　　　　　5 法郎和一杯咖啡。

要想标示宽焦点，*coffee* 上就**必须**有个重调。如果最后一个重调是在别处（如 *five FRANCS and a cup of coffee* 或 *five francs and a CUP of coffee*），就意味着存在某一种窄焦点。正如我们经常观察到的，重调的数量可能取决于口语的审慎程度等其他许多因素。如果说话人 B 回答得很匆忙且又很平淡，那么，除了 *coffee* 上的重调或许还有 *five* 上的 H* 重调外，其他任何重调则可能都很难区分出来。如果说话人 A 已问了问题，而且也已早早地得到了答案，那么说话人 B 可能会不耐烦地说道：

（4）　　L*　　L*　　　　L*　　H* L%
　　　　FIVE FRANCS and a CUP of COFFEE.
　　　　5 法郎和一杯咖啡。［我已经告诉过你了！］

如果说话人 A 和 B 是同一个系的同学，而系里要求他们参加实验，也给了一点点的奖励，B 可能会说：

（5）　　H*　　!H*　　　　!H*　　!H* LL%
　　　　FIVE FRANCS and a CUP of COFFEE.
　　　　5 法郎和一杯咖啡。［……通常的］

但这些差异对焦点的解读来说都不重要：重要的是 *coffee* 上有重调。

我们甚至可以再进一步加长这个例子，或许稍稍超过了合理性的长度一点点，类似于到这样的程度：

（6）　　Five francs seventy-five centimes and a cup of pretty tasteless coffee.
　　　　5 法郎 75 生丁和一杯相当无味的咖啡。

259 同样，为了让这个短语以宽焦点形式来回应关于说话人参加实验得到了什么这个提问，最后一个重调就必须落在 *coffee* 上。跟前一个例子一样，总体重调数量以及任何表情性语调选择的细节都是无关紧要的，但跟前一个例子一样，最后一个重调若不落在 *coffee* 上，而落在其他任何位置上，则都将传达某些十分具体的语境预设以及某个窄焦点。

那么，最后一个重调的特殊意义并不在于它可能具有的任何实际的语音凸显，而在于它在界定凸显**模式**上所起的关键作用。它不必特别凸显，但只需要它存在。这就解释了在之前很多的句重音研究中为什么要强调最右边重调位置的描写。一般来说，它证明了我们之前的建议（4.1.1 节），即核心重调具有某种特殊的结构地位和标示焦点的特殊作用。我们在下文中将反复提到这一点。

7.1.3 关于"音高重调"的定义

最后，让我们简要地谈一谈 FTA 观的一个基本问题，这个问题引起的关注较少，它就是音高重调的定义问题。这是"音高"与"凸显"的交会点，我们仍没有真正理解这两个方面之间的关系。2.2 节中给出的定义（"音高曲拱的一个局部特征，它通常但并不总是一种**音高变化**，并且常常涉及局部的最大值或最小值，这表明，与之联结的音节是话语中的**凸显音节**"）对于音高和凸显来说都十分模糊，最后导致分析人员大都自己做出判断。在线上的 ToBI 训练材料中，音高重调概念有很多的例证，但从未真正定义过；例子之间的区别体现在不同的"重音层级"上，很大程度上取决于观察者的印象，即哪个听起来更"凸显"？哪个更"显著"？我确实相信这种对实际话语语境中相对凸显的直觉判断的依赖性是适当的，但它的理论意义尚未得到真正的挖掘与探索。

在大多数情况下，标音者对哪个词重调的判断是相当可靠的，也是始终一致的。ToBI 标音的主要可靠性研究表明，标音员之间在音高重调位置上的一致性非常高：英语方面，皮特雷利、贝克曼和赫施伯格（Pitrelli, Beckman, and Hirschberg 1994）发现的一致性是 81%，西尔达尔和麦戈里（Syrdal and McGory 2000）是 91%，而德语方面，格莱斯等（Grice *et al.* 1996）发现的一致性是 87%。然而，至少有两种场合分歧并不少见。— 260

种是核心重调情况，这一点我们已在 4.1.4 节中讨论过了，还将在 8.1.2 节中再来讨论这个问题。另一种涉及核心前重调序列问题。

　　核心前重调的难点在于它们（正如我们在 4.1.1 节中所看到的）在某些方面不如其后面的核心重调凸显。在只有两个凸显词的短短语中，这个不会产生多少问题。我们已经看过几个这样短语的例子，事实上，在 2.4 节中，我们能够利用相对凸显的直觉来区分英语里的降阶重调与无降阶重调。为了方便起见，我们在这里再次列出第 2 章中的相关例子（20-22），并对它们的语调模式进行 AM 表征：

（7）　　　　　　　 H*　　　　L　L%
　　　（a）my MOTHER'S diaries　　　　［强弱，焦点在 *mother* 上］
　　　　　　　　　　 H*　　　 H*　LL%
　　　（b）my mother's DIARIES　　　　［弱强，无降阶］
　　　　　　　　　　 H*　　 !H*　LL%
　　　（c）my mother's DIARIES　　　　［弱强，有降阶］

由于所产生的语用解释上的差异，这两个重调的相对凸显在直觉上很容易判断：只有在 *mother's* 比 *diaries* 更凸显的情况下，我们才会查明 *mother* 与那些日记的其他可能所有者之间存在着一种强烈的语用对立元素。

　　但当我们在一个短短语（特别是一个降阶的短短语）中有三个或三个以上的凸显的词时，中间一个或几个词的地位通常是不清楚的。如果我们扩展（7）中的短语，把第三个实义词包括进来，那么就可以很容易地把这个阐释清楚。例如：

（8）　（a）My wife's mother's diaries　　　 我妻子母亲的日记
　　　（b）My late mother's diaries　　　　 我已故母亲的日记
　　　（c）My mother's college diaries　　　 我母亲的大学日记
　　　（d）My mother's old diaries　　　　　我母亲的旧日记

这些都可以在所有三个实义词上以明显不同的局部音高峰发出来，在这种
情况下，大多数标音者都会毫不犹豫地指出三个 H* 音高重调，而且核心   261
重调总是落在 *diaries* 上。然而，它们也可以在第一个实义词上以高的初始
音高峰的方式发出来，并且在整个话语的其余部分音高稳步下降，但 *dia-*
ries 清清楚楚仍是（降阶的）核心，如（7c）所示。因此，我们在第一个
词上有一个 H*，在 *diaries* 上有一个 !H*，但中间的词呢？我们认为它有
个 !H* 重调，还是根本没有重调？在这一点上，标音者的直觉不太清楚。

最初的 ToBI 训练材料包含许多这样的句子，中间凸显音节的"官方"
标音方式显然多种多样。一些例子如（9）所示。在这些例子中，我判定
为印象上凸显的音节是用黑体表示的，而声调标音则是由训练材料提供
的。（句子后面方括号中的名称是 ToBI 文件名。）可以看出，以印象上凸
显呈现的一些中间音节是用一个带有降阶 H 的重调（9a 和 9b）标出来的；
有些只标音为 /*?/，这表明对是否有音高重调的不确定性（9b 和 9c）；有
些标音中根本没有标示音高重调的迹象（9d 和 9e）。

（9）　（a）　　H*　　　　　!H*　　　!H* L-L%

A **friend** of mine **works** for **NASA**　　　　［'friend2'］

我的一个朋友在美国宇航局工作。

（b）　　H*　　!H*　　　　　?*　　　!H* L-L%

He **sold** the **bus**iness to **some**body **else**.　　［'sold1'］

他把生意卖给了别人。

（c）　　H*　　　*?　　　*?　　!H L-L%

...**State** S**u**preme **Court** **opin**ions.　　　［'author'的一部分］

……州最高法院意见。

（d）L+H*　　　　!H*　　L-

Capote **died** **Sa**turday　　　　　　［'capote'的一部分］

卡波特星期六死了

（e）　　　　H*　　　　　L+!H*　　L-L%

[No] I **think** I'll **wear** my **hik**ing boots.　［'wellies2'］

［不］，我想我会穿我的旅行靴的。

我并不是说这些标音是错误的，尽管我当然不同意其中的一些做法。总体模式非常相似，但各个句子的中间音节之间存在着明显听得见的差别，这些可能是不同标音之间某些差异的基础。但在呈现例（9a）的 F_0 轨迹的图 7.1 中，可以清楚地看到不确定性的一个主要来源。在这里以及（9）中的其他几种情况中，我们所处理的音节构成了或多或少平稳下降的音高曲拱的一部分，在此语调语境中，对一个词是否重调的判断不能基于任何明显的音高变化或音高扰动。相反，标音者必须根据时长之类的其他语音线索做出决定。

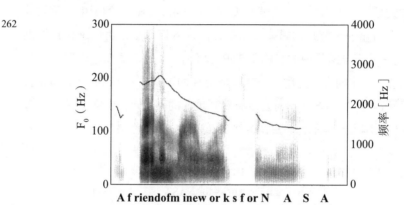

图 7.1　英语句子 *A friend of mine works for NASA*，是在更大的叙述中作为陈述句说出来的，它为接下来的事情提供了关键性的背景知识。在ToBI 的训练材料中，这个标音成了一个降阶重调序列 H* ... !H* ... !H*_L_L% 中 *friend*、*works* 和 *NASA*（[ˈnæsə]）第一个音节上的重调。音高曲拱从初始调峰开始平稳下降，没有与所感知到的 *works* 和 *NASA* 上音高重调相对应的局部音高移动。注意在 *NASA* 非常弱的末尾音节上是无法实现 F_0 提取的。

对不确定性的一种可能的节律解释是这样的。至少在某些情况下，我们有一种如下的右分支节律结构：

（10）

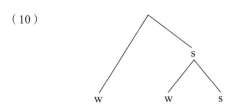

（a）A friend of mine works for NASA.

我的一个朋友在美国宇航局工作。

（b）Capote died Saturday.

卡波特星期六死了。

按照节律树的一种解释（Giegerich 1985: 18ff.），这个结构导致了树的两个弱分支之间存在着一种未定义的凸显关系：两个都从属于强分支，但却都不从属于对方。一种可能的标音方式（即（9a）中的官方标音方式）是将这种缺乏定义的凸显关系视为通过在两个弱分支上加上核心前重调来表明的一种双层级的凸显区别（即 NASA > friend ≡ works）。相反，在没有定义的相对节律凸显的情况下，还有一种可能性（如（9d）中的官方标音形式）是基于某个相对声学凸显的直观概念：第一个弱分支因为是在降阶曲拱开始时的起始音高峰上，所以它在声学上比第二个更凸显，因此标音通过在 Capote 上加上一个核心前重调、在 died 上根本不加重调的方式未明说地编码了一个三层级的凸显差别（即 Saturday > Capote > died）。最终，只有当我们更好地理解了在标音者对相对凸显的判断上声学与节律因素之间的平衡时，这种情况才能得到解决。

263

7.2 句重音的节律理论

上一节讨论了可以仅凭其在结构中的位置而将短语或句子中的最后一个重调看作是凸显的意义，还提请注意音高重调概念的问题，即似乎指向需要将结构中的位置确认为凸显定义的明确部分的问题。本节提出了一个更为一般性的观点，即焦点与句重音之间的联系最终是由一个层级性的韵律结构来调解的。具体地说，我旨在表明：焦点的信号本质上不是音高重调本身，而是**相对节律强度**。当然，在许多情况下，节律强度体现为音高重调，但在我将要讨论的一些案例中，有必要认识到节律强度的优先性。这一总体观点与上一节中的讨论是一致的，也与本章和下一章的总体尝试（即将韵律描写的节律方面与自主音段方面整合起来）是一致的。

为了简单起见，我保留用大写字母表示句重音的做法，但将给出明晰化的节律解释：可以把一个词的大写当作一种速记法，用以指该词是话语或某种相关的组成成分的**指定终端成分**（Designated Terminal Element，简称 DTE；见 2.2.2 节）。也就是说，符号 *five FRANCS* 和 *FIVE francs* 分别相当于（11a）和（11b）中的节律符号：

（11）　（a）　　　　　　　　　　（b）

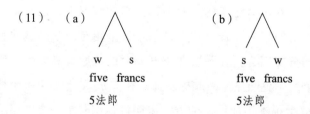

这表达了句重音首先涉及两个成分之间一种组合关系的观点。 264

7.2.1 "重音优先"理论与"重调优先"理论

我想在此提出的观点与第 6 章讨论过的 FTA 观点之间的不同，就是塞尔柯克（Selkirk 1984: 5.3 节）所称的句重音的"重调优先"理论与"重音优先"理论之间的不同。塞尔柯克自己对焦点与重调之间关系的解释就是她所称之为的一种"重调优先"的解释。在她的模型中，每句话都要构建一个"节律栅"，这是对话语的各种节奏和重音模式特征的表征。音高重调都被单独指派给了各个词。根据焦点到重调的理论，音高重调的指派不关注节律栅，但却纯粹是基于句法语义成分（"意群"）。在某些情况下，这会产生音高重调被置于节律栅中没有最大（5 层级）凸显的词上，在此情况下，必须对栅进行调整，让音高重调只出现在重音最重的音节上。（此外，这还意味着，所有的音高重调在理论上都是同样凸显的。）除了这种节律结构的调整外，音高重调与重音之间没有关系，而塞尔柯克还不遗余力地坚持不应当把音高重调语符列看作是栅中的一个附加层级。她将她的方法与"重音优先"的观点进行了比较。按照这种观点，焦点将直接反映在节律栅中；反过来，节律栅中的凸显模式又将以某种方式控制音高重调的分布。

在塞尔柯克撰写那部书时，在推导型音系模型的语境内，可以从字面上解释的是重音还是重调"优先"的问题：音高重调（或节律结构）进行指派，"而后"推导中发生其他某些事情。但正如塞尔柯克本人所明确表示的，这种推导性解释并不是本质性的。重调优先与重音优先之间的二分法仍可以用其他方式来理解，这种方式更符合音系学的其他观点。去掉它的推导含义，这个问题可以归结为如下内容。假定存在一种后词库或话语层级凸显现象，其主要功能是标示焦点。这个后词库凸显主要是一个音高重调的分布（"重调优先"）问题，还是一个话语音系结构中的相对凸显（"重音优先"）问题？

其证据强烈支持重音优先观。对于任何重调优先的 FTA 理论来说，有两种情况应该是致命的反例，即不标示焦点的重调（"没有焦点的重调"）和不由重调标示的焦点（"没有重调的焦点"）。这两种情况都会发生。265

7.2.1.1 无焦点的重调

无焦点重调的情况经常出现在短语和句子的宽焦点情形中。正如我们在 7.1 节中所看到的，尽管在宽焦点的语音细节上，甚至是在音高重调的定义上都存在着大量的不确定性和意见不合情况，但似乎很清楚，可检测到的语音上的凸显可以出现在核心重调之前的词上。鉴于严格重调优先假设，这种凸显的存在是引起某种理论上的恐慌的根源：如果在一个像 *five FRANCS* 这样的短语中唯一的一个焦点没有落在 *five* 上，那么也就应该没有了重调。

在某些场合中，可能会因语音原因而忽略这个问题：在一个位于短语开头的单音节词（如 *five*）上，任何语音上的凸显可能都很难以察觉。但如果我们把 *five francs* 这个短语换成 *my mother's diaries*，*mother* 上出现某种重调或多或少是无可争议的。用博林格提出的术语说，*mother* 上的重调被称作 "B 重调"，而 *diaries* 上的重调则是 "A 重调"。用皮埃安贝尔的话说，两个重调都是 H*，但第二个后接的会是一个短语重调 L，而第一个则不会。无论我们采用哪种分类法，核心前重调都明显存在，这给 FTA 观点的严格解释带来了问题。

塞尔柯克（Selkirk 1984: 274）用 *California* 这样的独词句讨论了这一点。由于这个词构成了独词句中的焦点，所以它应当有一个音高重调，而且它确实有。不巧的是，它常常有**两个**音高重调：一个是在主重音音节 *-for-* 上，一个是在次重音音节 *Cal-* 上。塞尔柯克承认，她无法解释为什么会有这种 "额外的" 重调。古森霍文（Gussenhoven 1983a）的 "句重调指派规则" 也存在类似的问题：不管有多少个实义词，该规则都将给每一个 "焦点范域" 指派一个主重调。跟塞尔柯克一样，古森霍文（Gussenhoven 1984: 89, n. 4）也意识到了额外的重调问题，但没有详细处理。斯蒂德曼的早期研究（如 Steedman 1991; Prevost and Steedman 1994）在这些额外的重调方面则存在更为严重的问题，因为他的分析是明确地基于假定词上**没有**任何作为非焦点成分中心语的重调。

这类问题方面的证据越积越多，足以让许多学者（如 Kruyt 1985; Welby 2003; Calhoun 2006）明确地认识到主与次（或核心与核心前）重 266 调之间的区别。既然有了这样的区别，我们就可以宣布只有主重调或次重调与标示焦点相关，并且次重调是按照其他标准进行分布的。这可以使在 FTR 理论的总体框架内保留句重音"重调优先"之说的基本概念成为可能；具体地说，如果我们不再坚持音高重调的相同观，假定核心重调与其他重调之间存在某种不同，我们就不会失去任何实质性的内容。塞尔柯克（Selkirk 1984: 274）在讨论上述的 *California* 例子时，实际上预见到了某个这样的解决方案：

> 额外的音高重调似乎并没有改变与焦点相关的话语属性……像这些额外的音高重调在语法中是否具有同样的地位，尤其是它们是否在（表层）句法结构中获得指派且由［塞尔柯克的音高重调联结规则］联结，我们都将不做定论。［塞尔柯克的语调与重音关系理论］并未要求我们确定这些次音高重调的地位。

因此，这种"无焦点的重调"的一般解决方案似乎与过去的很多研究成果非常一致，而且正如我们在第 8 章中将要看到的，似乎可以构成任何一种可行的句重音理论的一部分。

7.2.1.2 无重调的焦点

然而，即使我们认识到主重调与次重调之间的区别，问题仍然存在。最明显的是出现了"无重调的焦点"情况，即焦点在此是由凸显（如时长和元音音质）的语音线索传达的，显然没有任何什么音高重调。英语里很多这样的情况都涉及带代词或副词宾语的介词短语，如 *for him*（为了他）和 *in there*（在那里）。当然，这些可以以音高重调落在其中的一个词上的形式出现，但当整个短语完全无重调时，可以做出完全相同的焦点区分。在我看来，这不可能与任何一种重调优先的 FTA 观相一致。

请看短语 *for him*。发这个短语时，既可以后词带主重调，又可以前词带主重调：

（12） （a）I did it for HIM.　　　我这是为**他**而做的。

（b）I did it FOR him.　　　我这是**为**他而做的。

主重调落在 *him* 上，明显传达的是窄焦点，即"为他而不是为别人"。主重调落在 *for* 上，显然传达的是宽焦点，例如，除了明显的窄焦点说法（即"我这是为他而做的，而不是和他一起做的"）外，还有"我这是为他而做的，因为他自己不愿意做"的一种宽焦点说法。然而，*for* 上的重调是否能传达宽焦点，并不是我讨论的中心问题；重要的是，这两种凸显模式在形式和焦点解释上都是不同的。

除了音高重调的位置之外，还有许多别的在 *for him* 这个短语中施加重音的语音线索。当 *for* 承载主重调时，由于 *him* 有可能弱化为 *'im* 或 *'m*，那么 *for* 的元音就可能是个实足元音，其末尾的 /r/ 甚至可能体现在非 r 化的英语变体中。另一方面，当 *him* 承载主重调时，它的起始 /h/ 音几乎肯定会得到体现，其元音也不会遭到弱化，而 *for* 则将是一个弱化的央元音，/r/ 也不会出现在非 r 化（non-rhotic）的变体中。我们可能将这些音段变体写成 *FOR 'im* 和 *f'r HIM*。

重调优先说的关键问题在于：这些音段差异是否仅仅是音高重调的伴随物？或者它们是否是独立于音高重调之外的"重音"现象的语音线索（见 2.2.1 节）？不难看出，它们可以独立出现，并且可以单独用来表示相对凸显：也就是说，该短语可以在两个词都没有重调的情况下说出来，但仍然有可能仅通过音段和时长线索来区分介词与代词的相对凸显以及预想的焦点说法。例如，我们可能有如下的对话，其中最后一个音高重调是在 *program* 上，介词短语是核心后且无重调的：

（13）　（a）A: Bill says you haven't helped on his project very much.

比尔说你对他的项目帮助不大。

B: I don't know what he's complaining about. I wrote an entire PROGRAM for 'im.

我不知道他在抱怨什么。全部**计划**都是我为他写的。

（b）A: Bill seems to think you've been giving priority to other people in the department.

比尔似乎认为你一直优先考虑部门里的其他人。

B: I don't know what he's complaining about. I wrote an entire PROGRAM f'r him.

我不知道他在抱怨什么。全部**计划**都是我为他写的。

尽管介词短语没有音高重调，但短语内相对凸显的意义差异仍可以通过音段差异来表达。

"再现焦点"（Second Occurrence Focus，简称 SOF）一直是焦点语义学文献（如 Partee 1999）中的一个重要问题，上述这些案例都与这个所谓的"再现焦点"问题紧密相关。SOF 的经典案例涉及核心后无重调延伸语段中的焦点区分，如下列引自比弗等（Beaver *et al.* 2007: 253）的例子：

（14）　A: Everyone already knew that Mary only eats vegetables.

大家都知道玛丽只吃蔬菜。

B: If even Paul knew that Mary only eats vegetables, then he should have suggested a different restaurant.

如果连保罗都知道玛丽只吃蔬菜，那么他本就应该建议去别的餐馆。

B 的回答有鲁思（Rooth 1985, 1992）所称的"与焦点联结"的两个例子，即 even 与带核心重调的 *Paul* 的联结以及 only 与核心后的 *vegetables* 的联结。后一种之所以被称为"再现"焦点，是因为 *vegetables* 的去重调化被视为作为第二次提到那个话语实体所产生的结果。语义学文献中的问题曾 268

是：SOF 涉及相关核心后词上的某种语音凸显程度（在此情况下，与焦点的联结有赖于韵律，应被视为句子语义表达式的一部分）还是相关核心后的词已被"完全去重调化"（这意味着与焦点的联结纯粹是由语用因素驱动的，无须在语义中进行表征）。比弗等（Beaver *et al.* 2007）根据新的实验数据对整个这一问题进行了非常仔细的探讨，清楚地表明，SOF 词的相对凸显存在语音线索，但不能把这些线索看作是通常所理解的那种音高重调。我认为，SOF 中核心后凸显的细微语音线索完全可以与刚刚讨论过的对核心后 *for him* 的音段影响做比较。

在任何情况下，如果我们认为焦点只是由音高重调表示的，那么像（13）和（14）这样的情况都是无法解释的。事实上，一般来说，这样的情况很难维持 IPO/ 博林格所持的重音与重调的关系观（2.2.1 节）。根据此观点，重音只不过是某些音节的一种抽象词库属性，是由音高重调（如果有的话）在实际的话语里体现的。相反，他们似乎需要一种句重音理论，这个句重音理论是基于节律结构中的相对强度：在（13a）和（13b）两个例子中，焦点的区分取决于 *for* 还是 *him* 是 *for him* 结构成分的 DTE。如（12）所示，结构成分 *for him* 的 DTE 可能也能承载音高重调，但在表示焦点的区分上并不是必不可少的。音高重调的存在与否则是另一码事。

这个观点仍然承认压倒性的主重调与焦点的联结：它提出焦点首先是由 DTE 而非重调的位置表示的，但它也认为任何一个中间短语的 DTE 根据定义承载了一个主重调。然而与此同时，它允许无重调的焦点情况，这正是因为它认为 DTE 而非重调的位置是基础性的。主重调之所以常与焦点词相联结，是因为焦点词往往是中间短语的 DTE。然后，重调最终并不直接对焦点做出反应，而是根据节律结构的要求安排自己。

7.2.2 句重音节律观的证据

既然焦点与句重音之间关系的"重调优先"观存在困难，则似乎值得发展另一种基于相对强度的节律理论。本节将概述一种可能的与节律音系学总体思想相一致的重音优先理论。我将用利伯曼和普林斯的节律树来举例说明节律结构，但对这是不是最合适的表达式问题不下定论。关键之处在于：某种节律结构是句子韵律的核心，音高重调本质上只是这个结构的一种体现形式。

首先需要指出的是，句重音的节律解释在很多方面都与重调优先观做出了相同的预测。正如我们在 2.2.2 节中所看到的，在任何一种调式与文本的联结中，短句的 DTE 总是伴随着一个音高重调。这就意味着，既然有了上面（11）所呈现的 *five FRANCS* 和 *FIVE francs* 两个合格性节律结构，那么当这个短语单说时，一种是音高重调必须落在 *francs* 上，另一种是必须落在 *five* 上。也就是说，在短的短语中，节律的重音优先观与重调优先观在描写上是相等的。然而，即使是在短的短语中，两种观点的实证主张也存在细微的差别。最明显的不同在于 *five FRANCS* 这个宽焦点模式。根据节律观点，重调是不是在 *five* 上并无差别：*five* 与 *francs* 之间的弱强关系在两种情况下都能成立。也就是说，节律的解释清楚地表明，我们所写成 *five FRANCS* 的凸显模式不是由 *five* 上音高重调的存在与否决定的；重要的只是 *francs* 比 *five* 更凸显。

句重音的节律表达式不仅适应于 *five* 上的次重调在宽焦点场合中的存在与否，而且在某种意义上说，它也预测模式 *five FRANCS* 存在着歧义（即宽焦点说法与 *francs* 上窄焦点说法之间的歧义）。这种歧义是因不同结构节律表达式范围有限而产生的必然结果。也就是说，双词短语中只有两种可能的节律关系（即（11）中所示的两种关系），这种情况可以预知，在双词短语中只有两种**音系上**不同的凸显模式。既然有三种解释（两种窄焦点说法与一种宽焦点说法），那么两种模式中**必然**有一种是歧义的（虽然如上面 7.1.1 节所讨论的那样，这种模式可以通过使用副语言强调在语音上予以区分）。根据重调优先观，这种歧义本质上是一种意外；按照节律的解释，它是由表达式而自然产生的。

对句重音节律解释的进一步论证，源自于对去重调化的思考。我在拉 270

德（Ladd 1980a）中讨论过若干方面的英语去重调化问题，这些问题仅从音高重调的分布上看是很难解释的，而且还需要一种组合上的解释。我明确地指出：去重调化从根本上说是一个节律结构问题，其次才是音高重调问题。具体地说，我提出有些去重调化现象在重调移位的分析下让人困惑不解，但若把去重调化视为**相对强度在节律树中的一种反转**，则可以很容易地得到解释。最明显的例证是重调在去重调化中的右向移位现象。

　　在经典的去重调化案例中，与其中性或无去重调化的位置相比，重调是往左边移位的：

（15）（a）A: Why didn't you read that article I gave you?

　　　　　　你为什么不读我给你的那篇文章？

　　　　B: I can't read GERMAN.

　　　　　　我不懂**德语**。

（b）A: The only article on this is in German.

　　　　　　这方面唯一的一篇文章是用德语写的。

　　　　B: I can't READ German.

　　　　　　我不**懂**德语。

但在某些案例中，去重调化导致重调移往右边：

（16）（a）A: Where did you go just now?

　　　　　　你刚才去哪里了？

　　　　B: I took the GARBAGE out.

　　　　　　我扔**垃圾**去了。

（b）A: What happened to all the garbage?

　　　　　　那些垃圾都去哪儿了？

　　　　B: I took the garbage OUT.

　　　　　　我把垃圾拿**出去**了。

（17）（a）A: Anything happen while I was out?

　　　　　　我出去的时候有什么事吗？

B: My PARENTS called.

我**爸妈**打电话来了。

（b）A: Maybe we should call your parents and tell them.

也许我们应该给你爸妈打电话告诉他们。

B: My parents CALLED - they already know.

我爸妈**打电话**来了——他们都已知道。

我（Ladd 1980a）曾提出：这两种情况都可以用颠倒的节律节点来进行统一的描写。所以：

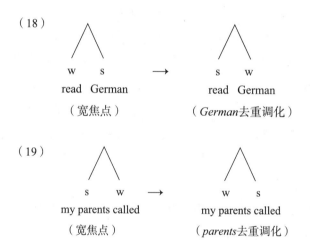

（18）
w s → s w
read German   read German
（宽焦点）   （*German*去重调化）

（19）
s w → w s
my parents called   my parents called
（宽焦点）   （*parents*去重调化）

当一个词因语用原因去重调化时，另一个词则因凸显的固有关系或组合性 271 质而**必须**重调化。但获得重调的词是在去重调化词的左边还是右边，则是一个结构问题。用音高重调的线性移动是很难解释这一现象的。

非连续性成分 *took...out* 的存在，使得这种分析很难应用于（16），除非我们诉诸三维的节律树——这个论题毫无疑问已超出本书的探讨范围。然而，若不考虑非连续性问题，正文中给（15）和（17）提出的基本解释也同样适用于（16）。在通常的中性版本中，论元（即宾语名词）*garbage*

是强的，谓词（即非连续性动词）*took...out* 是弱的。在去重调化的版本中，这种凸显关系是反转过来的，因此 *took...out* 是强的。在这个强的结构成分中，*took* 反过来是弱的，而 *out* 则是强的。简言之，论元优先于谓词（见 6.2.3 节）以及去重调化涉及凸显反转的思想，不仅都适用于此案例，也都适用于（15）和（17）。唯一的问题是用图来阐释这些原则的应用方式。

最后，除了可以轻松地处理各种不同的去重调化现象外，句重音的节律解释也自然阐释了上面 7.1.2 节中所讨论过的最后一个重调的特殊地位问题。具体地说，像在 *five francs and a cup of coffee* 这样的短语中，最右边重调的特殊地位，不仅自然源自宽焦点通常是由 w-s（弱强）关系而非 s-w（强弱）关系表示这样一种主张，也源自我们在节律音系学中可以**在结构的任何一个层级上**定义凸显关系这样一个事实。我们从 *a cup of coffee* 中的 w-s 关系开始，以表示这个成分中的宽焦点。随着焦点成分变得越来越大，宽焦点是在逐步提高的结构层级上持续由 w-s 关系表示出来。这个自动将最大短语的最后一个重调变成最强的终端成分或 DTE。

下列这组树说明了这一分析。首先，我们呈现了短的短语 *a cup of coffee* 的宽焦点与窄焦点模式：

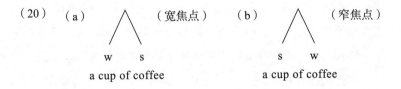

（20）　（a）　　　　　　（宽焦点）　　（b）　　　　　（窄焦点）

　　　　　　　w　　s　　　　　　　　　　s　　w

　　　　　a cup of coffee　　　　　　a cup of coffee

随着我们逐步构建起更为复杂的短语，成分之间的 w-s 关系一直持续标示着宽焦点。因此：

272

（21）

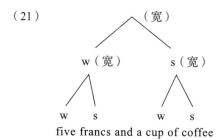

five francs and a cup of coffee

（22）

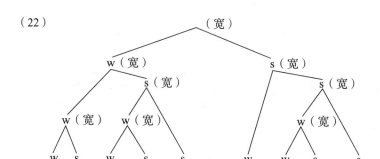

five francs seventy-five centimes and a cup of pretty tasteless coffee

要想把每个成分中的强度关系都解释为表示宽焦点的，它们就必须是 w-s
的。[①] 正如我们在前文 7.1.2 节中所看到的，随着结构变得越加复杂，产
生的模式可以以越来越不同的方式得到体现，但所有宽焦点得以体现的共
同成分是：coffee 是 DTE，并将始终负载最后的一个音高重调。

一般来说，所有这些例子中的节律分析都表达了这样的意思：每个短
语或者每个话语，都有一个凸显峰。这就是特鲁别茨柯依的观点，即重
音是"主峰性"（culminative）特征。正像贝克曼（Beckman 1986: 19-27）
在那次启发性的讨论中详细解释的那样，主峰性特征是指在某些长度的语

---

① 当然，在这条声明中必须提出某种规定，因为在这种情况下，成分 seventy-five 可能
会受到节奏重音移位或"抑扬格反转"（iambic reversal）的影响（Liberman and Prince 1977;
Shattuck-Hufnagel, Ostendorf, and Ross 1994; Shattuck-Hufnagel 1995）。在这一背景下，该成
分的强弱模式通常并不会把 seventy 标示为窄焦点，而只会符合更高层级的节奏规律。

段中将一个单位与另一个相似单位区分开来的特征，比如将词中或短语中的一个音节挑出来作为最凸显音节的一个特征。大致根据定义，在"重调优先"的句重音生成解释中没有这种主峰性概念，FTA 观点中通常也没有。相比之下，主峰性可以很容易地适应节律的观点，而且确实有人可能会与贝克曼争辩道：主峰性属性正是在 DTE 和"主重调"的思想中被形式化的东西。

7.2.3　句重音与韵律短语划分

在 7.1 节中，我提出句重音本质上并不是音高重调的位置问题，而是**节律结构内相对凸显**问题，该焦点不是直接用音高重调标示的，而是由局部定义的主重音或 DTE 的位置标示的。虽然我认为反对句重音重调优先观的案例或多或少是无法回答的，但主重音至少有一个方面对于凸显的纯关系性解释是有些问题的。这个问题（即节律解决方案的基础问题）是这一节的主题。

这个问题在"双焦点"的情况下看得最清楚。这一点，我在第 6 章一开始就提到过，而后一直小心翼翼，避而不谈。为了方便起见，我们将第 6 章例（3）复制如下：

（23）　I didn't give him SEven EUros, I gave him FIVE FRANCS.

在这两个子句中，每个表示钱数的名词短语都有两个重调，表明句中存在两个焦点或对比点。（23）中的说话人不是简单地反对 *five francs* 对 *seven euros*（像 *I didn't give him the car keys, I gave him five francs*（我没有给他车钥匙，我给了他 5 法郎）这样的宽焦点例子），而是明确地反对 *francs* 对 *euros* 和 *five* 对 *seven*。

鉴于前面对句重音性质的讨论，增加在 *five* 和 *seven* 上的焦点是很难解释的。如果最后一个重调确实在 7.2.2 节刚讨论过的那种节律结构中是更凸显的，那么宽焦点说法（*five* 上带次重调）和这种双焦点说法都会有相同的弱强凸显关系：

（24）

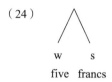

如果两个版本有相同的节律结构，那么理论上就无法解释为什么它们应该有不同的解释。直觉上似乎很清楚，用上面 7.1.1 节所提出的术语来说，额外焦点的基础是 *five* 有个主重调，而不是次重调。不知何故，凸显是由一种不同的重调**类型**（聚合差异）标示的，而不是我们迄今为止将句子凸显归因于纯粹的组合对立。

　　为了让这种情况适应句重音的节律理论，我们不得不说 *five* 和 *francs* 都负载主重调，这反过来意味着，在某种意义上两个词是在**不同的短语**中。不同的短语仍然可以以弱强关系组合在一起。用 ToBI 的话说，两个词之间会有一个中间短语（*ip*）边界（间隔指数 3 和短语重调）：每个词是本身自己 *ip* 内的 DTE，每个 *ip* 都有一个自己的带有核心调和短语重调的语调调式。在通常的短语陈述式说法中，两个词的 H* 核心重调之间会有一个短语重调 L。这种分析说明了表示双焦点存在的调峰之间有个音高上比较凸显的下沉。

　　当然，这个分析有问题的原因是，它只转移了问题的焦点：我们现在不应该试图定义"主重调"，而应该尝试去定义"中间短语"，这样我们就可以用一种非循环方式来说明什么时候可以确认 *five* 与 *francs* 分属于不同的短语，什么时候这两个词构成了同一个短语。然而，我们有理由相信这个是可以做到的。例如，古森霍文（Gussenhoven 1983b）测试了听话人区分如下语境适宜的两个句子韵律模式的能力：

（25）　（a）He teaches linguistics. 　（主—动—宾）

　　　　　他教语言学。

　　　　（b）He teaches in Ghana. 　（主—动—副）

　　　　　他在加纳教学。

古森霍文的句重调规则预测：当句子在表达语境新信息时，（25a）将构成一个"焦点范域"（大致等同于这里使用的术语中的中间短语），而（25b）则将构成两个；当 teaches 是上下文给出的时候，这两种情况中都将只有一个焦点范域。听话人在不同语境下对这些句子的反应表明，在（25b）中比在（25a）中更容易检测到韵律模式的语境适宜性。其解释看起来是这样的：在（25b）中，teaches 的去重调化涉及一种由两个 ip 到一个的变化，而在（25a）中，无论 teaches 是不是语境给出的，句子都只是一个 ip。

　　这一普遍方法的有效性（试图通过定义中间短语来定义主重调）的进一步证据源自对一个表面上不相关的问题的思考。在英语里，正如我们在 6.2.3 节中所看到的，许多不及物句都将主重调落在主语上，而非动词上。

（26）　（a）The COFFEE machine broke. 　**咖啡**机坏了。

　　　　（b）JOHNSON died. 　**约翰逊**死了。

我们还注意到，主语很长时，或者主语与动词之间有状语时，这个句重音模式就不太可能出现：

（27）　（a）（?）The coffee machine in the ANTHROPOLOGY office broke down this morning.

　　　　　今天早上**人类学**办公室的咖啡机坏了。

　　　　（b）（?）Former President JOHNSON unexpectedly died today.

　　　　　前总统**约翰逊**今天意外去世。

相反，在宽焦点的情况下，我们在主语和谓语上都更有可能找到重调，谓语上的重调通常被认为是核心：

（28）（a）The coffee machine in the ANTHROPOLOGY office broke
DOWN this morning.

今天早上**人类学**办公室的咖啡机坏**了**。

（b）Former President JOHNSON unexpectedly DIED today.

前总统**约翰逊**今天意外**去世**。

同样，我们在 6.2.1.3 节中注意到了句子长度在罗马尼亚语或匈牙利语特殊疑问句中一种类似作用，这类问句通常将主重调放在句首的特殊疑问词上，但当句子较长时，可能会有一个后置的核心。

按照"正常重音"的传统，如果我们假定任何一个句子无论多长，都只有一个核心，如果我们假定这个单核心的位置有前后一致的句法语义基础，那么这些移位就有些令人困惑了。然而，正如我们已在 6.3.2 节和 7.1.2 节中广泛讨论过的，如果我们承认长句中有两个重调，并且谓词上的重调仅仅因其位置而被认为是最强（即核心）的，则这个谜便不复存在。长度的作用是这样的。句子很短时，谓语本身不需要构成一个中间短语。相反，主语和谓语组成一个只带主重音的中间短语——用古森霍文的话说，单独的一个焦点范域。英语里，在这种情况下，主语和谓语构成强弱关系（见 6.2.3 节），结果是：单个中间短语的 DTE 出现在主语上。与此相比，句子较长时，很难把整个句子看作是一个单独的中间短语，因此主语短语和谓语短语是两个分开的中间短语。在这些短语 276 内，应用所预期的强度关系，在 *Johnson* 和 *died* 上分别产生了 DTE（和重调）。

（29）

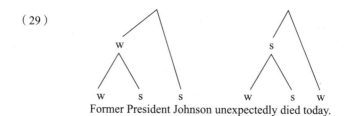

Former President Johnson unexpectedly died today.

但在这个结构的最高层，这两个主重调是弱强关系，就像上面所讨论的 *five francs and a cup of coffee* 的情况那样。这意味着该句的 DTE（也就是最后的一个音高重调）也是**谓语**短语的 DTE。

（30）

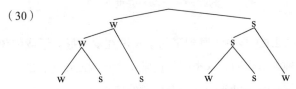

Former President Johnson unexpectedly died today.

这些案例告诉我们，句子的总体凸显模式取决于它被划分成中间短语的情况。中间短语进入一个更大的结构，这个结构界定了这些短语相当于其他短语的凸显情况，但每个中间短语都有一个主重调或核心重调。如果我们在句法上紧密相关的两个相邻的词上有两个主重调（比如 *five francs* 的双焦点说法），则用每个词都有自己的中间短语这样的话来描述这一点似乎是合理的。换言之，双焦点短语并不会迫使我们通过在主重调与次重调之间添加一个非节律性的差别，来削弱焦点与句重音之间关系的节律理论；相反，它们为这样一种观点提供了进一步的证据，即焦点不是直接用特定音高重调的位置来标示的，而是由句子的总体韵律结构组织来表示的。

　　这种一般方法为似乎允许不止一个"中性"模式的句子提供了一种现成的解释。请看韩礼德（Halliday 1970: 38）的幽默报道：有人看到了一个标牌，上面写着：伦敦地铁里**必须带好狗**，他"很担心因为他没有277 狗"。仅从最后一个重调的位置来说，我们可以说，这个句子有两种可能的句重音模式，两种都不牵涉窄焦点：

（31）　（a）Dogs must be CARRIED.　　　　狗必须**带好**。
　　　　（b）DOGS must be carried.　　　　**狗**必须带好。

标牌的预想意义类似于"若把狗带入地铁，则必须把它带好"，表达这个意思的凸显模式是（31a）。那位忧心忡忡的男子从标牌中推断出的意思类似于"你若在地铁里，就必须带条狗"，而表达这个意思的凸显模式则是（31b）。（这个模式正好适合美国商店和小吃店门上经常挂着的"必须穿鞋"的标牌。）古森霍文（Gussenhoven 1983a）广泛讨论了选择这种或那种凸显模式所产生的意义差异：主重调落在动词上，则是"偶发性"说法；主重音落在名词上，则是"事件性"说法。

我们若从重调视角研究这些问题，特别是从单一主重调的位置视角来研究它们，就会问道"为什么重调一个在 *dogs* 上而另一个则在 *carried* 上呢？"但若假定重调反映韵律结构上的短语划分，则会将重调上的差异分析为两个版本之间的不同：一个版本是整个句子组成唯一的一个韵律短语，另一个版本是将句子分成为 *dogs* 和 *must be carried* 两个短语。第一种情况是主语和谓语构成单一的一个中间短语，并且只有一个主重调，这个重调在 *dogs* 上，这符合英语的一条原则，即认为论元比谓词更易于成为重调（6.2.3 节）。第二种情况是主语和谓语各自分别成为一个中间短语，每个短语都有自己的 DTE，因此各有自己的重调（分别是 *dogs* 与 *carried*）。这样，*carried* 上的重调就因上面刚刚概述的理由而变成了句子的主重调。

这种方法的优点是充分考虑了语音事实（特别是（31a）中 *dogs* 上的额外重调），而同时也让人们直觉地认为，*carried* 上的重调是句子的主重调。从某种意义上说，它仍然有一个没有回答的核心问题，即为什么应该有两种模式？为什么它们应该与它们所做的解释相匹配？然而，当两种模式被视为"一个还是两个范域"而不是"主语上的重调还是谓语上的重调"时，这个问题也就变得更加容易处理了。由施梅林（Schmerling 1976）、古森霍文（Gussenhoven 1983）和费伯（Faber 1987）对这些案例所做的各种讨论都表明：在单短语模式中，主语和谓语在某种意 278 义上构成了单独的一个新信息单位（施梅林的"新闻句"、古森霍文的"事件性说法"），而在双短语模式中，主语在某种意义上则是**被分离开**的，是作为话语中的一个参照点呈现的，真正的新信息是在**谓语**（施梅林的"主题-评述句"、古森霍文的"定义性说法")中。费伯用"整合性"和"无整合性"术语来描述这两种模式,以稍有不同的方式表达了相同的基本观点。

另一个好处是把焦点的表达看作是节律结构问题,而不是直接的焦点定位问题,这样做给了我们一个更好的方式来讨论焦点表达的普遍特征。第6章对焦点和句重音所做的广泛的比较研究,显然是以欧洲为中心的,因为在许多语言(特别是,但不完全是声调语言)里确定严格定义上的"音高重调"概念并非易事,尽管好像确实存在某些焦点的韵律线索。另一方面,我们如果把韵律短语划分看作是句重音的最终基础,则可能会看到,就韵律与焦点连接的共性提出问题的正确方式不是"为什么这个句子的主重调在词 X 上而非词 Y 上?"而应该是"为什么把这个句子这样划分成韵律短语?"

这种看待事物的方式的证据源自一种比较研究,即将欧洲语言句重音数据与在许多不相关的语言里所观察到的短语边界位置相比较。例如,贝克曼和她的学生(如 Jun 1993; Venditti, Jun, and Beckman 1996)在他们对日语和韩语的研究中提出了一个"去短语划分"(dephrasing)的概念,它所产生的效果与欧洲语言里去重调化所产生的效果惊人地相似。这不是日语和韩语所特有的;卡内尔瓦(Kanerva 1990)讨论了短语划分对班图语齐切瓦语(Chichewa)里表达焦点的类似影响,唐宁(Downing 2008)最近对齐切瓦语等其他班图语进行了更为详细的研究。我们可以用引自全钟昊(Jun 1993)的韩语例子来阐释这一普遍现象[①]:

(32)　　A: [satʃʰun-ənni] [irimi] [mwəni]
　　　　　表哥叫什么名字?　　　　　(字面意思: cousin name what)
　　　　B: [satʃʰun-ənni irimi] [suni-dʒi]
　　　　　表哥的名字是鲜伊。　　　　(字面意思: cousin name Suni)

---

① 这些例子是基于全钟昊(Jun 1993: 197ff.)的例(7)和(8)。我简化了注释,并用方括号表示音系短语的边界。

（33） （a）[na] [pap mǝk-iḷḷejo]

我 想 要 吃 米 饭。　　　　（字面意思：I rice eat-want）

（b）[na] [pap] [pǝri-lejo]

我 想 要 扔 掉 米 饭。　　　（字面意思：I rice throw-out-want）

（c）[na] [tol mǝk-iḷḷejo]

我 想 要 吃 石 头。　　　　（字面意思：I stone eat-want）

在（32）的提问与回答的序列中，我们看到了一个与语境去重调化直接相类似的情况：当 *irimi*（"名字"）是 A 提问的重点时，它便构成了一个独立的短语，但在 B 的回答中，它却是被"去短语化"的。例（33）更为复杂，因为它说明了结构与语用影响的相互作用。在（33a）中，"米饭"与"吃"构成了一个完全可预测的组合形式，并且我们观察到宾-动序列往往体现为单独的一个韵律短语；在英语里，相应的句子同样可以将 *eat*（吃）和 *rice*（米饭）放到一起，并将 *eat* 完全去重调化。然而，在（33b）中，当米饭要被扔掉而不是吃掉时，动词与宾语在韩语里就构成了两个不同的短语；在英语里，为了达到同样的效果，动词往往要有自己的重调。仅从这两个例子来看，我们可能会把英语里给一个词加重调等同于韩语里将一个词视为一个不同的短语，这样，可以将这些数据与一种基本上处理此类问题的博林格式突出强调法相一致。但（33c）则表明事情并不是那么简单：尽管"吃"与"石头"的组合几乎不能说是可预测的，但人们还是倾向于将宾语和动词组成一个单独的韵律短语。宾-动序列正常体现为一个单独的短语，鉴于这一本质上结构性的事实，双短语的体现会让"吃"显得特别凸显，因而也会让"石头"显得不那么重要。因此，结构倾向与语用期待之间存在着一种交换，就像我们在 6.2.2.4 节讨论过的英语和冰岛语的案例中所看到的那样。

此外，一种语言所能容忍的去重调化程度与语言通常将话语划分成韵律单位的方式之间可能存在着一种关系。最近的研究表明，不同语言对长的韵律短语的容忍度存在差异：在某些语言（如西班牙语（Elordieta *et al.* 2003）、埃及阿拉伯语（Hellmuth 2007））里，几乎每个实义词似乎都形成了自己的中间短语，而在其他语言（如葡萄牙语（Elordieta *et al.* 2003））里，两个或两个以上的实义词可以很容易地组成一个单独的短语。准确定义我们所说的中间短语，显然是很难的，但埃洛迪塔等人使用的比较数据（就像第 6 章使用的比较句重音数据一样）让我们更难提出差异不是真实的。这就像葡萄牙语（跟英语一样）容忍一个实义词从属于另一个实义词这样一种有相当深度的韵律结构，而西班牙语和埃及阿拉伯语则更喜欢由一串短的中间短语组成的一种十分扁平的韵律结构。葡萄牙语也比西班牙语或埃及阿拉伯语更容易接受西日耳曼语类型的语境去重调化（6.2.2.1 节），这可能是巧合，也可能不是巧合。然而，这两种类型事实之间的联系似乎是合理的，因为根据我们这里所提出的解释，去重调化在音系上是一个韵律从属关系的问题。这是未来类型学研究的一项课题。

　　无论如何，让一个对韵律与焦点之间联系的普适理论能够把短语划分的观察结果与句重音的观察结果联系起来，这显然是可取的。我们若把英语里焦点与句重音之间的关系看成是间接的，就更容易得出这样的普遍联系。也就是说，让我们假定在英语或荷兰语和韩语或齐切瓦语里，焦点是系统性地由韵律关系表示的，在韩语或齐切瓦语里，主要可观察到的韵律结构差异的后果是重调性短语边界的存在与否（因而是"去短语划分的"）。在英语或荷兰语里，这种差异的最显著性后果是音高重调的存在与否（因而是"去重调化的"）。但按照这里提出的观点，去短语划分和去重调化都只是相同深层结构效应的不同表层症状而已。

8

韵律结构

　　前一章对句重音与焦点之间的联系所做的处理为最后这一章的撰写打下了良好基础。本章将探讨如何将语调的"节律"因素与"自主音段"因素结合起来。一旦我们采纳的思想是主峰性节律结构对理解句重音与焦点之间的关系至关重要，那么就会发现，同一种思想也可使语调音系学中的其他问题变得清晰起来。本章旨在表明，就几个不同且表面不相关的问题而言，明确认识到语调音系学中的节律结构，有助于理解几个长期存在的难题，并清除一些长期阻碍该领域发展的概念问题。

8.1　语调调式的结构

8.1.1　调式与文本联结中的核心前重调

　　人们普遍认为，一种语言的语调现象可以分为曲拱**类型**或"调式"（tune）。许多对欧洲语言的描写都包含了"中性陈述"语调、"疑问"语调等等的引用。一些对英语的描写远不止于此，它们设定了特定调式类型，如"矛盾型曲拱"（Liberman and Sag 1974）或"意外羡余型曲拱"（Sag and Liberman 1975）。同样，IPO 对荷兰语的描写将这样的调式确认为"帽型模式"和"3C"，而德拉特（Delattre 1966）对法语调式类型的分类包括诸如"大延续""小延续"和"暗示"之类的调式类型。不管有多少这样的类型已被确认出来，语调音系学理论的一个中心目标是能够提供对某个特定语言所有调式的一种明晰化的语音特征描述。特别是，我们希望能够对某个特定调式应用于文本时将如何体现做出明晰化的预测。

　　对于任何一种这样的理论来说，它的关键之处在于，它是如何解释**调式与文本之间的联结**的。正如我们在 2.2.2 节中所看到的，这是利伯曼 282（Liberman 1975）按照曲拱抽象音系成分与话语音段特征相互对齐起来的原则用来描写的术语。当然，我的意思并不是说，利伯曼确认为调式与文本联结原则的原则在早期的描写中并不存在，而是说，这些原则几乎完全是在研究者的意识之外运作的。我所知道的唯一重要的例外是哈特和科利尔（'t Hart and Collier 1975）对曲拱特性的讨论，它发展了与利伯曼非常相似的思想。

　　请看"相同"曲拱在音节数量不同的话语中的应用。[①] 例如，假设我们为英语确定了一种"强调性"陈述曲拱，它在靠近话语开头位置使用了一个普通的 H* 重调，在末尾使用了一个提升或强调性的 H*_L_L% 或 L+H*_L_L% 序列（这里，在 H* 之前特别标注了一个向上的箭头↑）：

（1）　（a）　H*　L+↑H*LL%
　　　　　　　Do it now.　　　　　　　　　现在就做。
　　　（b）　　　　H*　　　　L+↑H* LL%
　　　　　　　Her mother's a lawyer.　她母亲是位律师。

直觉上，我们在这两种情况下处理的是相同的曲拱，尽管事实上两句话所拥有的音节数量是不同的。皮埃安贝尔的声调分析法（或者任何一种将语调曲拱视为话语中某一特定位置上的区别性声调事件序列的分析法）就表达了这种直觉：上面的这两个案例，都是把曲拱抽象地表征为 H*...L+↑H*_L_L%。H* 重调与 *do* 和 *now* 的联结以及它与 *mother* 和 *laywer* 的重音音节的联结，都是以合法的方式从它们的相对凸显那里衍生而来

---

　　① 我们结合 PENTA 模型的假设（即每个音节都必须有一个音高赋值）已在 2.1 节（第 50 页脚注①）和 5.1.2 节（第 191 页脚注①）对这个问题做过讨论。

的。声调事件的自主音段表征以及声调事件与音节如何联结的节律解释，给我们提供了把两个曲拱说成是"相同的"一种明确且明晰化的基础。

但在很多情况下，根据当前的 AM 语调音系学对调式与文本的联结所做的一种解释，都未能抓住我们对两个话语具有相同语调的直观理解。最严重的问题之一是核心前的次重调。正如我们刚刚所看到的，表征对立性陈述曲拱 H*...L+↑H*_L_L% 很简单，它可以应用于**音节**数量不同的文本，但当曲拱含有不同数量的**重调**时就会出现问题。音系抽象化允许我们把产生的曲拱称为"相同的"，但在这种情况下，标准的 AM 假设却没有提供给我们音系的抽象化，尽管直觉上这似乎是很合适的。这一点可以从下面的句子中看出。

（2）　（a）（两个核心前的重调）

　　　　H*　　　　H*　　　L+↑H*　　LL%

　　　Mary McKelvie's a lawyer.

　　　玛丽·麦凯尔维是位律师。

　　（b）（无核心前的重调）

　　　L+↑H* LL%

　　　Now!

　　　现在！

283

直觉上，这些曲拱跟（1）中的曲拱是相同的。（2a）和（2b）中的表面变化跟（1a）和（1b）之间的表面变化一样，都是合法的：它们是由文本中音节的数量和类型决定的。最后，应该用调式与文本联结的一般理论来解释它们，但鉴于当前的 AM 假设，表达式 H*...H*...L+↑H*_L_L%（2a）和 L+↑H*_L_L%（2b）都必须算作是不仅彼此有别，而且也与（1a）和（1b）中的 H*...L+↑H*_L_L% 有所不同。

从下面的这几对句子（引自 Ladd 1986）中可以更清楚地看到同样的问题：

（3）　　　（语调细微差别：相对中性）

    H* H* LL%

（a）I read it to Julia.   我把它读给朱莉娅听。

    H* H* H* LL%

（b）I wanted to read it to Julia.   我想把它读给朱莉娅听。

（4）　　　（语调细微差别："……，就是这样"）

    H* !H* LL%

（a）I read it to Julia.

    H* !H* !H*LL%

（b）I wanted to read it to Julia.

（5）　　　（语调细微差别："……，你应该知道"）

    L* H* LL%

（a）I read it to Julia.

    L* L* H* LL%

（b）I wanted to read it to Julia.

每组中的两个句子似乎都具有相同的语调，从这个意义上说，两个句子都传达了由非正式语调细微差别用语所表示的相同的语用力量。末尾 H*_L_L% 之前的重调数量似乎主要取决于重调性音节的数量；这些重调（H*，H*，然后是降阶，L*）的语类身份似乎代表一个**单一的语言选择**，不管是否有一个还是有两个这样的重调。不管怎么，我们希望将最后一个只出现一次的 H*_L_L% 与其之前的一个或几个重调分开处理，并将前面重调的确切数目视为一个受制于可预测性变化的细节。也就是说，我们希望能够将（5）中"意外羡余曲拱"的音系赋值视为类似于"非强制性地有一个或多个 L* 重调，其后接一个 H*_L_L% 的序列"。

8.1.2 调式的节律结构

如何从核心前重调的数量中摆脱出来的问题与 4.1.4 节中讨论过的

核心后重调问题相类似。正如我们所看到的，格莱斯、拉德和阿瓦尼蒂（Grice, Ladd, and Arvaniti 2000）提出，应该将皮埃安贝尔的"音高重调"概念界定为一个外围调，如果有的话，它要么与中间短语边界相联结，要么与核心后重音音节相联结。但鉴于当前的假设，这会造成许多理论上的困难：即使我们接受了"核心后重调"概念，仍然存在这样一个事实，即声调成分根据语境可以表层表现为音高重调或边缘调，但它在 AM 理论中没有明显的基础。同样，理论中也没有规定，核心前声调成分可以根据语境表层出现一次、两次或根本一次都没有。

核心前和核心后重调的基本结构特征是，它们相对于主要的核心重调而言都是次要的。将核心前与核心后重调区分开来的结构特征是，后者是**强制性的**：核心前重调可以完全不存在，但核心后"短语重调"则总是有语音体现的，要么体现为一个核心后重调，要么体现为一个边界调。这表明，可以把核心调、核心后调与核心前调之间的不同视为它们在节律等其他组合型结构中的关系问题。例如，我们可以指出格莱斯、拉德和阿瓦尼蒂（Grice, Ladd, and Arvaniti 2000）所讨论的"东欧疑问调式"声调结构（见 2.5 节和 4.1.4 节）如下：

（6）

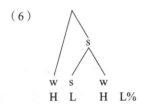

这说明，强制性的低的核心重调相对于后面的核心后调峰来说是强的，将核心调与核心后调的组合视为一个相对于核心前的高的重调来说是强的成分；它认为边界调在某种程度上超出了主要调式结构之外。

这种调式的成分结构是由利伯曼（Liberman 1975: 2.4.3 节）提出的，并由皮埃安贝尔和贝克曼（Pierrehumbert and Beckman 1988）发展起来

285

的。很明显，这个观点与 4.1.3 节中讨论过的格莱斯的有关音高重调的内在结构方面的建议具有相似性。事实上，调式具有某种层级性成分结构的观点可以追溯到几十年前。例如，一种（已在 4.1.1 节中讨论过的）传统英国"调头–调核–调尾"分析的早期版本（Chao 1932）曾提出过一种层级性结构，这种结构可以用树的形式表征如下：

（7）

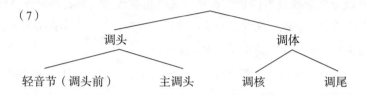

我们根据成分结构的 X 标杆理论（如 Kornai and Pullum 1990）对传统英国分析进行更新，便可以提出语调调式的一般结构如下：

（8）

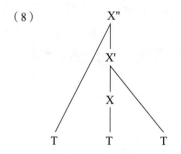

在这个结构中，把核心重调分析为调式的"调头"[①]，把英国传统的调尾（可用 AM 术语把它重新定义为短语重调，其表层是以不同形式的边缘调或核心后重调体现的）分析为"补足语"（complement），把核心前重调（即英国传统"调头"的主重调）视为"标示语"（specifier）或"附接语"（adjunct），（正如利伯曼（Liberman 1975）所做的那样）把末尾边界调看

----

①　X 标杆意义上的"调头"与英国传统意义上表达"核心前曲拱段"的"调头"在术语上存在混乱，这种混乱是不幸的，也是无法避免的；唯一的解决办法似乎是在讨论语调时完全不使用"调头"这个术语。

作是超出调式的主要结构之外的。

这样的结构与我们刚刚讨论过的许多观察结果相一致：

(1) 一个调式都有一个成分（即核心），这个成分在某种意义上是中心或最凸显的点。

(2) 一个调式都有一个成分结构，其中最主要的间隔是调核与其之前的所有调之间的间隔；区别性的调式核心后成分与调核的结合比核心前成分更紧密。

(3) 至少在某些语言里，核心后成分可能会根据它们所联结的音段材料的节律结构而表层表现为重调或边缘调。

(4) 调式中的核心前成分是或可能是单独的一个语言选项。多个核心前成分出现与否，取决于调式所联结的音段材料的节律结构。

当然，就其本身而言，(8) 中提出的结构实际上并没有详细描写核心前和核心后成分如何与不同节律结构中的音段语符列相联结。（事实上，甚至连核心调与句子节律结构中最凸显音节的联结也没有清楚地呈现出来。）因此，显而易见，要使任何这类提议"起作用"，就必须提供形式机制来描写这些效应。例如，语调短语母节点上可能存在某种类型的声调赋值，这种赋值往下插值到承载重调的子节点上，根据语调短语的节律结构产出略有不同的声调语符列。但无论提出何种机制，调式具有层级性结构的观点对调式与文本相联结的一般性理论有着明确的含义。特别是，这个结论似乎是无法避免的：调式是短语的一个属性，因此**比声调语符列更抽象**。调式的成分是抽象的调，它们本质上既不是重调的调，也不是边缘调（即本质上既不是标星的，也不是不标星的）。相反，它们本质上是核心的，核心前的或核心后的。核心前的调可能表层表现为一个或多个重调，或者可被删除掉和被截断截掉。核心后的调常常表层表现为边缘调，并与核心调组成一个封闭的组，但它们也可能表层表现为某种情况下的重调。①

① 这一观点在托雷拉和格莱斯（Torreira and Grice 2018）所撰写的一篇有趣的论文中得到了进一步的发展，该论文记录了西班牙语与意大利语在短的短语中的声调表现上的不同。

286

　　抽象调式概念有两个后果在这里值得一提。第一个是它让描写对各种
287 附加语音高模式的限制成为可能。例如，我们已经注意到，像 *she said* 或
he replied 这类附加语的音高曲拱在某种意义上是由句子主要部分上的音
高曲拱决定的（或至少相一致的）：

（9）　　　　　　　H*H　　　　H H%
　　　　（a）'Are you coming?' she asked.
　　　　　　　"你要来吗？"她问道。

　　　　　　　L+H*　　L　　　　L L%
　　　　（b）'Get out of here!' he yelled.
　　　　　　　"滚出去！"他喊道。

　　　　　　　　　L*+H　L　　　LH%
　　　　（c）'I don't t h i n k　so,' he said.
　　　　　　　"我不这么认为。"他说。

若主要句子有个高升的调核，则附加语上的语调便维持高调；若主要句子
有个下降的调核，则附加语上的语调便维持低调；重要的是，若主要句子
"应该"有个降升的调核，则一种可能的模式是让下降的重调出现在主要
句子上，上升的调出现在末尾的附加语上。（比较第3章例（16-20）中所
阐释的法语语调附加语的类似表现。）但正如人们也经常注意到的，附加
语一般都有某种重调：例如，*he replied* 和 *he commented* 的最大凸显分别
落在最后一个音节和倒数第三个音节上，调谷在它们中的位置有明显的不
同。这种现象可以很容易地容纳在如下的这种描写框架中，其中核心后的
调本质上既不是音高重调，也不是边缘调，而是与已有的最凸显的音节相
联结。请把这种语调附加语的分析与贝克曼和皮埃安贝尔（Beckman and
Pierrehumbert 1986: 293-298）所提出来的处理方法相比较，后者将附加语
的从属关系处理为一种调域的压缩问题（比较5.2.5节）。贝克曼和皮埃安
贝尔否认了附加语已去重调化的直觉，认为这是一种由调域上的差别所引

发的一种错觉，并且她们对附加语上可以出现哪些调的限制未做解释。

第二个后果可能更为深远。如果调式抽象表达式中的声调本质上不是标星的或不标星的，即它们作为重调性声调或边缘调的地位取决于调式所联结的文本的节律结构，那么结果是必须在节律结构中对句层级的凸显进行定义。标星音高重调的分布是推导而来的，不是直接复制的。因此，本节的讨论与第七章提出来的其他证据证明同样的一般性结论相一致。

8.2　韵律结构的若干问题

8.2.1　关于韵律边界的定义

人们普遍认为，韵律的功能之一是将音流划分成语块或者这样或那样的短语——现在，我们暂且非正式地将这些语块称作韵律短语（prosodic phrase）或 ProsP。然而，尽管分语块功能具有明显的普遍性，但对韵律短语边界则非常难以识别，难以给出一致性的定义。韵律短语的边界似乎呈现出各种各样令人困惑不解的表现形式，从伴随着局部性 F_0 升与降的明显停顿，到无法明确定义的细微局部放缓或音高变化。因此，对特定的韵律短语边界是否存在常常存在着分歧，并且文献中对韵律短语的定义经常是循环性的、模糊不清的。对这一问题的更多讨论，见克里斯特尔（Crystal 1969: 5.4 节）、利伯曼（Liberman 1975: 9ff.）、拉德（Ladd 1986: 1.1 节）。

在我看来，识别韵律短语边界的困难与其说是与语音线索固有的细微敏感性有关，不如说是与它们的定义涉及相互冲突的标准有关。正如重音的语音定义一样（2.2 节），这主要是个理论上的问题。韵律短语应该是由可听到的边界隔开的：如果听不到韵律短语的边界，那么分语块功能的大部分要点都将丢失。与此同时，人们常常认为韵律短语具有某种内在的韵律结构，如语调调式、DTE 等等。所假设的内在结构的细节随分析的不同而不同，但其效果却是相同的：内在韵律结构的假设创造了一种**理论上不相容的观察结果**的可能性。我们可能会找到一些表面上由韵律边界界定，但却没有呈现出所期待的内在结构的语音片段；相反，我们可能会找到表面上具有韵律短语的内在结构，但其边缘却不是由可听到的边界所标记的语音片段。

最重要也是最复杂的标准冲突，源于两个假设：（a）把句子划分成韵律短语在某种程度上反映了句法、语义或语篇的成分结构，但（b）韵律结构从根本上说比句法结构更简单。几十年来，探讨句法／语义与韵律结构之间的关系一直是韵律研究的一个主要领域（如 Halliday 1967b; Langendoen 1975; Nespor and Vogel 1982, 1983, 1986; Selkirk 1984, 1986, 1995; Ladd 1986; Chen 1987; Kubozono 1987; Steedman 1991, 2000; Lambrecht 1994; Croft 1995; Truckenbrodt 1999; Wagner 2005）。我们假设存在一个基于韵律短语的广泛语法系统，这个系统的存在，显然给我们可能观察到的韵律短语边界施加了另外一个潜在冲突的制约条件（事实上，这些研究成果的一个主要部分就是，试图解释或解释掉韵律结构与句法／语义成分结构之间的"不匹配"问题）。我们若在一个句法或语义上"不可能"的位置处听到了一个可听得到的间隔，则可能会说这是一种迟疑而非韵律短语边界；相反，我们若不能遵守我们的规则引导我们所期待的一个明确的边界，则可能会得出这样的结论：不管怎样，都有一个，但却难以听到。

在我看来，没有想清楚对韵律短语和韵律范域进行更为一般性的定义会意味着什么，这一点加剧了这种标准的冲突。重要的是韵律范域类型要有语音上明晰化的定义，我认为这是不言而喻的。但与我讨论过这些问题的几个人似乎都认为，各种韵律范域类型是通过对句法结构如何映射到韵律结构上的描写（如奈斯波和沃格尔（Nespor and Vogel 1986）、塞尔柯克（Selkirk 1986）的那些映射）来定义的，如音系短语被定义为一个最大投射及其左侧所有一切的中心语。在我看来，把奈斯波和沃格尔的解释或塞尔柯克的解释都当作定义，是毫无道理的；相反，它们是假设，是对有关一种与另外一种可独立界定的结构之间对应的预测。例如，我们可能想把音系短语定义为 DTE 负载核心音高重调的范围或两个短语重调之间的延伸段，或者是以其他某种方式定义的；但这一定义的充分性必须首先依据音系和语音进行评价。那么，奈斯波和沃格尔的解释或塞尔柯克的解释成不成功地预测了句法最大投射与独立界定的音系短语之间的对应关系，则是一个实证问题。除非句法结构和音系结构自己定义自己，否则整个操作过程就变成了纯粹循环性的。

纯粹作为一个语音和音系问题来考虑，韵律短语等其他韵律范域的边界则实际上并不是特别难以定义和识别的。例如，在 ToBI 标音系统中，边界的定义用语音术语表达得清清楚楚，并且在重调与边界的位置上标音者之间有很好的一致性。（诚然，正如 3.2.1 节中所指出的，系统本身具有一个明晰化的机制（如间隔指数 2）来处理理论上不相容的观察结果。）在已被引用的德皮杰珀和桑德曼（de Pijper and Sanderman 1995）的研究（3.1.5 节）中，即使话语的音段内容难以理解，非专业听话人在 10 分值的 290 韵律边界"强度"的评级上也表现出良好的一致性。面对这样的结果，坚持韵律边界特别神秘莫测或难以捉摸，则是很难的。相反，当我们试图将清清楚楚的语音与音系定义与有关韵律结构及其与句法关系的独立思想相协调时，这个问题便从相互冲突的标准中产生。困难的主要来源是所谓的"严格层级假说"，即韵律结构不同于句法结构，它具有固定深度的观点。

8.2.2 韵律结构的不确定深度

韵律与句法之间的不同（以及这些差异给韵律成分的语音定义所造成的问题）已由著名儿童诗歌《杰克建造的房子》案例得到说明，乔姆斯基和哈勒（Chomsky and Halle 1968: 371ff.）对此做过讨论。正如乔姆斯基和哈勒所指出的，每节诗文的句法结构都是无限地右向分支的：

（10）　　[This is [the dog that chased [the cat that killed [the rat that ate [the malt that lay in [the house that Jack built]]]]]]

这是那只追猫的狗，猫杀死了老鼠，老鼠吃了放在杰克建的房子里的麦芽。

然而，韵律结构涉及一连串的短语，在这些短语中，这种深度似乎没有以任何方式反映出来。

（11）　｜ This is the dog ｜ that chased the cat ｜ that killed the rat ｜ that ate
the malt ｜ that lay in the house that Jack built ｜

此外，从句法角度看，这些韵律短语之间的边界"出现在错误的地方"：不是在每个名词短语的开头，而是在中间的某个地方。这种不匹配通常被认为是试图将某种结构（无限分支的句法结构）映射到另一种基本上更简单的（直观上"更平的"或"更浅的"）韵律结构上的必然结果；这个观点在奈斯波和沃格尔（Nespor and Vogel 1986）、塞尔柯克（如 Selkirk 1986）以及特鲁肯布罗特（Truckenbrodt 1999）的研究中体现得尤为明显。

　　人们普遍认为，话语的韵律结构是一种明确定义的范域类型（音节、短语等）的层级结构，每个层级结构的边界因而也是下一个层级结构的边界。韩礼德（Halliday 1960, 1967a）首先明确讨论了这一观点。例如，在韩礼德对英语音系结构的分析中，话语是由调群、音步的调群、音节的音步和音位的音节组成的。这意味着，每个调群的边界同时也是音步的边界和音节的边界。这个结构可以用树形图表征如下①：

---

　　①　在这个例子的正文中，调群边界用"//"标记，音步边界用"/"标记，而"^"标记"无声的强音"。后者是调群起始音步开始上的一个虚拟的节拍；它在重音（韩礼德的"显著性"）音节位置，而重音音节通常是音步开始的。在音步 ^she'd 案例中，无声强音据说是以停顿语音体现的，这个停顿的时长是由这个句子的节奏支配的（见 Halliday 1970）；现有一些实验证据证明这个观点（Scott 1982）。但在音步 ^When I 案例中，无声强音的动因纯粹是理论性的。话语开头的无重音音节必须被指派给一个音步，而根据定义，一个音步必须具有一个"强音"或无声节拍；由于不存在可观察到的强音，所以它一定是无声的。如今，像这样的案例都可以用"节律外"（如 Hayes 1981; Pierrehumbert and Beckman 1988：第6章）或"衰退音步"（Halle and Vergnaud 1987）来讨论，但这种构式有可能源自理论上不相容的观察结果，"无声强音"则仍然是这种构式的一个很好例证。

（12）

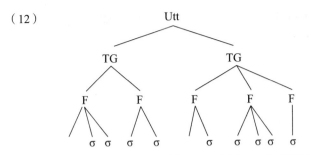

//^ When I / got　there // 　^ she 'd / alr　eady / left //
我到那里时，她已经走了。

最近，一些学者（特别是奈斯波和沃格尔（Nespor and Vogel 1986）、皮埃安贝尔和贝克曼（Pierrehumbert and Beckman 1988））提出了截然不同的语类或范域类型清单，但可以把它们安排到大小或包容性层级结构中的原则则则几乎被每一个人所接受。

　　韩礼德及其追随者和批评家（Huddleston 1965; Halliday 1966; Matthews 1966）对（12）这种树的一个属性都做过很多讨论，最近，比如塞尔柯克（Selkirk 1984）、奈斯波和沃格尔（Nespor and Vogel 1986）等对此又做了更多讨论。这个树的一个属性是：它们是**非递归性的**。没有节点可以统制相同语类的另一个节点。这一属性是以韵律结构的具体制约条件的形式被纳入 20 世纪 80 年代的几个理论讨论中，塞尔柯克将其称为"严格层级假说"（Strict Layer Hypothesis，简称 SLH）。按照严格层级假说，韵律范域类型有个层级结构，在韵律树中，层级结构中已知层级上的任何一个范域都只由层级结构中下一个层级上的范域所组成。

　　这一抽象的说法转化成图 8.1 所示的一些具体的禁令。更重要的是，对于现正在讨论的这一点，它需要**韵律树是有固定深度的**。按照刚才所述 292的 SLH 制约条件构建的任何树，只能具有与不同范域类型一样多的结构层级：例如，如（12）所示，韩礼德的模型中有 *Utt*、*TG*、*F* 和 *σ* 四个范域类型。在这个模型中，每个 *σ* 节点都恰恰是从 *Utt* 根节点向下的三个层

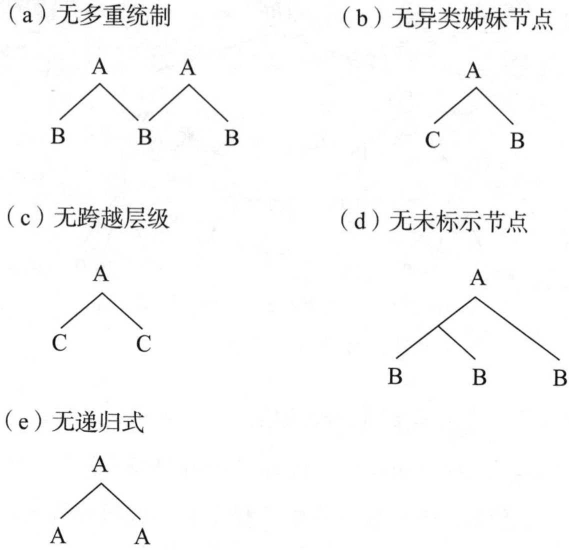

（a）无多重统制　　　　　　　（b）无异类姊妹节点

A　　　A　　　　　　　　　　A

B　　B　　B　　　　　　　C　　B

（c）无跨越层级　　　　　　　（d）无未标示节点

A　　　　　　　　　　　　A

C　　C　　　　　　　B　　B　　B

（e）无递归式

A

A　　A

图 8.1　严格层级假说的一些后果。图中的语类标示 A、B 和 C 表示韵律范域类型（语调短语、音系词、音步、音节等等），其中 A 是一个比 B 大的范域，而 B 则是一个比 C 大的范域。

级。因此，SLH 通过将扁平性与固定深度等同起来以表达韵律树的直观的"扁平性"。通过将韵律树集合限定在固定深度集合上，也（正如上面所指出的）必然会出现某些类型的句法结构（如反复的右分支）无法在相应的韵律树中被复制的情况。因此，它提供了一个韵律与句法之间为何应该有"不匹配"的理由。

　　一旦明晰化地把它定义出来，人们就会广泛地认为 SLH 是不言而喻的。在塞尔柯克（Selkirk 1984: 26）将它定义为"有用的工作假说"四年之后，皮埃安贝尔和贝克曼（Pierrehumbert and Beckman 1988: 第 6 章）把它作为字面意义上的一条公理纳入到了她们的形式系统中，并且没有提及塞尔柯克、奈斯波和沃格尔，甚至没有提及术语"严格层级假说"。无论是塞尔柯克，还是奈斯波和沃格尔，他们都修改了不符合 SLH 的早期分析（如 Selkirk 1980; Nespor and Vogel 1982, 1983），并用修改后的替代了它们（如 Selkirk 1984; Nespor and Vogel 1986）。此外，从某种重要意义上说，恰恰是通过将 SLH 纳入其中，可以说由普林斯（Prince 1983）提出并由塞尔柯克（Selkirk 1984）发展起来的"唯栅"韵律结构模型与利伯曼和普林斯（Liberman and Prince 1977）的节律栅有所不同：利伯曼和普林斯的纯关系栅具有不确定的深度，而普林斯–塞尔柯克的栅则具有 5 个明确的层级。

　　但 SLH 迅速被接受，这一点很难归因于压倒性的证明韵律结构是有固定深度的实证证据，也很难归因于支持图 8.1 中禁令的明确数据。相反，SLH 明显引发了实证问题。例如，海曼、卡坦巴和瓦卢辛比（Hyman, Katamba, and Walusimbi 1987）、陈渊泉（Chen 1987）都指出了在具有复杂连读变调的语言里假定 SLH 所产生的括号悖论问题。我在自己的一些著述（尤其是拉德（Ladd 1986）以及本书的第一版）中已提请人们注意将 SLH 与证明边界强度等级的语音证据进行协调的难度。因此，许多研究人员现在都接受，某些形式的递归和 / 或不确定结构深度都必须纳入我们对韵律结构的理解中（见 Dresher 1994; Frota 1998; Féry and Truckenbrodt 2005; Wagner 2005）。不过，还有许多细节尚待解决。

8.2.3 边界强度

　　边界强度问题值得做更详细的讨论。有几项研究都已表明：清晰的韵律短语边界可能具有不同的声学属性，这些声学属性在某种程度上反映了边界的结构强度或深度（见如 Cooper and Sorensen 1981; Thorsen 1985, 1986; Ladd 1988）。正如刚才所提到的，人们还发现：当音段内容被声学掩蔽时，听话人能够可靠地检测出这种差异（de Pijper and Sanderman 1995）。事实上，在制定 SLH 之前，边界强度概念在一些早期研究句法结构与韵律结构之间关系的著述中被认为是理所当然的（如 Cooper and Paccia-Cooper 1980; Gee and Grosjean 1983）。但若要在符合 SLH 的韵律树上定义边界强度，则 SLH 对结构固定深度的预测与语音证据（即边界强度是一种可能的开放量级）之间存在着一种冲突。

冲突的性质很容易得到证明。在（11）中，我把话语的最后一个短语标记为 *that lay in the house that Jack built*。当我对自己说这首诗时，我真正听到的是在 *house* 之后还有另外一个边界，但它要比我在（11）中所标记的更弱、更难以捉摸。在对韵律短语划分的通常假设下，没有好办法来表示这个感知上的"更弱"边界；要么它存在（而且我认为它较弱，因为我意识到它与其他边界之间的句法差异），要么它不存在（但我仍能感知它，因为我知道它在句法上是存在的）。

只有两种方法可以用 SLH 将语音线索的证据与边界强度相协调。一种是将不同的边界强度解读为韵律标记已知句法边界的不同**概率**。这是 1.3.1 节中讨论过的，皮埃安贝尔和利伯曼在重新解读库柏和索伦森时所采取的方法。另一种是通过说它是**另外一种边界**（特别是一种既弱又小的边界），来直接表达已知边界在感知上的弱化程度。只要稍加思考，就会明白：在 SLH 下，边界强度的唯一可能的差异是边界类型上的差异。

在过去的半个世纪里，人们已反复多次分别提出存在着两种不同类型的韵律短语的观点。这些提议有：特里姆（Trim 1959）的大调群与小调群，奥康纳和阿诺德（O'Connor and Arnold 1973）的单杠边界与双杠边界，以及贝克曼和皮埃安贝尔（Beckman and Pierrehumbert 1986）的语调短语（*IP*）与中间短语（*ip*）。在任何情况下，正如 SLH 所要求的，理论上的提议都是区分大小韵律短语，大的韵律短语是由一个或多个小的韵律短语组成。遗憾的是，在两个等级的韵律短语上的各种提议之间并不存在任何明确的对应关系。例如，正如我在拉德（Ladd 1986）中所指出的，特里姆的大韵律短语大致相当于奥康纳和阿诺德的小韵律短语。假若我们相信这两种观察结果，那么将会得到三个层级的韵律短语；与其他的提议进行详细比较，可能会使我们做出更多的假设。为了避免设定过多的不同类型的边界，学者们往往通过简单地忽略某些边界线索，以韵律短语划分的"难以捉摸"为理由来解释它们的困难，从而解决标准的隐含冲突问题。实际上，这正是我在例（11）中标记韵律短语边界位置时所做的事情。

只要对边界强度差异的观察是印象派的，就有可能把它们视为句法诱发的错觉而不予考虑，或者以其他方式并在保持 SLH 的情况下解释它们。
但有越来越多的仪器证据可以证明这种差异，我在几年前所做的一项研
究（Ladd 1988）结果举例证明了这一点，费里和特鲁肯布罗特（Féry and
Truckenbrodt 2005）最近又一次给出了德语里的一种略有不同的结构。我 295
的研究涉及句子的形式是：**A 和 B 但 C** 以及 **A 但 B 和 C**，这里 A、B 和
C 都是在句法和重调结构上大致相似的小句，例如：

（13）　（a）Warren is a stronger campaigner, and Ryan has more popular
　　　　　　policies, but Allen has a lot more money.
　　　　　　沃伦是一位更强的竞选者，瑞安有更受欢迎的政策，但艾
　　　　　　伦有更多的钱。
　　　（b）Warren is a stronger campaigner, but Ryan has more popular
　　　　　　policies, and Allen has a lot more money.
　　　　　　沃伦是一位更强的竞选者，但瑞安有更受欢迎的政策，艾
　　　　　　伦有更多的钱。

对这些句子最自然的解释是把 *but* 边界看作是更强的边界——也就是说，
在（13a）中，它将 **A 和 B** 的组合与 **C** 相对立，而在（13b）中，它则将
A 与 **B 和 C** 的组合相对立。用图可以表示为：

（14）　（a）　　　　　　　　　　　　　　　（b）

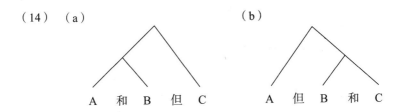

在四个说话人对这些句子的多种说法中，我发现了在每个小句中和横跨
整个三个小句的序列中 F_0 下倾的证据；每个小句都以明确的边界调结尾。
因此，把每个小句看作是一个语调短语，把整件事看作是一个话语，似
乎是妥切恰当的。所以，鉴于包括 SLH 在内的有关韵律结构的标准假设，

我们可以将这些话语的结构图示如下：

（15）

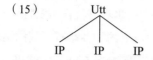

遵照 SLH 的标准动因，这个结构比（14）中的结构"更扁平"。

　　然而，除了将话语划分成三个语调短语的清晰的语音证据之外，我还发现反映（14）所示的层级结构组织的语音差异。具体地说，小句 *B* 和 *C* 的初始峰在 *but* 边界之后高于在 *and* 边界之后。此外，*but* 边界之前的停顿时间总的来说比在 *and* 边界之前的停顿时间要更长。也就是说，F$_0$ 线索和停顿时长线索都表明 *but* 边界"更强"。

296　　遗憾的是，表征这种边界强度差异的最明显方式都被 SLH 排除掉了：

（16）　　递归性节点

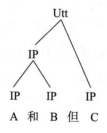 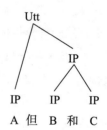

（17）　　无标示节点

 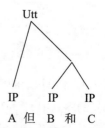

正如我们前面提到的，这是因为 SLH 所允许的边界强度差异是边界类型

差异。为了在不违反 SLH 的情况下把（14）中的层级结构组织表征出来，我们就必须为 *Utt* 根节点与三个 *IP* 节点语符列之间的中间结构层提出一个新的范域类型：

（18）

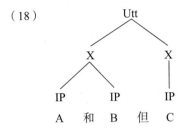

若将我们的分析限定在已认可的范域类型内，则可以说必须在树上往上往下滑动以适应 SLH 的需求。例如，我们可以把小句 *A* 和 *B* 的组合看作是一个话语（Utt），把整个结构看作是一个段落（Para）：

（19）

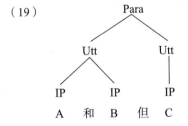

或者，我们可以把小句 *A* 和 *B* 的组合看作是一个 *IP*，这样可使我们将各 297 个小句看作是中间短语（*ip*）：

（20）

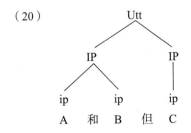

但这些解决方案却都没有独立的理据。它们都削弱了韵律范域类型的独立语音定义：（19）使之难以保持话语定义的一致性，（20）使之难以提供中间短语定义的一致性，（18）因没有独立的证据，更何况没有语音的定义而设立了一种中间语音语类。在任何情况下，证明中间结构层的理据完全是理论内部的，即不要建造一种违反 SLH 的树结构。

8.2.4　复合韵律范域

如果我们想要说明边界强度细微差别的证据，同时将韵律范域类型的数量保持在有独立理据语类的最低限度内，那么我们别无选择，只能摆脱 SLH 的束缚。更为充分的韵律结构理论的一个关键之处是：承认不确定结构深度的语音证据，同时保持韵律结构比其对应的句法结构更扁平的直觉。也就是说，我认为，重要的是要表达一种直觉，即句法结构与韵律结构之间存在着本质上的差异；我认为我们需要做的是削弱或放松 SLH，而不是（正如我在拉德（Ladd 1986）中提出来的）完全放弃它。使这种平衡行为成为可能的理论构式是我所称之为的"复合韵律范域"（Compound Prosodic Domain，简称 CPD）。

CPD 是已知类型 X 的一个韵律范域，类型 X 的直接成分**本身就属于类型 X**：

（21）

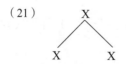

这正是形态句法中复合词通常所假定的结构，而这个类比则是有意而为的。像 *telephone call* 这样的一个复合词，它由 *telephone* 和 *call* 两个独立出现的名词组成，但同时功能又与单个名词完全一样；名词的定义不会因这种复合词的存在而受到影响。同样，出于某种目的，我们可以把（14）中的 [**A 和 B**] 视为一个单独的 *IP*，尽管同时我们也承认它是由 *A* 和 *B*

这两个 *IP* 组成的。与形态句法复合词一样，这种分析不需要在范域类型的定义上打折扣：特别是，边界方面的定义可以以完全相同的方式应用于简单词和复合词的范域。也就是说，正如皮埃安贝尔和贝克曼的 *IP* 定义所规定的那样，无论是简单的 *IP*［B］，还是复合的 *IP*［A 和 B］，二者的右边都是由一个边界调标记的。它既是相同的边界，又是相同的边界调，这对定义没有任何影响。因此，我们可以将对应于（14）中两种说法的韵律结构绘制为如（16）所示的带有一个要么统制［**A 和 B**］要么统制［**B 和 C**］的复合 *IP*。

严格地说，CPD 概念包含递归性结构。如果韵律范域可以是复合的，那么韵律树的深度无法确定，而这显然与 SLH 不相符。然而，复合是一种有限的递归性。只要韵律树的不确定深度只通过复合而非其他方式产生，那么韵律结构仍然与句法结构有着至关重要的不同，因为产生句法树中不确定深度的手段比单独复合更丰富、更强大。韵律上没有与句法中看到的那种递归性相类似的东西，比如一个句子可以包含名词短语，而名词短语反过来又可以包含句子。在 CPD 的建议中，人们仍然都很清楚，短语比音步"更高"、更包容，音步比音节更高。**韵律层级结构的语类仍是严格按等级排列的**。这意味着，即使我们允许 CPD，我们仍然能够表达与句法相对的韵律结构的"扁平性"，因此不会失去 SLH 的唯一重要实证优势。

另一方面，如果我们允许 CPD，总体韵律短语划分理论的实证基础就会大大加强。CPD 的概念使我们能够容纳数十年来被迫陷入"大小韵律短语"束缚的观察结果，重新思考由利伯曼和普林斯、塞尔柯克以及奈斯波和沃格尔等提出来的有关韵律范域可以相互关联的早期建议。这几乎肯定地意味着，韵律范域类型的数量可以减少，但不是持续地扩大：例如，可以把奈斯波和沃格尔的"附着语素组"视为"复合音系词"。与本书主题更为相关的是，我们还可以考虑这样一种可能性，即"中间短语"只不过是可以拥有一个调式的最小的韵律单位，而且中间短语与语调短语之间 299

在类型上的差异还可以得到拭除。

无论如何，这种韵律范域类型数量的减少将确确实实地增强对韵律范域的定义。这会让我们能够在纯粹的语音和音系的基础上，将任何一个已知的边界识别为属于一个语类还是另一个语类，而不必从我们的肩膀上去看关于韵律结构或句法与韵律映射的理论后果。例如，它将允许我们把（11）中 *house* 之后的边界视为与其他相同的类型（因为它的特点是在 H* 重调之后音高下降相同，边界前音段加长相同），但承认它也比别的"更弱"。更弱可能有两个意思：首先，按照定义，它是抽象地更弱，即它所分隔出的两个范域（*that lay in the house* 和 *that Jack built*）共同构成了一个复合范域；但在实证上也很明显，单纯从语音的角度上说，它也更弱，比如它呈现出一种更浅的音高下降和 / 或更短的边界前的加长。

沿着刚才概述的思路发展和验证一个完整的理论，这项任务本身就可以很容易地占据专著的整本篇幅，所以，我在这里不再对这个问题进行详细的讨论。但在最后一节中，我将谈一谈一些描写上的可能性，这些可能性源自这里所概述的韵律结构的观点。

8.3　一些描写上的后续效应

本节简要概述三种具体情况，在这里，承认韵律结构在语调音系学中的中心地位可能有助于解决某些长期存在着的描写困境。我预设有一种没有 SLH 的韵律结构，并把 CPD 等类似的东西也纳入其中。我并不是说这里的简要概述可以提供所有问题的完整答案，而只是给他们提供作为潜在有趣、富有成效的研究问题的指针。

8.3.1　主重调与焦点

在 7.1 节中，我提出了这样一种观点，即焦点通常不是由音高重调表示的，而是由主重调或核心重调发出的观点，并表明主重调反过来只是表示话语划分为中间短语，这是真正的焦点信号的跨语言基础。但我没有指出的是：在多数情况下，主重调不能传递焦点信号。其中一种情况涉及对 *butcher*（屠夫）和 *bastard*（私生子）之类词的"修饰性"解释与 300 "字面"解释之间的差别。我在拉德（Ladd 1980a: 64ff.）中讨论了一系列例子，说明去重调化的一个功能是有利于"修饰性"的说法。虽然修饰性说法与字面上的说法之间的差异显然不是焦点的问题，但去重调化和焦点似乎很清楚是同一组现象的一部分，因此，为了这里所说的这一点，我把字面与修饰上的差异视为等同于焦点与非焦点的差异。基本现象，见下例所示：

（22） A：Everything OK after your operation?
你手术后一切都好吗？

B：Don't talk to me about it! I'd like to STRANGLE the butcher.
别跟我说这个！我想**掐死**这个屠夫。

去重调化使得把这个交流中的 *butcher* 当作指称那个做手术的医生的绰号成为可能。没有去重调化（即在大多数情况下解释为表示中性宽焦点的句重音模式），可使 B 的贡献变成对一个卖肉的真正屠夫的一次语无伦次的咆哮：

（23） A：Everything OK after your operation?
你手术后一切都好吗？

B：Don't talk to me about it! I'd like to strangle the BUTCHER!
别跟我说这个！我想掐死这个**屠夫**。

我在拉德（Ladd 1980a）中也曾指出：当所涉及的词不是句末词时，可以通过重调**类型**来表示修饰义与字面义之间的相同的差异。带有 H* 次重调（我最初遵循博林格的做法，把它称之为"B 重调"）的名词，可以有修饰性说法：

　　（24）　　A : Everything OK after your operation?
　　　　　　　手术后一切都好吗?
　　　　　　B : Don't talk to me about it!
　　　　　　　别跟我说这个!
　　　　　　　　　　H*　　　　　　　　　H*　　　H* LL%
　　　　　　　The butcher charged me a thousand bucks!
　　　　　　　屠夫收了我一千美元!

带有主重调（博林格的"A重调"；用皮埃安贝尔的话说，H* 重调后接一个 L 短语重调和一个中间短语的边界调）的 *butcher*，又指卖肉的人:

　　（25）　　A : Everything OK after your operation?
　　　　　　B : Don't talk to me about it!
　　　　　　　　H*　L　　　　　　　H*　　　H* LL%
　　　　　　　The butcher charged me a thousand bucks!

301　迄今为止，这些观察结果与只有**主**重调才能表示焦点的观点相一致。在（24）中，我们可能会说，B 所说的整个句子 *The butcher charged me a thousand bucks* 是一个中间短语，因此落在 *butcher* 上的重调是次重调。另一方面，在（25）中，*The butcher* 是一个独立的中间短语，所以 *butcher* 按照定义负载了一个主重调，这反过来意味着不能把它解释为去重调化的。

　　然而，这种分析在对句子的强调演绎中就行不通了。如果我们在所有四个实义词上加上主重调，即把句子划分成四个中间短语，*butcher* 的修饰性解释则会再次得到青睐:

　　（26）　　A : Everything OK after your operation?
　　　　　　B : Don't talk to me about it!
　　　　　　　　H* L　H*　　L　　H* L　　H*LL%
　　　　　　　The butcher charged me a thousand bucks!

这里，**主重调**是用以表示**修饰性**说法的。直觉上，似乎正在发生的是，在（25）中，*butcher* 与句子其余部分的韵律是分开的，足以让它成为自己的局部最大值（这基本上与说它作为它自己的中间短语出现的解释是相同的），而在（24）和（26）中，对 *butcher* 上重调的凸显程度是相对于句中其他地方的重调来评估的，而句子整体上的局部最大值似乎是在 *bucks* 上。

这表明，为了描写如何发出焦点信号的，我们必须以一种考虑到上一节中关于韵律结构不确定深度的讨论的方式来制定我们对"主重调"的定义。前面例子中关于对"分开"的焦点的直觉解释可能与"边界强度"概念有关：不知何故，*butcher* 与句子其余部分之间的边界在（25）中比在（24）和（26）中"更强"。所有修饰性案例的共同之处是，*butcher* 具有的凸显度在某种意义上**相对不如**话语中其他某些重调**那么凸显**。这一观点似乎与（25）和（26）中而非（24）中的观察结果不一致，即 *butcher* 与句子其余部分之间的边界是一个中间短语边界。但如果我们思考一下复合韵律范域的可能性，则也许能够挽救直觉上的解释。

这种问题的传统解决方案会说，短语边界的语音线索是神秘莫测、难以捉摸的。例如，为了挽救基于主重调的焦点解释，我们可能会说，我们在（26）中确认为 ip 边界的调谷不是真正的 ip 边界，因此不能发出焦点信号的重调不是真正的主重调。有了 CPD 概念，我们就不会被迫以此方式进行推理。相反，我们简单地把（26）中的每个强调重调当作**局部性**中间短语的主重调，但同时把整个句子当作一个复合型的中间短语，其中 *bucks* 是核心，*butcher* 是核心前的，即可以将（24）-（26）的例子图示如下：　302

（27）　对应于（24）

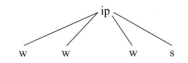

The butcher charged me a thousand bucks

（28）　对应于（25）

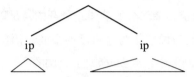

The butcher charged me a thousand bucks

（29）　对应于（26）

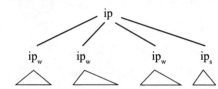

The butcher charged me a thousand bucks

这让我们既可以维持中间短语的定义，也可以表达似乎在决定 *butcher* 解释时所涉及的句法结构的差异。显然，如果这一建议具有真正的解释价值，则将有必要限制我们可以设立复合型中间短语的语境范围；在理想的情况下，我们不仅能够确认单个范域的语音特性，也能够确认复合范域的语音特性。这里的重点是提出一条前进的路径，为未来的研究奠定基础。

8.3.2　再论抽象调式：复合曲拱

语调音系学中最被广泛忽略的问题之一是韵律短语之间的声调**依存性**问题，如例（9）所阐释的主句与附加语之间的语调依存性。各方面学者都提到过这些问题（如我自己在拉德（Ladd 1980a: 7.5 节）所做的简要讨论）；最广泛的一项研究是克里斯特尔（Crystal 1969: 5.10 节，并在博林格（Bolinger 1972a: 126−135）中重印）对"语调从属关系"的讨论，但在文献中却都没有令人信服的关于这种依存性如何起作用的说明。正如我在拉德（Ladd 1986）所提出来的，放松严格层级假说使得我们考虑一系

303

列可能的韵律结构成为可能，这些结构可能有助于理解这些依存性。[①] 这里，我想要讨论的一种情况是我称之为**复合曲拱**情况，它似乎可以说明 CPD 与理解调式与文本联结的相关性。

证明"复合曲拱"概念很有用并不很难。请看下面两个英语曲拱之间的对立性，这里是在单独一个短的短语上呈现的：

（30）　（a）　　L*　　　H* LL%

　　　　　　　　Mary and Peter　　　　　　　　玛丽和彼得

　　　　（b）　　H*　　　!H* LL%

　　　　　　　　Mary and Peter

语境可能是讨论邀请谁作为第四对夫妻参见麻将牌游戏：承载"意外羡余曲拱"（Liberman 1975）的（30a）意味着一种突发的灵感（"呵唷，我知道我们能邀请谁！"），而核心重调在 *Peter* 上发生降阶的（30b）则表明对此事有最终决定权的人的最终决定（"我说这是我们要邀请的人"）。相同的差异应用于下面两句话，每句话都是由两个短语组成的：

（31）　（a）　　　L*　H　　H*　L　L%

　　　　　　　　　If Mary goes, Peter can go.　　如果玛丽去，彼得就可以去。

　　　　（b）　　　H*　H　　!H*　L　L%

　　　　　　　　　If Mary goes, Peter can go.

这里的语境可能是关于儿童郊游的讨论。在（31a）中，问题是：彼得太小，不能自己去；说话人突然有了灵感，彼得的姐姐玛丽能去，这反过来还解决了问题（"呵唷，这样彼得可以去了"）。在（31b）中，问题是：彼得认为他太老了，做不了计划中的任何事，不想跟他的妹妹玛丽一起去；说话人（如同前面的例子那样，一位具有最终决定权的人）厌倦处理

304

---

　　① 　按照这里所概述的提议，拉德（Ladd 1986）中的一些具体分析是得不到准许的，但基本想法是相同的。

兄妹之间的纠纷，决定让彼得陪玛丽去（"我说彼得应该去"）。如果在某个描写层级上可以将（31a）和（31b）上的曲拱视为与（30a）和（30b）上的曲拱相同，则这种语调细微差异的相似性就不构成任何理论问题。另一方面，如果音系学原则上不允许我们将（31）中的曲拱视为与（30）中的简单单位完全相同的复合单位，那么用严格的理论术语来说，意义的相似性则是偶发的。

复合曲拱对这两个调式与文本联结问题的意义就在于它清楚地表明，调式的抽象身份并不存在于声调语符列中。如果意外羡余调式要么可以体现为（单独一个短语上的）L* ... H*_L L% 序列，要么可以体现为（组成一个复合短语的两个成分短语上的）L*_H ... H* ... L_L_% 序列，则就必须把两个声调序列之间的表层差别看作是韵律结构条件下的低层级差别。也就是说，一旦我们承认 CPD 概念，特别是承认复合调式，便有更多的证据证明声调赋值是 *ip* 的抽象属性，并且表层重调和边缘调语符列是一般调式与文本联结过程的一个具体且相当可预测的结果。

8.3.3 调域的"节律"效应

最后，将节律结构明确地纳入语调音系学中，似乎也可能有助于我们理解调域音系学。正如我们在 5.2 节中所看到的，很多调域效应的 AM 讨论都围绕着这样一个问题：一个已知的现象是否用声调语符列来表征？或者是否视为一种"外在的"调整声调空间语音实现的音阶标度因素？我们特别考虑了索萨对皮埃安贝尔英语"帽型模式"重新分析的批评。回想一下，贝克曼和皮埃安贝尔（Beckman and Pierrehumbert 1986）将皮埃安贝尔基于两种不同重调类型的原版描写替换为一种用（受外在因素影响的）单独一个重调类型表达的（"高且已压缩的调域"）分析。索萨坚持认为，我们必须认识到这种差别的多重重调类型，理由是"每个声调的赫兹值都是它音系特性……与前一个调的音系特性相结合的一个函项"，而"在大多数情况下，［插入中间的］无重调音节的调值是可以由简单的插值预测的"（Sosa 1999: 107）。用这种方式来说，这个问题 就像是 1.4 节讨论过的另外那一种"副语言僵局"：一个分析的人将已知 305
的语调现象视为语言学的，并在音系分析中为它做了规定（本例是声调
语符列），而另一个分析的人（或几年后的同一个分析的人）则提出，这
种现象是在语言学的对立系统之外，因而根本不应该得到音系的表征。
根本的问题（副语言的与语言的、外在的与内在调域效应的）看起来在
任何场合都是相同的。

　　但我相信，至少其中一些僵局可以通过认识韵律结构与调域控制的相
关性来解决。本书前面（2.4 节、3.1.3 节、3.1.5 节）已对降阶做过广泛的
讨论，如果我们再来看一看降阶问题，就可以看出这一点。回想一下，皮
埃安贝尔（Pierrehumbert 1980）提出降阶是局部性音系规则作用于具体声
调序列所产生的结果。拉德（Ladd 1983a）认为这种音系分析未能表达这
样一个事实，即无论降阶适用于哪种重调类型，英语这类语言里的降阶都
具有一定的功能一致性，他还提出了一种降阶"特征"，这种特征可以适
用于任何一种重调类型，并且具有修改曲拱中特定点的调域的作用。贝克
曼和皮埃安贝尔（Beckman and Pierrehumbert 1986）在回应提问中指出，
这种降阶特征不仅可以适用于任何重调类型，也适用于任何位置上的重
调，创建可能毫无意义的声调赋值，其中系列中的第一个重调是降阶的重
调（见 107 页脚注①）。

　　为了解决这个问题，同时保留我认为正确的假设（即降阶是一个与重
调类型正交的音阶标度因素），我（Ladd 1988, 1990b, 尤其 1993b）随后
提出，降阶包括两个重调或其他韵律成分之间音高水平的**组合关系**。这
个提议受克莱门茨（Clements 1983）和黄正德（Huang 1980）对非洲声调
语言所做的类似研究的启发，直接基于节律音系学中的相对强度概念。正
如两个音系成分或范域可以以弱强或强弱方式相关联（见 2.2.2 节）那样，
所以我提出，至少某些类型的韵律成分也可以以低高或高低方式相关联。
因此：

（32） （a）

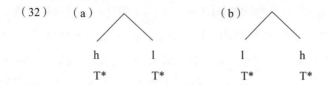

h   l   l   h
T*   T*   T*   T*

306（32a）中的关系是一个重调与其后一个降阶的重调之间的关系，（32b）中的关系是一个重调与其后一个无降阶的重调之间的关系。①

这个问题表面上像是索萨与皮埃安贝尔之间的争论，即是将降阶视为声调语符列的一部分还是一个影响声调空间实现的外在因素？但降阶的"节律"解释，让我们实际上认识到在音阶标度声调目标上所涉及的不是两种而是三种因素的可能性。它们是：

- 内在因素，即相对于声调空间的不同赋值（如 M 调与 H 调之间的差别）
- 外在因素，即声调空间在水平与跨度上的总体调整（如提高嗓音以作为副语言的强调）

还有：

- 节律因素，即由韵律结构关系控制的声调空间（如降阶）的可局部化的具有语言学意义的调整。

第三类，可以说介于内在因素与外在因素之间的某个位置，既不像声调语符列中音系编码的内在语言因素那样绝对不同，又不像每个人都认同的副语言效应那样的梯度性、非形式化，应排除在语调音系学之外，视为外在

---

① 为了澄清已经间或导致误解的一个要点，我应该强调的是 h-l 与 l-h 的关系并不是要取代 w-s 关系；也就是说，**除了**相对凸显关系**之外**，结构成分还可以有相对的音高层级关系。（正如我们在 2.4 节中所看到的）认识到英语这样语言里的降阶的关键在于，一个已知的重调即使是"降阶的"（因而在音高的音阶标度上比前面的重调更低），也可能是"核心的"（因而在结构上比前面的重调更凸显）。有关对这一要点的更多讨论，见 Ladd 1989。

化的。这种效应不是在声调语符列中表征的，而是涉及声调之间、较高层级音系成分之间的抽象关系。这类描写的可能的候选项不仅包括降阶，还包括利伯曼和皮埃安贝尔（Liberman and Pierrehumbert 1984）所发现的 *Anna/Manny* 的这种关系（见 2.3.3 节）。

赞同承认节律性调域效应属于中间语类的一个明显论点是，这些效应显然可以单独受到明显外在化的全局性调域调整的控制。也就是说，当说话人调整总体音域时，降阶和 *Anna/ Manny* 结构中所涉及的调域关系仍将保持不变。确实，如果像降阶和 *Anna/Manny* 关系的这类 307 节律性调域效应不是独立于对调域的总体副语言调整之外，那么让说话人提高嗓音来研究节律效应的手段不会揭示任何系统性的东西，而且在 2.3.3 节或 5.2.3 节中也没有你可以写的东西。正是这个方法论是以这些效应可以独立得到控制作为先决条件的。然而，贝克曼和皮埃安贝尔（Beckman and Pierrehumbert 1992）提出，这些章节中讨论过的实验数据中的不变模式，仅仅是在实验语境中做出副语言选择时"说话人策略"界定不明所产生的后果：按照这种观点，无论是嗓音提高了还是降低了，所有这些选择都彼此具有相同的量化关系，这只是一个引人注目的巧合。

音高层级关系可以适用于一个个重调之间以及短语（或许甚至更大的成分）之间，这一事实进一步表明了节律表达式的适宜性。有几项研究（如 Ladd 1988; van den Berg, Gussenhoven and Rietveld 1992; Féry and Truckenbrodt 2005）已经证明都能将降阶"嵌套"其中；也就是说，有可能将降阶置于一系列的短的短语内，叠加在从一个短语到另一个短语横跨整个话语的总体向下走势上。特鲁肯布罗特（Truckenbrodt 2002, 2004）所呈现的各种证据证明，不仅降阶，而且升阶以及其他语域效用都是可以以相同的方式嵌套的。显然，在调域效应的节律分析中，很容易通过将（32）所示的高低关系扩展到更高层级来表达这种嵌套或内嵌，如下所示：

（33）

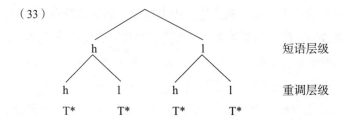

也就是说，节律上的建议可以把嵌套语域效应当作短语内降阶音系性质所产生的一种自然结果。

通过允许像凸显关系那样的嵌套调域关系，这里提出的分析认为，降阶只是一组节律或结构调域效应之一，其中调域的移动可用以传达句法和文本结构方面的信息。例如，拉德（Ladd 1990a）提供了初步证据，证明可以用与降阶相同的方式嵌套 *Anna/Manny* 的关系。节律分析还说明了"下倾重置"（declination reset）（即调域在新的下倾段开头处向上的调整）和"末尾降低"（即调域在末尾处相对应的向下的调整）。这些与"段落线索"有关，即段落或其他更大的文本块常常都是开头很高，结束却很低（如 Lehiste 1975; Silverman 1987），以及到达布朗、柯里和肯沃西（Brown, Currie, and Kenworthy 1980）所指出的那种话语层级重置状态，即说话人往往在话语音域的高位时开始新的话题。根据这里提出的观点，这种重置仅仅是不同结构层级的韵律成分之间音系调域关系的语音实现。

我对皮埃安贝尔处理降阶的批评的一个重要方面是，它采用的处理语言学上重要的调域效应的方式并不一致。对于皮埃安贝尔来说，中间短语内的降阶是音系规则作用于某些特定重调序列所产生的语音效果。其他所有调域效应都被明确地归类于副语言的：例如，贝克曼和皮埃安贝尔（Beckman and Pierrehumbert 1986）提出，从短语到短语的向下走势是副语言的，是由一系列仅仅"模仿"降阶的独立调域选择所生成的。如果我们承认存在着一种调域效应的中间节律性语类，就不会被迫采纳这一观点。我们也不会被迫与索萨一起，采纳一种不得不在声调语符列中表征所有音节标度差异的严格初始化方法。通过提出一种位于明确的内在因素与明确的外在因素之间的调域效应语类，并通过提出一种这类调域关系的节律表达式，我提出，承认存在**语言学的**但不过**与声调语符列正交的**因素（包括降阶、短语边界的升阶以及 *Anna/Manny* 的关系），这在理论上是前后一致的。

但贝克曼和皮埃安贝尔显然是有道理的。很难想象，对调域的全局性副语言效应与我所称的节律性调域效应是完全不相关的。正如博林格（Bolinger 1986：第 9 章）曾反复指出的，在新话题开始时"重置"调域与提高嗓音的副语言功能关系过于明显，无法让两者保持完全独立的系统。虽然我们相信节律调域效应的概念可能会在一定程度上澄清这些问题，但语言学与副语言学之间的关系问题仍未消失。或许思考节律对调域影响的一种有效方式是它们表征一种更基础的副语言功能的音系化。

因此，本书从哪里开始，就从哪里结束：试图理清语言学与副语言 309 学的关系。我相信：这里所提出的对调域效应的三种分类方法，给我们提供了设计实证研究、促进我们理解所需要的理论基础。我还相信：更普遍地说，AM 方法将调域作为目标音阶标度的一个问题，它将有可能以揭示性的方式解释这类研究的结果。现在，我们一定是止步于尚未划清语言与副语言之间的界限之处，我们所能做的最好的也只是提出存在着一种中间语类。但 AM 将中间语类解释为"节律性"的，这好像大有希望，很有前景。

参考文献

缩略语

BLS	Proceedings of the Berkeley Linguistics Society	伯克利语言学会论文集
CLS	Proceedings of the Chicago Linguistic Society	芝加哥语言学会论文集
ESCA	European Speech Communication Association	欧洲言语交流协会
ICPhS	Proceedings of the International Congress of Phonetic Sciences	国际语音科学大会论文集
ICSLP	Proceedings of the International Conference on Speech and Language Processing	国际言语与语言处理会议论文集
IEEE	Institute of Electrical and Electronics Engineers	电气电子工程师学会
IJAL	International Journal of American Linguistics	国际美国语言学刊
IPO	Institute for Perception Research	感知研究所
IULC	Indiana University Linguistics Club	印第安纳大学语言学俱乐部
JASA	Journal of the Acoustical Society of America	美国声学学会期刊
JIPA	Journal of the International Phonetics Association	国际语音学会会刊
JL	Journal of Linguistics	语言学刊
JML	Journal of Memory and Language	记忆与语言学报
JPhon	Journal of Phonetics	语音学刊
Lg	Language	语言
LgSp	Language and Speech	语言与言语
LI	Linguistic Inquiry	语言学探索
LVC	Language Variation and Change	语言变异与变化
MIT	Massachusetts Institute of Technology	麻省理工学院
NELS	Proceedings of the North-East Linguistic Society	东北语言学会会刊
NLLT	Natural Language and Linguistic Theory	自然语言与语言学理论
SpComm	Speech Communication	言语交流
ZAS	Zentrum für Allgemeine Sprachwissenschaft	普通语言科学中心

Abe, Isamu. 1962. Call contours. *ICPhS* 7 (Helsinki): 519−523.

Abercrombie, David. 1991. *Fifty years in phonetics*. Edinburgh University Press.

Abramson, Arthur. 1962. The vowels and tones of Standard Thai: acoustical measurements and experiments. *IJAL* 28, no. 2, part 3.

Adriaens, L.M.H. 1991. *Ein Modell deutscher Intonation: eine experimentell-phonetische Untersuchung nach den perzeptiv relevanten Grundfre-quenzänderungen in vorgelesenem Text*. PhD thesis, Eindhoven University of Technology.

Allerton, David and Alan Cruttenden. 1979. Three reasons for accenting a definite subject. *JL* 15: 49−53.

Altmann, Hans (ed.). 1988. *Intonationsforschungen*. Tübingen: Niemeyer.

Anderson, Anne H., Miles Bader, Ellen Gurman Bard, Elizabeth Boyle, Gwyneth Doherty, Simon Garrod, Stephen Isard, Jacqueline Kowtko, Jan McAllister, Jim Miller, Catherine Sotillo, Henry S. Thompson, and Regina Weinert. 1991. The HCRC map task corpus. *LgSp* 34: 351−366.

Anderson, Mark, Janet Pierrehumbert, and Mark Liberman. 1984. Synthesis by rule of English intonation patterns. *Proceedings of the IEEE International Conference on Acoustics, Speech, and Signal Processing,* 2.8.2−2.8.4.

Anderson, Stephen R. 1978. Tone features. In Fromkin 1978: pp. 133−175.

Anderson, Steven W. and William E. Cooper. 1986. Fundamental frequency patterns during spontaneous picture description. *JASA* 79: 1172−1174.

Apple, W. and K. Hecht. 1982, Speaking emotionally: the relation between verbal and vocal communication of affect. *Journal of Personality and Social Psychology* 42: 864−975.

Árnason, Kristján. 2005. *Hljóð. Handbók um hljóðfræði og hljóðkerfsfræði*. Reykjavik: Almenna bókafélagið.

Arndt. W. 1960. 'Modal particles' in Russian and German. Word 16: 323−343.

Arvaniti, Amalia and Mary Baltazani. 2005. Intonational analysis and prosodic annotation of Greek spoken corpora. In Jun 2005: pp. 84−117.

Arvaniti, Amalia and Gina Gårding. 2007. Dialectal variation in the rising accents of American English. In J. Hualde and J. Cole (eds.), *Papers in laboratory phonology IX*. Berlin: Mouton de Gruyter, pp. 547−576.

Arvaniti, Amalia and Svetlana Godjevac. 2003. The origins and scope of final lowering in English and Greek. *ICPhS* 15 (Barcelona): 1077−1080.

Arvaniti, Amalia and D. Robert Ladd, 1995. Tonal alignment and the representation of accentual targets. *ICPhS* 13 (Stockholm), vol. 4: 220−223.

2009. Greek wh-questions and the phonology of intonation. *Phonology* 26: 43–74.

2015. Underspecification in intonation revisited: a reply to Xu, Lee, Prom-On & Liu. *Phonology* 32: 537–541.

Arvaniti, Amalia. D. Robert Ladd, and Ineke Mennen. 1998. Stability of tonal alignment: the case of Greek prenuclear accents. *JPhon* 26: 3–25.

2000. What is a starred tone? Evidence from Greek. In Broe and Pierrehumbert 2000: pp. 119–131.

2006. Phonetic effects of focus and 'tonal crowding' in intonation: evidence from Greek polar questions. *SpComm* 48: 667–696.

Ashby, Michael. 1978. A study of two English nuclear tones. *LgSp* 21: 326–336.

Atterer, Michaela and D. Robert Ladd. 2004. On the phonetics and phonology of 'segmental anchoring' of Fo: evidence from German. *JPhon* 32: 177–197.

Bard, Ellen. Gurman, Anne H. Anderson, Catherine Sotillo, Matthew Aylett, Gwyneth Doherty-Sneddon, and Arlene Newlands. 2000. Controlling the intelligibility of referring expressions in dialogue. *JML* 42: 1–22.

Bard, Ellen Gurman and Matthew Aylett. 1999. The dissociation of deaccenting, givenness, and syntactic role in spontaneous speech. *ICPhS* 14 (San Francisco): 1753–1756.

Bard, Ellen Gurman, Daniel Robertson, and Antonella Sorace. 1996. Magnitude estimation of linguistic acceptability. *Lg* 72: 32–68.

Baumann, Stefan. 2006. *The intonation of givenness: evidence from German*. Tubingen: Niemeyer.

Beaugendre, Frédéric. 1994. *Une étude perceptive de l'intonation du français*. PhD thesis, Université de Paris XI.

Beaver, David; Brady Zack Clark, Edward Flemming, T. Florian Jaeger, and Maria Wolters. 2007. When semantics meets phonetics: acoustical studies of second-occurrence focus. *Lg* 83: 245–276.

Beckman, Jill, Michael Jessen, and Catherine Ringen. 2013. Empirical evidence for laryngeal features: Aspirating vs. true voice languages. *Journal of Linguistics* 49: 259–284.

Beckman, Mary E. 1986. *Stress and non-stress accent*. Dordrecht: Foris.

1995. Local shapes and global trends. *ICPhS* 13 (Stockholm), vol. 2: 100–107.

2007. ToBI home page. Online at www.ling.ohio-state.edu/~tobi (last accessed 22 March 2008). Linked to new English ToBI home page at www.tobihome.org (last accessed 22 March 2008).

Beckman, Mary E. and Gayle Ayers Elam. 1997 *Guidelines for ToBI labelling*. Linked to main ToBI website, online at www.tobihome.org (last accessed 29 October 2007).

Beckman, Mary E., Julia Hirschberg, and Stefanie Shattuck-Hufnagel. 2005. The original ToBI system and the evolution of the ToBI framework. In Jun 2005: pp. 9–54.

Beckman, Mary E. and John Kingston. 1990. Introduction. In Kingston and Beckman 1990: pp. 1–16.

Beckman, Mary E. and Janet B. Pierrehumbert. 1986. Intonational structure in English and Japanese. *Phonology Yearbook* 3: 255–310.

1992. Comments on chapters 14 and 15. In Docherty and Ladd 1992: pp. 387–397.

Bing, Janet Mueller. 1979. *Aspects of English prosody*. PhD thesis, University of Massachusetts. Published 1985 by Garland Press, New York.

1980. The given/new distinction and the unmarked stress pattern. *NELS* XI (Ottawa): 13–21.

Birch, Stacy and Charles Clifton, Jr. 1995. Focus, accent, and argument structure: Effects on language comprehension. *LgSp* 38: 365–391.

Bishop, Judith and Janet Fletcher. 2005. Intonation in six dialects of Bininj Gun-Wok. In Jun 2005: pp. 331–361.

Bloomfield, Leonard. 1933. *Language*. New York: Henry Holt.

Bolinger, Dwight. 1951. Intonation: levels versus configurations. *Word* 7: 199–210. Reprinted in Bolinger 1965: pp. 3–16.

1954. English prosodic stress and Spanish sentence order. *Hispania* 37: pp. 152–156.

1958. A theory of pitch accent in English. *Word* 14: 109–149 Reprinted in Bolinger 1965: pp. 17–56.

1961a. *Generality, gradients, and the all-or-none*. The Hague; Mouton.

1961b. Contrastive accent and contrastive stress. *Lg* 37: 83–96. Reprinted in Bolinger 1965: pp. 101–117.

1964. Intonation: around the edge of language. *Harvard Educational Review* 34: 282–96. Reprinted (slightly abridged) in Bolinger 1972a: 19–29.

1965. *Forms of English: accent, morpheme, order*. Cambridge, MA: Harvard University Press.

(ed.). 1972a. *Intonation*. Harmondsworth: Penguin.

1972b, Accent is predictable (if you're a mind-reader). *Lg* 48: 633–644.

1978. Intonation across languages. In J. Greenberg (ed.), *Universals of human language*, vol. II: *Phonology*. Palo Alto. CA: Stanford University Press, pp. 471–

524.

1982. Intonation and its parts. *Lg* 58: 505–533.

1986. *Intonation and its parts.* Palo Alto, CA: Stanford University Press.

1989. *Intonation and its uses.* Palo Alto, CA: Stanford University Press.

Bosch, Peter and Rob van der Sandt (eds.), 1999. *Focus: linguistic, cognitive, and computational perspectives.* Cambridge University Press.

Botinis, Antonis. Georgios Kouroupetroglou, and George Carayiannis (eds.). 1997. *Intonation: theory, models and applications* (Proceedings of an ESCA Workshop. Athens).

Braun. Bettina. 2006. Phonetics and phonology of thematic contrast in German. *LgSp* 49: 451–493.

Brazil, David, Malcolm Coulthard, and Catherine Johns. 1980. *Discourse intonation and language teaching.* London: Longman.

Bresnan, Joan. 1971. Sentence stress and syntactic transformations. *Lg* 47: 257–280.

Britain, David. 1992. Linguistic change in intonation: the use of high rising terminals in New Zealand English. *LVC* 4: 77–104.

Broe, Michael and Janet B. Pierrehumbert (eds.). 2000. *Papers in laboratory phonology V.* Cambridge University Press.

Brown, Gillian, Karen Currie, and Joanne Kenworthy. 1980. *Questions of intonation.* London: Croom Helm.

Browne, E.W. and James D. McCawley. 1965. Serbo-Croatian accent. In Erik C. Fudge (ed.), *Phonology*. Harmonds worth: Penguin, pp. 330–335.

Bruce, Gosta. 1977. *Swedish word accents in sentence perspective.* Lund: Gleerup.

1982. Developing the Swedish intonation model. *Working Papers* 22 (Department of Linguistics and Phonetics, University of Lund) 51–116.

1987. How floating is focal accent? In K. Gregerson and H. Basbøll (eds.), *Nordic Prosody* IV. Odense University Press, pp. 41–49.

Bruce, Gösta and Eva Gårding. 1978. A prosodic typology for Swedish dialects. In E. Gårding, G. Bruce, and R. Bannerd (eds.), *Nordic prosody*. Lund: Gleerup, pp. 219–228.

Brugos, Alejna. Stefanie Shattuck-Hufnagel, and Nanette Veilleux. 2006. *Transcribing Prosodic Structure of Spoken Utterances with ToBI* (MIT Open Courseware). Linked to main ToBI website, online at www.tobihome.org (last accessed 22 March 2008).

Büring, Daniel. 1997. T*he meaning of topic and focus: the 59 th Street Bridge accent.* London: Routledge.

1999. Topic. In Bosch and van der Sandt 1999: pp. 142−165.

Calhoun, Sasha. 2006. *Information structure and the prosodic structure of English: a probabilistic relationship*. PhD thesis. University of Edinburgh.

Campbell, W. N. 1993. Automatic detection of prosodic boundaries in speech. *SpComm* 13: 343−354.

Campbell, W.N. and Mary E. Beckman. 1997. Stress, prominence and spectral tilt. In Botinis, Kouroupetroglou, and Carayiannis 1997: pp. 67−70.

Caspers, Johanneke and Vincent van Heuven. 1993. Effects of time pressure on the phonetic realization of the Dutch accent-lending pitch rise and fall. *Phonetica* 50: 161−171.

Chafe, Wallace. 1974. Language and consciousness. *Lg* 50: 111−133.

1976. Givenness, contrastiveness, definiteness, subjects, topics, and points of view. In C. Li (ed.), *Subject and topic*. New York: Academic Press, pp. 25−56.

Chang, Nien-Chuang. 1958. Tones and intonation in the Chengtu dialect (Szechuan, China). *Phonetica* 2: 59−84, Reprinted in Bolinger 1972a: 391−413.

Chao, Y.R. 1932. A preliminary study of English intonation (with American variants) and its Chinese equivalents. T'sai Yuan Pei Anniversary Volume, supplementary vol. 1 of *Bulletin of the Institute of History and Philology of the Academica Sinica, Peiping*.

Chen, Aoju, Carlos Gussenhoven, and Toni Rietveld. 2004. Language-specificity in the perception of paralinguistic intonational meaning. *LgSp* 47: 311−349.

Chen, Matthew. 1987. The syntax of Xiamen tone sandhi. *Phonology Yearbook* 4: 109−149.

Chen, Yiya and Carlos Gussenhoven. 2008. Emphasis and tonal implementation in Standard Chinese. *Journal of Phonetics* 36: 724−746.

Chen, Yiya and Yi Xu. 2006. Production of weak elements in speech-evidence from F_0 patterns of neutral tone in Standard Chinese. *Phonetica* 63: 47−75.

Ching, Marvin K.L. 1982. The question intonation in assertions. *American Speech* 57: 95−107.

Cho, Taehong and Peter Ladefoged. 1999. Variation and universal in VOT: evidence from 18 languages. *JPhon* 27: 207−229.

Chomsky, Noam. 1972. Deep structure, surface structure and semantic interpretation. In Noam Chomsky, *Studies on semantics in generative grammar*. The Hague: Mouton, pp. 62−119.

Chomsky, Noam and Morris Halle. 1968. *The sound pattern of English*. New York:

Harper and Row.

Cinque, Guglielmo. 1993. A null theory of phrase and compound stress. *LI* 24: 239–297.

Clements, G.N. 1979. The description of terraced-level tone languages. *Lg* 55: 536–558,
1983. The hierarchical representation of tone features. In I. Dihoff (ed.). *Current approaches to African linguistics*, vol. I. Dordrecht: Foris.
1990. The status of register in intonation theory. In Kingston and Beckman 1990: pp. 58–71.

Clifton, Charles Jr and Lyn Frazier. 2004. Should given information come before new? Yes and no. *Memory and Cognition* 32: 886–895.

Cohen, Antonie, René Collier, and Johan 't Hart. 1982. Declination: construct or intrinsic feature of speech pitch? *Phonetica* 39: 254–273.

Cohen, Antonie and Johan 't Hart. 1967. On the anatomy of intonation. *Lingua* 19: 177–192.

Collier, René and Johan 't Hart. 1981. *Cursus Nederlandse Intonatie*. Louvain: Acco/De Horstink.

Connell, Bruce. 2000. The perception of lexical tone in Mambila. *LgSp* 43: 163–182.

Connell, Bruce and Amalia Arvaniti (eds.). 1995. *Papers in laboratory phonology* IV. Cambridge University Press.

Connell, Bruce and D. Robert Ladd. 1990. Aspects of pitch realisation in Yoruba. *Phonology* 7: 1–30.

Cooper, William, Stephen J. Eady, and Pamela R. Mueller. 1985. Acoustical aspects of contrastive stress in question-answer contexts. *JASA* 77: 2142–2155.

Cooper, William and Jeanne Paccia-Cooper. 1980. *Syntax and speech*. Cambridge, MA: Harvard University Press.

Cooper, William and John Sorensen. 1981. *Fundamental frequency in sentence production*, Heidelberg: Springer.

Couper-Kuhlen, Elizabeth and Margret Selling. 1996. *Prosody in conversation*. Cambridge University Press.

Croft, William. 1995. Intonation units and grammatical structure. *Linguistics* 33: 839–882.

Cruttenden, Alan. 1986. *Intonation*. Cambridge University Press.
1992a. Review of 't Hart, Collier, and Cohen 1990. *JL* 28: 522–526.
1992b. The origins of nucleus. *JIPA* 20: 1–9.
1993. The de-accenting and re-accenting of repeated lexical items. *Working Papers* 41 (Department of Linguistics and Phonetics, University of Lund): *Proceedings of the*

ESCA Workshop on Prosody, Lund. 27–29 September 1993, 16–19.

1994a. Rises in English. In J. Windsor Lewis (ed.), *Studies in general and English phonetics: Essays in honour of Professor J. D. O'Connor*. London: Routledge, pp. 155–173.

1994b. *Gimson's Pronunciation of English*, fifth edition. London: Edward Arnold.

Crystal, David. 1969. *Prosodic systems and intonation in English*. Cambridge University Press.

Culicover, Peter and Michael Rochemont. 1983. Stress and focus in English. *Lg* 59: 123–165.

Cutler, Anne, Delphine Dalian, and Wilma van Donselaar. 1997. Prosody in the comprehension of spoken language: a literature review. *LgSp* 40: 141–201.

Cutler, Anne and D. Robert Ladd (eds.). 1983. *Prosody: models and measurements*. Heidelberg: Springer.

Dainora, Audra. 2001. *An empirically based probabilistic model of intonation in American English*. PhD thesis. University of Chicago.

2006. Modeling intonation in English: A probabilistic approach to phonological competence. In L. Goldstein, D. H. Whalen, and C. Best (eds.), *Laboratory phonology VIII*. Berlin: Mouton de Gruyter, pp. 107–132.

D'Alessandro, Christophe and Piet Mertens. 1995. Automatic pitch contour stylization using a model of tonal perception. *Computer Speech and Language* 9: 257–288.

Dalton, Martha and Ailbhe Ní Chasaide. 2005. Tonal alignment in Irish dialects. *LgSp* 48: 441–464.

Daneš, Frantisek. 1967. Order of elements and sentence intonation. In *To honour Roman Jakobson: essays on the occasion of his seventieth birthday*. The Hague: Mouton, pp. 499–512. Reprinted in Bolinger 1972a: pp. 216–232.

Day-O'Connell, Jeremy. 2012. Speech, song, and the minor third: An acoustic study of the stylized interjection. *Music Perception: An Interdisciplinary Journal* 30: 441–462.

Delattre, Pierre. 1963. Comparing the phonetic features of English, German, Spanish and French. *International Review of Applied Linguistics* I: 193–210. Reprinted (slightly revised) 1965, as chapter 2 of *Comparing the phonetic features of English, German, Spanish and French*. Heidelberg: Julius Groos, pp. 23–43.

1966. Les dix intonations de base du français. *French Review* 40: 1–14.

Dell, François. 1984. L'accentuation dans les phrases en français. In F. Dell, J.-R. Vergnaud, and D. Hirst (eds.), *Les représentations en phonologie*. Paris: Hermann, pp. 65–112.

de Pijper, Jan Roelof. 1983. *Modelling British English intonation*. Dordrecht: Foris.

de Pijper, Jan Roelof and Angelien Sanderman. 1995. On the perceptual strength of prosodic boundaries and its relation to suprasegmental cues. *JASA* 96: 2037–2047.

de Sivers, Fanny. 1965. L'unité intonationelle d'interrogation en hongrois. *La Linguistique* 1: 75–112.

Dilley, Laura. 2005. *The phonetics and phonology of tonal systems*. PhD thesis, MIT.

Dilley, Laura and Meredith Brown. 2007. Effects of pitch range variation on Fo extrema in an imitation task. *JPhon* 35: 523–551.

Dilley, Laura, D. Robert Ladd, and Astrid Schepman. 2005. Alignment of L and H in bitonal pitch accents: testing two hypotheses. *JPhon* 33: 115–119.

D'Imperio, Mariapaola. 2002. Italian intonation: An overview and some questions. *Probus* 14: 37–69.

D'Imperio, Mariapaola and David House. 1997. Perception of questions and statements in Neapolitan Italian. Proceedings of Eurospeech (Rhodes), pp. 251–254.

Docherty, Gerard and D. Robert Ladd (eds.). 1992. *Papers in laboratory phonology II*. Cambridge University Press.

Donohue, Mark. 1997. Tone systems in New Guinea. *Linguistic Typology* 1: 347–386.

Downing, Laura J. 2008. Focus and prominence in Chichewa, Chitumbuka, and Durban Zulu. *ZAS Papers in Linguistics (ZASPiL)* 49: 47–65.

Dresher, B. Elan. 1994. The prosodic basis of the Tiberian Hebrew system of accents. *Lg* 70: 1–52.

Duanmu, San. 1994. Against contour tone units. *LI* 25: 555–608.

Dupoux, Emmanuel, Christophe Pallier, Nuria Sebastian, and Jacques Mehler. 1997. A destressing 'deafness' in French? *JML* 36: 406–421.

Dupoux, Emmanuel, Sharon Peperkamp, and Nuria Sebastian-Gallés. 2001. A robust method to study stress 'deafness'. *JASA* 110: 1606–1618.

Eady, S.J. and W.E. Cooper. 1986. Speech intonation and focus location in matched statements and questions. *JASA* 80: 402–415.

Eady, S.J., W.E. Cooper, G.V. Klouda, P. R. Mueller, and D. W. Lotts. 1986. Acoustical characteristics of sentential focus: narrow vs. broad and single vs. dual focus environments. *LgSp* 29: 233–251.

Earle, M.A. 1975. *An acoustic phonetic study of Northern Vietnamese tones*. Santa Barbara: Speech Communications Research Laboratory.

Ebing, E.F. 1994. Towards an inventory of perceptually relevant pitch movements for Indonesian. In Odé and van Heuven 1994: pp. 181–210.

Elordieta, Gorka and Nagore Calleja. 2005. Microvariation in accentual alignment in Basque Spanish. *LgSp* 48: 397–439.

Elordieta, Gorka, Sónia Frota, Pilar Prieto, and Marina Vigário. 2003. Effects of constituent length and syntactic branching on intonational phrasing in Ibero-Romance. *ICPhS* 15 (Barcelona): 487–490.

Erteschik-Shir, Nomi. 2007. *Information structure: the syntax-discourse interface*. Oxford University Press.

Faber, David. 1987. The accentuation of intransitive sentences in English. *JL* 23: 341–358.

Face, Timothy L. 2002. *Intonational marking of contrastive focus in Castilian Spanish*. Munich: Lincom Europa.

Féry, Caroline. 1993. *German intonational patterns*. Tübingen: Niemeyer.

Féry, Caroline and Vieri Samek-Lodovici. 2006. Focus projection and prosodic prominence in nested foci. *Lg* 82: 131–150.

Féry, Caroline and Hubert Truckenbrodt. 2005. Sisterhood and tonal scaling. *Studia Linguistica* 59: 223–243.

Fletcher, Janet and Jonathan Harrington. 2001. High-Rising Terminals and Fall-Rise Tunes in Australian English. *Phonetica* 58: 215–229.

Fónagy, I., J. Fónagy. and J. Sap. 1979. A la recherche de traits pertinents prosodiques du français parisien. *Phonetica* 36: 1–20.

Fowler, Carol A. and J. Housum. 1987. Talkers' signaling of 'new' and 'old' words in speech and listeners' perception and use of the distinction. *JML* 26: 489–504.

Fromkin, Victoria (ed.). 1978. *Tone*. New York: Academic Press.

Frota, Sónia. 1998. *Prosody and focus in European Portuguese*. PhD thesis, University of Lisbon.

2002. Nuclear falls and rises in European Portuguese: A phonological analysis of declarative and question intonation. *Probus* 14: 113–146.

Fry, D. B. 1955. Duration and intensity as physical correlates of linguistic stress. *MSA* 27: 765–768.

1958. Experiments in the perception of stress. *LgSp* 1: 126–152.

Fujisaki, Hiroya. 1983. Dynamic characteristics of voice fundamental frequency in speech and singing. In Peter F. MacNeilage (ed.), *The production of speech*. Heidelberg: Springer-Verlag, pp. 39–55.

Fujisaki, Hiroya and Keikichi Hirose. 1982. Modelling the dynamic characteristics of voice fundamental frequency with applications to analysis and synthesis of intonation. In *Preprints of Papers, Working Group on Intonation, Thirteenth International Congress of Linguists, Tokyo*, pp. 57–70.

Fujisaki, Hiroya, Changfu Wang, Sumio Ohno, and Wentao Gu. 2005. Analysis and synthesis of fundamental frequency contours of Standard Chinese using the command–response model. *Speech Communication* 47: 59–70.

Gandour, Jackson T. 1978. The perception of tone. In Fromkin 1978: pp. 41–76.

Gårding, Eva. 1983. A generative model of intonation. In Cutler and Ladd 1983: pp. 11–25.

1987. Speech act and tonal pattern in standard Chinese-constancy and variation. *Phonetica* 44: 13–29.

Gay, Thomas. 1978. Physiological and acoustic correlates of perceived stress. *LgSp* 21: 347–353.

Gee, J. P. and François Grosjean. 1983. Performance structures: a psycholinguists and linguistic appraisal. *Cognitive Psychology* 15: 411–458.

German, James, Janet Pierrehumbert, and Stefan Kaufmann. 2006. Evidence for phonological constraints on nuclear accent placement. *Lg* 82: 151–168.

Gibbon, Dafydd. 1976. *Perspectives of intonation analysis*. Bern: Lang.

1998. Intonation in German. In Hirst and di Cristo 1998: pp. 78–95.

Giegerich, Heinz. 1985. *Metrical phonology and phonological structure: German and English*. Cambridge University Press.

1992. *English phonology: an introduction*. Cambridge University Press.

Glasberg, B.R. and Brian Moore. 1990. Derivation of auditory filter shapes from notched-noise data. *Hearing Research* 47: 103–138.

Goldsmith, John. 1976. *Autosegmental phonology*. PhD thesis, MIT. Distributed by IULC and published 1979 by Garland Press, New York.

Gordon, Matthew K. 2005. Intonational phonology of Chickasaw. In Jun 2005: pp. 301–330.

Gorman, James. 1993. On language. *New York Times Magazine*, 20 August.

Gosy, Maria and Jacques Terken. 1994. Question marking in Hungarian: timing and height of pitch peaks. *JPhon* 22: 269–281.

Grabe, Esther. 1998. *Comparative intonational phonology: English and German*. PhD thesis. Max Planck Institute for Psycholinguistics. Nijmegen.

2003. *English Intonation in the British Isles: The IViE corpus*. Online at www.phon.ox.ac.uk/old_IViE (last accessed 22 March 2008).

Grabe, Esther, Brechtje Post, Francis Nolan, and Kimberley Farrar. 2000. Pitch accent realization in four varieties of British English. *JPhon* 28: 161–185.

Grice, Martine. 1995a. *The intonation of interrogation in Palermo Italian: implications for intonation theory*. Tübingen: Niemeyer.

1995b. Leading tones and downstep in English. *Phonology* 12: 183–233.

Grice, Martine, Stefan Baumann, and Ralf Benzmüller. 2005. German intonation in autosegmental-metrical phonology. In Jun 2005: pp. 55–83.

2007. *GToBI* Online at www.uni-koeln.de/phil-fak/phonetik/gtobi/index.html (last, accessed 22 March 2008).

Grice, Martine, Mariapaola D'Imperio, Michelina Savino, and Cinzia Avesani. 2005. Strategies for intonation labelling across varieties of Italian. In Jun 2005: pp. 362–389.

Grice, Martine, D. Robert Ladd, and Amalia Arvaniti (eds.). 2000. On the place of phrase accents in intonational phonology. *Phonology* 17: 143–185.

Grice, Martine, Matthias Reyelt, Ralf Benzmüller, J. Mayer, and Anton Batliner. 1996. Consistency in transcription and labelling of German intonation with GToBI. *ICSLP 4* (Philadelphia): 1716–1719.

Grønnum, Nina. *See also* Thorsen.

1991. Prosodic parameters in a variety of regional Danish standard languages, with a view towards Swedish and German. *Phonetica* 47: 188–214.

Grosz, Barbara and Candy Sidner. 1986. Attention, intention, and the structure of discourse. *Journal of Computational Linguistics* 12: 175–204.

Grundstrom, Allan W. 1973. L'intonation des questions en français standard. In A. Grundstrom and P. Léon (eds.), *Interrogation et intonation en français standard et français canadien*. Montreal: Didier, pp. 19–51.

Gu, Wentao, Keikichi Hirose, and Hiroya Fujisaki. 2006. The effect of paralinguistic emphasis on F_0 contours of Cantonese Speech. *Proceedings of International Conference on Speech Prosody* 2006.

Gumperz, John. 1982. *Discourse strategies*. Cambridge University Press.

Gundel, Jeanette, Nancy Hedberg, and Ron Zacharski. 1993. Cognitive status and the form of referring expressions in discourse. *Lg* 69: 274–307.

Gussenhoven, Carlos. 1983a. Focus, mode, and the nucleus. *JL* 19: 377–417.

1983b. Testing the reality of focus domains. *LgSp* 26: 61–80.

1984. *On the grammar and semantics of sentence accents*. Dordrecht: Foris.

1993. The Dutch foot and the chanted call. *JL* 29: 37–63.

2000. The boundary tones are coming: On the nonperipheral realisation of boundary tones. In Broe and Pierrehumbert 2000: pp. 132−151.

2004. *The phonology of tone and intonation*. Cambridge University Press.

2005. Transcription of Dutch intonation. In Jun 2005: pp. 118−145.

Gussenhoven, Carlos, Bruno H. Repp, A.C.M. Rietveld, H.H. Rump, and Jacques Terken. 1997. The perceptual prominence of fundamental frequency peaks. *JASA* 102: 3009−3022.

Gussenhoven, Carlos and Toni Rietveld. 1988. Fundamental frequency declination in Dutch: testing three hypotheses. *JPhon* 16: 355−369.

1991. An experimental evaluation of two nuclear-tone taxonomies. *Linguistics* 29: 423−449.

Gussenhoven, Carlos, Toni Rietveld, Joop Kerkhoff, and Jacques Terken. 2003. *Transcription of Dutch Intonation* (*ToDI*). second edition. Online at http://todi.let.kun.nl/ToDI/home.htm (last accessed 22 March 2008).

Gussenhoven, Carlos and Peter van der Vliet. 1999. The phonology of tone and intonation in the Dutch dialect of Venlo. *JL* 35: 99−135.

Haan, Judith. 2001. *Speaking of questions: an exploration of Dutch question intonation*. Utrecht: LOT.

Hadding-Koch, Kerstin. 1961. *Acoustico-phonetic studies in the intonation of southern Swedish*. Lund: Gleerup.

Hadding-Koch, Kerstin and Michael Studdert-Kennedy. 1964. An experimental study of some intonation contours. *Phonetica* 11: 175−185. Reprinted in Bolinger 1972a: pp. 348−358.

Haggo, Douglas C. 1987. *The structure of English tonal morphemes*. PhD thesis, University of Canterbury (NZ).

Halle, Morris and Jean-Roger Vergnaud. 1987. *An essay on stress*. Cambridge, MA: MIT Press.

Halliday, M.A.K. 1960. Categories of the theory of grammar. *Word* 17: 241−292.

1966. The concept of rank: a reply. *JL* 2: 110−118.

1967a. *Intonation and grammar in British English*. The Hague: Mouton.

1967b. Notes on transitivity and theme in English (part II). *JL* 3: 199−244.

1970. *A course in spoken English: intonation*. Oxford University Press.

Halliday, M.A.K. and Ruqaiya Hasan. 1976. *Cohesion in English*. London: Longman.

Haspelmath, Martin. 1997. *Indefinite pronouns*. Oxford University Press.

2007. Pre-established categories don't exist: Consequences for language description and typology. *Linguistic Typology* 11: 119−132.

Hatcher, Anna G. 1956. Theme and underlying question: two studies in Spanish word order. *Word* 12 (Monograph no. 3).

Haugen, Einar and Martin Joos. 1952. Tone and intonation in East Norwegian. *Acta Philologica Scandinavica* 22: 41-64. Reprinted in Bolinger 1972a: pp. 414-436.

Hawkins, Sarah and Paul Warren. 1991. Factors affecting the given-new distinction in speech. *ICPhS* 12 (Aix-en-Provence), vol. 4: 66-69.

Hayes, Bruce. 1981. *A metrical theory of stress rules*. PhD thesis, MIT. Distributed by IULC.

——— 1995. *Metrical stress theory; principles and case studies*. University of Chicago Press.

Hayes, Bruce and Aditi Lahiri. 1991. Bengali intonational phonology. *NLLT* 9: 47-96.

Heine, Bernd and Derek Nurse (eds.). 2000. *African languages: an introduction*. Cambridge University Press.

Hellmuth, Samantha. 2007. The relationship between prosodic structure and-pitch accent distribution: Evidence from Egyptian Arabic. *The Linguistic Review* 24: 291-316.

Henderson, Eugénie. 1952. The main features of Cambodian pronunciation. *Bulletin of the School of Oriental and African Studies* 14: 149-174.

Herman, Rebecca. 1996. Final lowering in Kipare. *Phonology* 13: 171-196.

Hermes, Dik. 2006. Stylization of pitch contours. In S. Sudhoff *et al.* (eds.). *Methods in empirical prosody research*. Berlin: Walter de Gruvter, pp. 29-61.

Hermes, Dik and H. H. Rump. 1994. Perception of prominence in speech intonation induced by rising and falling pitch movements. *JASA* 96: 83-92.

Hermes, Dik and Joost van Gestel. 1991. The frequency scale of speech intonation. *JASA* 90: 97-102.

Hirschberg, Julia and Janer Pierrehumbert. 1986. Intonational structuring of discourse. *Proceedings of the 24th Association for Computational Linguistics*, New York, pp. 136-144.

Hirschberg, Julia and Gregory Ward. 1992. The influence of pitch range, duration, amplitude and spectral features on the interpretation of the rise-fall-rise intonation contour in English. *JPhon* 20: 241-251.

——— 1995. The interpretation of the high-rise question contour in English. *Journal of Pragmatics* 24: 407-412.

Hirst, Daniel. 1983. Structures and categories in prosodic representations. In Cutler and Ladd 1983: pp. 93-109.

Hirst, Daniel and Albert Di Cristo (eds.). 1998. *Intonation systems: A survey of twenty languages*. Cambridge University Press.

Hirst, Daniel, Albert Di Cristo, and Robert Espesser. 2000. Levels of representation and levels of analysis for the description of intonation systems. In Horne 2000: pp. 51-88.

Hobbs, Jerry. 1990. The Pierrehumbert-Hirschberg theory of intonational meaning made simple: comments on Pierrehumbert and Hirschberg. In P.R. Cohen, J. Morgan, and M.E. Pollack (eds.), *Intentions in communication*. Cambridge, MA: MIT Press, pp. 313-323.

Hockett, Charles F. 1955. A manual of phonology. Baltimore: Waverley Press.

1958. *A course in modern linguistics*. New York: Macmillan.

Home, Merle (ed.). 2000. *Prosody: theory and experiment (Studies presented to Cösta Bruce)*. Dordrecht: Kluwer.

Honeybone, Patrick. 2005. Diachronic evidence in segmental phonology: the case of obstruent laryngeal specifications. In M. van Oostendorp, and J. van de Weijer (eds), *The Internal Organization of Phonological Segments*. Berlin: Mouton de Gruyter. 319-354.

Horvath, Julia. 1986. *Focus in the theory of grammar and the syntax of Hungarian*. Dordrecht: Foris.

Hualde, José Ignacio. 2002. Intonation in Spanish and other Ibero-Romance languages: overview and status quaestionis. In C. Wiltshire and J. Camps (eds.). *Romance phonology and variation. Selected papers from the 30th Linguistic Symposium on Romance Languages. Gainesville. Florida. February 2000*. Amsterdam: Benjamins, pp. 101-115.

Huang, C.-T. James. 1980. The metrical structure of terraced-level tones. *NELS* 11 (Ottawa): 257-270.

Huddleston, Rodney. 1965. Rank and depth. *Lg* 41: 574-586. Reprinted in M.A.K. Halliday and J.R. Martin (eds.). *Readings in systemic linguistics*. London: Batsford.

Huss, Volker. 1978. English word stress in the postnuclear position. *Phonetica* 35: 86-105.

Hyman, Larry. 2006. Word-prosodic typology. *Phonology* 23: 225-257.

Hyman, Larry, Francis Katamba, and Livingstone Walusimbi. 1987. Luganda and the strict layer hypothesis. *Phonology Yearbook* 4: 87-108.

Inkelas, Sharon and William Leben. 1990. Where phonology and phonetics intersect: the case of Hausa intonation. In Kingston and Beckman 1990: pp. 17-34.

Inkelas, Sharon and Draga Zec. 1988. Serbo-Croatian pitch accent. *Lg* 64: 227-248.

Isačenko, A. and H.-J. Schädlich. 1970. *A model of Standard German intonation*. The Hague: Mouton.

Ishihara, Takeshi. 2003. A phonological effect on tonal alignment in Tokyo Japanese. *ICPhS* 15 (Barcelona): 615-619.

Jackendoff, Ray. 1972. *Semantic interpretation in generative grammar.* Cambridge, MA: MIT Press.

Jacobs, Joachim. 1982. Neutraler und nicht-neutraler Satzakzent im Deutschen. In Th. Vennemann (ed.), *Silben, Segmente, Akzente.* Tübingen: Niemeyer, pp. 141-169.

1997.1-Topikalisierung. *Linguistische Berichte* 168: 91-133.

Jakobson, Roman, Gunnar Fant, and Morris Halle. 1952. *Preliminaries to speech analysis.* Cambridge, MA: MIT Press.

Jakobson, Roman and Morris Halle. 1971. *Fundamentals of language,* second edition. The Hague: Mouton.

Joos, Martin (ed.). 1957. *Readings in linguistics,* vol, I. University of Chicago Press.

Jun, Sun-Ah. 1993. *The phonetics and phonology of Korean prosody.* PhD thesis, Ohio State University. Published 1996 by Garland Press, New York.

(ed.). 2005. *Prosodic typology: the phonology of intonation and phrasing.* Oxford University Press.

Kager, René. 1999. *Optimality theory.* Cambridge University Press.

Kanerva, Jonni. 1990. Focusing on phonological phrases in Chicheŵa. In S. Inkelas and D. Zec (eds.). *The phonology-syntax connection.* University of Chicago Press, pp. 145-161.

Keating, Patricia (ed.). 1993. *Papers in laboratory phonology* III. Cambridge University Press.

Kefer, Michel. 1986. Some sentence accent universal referring to noun phrases. Unpublished paper. University of Liège.

Kendon, Adam. 2004. *Gesture: visible action as utterance.* Cambridge University Press.

Kiefer, Ferenc. 1967. *On emphasis and word order in Hungarian.* The Hague: Mouton.

Kim, A.H. 1988. Preverbal focusing and type XXIII languages. In M. Hammond, E. Moravcsik and J.R. Wirth (eds.). *Studies in syntactic typology.* Amsterdam: Benjamins, pp. 147-169.

King, Heather B. 1998. *The declarative intonation of Dyirbal: an acoustic analysis.* Munich: Lincom Europa.

Kingdon Roger. 1958. *The groundwork of English intonation.* London: Longman.

Kingston, John and Mary E. Beckman (eds.). 1990. *Papers in laboratory phonology* I. Cambridge University Press.

Kiparsky, Paul. 1966. Über den deutschen Akzent. *Studia Grammatica* 7: 69-98.

Kiss, Katalin É. 1998. Identificational focus versus information focus. *Lg* 74: 245–273.

Knight, Rachael-Anne and Francis Nolan. 2006. The effect of pitch span on intonational plateaux. *JIPA* 36: 21–38.

Knowles, G.O. 1973. *Scouse: the urban dialect of Liverpool*. PhD thesis, University of Leeds.

Kochanski, Greg and Chilin Shih. 2003, Prosody modeling with soft templates. *SpComm* 39: 311–352.

Kochanski, Greg, Chilin Shih, and Hongyan Jing. 2003. Hierarchical structure and word strength prediction of Mandarin prosody. *International Journal of Speech Technology* 6: 33–43.

Kohler, Klaus J. 1987. Categorical pitch perception. *ICPhS* 11 (Tallinn), vol. 5: 331–333.

1990. Macro and micro F_0 in the synthesis of intonation. In Kingston and Beckman 1990: pp. 115–138.

2005. Timing and communicative functions of pitch contours. *Phonetica* 62: 88–105.

Köhnlein, Björn. 2016. Contrastive foot structure in Franconian tone-accent dialects. *Phonology* 33: 87–123.

Konig, Ekkehard. 1991. *The meaning of focus particles: a comparative perspective*. London: Routledge.

Koopmans-van Beinum, F.J. and D.R. van Bergem, 1989. The role of 'given' and 'new' in the production and perception of vowel contrasts in read text and in spontaneous speech. *Proceedings of Eurospeech* (Paris), pp. 113–116.

Kori, S. 1987. The tonal behavior of Osaka Japanese: an interim report. *Working Papers in Linguistics* 36 (Ohio State University): 31–61.

Kornai, András and Geoffrey K. Pullum. 1990. The X-bar theory of phrase structure. *Lg* 66: 24–50.

Kramer, E. 1964. Elimination of verbal cues in judgments of emotion from voice. *Journal of Abnormal and Social Psychology* 68: 390–396.

Kratzer, Angelika and Elisabeth Selkirk. 2020. Deconstructing information structure. *Glossa: a journal of general linguistics* 5(1), 113. DOI: http://doi.org/10.5334/gjgl.968.

Krifka, Manfred. 1991. A compositional semantics for multiple focus constructions. In S. Moore and A. Wyner (eds.), *Proceedings of SALT I, Cornell*, pp. 127–158.

2006. Association with focus phrases. In V. Molnár and S. Winkler (eds.). *The architecture of focus*. Berlin: Mouton de Gruyter, pp. 105–136.

Kruijff-Korbayová, Ivana and Mark Steedman. 2003. Discourse and information structure. *Journal of Logic, Language and Information* 12: 249−259.

Kruyt, J.G. 1985. *Accents from speakers to listeners. An experimental study of the production and perception of accent patterns in Dutch.* PhD thesis, University of Leiden.

Kubozono, Haruo. 1987. *The organization of Japanese prosody.* PhD thesis, University of Edinburgh. Published 1993 by Kurishio Publishers. Tokyo.

——— 1989. Syntactic and rhythmic effects on downstep in Japanese. *Phonology* 6: 39−67.

Ladd, D. Robert. 1978. Stylized intonation. *Lg* 54: 517−539.

——— 1980a. *The structure of intonational meaning: evidence from English.* Bloomington: Indiana University Press.

——— 1980b. English compound stress. *NELS* 10. Reprinted 1984 in D. Gibbon and H. Richter (eds.), *Intonation, accent and rhythm.* Berlin: Walter de Gruyter. pp. 253−266.

——— 1983a. Phonological features of intonational peaks. *Lg* 59: 721−759.

——— 1983b. Levels versus configurations, revisited. In F.B. Agard, G.B. Kelley, A. Makkai, and V.B. Makkai (eds.). *Essays in honor of Charles F. Hockett.* Leiden: E. J. Brill, pp. 93−131.

——— 1984. Declination: a review and some hypotheses. *Phonology Yearbook* 1: 53−74.

——— 1986. Intonational phrasing: the case for recursive prosodic structure. *Phonology Yearbook* 3: 311−340.

——— 1987a. Review of Bolinger 1986. *Lg* 63: 637−643.

——— 1987b. A phonological model of intonation for use in speech synthesis by rule. In *Proceedings of the European Conference on Speech Technology.* Edinburgh, pp. 21−24.

——— 1988. Declination 'reset' and the hierarchical organization of utterances. *JASA* 84: 530−544.

——— 1989. Review of Pierrehumbert and Beckman 1988. *JL* 25: 519−526.

——— 1990a. Intonation: emotion vs. grammar. (Review of Bolinger 1989.) *Lg* 66: 806−816.

——— 1990b. Metrical representation of pitch register. In Kingston and Beckman 1990: pp. 35−57.

——— 1992. An introduction to intonational phonology. In Docherty and Ladd 1992: pp. 321−334.

——— 1993a. In defense of a metrical theory of intonational downstep. In H.v.d. Hulst and K. Snider (eds.). *The representation of tonal register.* Dordrecht: Foris, pp. 109−132.

1993b. Constraints on the gradient variability of pitch range (or) Pitch Level 4 lives! In Keating 1993: pp. 43−63.

1993c. On the theoretical status of 'the baseline' in modelling intonation. *LgSp* 36:435−451.

1996. *Intonational phonology*, first edition. Cambridge University Press.

2001. Intonation. In M, Haspelmath, E. Konig, W. Oesterreicher, W. Raible (eds.). *Language typology and language universals: an international handbook.* vol. 2. Berlin: Waiter de Gruyter, pp. 1380−1390.

2006. Segmental anchoring of pitch movements: autosegmental association or gestural coordination? *Rivista di linguistica [Italian Journal of Linguistics]* 18: 19−38.

Ladd, D. Robert, Dan Faulkner, Hanneke Faulkner, and Astrid Schepman. 1999. Constant 'segmental anchoring' of F_0 movements under changes in speech rate. *JASA* 106: 1543−1554.

Ladd, D. Robert and James P. Kirby. 2020. Tone-melody matching in tone language singing. In A. Chen and C. Gussenhoven, eds. *The Oxford Handbook of Linguistic Prosody*, Oxford University Press, pp. 676−687.

Ladd, D. Robert, Ineke Mennen, and Astrid Schepman. 2000. Phonological conditioning of peak alignment in rising pitch accents in Dutch. *JASA* 107: 2685−2696.

Ladd, D. Robert and Rachel Morton. 1997. The perception of intonational emphasis: continuous or categorical? *JPhon* 25: 313−342.

Ladd, D. Robert and Astrid Schepman. 2003. 'Sagging transitions' between high pitch accents in English: experimental evidence. *JPhon* 31: 81−112.

Ladd, D. Robert, Astrid Schepman, Laurence While, Louise May Quarmby, and Rebekah Stackhouse. 2009. Phonological factors in F_0 alignment: evidence from Scottish Standard English. *Journal of Phonetics* 37: 145−161.

Ladd, D. Robert, Klaus R. Scherer, and Kim Silverman. 1986. An integrated approach to studying intonation and attitude. In C. Johns-Lewis (ed.), *Intonation in discourse*. London: Croom Helm, pp. 125−138.

Ladd, D. Robert, Kim Silverman, Frank Tolkmitt, Günther Bergmann, and Klaus R. Scherer. 1985. Evidence for the independent function of intonation contour type, voice quality and F_0 range in signalling speaker affect. *JASA* 78: 435−444.

Ladd, D. Robert and Jacques Terken. 1995. Modelling intra- and inter-speaker pitch range variation. *ICPhS* 13 (Stockholm), vol. 2: 386−389.

Ladefoged, Peter. 1967. Linguistic phonetics. *UCLA Working Papers in Phonetics* 6.

1982. *A course in phonetics*, second edition. New York: Harcourt Brace Jovanovich.

1983. The linguistic use of different phonation types. In D. Bless and J. Abbs (eds.), *Vocal fold physiology: contemporary research and clinical issues*. San Diego: College Hill Press, pp. 351–360.

Ladefoged, Peter and D.E. Broadbent. 1957. Information conveyed by vowels. *JASA* 29: 98–104.

Laksman, Myrna. 1994. Location of stress in Indonesian words and sentences. In Odé and van Heuven 1994: pp. 108–139.

Lambrecht, Knud. 1994. *Information structure and sentence form: topic, focus, and the mental representations of discourse referents*. Cambridge University Press.

Langendoen, D. Terence. 1975. Finite-state parsing of phrase structure languages and the status of readjustment rules in the grammar. *LI* 6: 533–554.

Laniran, Yetunde O. 1992. *Intonation in tone languages: the phonetic implementation of tones in Yoruba*. PhD thesis, Cornell University.

Laniran, Yetunde O. and G.N. Clements. 2003. Downstep and high raising: interacting factors in Yoruba tone production. *JPhon* 31: 203–250.

Lass, Roger. 1984. Vowel system universals and typology: prologue to theory. *Phonology Yearbook* 1: 75–111.

LaVelle, C.R. 1974. An experimental study of Yoruba tone. *Studies in African Linguistics*, supplement 5: 185–194.

Laver, John. 1980. *The phonetic description of voice quality*. Cambridge University Press.

1994. *Principles of phonetics*. Cambridge University Press.

Leben, William. 1973. *Suprasegmental phonology*. PhD thesis, MIT. Published 1980 by Garland Press, New York.

1976. The tones in English intonation. *Linguistic Analysis* 2: 69–107.

Lee, W.R. 1956. Fall-rise intonations in English. *English Studies* 37: 62–72.

Lehiste, Ilse. 1970. *Suprasegmentals*. Cambridge, MA: MIT Press.

1975. The phonetic structure of paragraphs. In Antonie Cohen and S.G. Nooteboom (eds.), *Structure and process in speech perception*. Cambridge, MA: Springer, pp. 195–203.

Lehiste, Ilse and Pavle Ivić. 1980. The intonation of yes-and-no questions: a new Balkanism? *Balkanistica* 6: 45–53.

1986. *Word and sentence prosody in Serbo-Croatian*. Cambridge, MA: MIT Press.

Levi, Susannah. 2005. Acoustic correlates of lexical accent in Turkish. *JIPA* 35: 73–97.

Levin, Beth and M. Rappaport-Hovav. 1995. *Unaccusativity: at the syntax-lexical semantics interface*. Cambridge, MA: MIT Press.

Levy, Elena T. and David McNeill. 1992. Speech, gesture, and discourse. *Discourse Processes* 15: 277–301.

Liberman, Mark. 1975. *The intonational system of English*. PhD thesis, MIT. Distributed 1978 by IULC, 2007. How about the Germans? Posting to *Language Log*. 14 November 2007. Online at http://itre.cis.upenn.edu/~myl/languagelog/archives/005113.html (last accessed 22 March 2008).

Liberman, Mark and Janet Pierrehumbert. 1984. Intonational invariance under changes in pitch range and length. In M. Aronoff and R. Oerhle (eds.). *Language sound structure*. Cambridge, MA: MIT Press, pp. 157–233.

Liberman, Mark and Alan Prince. 1977. On stress and linguistic rhythm. *LI* 8: 249–336.

Liberman, Mark and Ivan Sag. 1974. Prosodic form and discourse function. *CLS* 10: 416–427.

Liberman, Mark, J. Michael Schultz, Soonhyun Hong, and Vincent Okeke. 1993. The phonetic interpretation of tone in Isbo. *Phonetica* 50: 147–160.

Lickley, Robin, Astrid Schepman, and D. Robert Ladd. 2005. Alignment of 'phrase accent' low in Dutch falling rising questions: theoretical and methodological implications. *LgSp* 48: 157–183.

Liddell, Scott. 1977. *An investigation into the syntactic structure of American Sign Language*. PhD thesis. University of California, San Diego.

Lieberman. Philip. 1960. Some acoustic correlates of word stress in American English. *JASA* 32: 451–454.

1965. On the acoustic basis of the perception of intonation by linguists. *Word* 21: 40–54.

1967. *Intonation. perception, and language*. Cambridge, MA: MIT Press.

Lieberman, Philip and Sheldon B. Michaels. 1962. Some aspects of fundamental frequency and envelope amplitude as related to the emotional content of speech. *JASA* 34: 922–927. Reprinted in Bolinger 1972a: pp. 235–249.

Lindau, Mona. 1986. Testing a model of intonation in a tone language. *JASA* 80: 757–764.

Lindstrbm, Eva and Bert Remijsen. 2005. Aspects of the prosody of Kuot, a language where intonation ignores stress. *Linguistics* 43: 839–870.

McCawley, James D. 1978. What is a tone language? In Fromkin 1978: pp. 113–132.

McClure, J. Derrick. 1980. Western Scottish intonation: a preliminary study. In L. Waugh and C. van Schooneveld (eds.), *The melody of language*. Baltimore: University Park Press, pp. 201–217.

McGregor, Jeannette. 2005. *High rising tunes in Australian English*. PhD thesis, Macquarie University.

McNeill, David. 1992. *Hand and mind*. University of Chicago Press.

Maeda, Shinji. 1976. *A characterization of American English intonation*. PhD thesis, MIT.

Makarova, Veronika. 2007, The effect of pitch peak alignment on sentence type identification in Russian. *LgSp* 50: 385–f22.

Matthews, Peter H. 1966. The concept of rank in Neo-Firthian linguistics. *JL* 2: 101–109.

Mayo, Catherine, Matthew Aylett, and D. Robert Ladd. 1997. Prosodic transcription of Glasgow English: an evaluation study of GlaToBI. In Botinis *et al.* 1997: pp. 231–234.

Mencken, H.L. 1948. American street names. *American Speech* 23: 81–88.

Menn, Lise and Suzanne Boyce. 1982. Fundamental frequency and discourse structure. *LgSp* 25: 341–383.

Mertens, Piet. 2002. *The prosogram: transcription of prosody using pitch contour stylization based on a tonal perception model and automatic segmentation*. Online at http://bach.arts.kuleuven.be/pmertens/prosogram (last accessed 22 March 2008).

Möbius, Bernd 1993. Perceptual evaluation of rule-generated intonation contours for German interrogatives. *Working Papers* 41 (Department of Linguistics and Phonetics, University of Lund): *Proceedings of the ESCA Workshop on Prosody, Lund, 27–29 September 1993*, 216–219.

Möbius, B., M. Patzold, and W. Hess. 1993. Analysis and synthesis of German F_0 contours by means of Fujisaki's model. *SpComm* 13: 53–61.

Monaghan, A.I.C. 1991. *Intonation in a text to speech conversion system*. PhD thesis, University of Edinburgh.

1992. Heuristic strategies for the higher-level analysis of unrestricted text. In G. Bailly, G. Benoit, and T.R. Sawallis (eds.), *Talking machines: theories, models, and designs*. Amsterdam: Elsevier, pp. 143–161.

Morén-Duolljá, Bruce. 2013. The prosody of Swedish underived nouns: No lexical tones required. *Nordlyd* 40: 196–248.

Mücke, Doris, Martine Grice, Johannes Becker, and Anne Hermes. 2009. Sources of variation in tonal alignment: evidence from acoustic and kinematic data. *Journal of Phonetics* 37: 321–338.

Nespor, Marina and Irene Vogel. 1982. Prosodic domains of external sandhi rules. In

Harry van der Hulst and Norval Smith (eds.), *The structure of phonological representations*, vol. I. Dordrecht: Foris, pp. 225–255.

1983. Prosodic structure above the word. In Cutler and Ladd 1983: pp. 123–140.

1986. *Prosodic phonology*. Dordrecht: Foris. Republished 2007 by Mouton de Gruyter, Berlin.

Newman, Stanley. 1946. On the stress system of English. *Word* 2: 171–187.

Newmeyer, Frederick J. 2007. Linguistic typology requires cross linguistic formal categories. *Linguistic Typology* 11: 133–157.

Nibert, Holly. 2000. *Phonetic and phonological evidence for intermediate phrasing in Spanish*. PhD thesis, University of Illinois, Urbana-Champaign.

Niebuhr, Oliver. 2007. The signalling of German rising-falling intonation categories – the interplay of synchronization, shape, and height. *Phonetica* 64: 174–193.

Nolan, Francis and Esther Grabe. 1997. Can ToBI transcribe intonational variation in English? In Botinis *et al.* 1997: pp. 259–262.

Nooteboom, S.G. and J.G. Kruyt. 1987. Accents, focus distribution and the perceived distribution of given and new information: an experiment. *JASA* 82:1512–1524.

Nooteboom, S.G. and J.M.B. Terken. 1982. What makes speakers omit pitch accents? An experiment. *Phonerica* 39: 317–336.

O'Connor, J.D. and G.F. Arnold. 1973. *Intonation of colloquial English*, second edition. London: Longman.

Odden, David. 1995. Tone: African languages. In J. Goldsmith (ed.). *The handbook of phonological theory*. Oxford: Blackwell, pp. 444–475.

Odé, Cecilia. 1989. *Russian intonation: a perceptual description*. Amsterdam: Rodopi.

1994. On the perception of prominence in Indonesian. In Odé and van Heuven 1994: pp. 27–107.

Odé, Cecilia and Vincent J. van Heuven (eds.), 1994. *Experimental studies of Indonesian prosody*. Department of Languages and Cultures of Southeast Asia and Oceania, University of Leiden.

Ofuka, Etsuko, J. Denis McKeown, Mitch Waterman, and Peter Roach. 2000. Prosodic cues for rated politeness in Japanese speech. *SpComm* 32: 199–217.

Ohala, John J. 1975. Review of Lehiste 1970. *Lg* 51: 736–740.

Ohala, John J. 1984. An ethological perspective on common cross-language utilization of Fo in voice. *Phonetica* 41:1–16.

Ohala, John J. 1994. The frequency code underlies the sound symbolic use of voice pitch. In L. Hinton, J. Nichols, and J.J. Ohala (eds.), *Sound symbolism*. Cambridge

University Press, pp. 325–347.

Öhman, Sven. 1967. Word and sentence intonation: a quantitative model. *Speech Transmission Laboratory (Stockholm) Quarterly Progress and Status Report* 2: 20–54.

Ortiz-Lira, Hector. 1994. *A contrastive analysis of English and Spanish sentence accentuation*. PhD thesis, University of Manchester.

O'Shaughnessy, Douglas and Jonathan Allen. 1983. Linguistic modality effects on fundamental frequency in speech. *JASA* 74: 1155–1171.

Palmer, Harold. 1922. *English intonation, with systematic exercises*. Cambridge: Heffer.

Partee, Barbara H. 1999. Focus, quantification, and semantics-pragmatics issues. In Bosch and van der Sandt 1999: pp. 213–231.

Patel, Aniruddh. 2008. *Music, language and the brain*. Oxford University Press.

Patterson, David and D. Robert Ladd. 1999. Pitch range modelling: Linguistic dimensions of variation. *ICPhS* 14 (San Francisco): 1169–1173.

Perlmutter, David. 1978. Impersonal passives and the unaccusative hypothesis. *BLS* 4: 157–189.

Pierrehumbert, Janet. 1980. *The phonology and phonetics of English intonation*. PhD thesis. MIT. Published 1988 by IULC. Bloomington, IN.

1981. Synthesizing intonation. *JASA* 70: 985–995.

1990. Phonological and phonetic representation. *JPhon* 18: 375–394.

2000. Tonal elements and their alignment. In Home 2000: pp. 11–36.

Pierrehumbert, Janet and Mary E. Beckman. 1988. *Japanese tone structure*. Cambridge, MA: MIT Press.

Pierrehumbert, Janet, Mary E. Beckman, and D. Robert Ladd. 2000. Conceptual foundations of phonology as a laboratory science. In N. Burton-Roberts, P. Carr, and G.J. Docherty (eds.), *Conceptual and empirical foundations of phonology*. Oxford University Press, pp. 273–303.

Pierrehumbert, Janet and Julia Hirschberg. 1990. The meaning of intonational contours in the interpretation of discourse. In P.R. Cohen, J. Morgan, and M. E. Pollack (eds.). *Intentions in communication*. Cambridge, MA: MIT Press, pp. 271–311.

Pierrehumbert, Janet and Mark Liberman. 1982. Modelling the fundamental frequency of the voice. (Review of Cooper and Sorensen 1981.) *Contemporary Psychology* 27: 690–692.

Pierrehumbert, Janet and Shirley Steele. 1989. Categories of tonal alignment in English. Phonetica 46: 181–196.

Pike, Kenneth L. 1945. *The intonation of American English*. Ann Arbor: University of

Michigan Press.

1948. *Tone languages: a technique for determining the number and type of pitch contrasts in a language, with studies in tonemic substitution and fusion.* Ann Arbor: University of Michigan Press.

Pitrelli, John F., Mary E. Beckman, and Julia Hirschberg. 1994. Evaluation of prosodic transcription labeling reliability in the ToBI framework. *ICSLP* 1 (Yokohama): 123-126.

Poser, William J. 1984. *The phonetics and phonology of tone and intonation in Japanese.* PhD thesis, MIT.

Post, Brechtje. 2000. *Tonal and phrasal structures in French intonation.* The Hague: Holland Academic Graphics.

Prevost, Scott and Mark Steedman. 1994. Specifying intonation from context for speech synthesis. *SpComm* 15: 139-153.

Price, Patti J., M. Ostendorf, S. Shattuck-Hufnagel, and C. Fong. 1991. The use of prosody in syntactic disambiguation. *JASA* 90: 2956-2970.

Prieto, Pilar. 1998. The scaling of the L values in Spanish downstepping contours. *JPhon* 26: 261-282.

2005. Stability effects in tonal clash contexts in Catalan. *JPhon* 33: 215-242.

Prieto, Pilar, Mariapaola D'Imperio, and Barbara Gili Fivela. 2005. Pitch accent alignment in Romance: primary and secondary associations with metrical structure. *LgSp* 48: 359-396.

Prieto, Pilar and Francisco Torreira. 2007. The segmental anchoring hypothesis revisited. Syllable structure and speech rate effects on peak timing in Spanish. *JPhon* 35: 473-500.

Prieto, Pilar, Jan van Santen and Julia Hirschberg. 1995. Tonal alignment patterns in Spanish. *JPhon.* 23: 429-451.

Prince, Alan. 1983. Relating to the grid. *LI* 14: 19-100.

Prince, Alan and Paul Smolensky. 2004. *Optimality theory: constraint interaction in generative grammar.* Oxford: Blackwell.

Prince, Ellen. 1981. Toward a taxonomy of given-new information. In Peter Cole (ed.). *Radical pragmatics.* New York: Academic Press, pp. 223-256.

Reinholt Petersen, Niels. 1986. Perceptual compensation for segmentally conditioned fundamental frequency perturbation. *Phonetica* 43: 21-42.

Remijsen, Bert. 2002. Lexically contrastive stress accent and lexical tone in Ma'ya. In C. Gussenhoven and N. Warner (eds.). *Laboratory phonology* VII. Berlin/New York:

Mouton de Gruyter, pp. 585–614.

Remijsen, Bert and Otto Gwado Ayoker. 2014. Contrastive tonal alignment in falling contours in Shilluk. *Phonology* 31: 435–462.

Remijsen, Bert and Vincent van Heuven. 2005. Stress, tone, and discourse prominence in the Curasao dialect of Papiamentu. *Phonology* 22: 205–235.

Repp, Bruno H. 1984. Categorical perception: issues, methods, findings. In N. Lass (ed.). *Speech and language*, vol. 10: *Advances in basic research and practice*. Orlando: Academic Press, pp. 244–335.

Rialland, Annie. 2007. Question prosody: an African perspective. In C. Gussenhoven and T. Riad (eds,). *Tones and times*, vol. I: *Typological studies in word and sentence prosody*. Berlin: Mouton de Gruyter, pp. 35–62.

2009. The African lax question prosody: Its realisation and geographical distribution. *Lingua* 119: 928–949.

Rialland, Annie and Stephane Robert. 2001. The intonational system of Wolof. *Linguistics* 39: 893–939.

Rietveld, A. C. M. and Carlos Gussenhoven. 1985. On the relation between pitch excursion size and prominence. *JPhon* 13: 299–308.

1995. Aligning pitch targets in speech synthesis: effects of syllable structure. *JPhon* 23: 375–385.

Roach, Peter. 1994. Conversion between prosodic transcription systems: Standard British and ToBI. *SpComm* 15: 91–99.

Rooth, Mats. 1985. *Association with focus*. PhD thesis. University of Massachusetts.

1992. A theory of focus interpretation. *Natural Language Semantics* 1: 75–116.

Rose, Phil. 1987. Considerations in the normalisation of the fundamental frequency of linguistic tone. *SpComm* 6: 343–351.

1989. Phonetics and phonology of Yang tone phonation types in Zhenhai. *Cahiers de Linguistique Asie Orientale* 18: 229–245.

1990. Acoustics and phonology of complex tone sandhi. *Phonetica* 47: 1–35.

Rowlands, E. C. 1969. *Teach yourself Yoruba*. Sevenoaks, Kent: Hodder and Stoughton.

Rump, H. H. and René Collier. 1996. Focus conditions and the prominence of pitch-accented syllables. *LgSp* 39: 1–15.

Sag, Ivan and Mark Liberman. 1975. The intonational disambiguation of indirect speech acts. *CLS* 11: 487–497.

Schepman, Astrid, Robin Lickiey, and D. Robert Ladd. 2006. Effects of vowel length and 'right context' on the alignment of Dutch nuclear accents. *JPhon* 34: 1–28.

Scherer, Klaus R., D. Robert Ladd, and K. Silverman. 1984. Vocal cues to speaker affect: testing two models. *JASA* 76: 1346–1356.

Schiller, Niels F., Antje Meyer, and Willem Levelt. 1997. The syllabic structure of spoken words: evidence from the syllabification of intervocalic consonants. *LgSp* 40: 103–140.

Schmerling, Susan F. 1976. *Aspects of English sentence stress*. Austin: University of Texas Press.

Schubiger, Maria. 1958. *English intonation: its form and function*. Tübingen: Niemeyer.

  1965. English intonation and German modal particles: a comparative study. *Phonetica* 12: 65–84. Reprinted in Bolinger 1972a: pp. 175–193.

  1980. English intonation and German modal particles, II: a comparative study. In L. R. Waugh and C.H. van Schooneveld (eds.), *The melody of language*. Baltimore: University Park Press, pp. 279–298.

Scott, Donia R. 1982, Duration as a cue to the perception of phrase boundary. *JASA* 71: 996–1007.

Selkirk, Elisabeth O. 1980. The role of prosodic categories in English word stress. *LI* 11: 563–605.

  1984. *Phonology and syntax: the relation between sound and structure*. Cambridge, MA: MIT Press.

  1986. On derived domains in sentence phonology. *Phonology Yearbook* 3: 371–405.

  1995. Sentence prosody: intonation, stress, and phrasing. In J. Goldsmith (ed.), *The handbook of phonological theory*. Oxford: Blackwell, pp. 550–569.

Sharp, Alan E. 1958. Falling-rising intonation patterns in English. *Phonetica* 2: 127–152.

Shattuck-Hufnagel, Stefanie. 1995. The importance of phonological transcription in empirical approaches to 'stress shift' vs. 'early accent': comments on Grabe and Warren, and Vogel. Bunnell and Hoskins. In Connell and Arvaniti 1995: pp. 128–140.

Shattuck-Hufnagel, Stefanie, Mari Ostendorf, and K. Ross. 1994. Stress shift and early pitch accent placement in lexical items in American English. *JPhon* 22: 357–388.

Shattuck-Hufnagel, Stefanie and Alice E. Turk. 1996. A prosody tutorial for investigators of auditory sentence processing. *Journal of Psycholinguistic Research* 25: 193–247.

Shen, Xiao-nan Susan. 1990. *The prosody of Mandarin Chinese*. University of California Publications in Linguistics 118. Berkeley: University of California Press.

Shields. L.W. and D.A. Balota. 1991. Repetition and associative context effects in speech production. *LgSp* 34: 47–55.

Shriberg, Elizabeth, D. Robert Ladd, Jacques Terken, and Andreas Stolcke. 1996. Modeling pitch range variation within and across speakers: predicting F_0 targets when 'speaking up'. *ICSLP* 4 (Philadelphia): 650−653. Online version at www-speech.sri.com/cgi-b in/run-distill?papers/icslp96-scaling.ps.gz (last accessed 22 March 2008) replaces version printed in proceedings.

Silverman, Kim. 1986. F_0 segmental cues depend on intonation: the case of the rise after voiced stops. *Phonetica* 43: 76−91.

1987. *The structure and processing of fundamental frequency contours*. PhD thesis, University of Cambridge.

1990. The separation of prosodies: comments on Kohler's paper. In Kingston and Beckman 1990: pp. 139−151.

Silverman, Kim, Mary E. Beckman, John Pitrelli. Mari Ostendorf, Colin Wightman, Patti Price, Janet Pierrehumbert, and Julia Hirschberg. 1992. ToBI: a standard for labeling English prosody. *ICSLP* 2 (Banff): 867−870.

Silverman, Kim and Janet Pierrehumbert. 1990. The timing of prenuclear high accents in English. In Kingston and Beckman 1990: pp. 71−106.

Slater, Andrew. 2007. *The IViE corpus: English Intonation in the British Isles*. Online at www.phon.ox.ac.uk/IViE/ index.php (last accessed 22 March 2008).

Sledd, James. 1955. Review of Trager and Smith 1951. *Lg* 31: 312−335.

Sluijter, Agaath and Vincent van Heuven. 1996. Spectral balance as an acoustic correlate of linguistic stress. *JASA* 100: 2471−2485.

Smith, Henry Lee Jr. 1955. Review of W. Jassem, *Intonation of conversational English. Lg* 31: 189−193.

Sorace, Antonella. 2000. Gradients in auxiliary selection with intransitive verbs. *Language* 76: 859−890.

Sosa, Juan Manuel. 1999. *La entonación del español: su estructura fónica, variabilidad y dialectología*. Madrid: Ediciones Cátedra.

Steedman, Mark. 1991. Structure and intonation. *Lg* 67: 260−296.

2000. Information structure and the syntax-phonoloey interface. *LI* 31: 649−689.

Steele, Shirley. 1986. Nuclear accent Fo peak location: effects of rate, vowel, and number of following syllables, *JASA* 80: S51.

Sugito, Miyoko and Hajime Hirose. 1988. Production and perception of accented devoiced vowels in Japanese. *Annual Bulletin of the Research Institute of Logopedics and Phoniatries* 22: 21−39.

Swerts, Marc, Emiel Krahmer, and Cinzia Avesani. 2002. Prosodic marking of information status in Dutch and Italian: a comparative analysis. *JPhon* 30: 629-654.

Syrdal, Ann and Julia McGory. 2000. Inter-transcriber reliability of ToBI prosodic labelling. *ICSLP* 6 (Beijing).

Szendrői, Kriszta. 2003. A stress-based approach to the syntax of Hungarian focus. *Linguistic Review* 20: 37-78.

Tartter, V. 1980. Happy talk: perceptual and acoustic effects of smiling on speech. *Perception & Psychophysics* 27: 24-27.

Taylor, Paul A. 1995. The rise/fall/connection model of intonation. *SpComm* 15: 169-186.

——— 2000. Analysis and synthesis of intonation using the Tilt model. *JASA* 107: 1697-1714.

Terken, Jacques. 1991. Fundamental frequency and perceived prominence of accented syllables. *JASA* 89: 1768-1776.

Terken, Jacques and Julia Hirschberg. 1994. Deaccentuation of words representing given information: effects of persistence of grammatical function and surface position. *LgSp* 37: 125-145.

't Hart, Johan. 1979. Explorations in automatic stylization of F_0 curves. *IPO Annual Progress Report* 14: 61-65.

——— 1981. Differential sensitivity to pitch distance, particularly in speech. *JASA* 69: 811-821.

't Hart, Johan and Antonie Cohen. 1973. Intonation by rule: a perceptual quest. *JPhon* 1: 309-327.

't Hart, Johan and René Collier. 1975. Integrating different levels of intonation analysis. *JPhon* 3: 235-255.

't Hart, Johan, René Collier, and Antonie Cohen. 1990. *A perceptual study of intonation: an experimental-phonetic approach*. Cambridge University Press.

Thorsen, Nina. *See also* Grønnum.

——— 1980. A study of the perception of sentence intonation: evidence from Danish. *JASA* 67: 1014-1030.

——— 1983. Two issues in the prosody of Standard Danish. In Cutler and Ladd 1983: pp. 27-38.

——— 1985. Intonation and text in Standard Danish. *JASA* 77: 1205-1216.

——— 1986. Sentence intonation in textual context: supplementary data. *JASA* 80: 1041-1047.

Torreira, Francisco, and Martine Grice. 2018. Melodic constructions in Spanish: Metrical structure determines the association properties of intonational tones. *Journal of the International Phonetic Association* 48: 9–32.

Trager, George L. 1958. Paralanguage: a first approximation. *Studies in Linguistics Occasional Papers* 13: 1–12.

1964. The intonation system of American English. In David Abercrombie, D.B. Fry, P.A.D. MacCarthy, N. C. Scott, and J. L. M. Trim (eds.), *In honour of Daniel Jones*. London: Longman. Reprinted in Bolinger 1972a: pp. 83–86.

Trager, George L. and H. L. Smith. 1951. An outline of English structure. Norman, OK: Battenburg Press. Reprinted 1957 by American Council of Learned Societies. Washington.

Traunmüller, H. and A. Eriksson. 1994. The perceptual evaluation of F_0 excursions in speech as evidenced in liveliness estimations. *JASA* 97: 1905–1915.

Trim, J. L. M. 1959. Major and minor tone-groups in English. *Le Maine Phonétique* 112: 26–29.

Truckenbrodt, Hubert. 1999. On the relation between syntactic phrases and phonological phrases. *LI* 30: 219–255.

2002. Upstep and embedded register levels. *Phonology* 19: 77–120.

2004. Final lowering in non-final position. *JPhon* 32: 313–348.

Uhmann, Susanne. 1988. Akzenttöne, Grenztöne und Fokussilben: zum Aufbau eines phonologischen Intonationssystems für das Deutsche. In Altmann 1988: pp. 65–88.

1991. *Fokusphonologie: eine Analyse dentscher Intonationskonturen im Rahmen der nicht-linearen Phonologie*. Tübingen: Niemeyer.

Uldall, Elizabeth. 1964. Dimensions of meaning in intonation. In D. Abercrombie, D.B. Fry, P.A.D. MacCarthy, N.C. Scott, and J.L.M. Trim (eds.), *In honour of Daniel Jones*. London: Longman. Reprinted in Bolinger 1972a: pp. 250–259.

Underhill, Robert. 1976. *Turkish grammar*. Cambridge, MA: MIT Press.

Vaissière, Jacqueline. 1983. Language-independent prosodic features. In Cutler and Ladd 1983: pp. 53–66.

Vallduví, Enric. 1990. *The informational component*. PhD thesis, University of Pennsylvania. Published 1992 by Garland Press, New York.

1991. The role of plasticity in the association of focus and prominence. *Proceedings of the Eastern States Conference on Linguistics* (ESCOL) 7: 295–306.

Vallduví, Enric and Maria Vilkuna. 1998. On rheme and kontrast. In P. Culicover and L. McNally (eds.), *Syntax and semantics, vol. XXIX: The limits of syntax*. San Diego: Academic Press, pp. 79–108.

Vallduví, Enric and Ron Zacharski. 1994. Accenting phenomena, association with focus, and the recursiveness of focus-eround. In P. Dekker and M. Stokhof (eds.), *Proceedings of the Ninth Amsterdam Colloquium* (Department of Philosophy, University of Amsterdam), pp. 683–702.

van den Berg, Rob, Carlos Gussenhoven, and Toni Rietveld. 1992. Down-step in Dutch: implications fora model. In Docherty and Ladd 1992: pp. 335–358.

Vanderslice, Ralph and Peter Ladefoged. 1972. Binary suprasegmental features and transformational word-accentuation rules. *Lg* 48: 819–838.

Vanderslice, Ralph and Laura S. Pierson. 1967. Prosodic features of Hawaiian English. *Quarterly Journal of Speech* 53: 156–166. Reprinted in Bolinger 1972a: pp. 439–450.

Varga, László. 1989. The stylized fall in Hungarian. *Acta Linguistica Hungarica* 39: 317–330.

—— 2002. *Intonation and stress: evidence from Hungarian*. Basingstoke: Palgrave Macmillan.

Veilleux, Nanette, Alejna Brugos, and Stefanie Shattuck-Hufnagel. 2007. *The new English ToBI home page*. Online at www.tobihome.org (last accessed 22 March 2008)

Venditti, Jennifer. Sun-Ah Jun. and Mary Beckman. 1996. Prosodic cues to syntactic and other linguistic structures in Japanese, Korean and English. In James L. Morgan and Katherine Demuth (eds.). *Signal to syntax: bootstrapping from speech to grammar in early acquisition*. Part IV: *Speech and the acquisition of phrase structure*. Hillsdale, NJ: Lawrence Erlbaum, pp. 287–311.

Verhoeven, Jo. 1994. The discrimination of pitch movement alignment in Dutch. *JPhon* 22: 65–85.

Vogel, Irene and Istvan Kenesei. 1987. The interface between phonology and other components of grammar: the case of Hungarian. *Phonology Yearbook* 4: 243–263.

von Stechow, Arnim and Susanne Uhmann. 1986. Some remarks on focus projection. In W. Abraham and S. de Meij (eds.). *Topic, focus, and configurationality*. Amsterdam: Benjamins, pp. 295–320.

Wagner, Michael. 2005. *Prosody and recursion*. PhD thesis, MIT.

Wang, Bei and Yi Xu. 2011. Differential prosodic encoding of topic and focus in sentence-initial position in Mandarin Chinese. *Journal of Phonetics* 39: 595–611.

Wang, William. 1967. The phonological features of tone. *IJAL* 33: 93–105.

Ward, Gregory and Julia Hirschberg. 1985. Implicating uncertainty. *Lg* 61: 747–776.

Ward, Ida C. 1933. *The phonetic and tonal structure of Efik*. Cambridge: Heffer.

Warren, Paul. 2005. Patterns of late rising in New Zealand English: intonational variation or intonational change? *LVC* 17: 209–230.

Warren, Paul. 2016. *Uptalk: The phenomenon of rising intonation*. Cambridge: Cambridge University Press.

Warren, Paul and David Britain. 2000. Intonation and prosody in New Zealand English. In Allan Bell and Koenraad Kuiper (eds.). *New Zealand English*. Wellington: Victoria University Press, pp. 146–172.

Wedgwood, Daniel. 2005. *Shifting the focus: from static structures to the dynamics of interpretation*. Oxford: Elsevier.

Weinreich, Uriel. 1954. Stress and word structure in Yiddish. In Uriel Weinreich (ed.), *The field of Yiddish: studies in Yiddish language, folklore and literature*. Linguistic Circle of New York, pp. 1–27.

Welby, Pauline. 2003. Effects of pitch accent position, type, and status on focus projection. *LgSp* 46: 53–81.

Wells, J.C. 1982. *Accents of English*, vol. I: *An introduction*; vol. II: *The British Isles*. Cambridge University Press.

Wells, Rulon. 1945. The pitch phonemes of English. *Lg* 21: 27–40.

Welmers, William. 1973. *African language structures*. Berkeley: University of California Press.

Whalen, D.H., Arthur S. Abramson, Leigh Lisker, and M. Mody. 1990. Gradient effects of fundamental frequency on stop consonant voicing judgments. *Phonetica* 47: 36–49.

Whalen, D.H. and Andrea Levitt. 1995. The universality of intrinsic F_0 of vowels. *JPhon* 23: 349–366.

Wilbur. Ronnie 1994a. Eyeblinks and ASL phrase structure. *Sign Language Studies* 84: 221–240.

    1994b. Foregrounding structures in ASL. *Journal of Pragmatics* 22: 647–672.

Willems, Nico, René Collier, and Jan Roelof de Pijper. 1988. A synthesis scheme for British English intonation. *JASA* 84: 1250–1261.

Williams, Carl E. and Kenneth N. Stevens. 1972. Emotions and speech: some acoustical correlates. *JASA* 52: 1238–1250.

Williams, Edwin. 1976. Underlying tone in Margi and Igbo. *LI* 7: 463–484.

Winston, F.D.D. 1960. The 'mid' tone in Efik. *African Language Studies* 1: 185–192.

Woo, Nancy. 1969. *Prosody and phonology*. PhD thesis, MIT. Distributed by IULC.

Wunderlich, Dieter. 1988. Der Ton macht die Melodie: zur Phonologie der Intonation des Deutschen. In Altmann 1988: pp. 1–40.

Xu, Yi. 1998. Consistency of tone-syllable alignment across different syllable structures and speaking rates. *Phonetica* 55: 179−203.

2005. Speech melody as articulatorily implemented communicative functions. *SpComm* 46: 220−251.

Xu, Yi and Xuejing Sun. 2002. Maximum speed of pitch change and how it may relate to speech. *JASA* 111: 1399−1413.

Xu, Yi and Q. Emily Wang. 2001, Pitch targets and their realization: evidence from Mandarin Chinese. *SpComm* 33: 319−337.

Xu, Yi and Ching X. Xu. 2005. Phonetic realization of focus in English declarative intonation. *JPhon* 33: 159−197.

Xu, Yi, Albert Lee, Santitham Prom-on, and Fang Liu. 2015. Explaining the PENTA model: a reply to Arvaniti and Ladd. *Phonology* 32: 505−535.

Yip, Moira. 1989. Contour tones. *Phonology* 6: 149−174.

2002. *Tone*. Cambridge University Press.

Yoon, Tae-Jin. 2007. *A predictive model of prosody through grammatical interface: a computational approach*. PhD thesis. University of Illinois, Urbana-Champaign.

Yuen, Ivan. 2003. *Downtrend and normalisation*. PhD thesis. University of Edinburgh.

Zsiga, Elizabeth and Rattima Nitisaroj. 2007. Tone features, tone perception, and peak alignment in Thai. *LgSp* 50: 343−383.

Zubizarreta, Maria Luisa. 1998. *Prosody, focus, and word order*. Cambridge. MA: MIT Press.

姓名索引

* 若唯一引用的姓名是作为第二作者或后续作者，如论文集或网站的编者，或在脚注和图形标题中随便提及的，则这些姓名通常不包括在以下列表中。

** 所有索引所标页码为英文版页码，即本汉译版的边码。本汉译版的部分内容是作者最新修订的，因此个别边码没有标出。

语言索引

主题索引

duration 时长 21, 50, 54

dynamic accent（Beckman）, dynamic stress 动态重调（贝克曼），动态重音 44, 54, 58, 60, 164, 另见 lexical stress; prominence; 比较 melodic accent

E

Eastern European question intonation 东欧疑问句语调 81-84, 145-146, 182, 187, 228, 284

echo（Delattre）回声（德拉特）121

echo question 反问句 29, 45, 114

edge tone 边缘调 44-47, 82, 88-90, 92, 100-104, 106, 128, 142, 145-146, 157, 284-287, 另见 boundary tone; phrase accent; 比较 core tone

emotion 情感 11, 18, 21-23, 另见 anger; surprise 等

emphasis 强调 83, 151, 161, 166, 207, 216, 255-257, 269, 282, 306, 另见 contrast

epithet 修饰性 300-302

ERB（Equivalent Rectangular Bandwidth）scale（等效矩形带宽）音阶 197-198

eventive sentence（Gussenhoven）事件句（古森霍文）246, 277, 278

extrametricality 节律外性 291

extrinsic pitch range factors 外在调域因素 205-210

F

fall 直降调 6, 13-14, 22, 63, 99, 139, 158, 162, 166, 171, 另见 final fall; Type A Fall 等

fall（nuclear tone）直降调（核心调）40, 94, 136, 139, 142, 143, 148, 287, 另见 high fall

fall-rise（Cooper and Sorensen）降升调（库珀和索伦森）19

fall-rise（nuclear tone）降升调（核心调）40, 94, 136, 139, 142, 143, 148, 287, 另见 high fall 等

Falling-rising tunes 降升调式 146

final fall 末尾直降调 22, 23, 67, 81, 103, 145-146, 203, 288, 另见 low boundary tone

finality 终结性 10, 17, 另见 completion

focus 焦点 20, 30, 83, 101, 145-146, 161-163, 213-259, 263-278, 299-302, 另见 broad focus; double focus; narrow focus

focus domain（Gussenhoven）焦点范域（古森霍文）274, 275

focus particle 焦点语助词 5, 256

focus projection 焦点投射 218-221

Focus-to-Accent（theory of sentence stress）焦点到重调（句子重音理论）217, 236, 248, 257, 259, 266, 272, 比较 highlighting

foot 音步 290, 298

degenerate foot 衰退音步 291

FTA 焦点到重调，见 Focus-to-Accent

fundamental frequency（F_0）基频，见 pitch accent; pitch range 等

G

gesture 手势 34, 36

givenness 已知性 21 221, 231-236, 246, 248, 253, 274

gradience（or gradient variability）梯度性（或梯度可变性）37, 96, 126, 151-155 各处, 256, 306, 另见 paralanguage

grid（Gårding）格栅（戈丁）26, 29, 75, 另见 metrical grid

GToBI 110, 152, 另见 ToBI

H

H（high tone or pitch level）H（高调或高音高层级）62-77 各处, 82-84, 87, 134-138 各处, 166, 179, 182, 191, 193, 206

H phrase accent H 短语重调 92, 102, 103, 135,

语调语音学导论

* 本文为原著的网上附录的译文，原附录的网址是：https://www.cambridge.org/gb/ academic/subjects/languages-linguistics/phonetics-and-phonology/intonational-phonolo- gy-2nd-edition?format=PB。该网站上的资料可以下载。

现在，录音的声学分析非常容易，许多语调音系研究也都是基于各种各样的仪器数据。要使这些数据有意义，要使设计或选择的材料适合于仪器研究，就需要对基频（F_0）和语音计时语音学有一个基本的了解。对这些现象进行初步的介绍是本附录的唯一目标，所以不应当把它看作是对文献的一次详尽评述。有关这里所讨论的许多主题的更多细节，读者可以参看苏德霍夫等（Sudhoff *et al.* 2006）。

方括弧中的黑体数字（如［5.2.1］）指的是本书正文部分的章节编号。

I. 基频语音学

不管是词库中使用的音高还是后词库中使用的音高［1.1.1］，在仪器数据中都可以把它们视为语音基频（F_0）的某些特征。它们似乎都是由语音产出而非语言结构所产生的。任何从事语音数据仪器分析的人都需要把它们考虑进去。

1. 下倾
任何一种已知的 F_0 事件（音高重调、词库声调等）的实现，都会受到它所在短语中的位置的影响。具体地说，**在其他条件都相同的情况下**，F_0 在整个短语上都有一个普遍的下倾趋势。我们把这种现象称为"下倾"。这可能与歌手在无伴奏演唱时"趋向平缓"有关。

有证据（如 Pierrehumbert 1979; Terken 1991; Yuen 2007）表明：听话人在言语感知中预测到了下倾（即两个 F_0 峰，后面的在声学上一定比前面的低，但听起来却同样高）并对它进行了补偿。然而，虽然 20 世纪 60 至 70 年代人们对此兴趣浓烈，而且也做了大量研究（如 Lieberman 1967; Maeda 1976; Cooper and Sorensen 1981），但对导致下倾的机制却没有明确的认识。造成下倾的一个可能的原因是：随着空气在讲话过程中的消耗，喉下压力也随之降低，不过也可能有其他原因。

难以理解机制的最重要的原因是听起来很天真的"其他条件都相同的情况下"的那句话。尤其是在无声调的语言里，很难说两个 F_0 峰在语言学上是相等的，底层目标是相同的。20 世纪 70 年代的很多研究都忽视了这样的一种可能性，即横跨短语和话语上的某些 F_0 总体降低趋势实际上可能是有意的和 / 或有语言学意义的。现在看来很清楚，许多语言都有音系过程或类音系过程（如降阶［2.4］），当其他方面都相同的音高事件出现在稍后的短语或话语中时，这些音系过程或类音系过程就会促使它们在较低的 F_0 上得到实现。一旦将这些过程都考虑进去，真实的（即非有意的、生物力学决定的）下倾数量看来要比 20 世纪 70 年代研究所假设的要少很多。

2. 微观韵律

基频的理想化进程——说话人语调意图的表现（或声调序列在声调语言里的表现）——不仅受到下倾的影响，也会因受到各种与音段语符列相关的效应的影响而发生局部性扭曲或扰动。这些"微观韵律"的效应［1.3.2］在解释 F_0 的视觉表征上带来了困难，这一点将在下面第 III 部分第 1 小节中做进一步的讨论。

现在主要有三类微观韵律效应：

- **阻塞音扰动**：F_0 在发阻塞音过程中和紧靠阻塞音的前后常常都是不稳定的。它在**转变成阻塞音的过程中有下降趋势**，在从**浊的**阻塞音过渡出来的过程中**有上升趋势**（和／或对于后面的某些或所有元音来说，比在其他情况下的要低一些），在从**清的**阻塞音过渡出来的过程中有**下降趋势**（和／或对于后面的某些或所有元音来说，比在其他情况下的要高一些）。阻塞音中哪里的浊音性强劲（英语里通常不是这样的），F_0 通常就会低于周围的响音。

- **清音间隙**：若无浊音，就无 F_0，因而清辅音会产生 F_0 曲拱的中断。在某种意义上，这些代表着一种极端的阻塞音扰动，认为浊音性是一种程度问题：在某些语言里，浊音性在发"浊的"阻塞音的过程中常常变得没有任何规律或完全消失，但相反，某些浊音性却可能一直持续到"清的"阻塞音的开始。清音间隙两侧的 F_0 通常表明：若清辅音被浊化，就会顺其自然地采用 F_0，尽管这一观察结果需要以有关上述严格意义上的阻塞音扰动的事实为依据。

- **固有的 F_0**：在其他条件都相同的情况下，高元音（如 [i u]）的 F_0 要高于低元音（如 [a]）。如果你用同一种语调模式说 *to Lima*（给利马）和 *a llama*（一头美洲豹），并且还注意不要在两者之间提高或降低你的嗓门，那么 *Lima* 上的 F_0 峰客观上将比 *llama* 上的更高，即便它们听起来完全一样。但就像下倾那样，要想确定其他条件是否都相同，并不总是那么轻而易举。

人们在微观韵律的语音细节上有相当好的共识，而且（就像下倾那样）也有明确的感知证据表明，说话人对微观韵律效应进行了归一化或补偿（如 Silverman 1986）。但对微观韵律效应的诱因还远没有得到很好的理解，尽管它们似乎在某种方式上可以追溯到普遍声学和／或生物力学因素（如 Whalen and Levitt 1995）。因此，阻塞音扰动，要么部分是由阻塞音持续期间浊音性暂停时不规则发声引发的，要么（在浊阻塞音的情况下）是由说话人在全部或部分喉上声道闭合期间保持发声时气流和声门位置发生了改变引发的。固有的 F_0 可能部分受到舌的位置和 / 或下颌角对喉位置的影响。然而，人们近来也越来越清楚，微观韵律效应的大小可能因语言不同而不同，这可能是因功能原因所致（如曼比拉语是一种有四个平调的语言（Connel 2000），在这一语言里，固有的 F_0 效应被弱化；而韩语是一种三分塞音清浊 / 紧松的语言，在这一语言里，音段扰动却相当大（Silva 2006））。

3. F_0 与音段特征的同界

区分**联结**（即指两个大致同时存在的音系事件之间的一种抽象关系）与**同界**（即指可测量的语音地标在实际时间上的相互协调）很有用［5.1.1］。例如，音高重调和词库声调往往属于某个特定的音节：这种抽象的音系归属就是联结。最近的仪器研究表明，这种联结可以以各种略有不同的方式在语音上表现出来，而且两个联结的音系事件的语音属性在时间上的精确同界可能受到许多因素的影响。词库音高特征和语调音高特征似乎都是如此。

三种基本类型的调查结果似乎已完全确立：

- **音段锚定**：F_0 移动（如上升和下降）通常没有一个固定的斜率或时长。相反，F_0 曲拱中的可识别的点（如 F_0 移动的起点和终点）都**被锚定**在音段语符列中的可识别的地标上（如重音音节的起点和终点）［5.1.2］。因此，F_0 移动的斜率和时长都是由音段地标之间的时间间隔决定的（Arvaniti, Ladd, and Mennen 1998）。
- **音系条件约束**：首先可以从语音角度对 F_0 的点所锚定的音段地标进行概述（如"在重音元音结束前的平均 15 毫秒处"），但涉及音段锚定的条件约束因素常指诸如元音长度、音节结构、莫拉等的音系特征和抽象形式（Ladd, Mennen, and Schepman 2000; Ishihara 2003; Prieto and Torreira 2007）。具体细节也因语言的不同而不同（Atterer and Ladd 2004），甚至同一种语言的不同变体之间也存在着不同（Arvaniti and Gårding 2007）。

- **时间压力**：尽管有了以上几点，但语音的时间压力对 F_0 移动的斜率、时长和程度仍还有相当大的影响 [5.1.3]。例如，重调性升调通常是在重调音节后的元音起点处结束的，如果这个重调音节是话语中的最后一个音节，那么显然重调性升调就不会这样了。造成这种效应的确信无疑的原因是紧密相邻的 F_0 移动（如重音冲突的案例）和紧密相邻的词边界、短语边界和话语边界（Silverman and Pierrehumbert 1990; Prieto, van Santen, and Hirschberg 1995）。关于语速和总体调域的作用，现仍有一些发现不很清楚，或相互矛盾。

听话人似乎对这种细微的同界效应非常敏感（Rietveld and Gussen-hoven 1995）。这与如下这一事实是相一致的：即可将同界用作语言对比的基础，如瑞典语的词库重调区分（Bruce 1977）[1.3.3] 或那不勒斯意大利语里疑问与陈述之间的差别（D'Imperio 2001）。

II. 时长和节奏语音学

人们对言语的计时细节仍远未完全理解。粗略地说，可以从一个个音段的时长角度来考虑计时。一个更复杂的模型需要把信号的各个方面**在时间上的相互协调**考虑进去（如刚刚讨论过的音高峰与音段事件的同界）。无论哪一种方式，可以肯定的是，即使是对正常时长模式的细微干扰，在感知上往往也是极其明显的，而且时长上几十毫秒的差异可以造成一种感知与另一种感知之间的差异。

1. 音段时长

据悉，语音音段的时长受大量因素的影响。这些包括：

- 被认为是普遍性的固有效应，如：低元音一般要比高元音长，擦音一般要比其他的阻塞音长，闪音一定很短，浊辅音前的元音一般要比清辅音前的长。
- 特定语言具有的固有效应，如：*bat*（蝙蝠）中的元音在美国英语里比在南部英国英语里要长很多，*bean*（豆）中的元音在苏格兰英语里比在其他英语变体里要短很多。
- 特定语言所具有的音系差别：如德语、匈牙利语、芬兰语等语言里的长短元音，意大利语、芬兰语、日语等语言里的长短辅音。
- 韵律结构的作用：如在许多语言里，音段在韵律边界（短语结束）前比在其他地方要长；在许多语言（如英语或意大利语，但**不是**芬兰语或匈牙利语）里，重音元音要比无重音元音明显地长；更多内容，见下面节奏部分。
- 当然还有语速：说得越快，音段就越短，但效果并不完全一致，因为元音比辅音更容易拉长和缩短。

众所周知，这些因素以复杂的方式**交互作用**。举个简单的例子，名词 *permit*（允许）与动词 *permit*（允许）在音节时长上截然不同：做名词时的第一个音节是重读的，但第二个音节是在词尾，两个音节在时长上大致相等；做动词时的第二个音节既重读，又在词尾，所以它明显比第一个音节要长。

2. 节奏

节奏是一系列物理事件的总体时间结构。即便是最简单的案例，也涉及**定期间隔**出现一些重复的事件。至关重要的是，它似乎还涉及某种类型的**交替形式**（如重复事件的出现与事件之间的缄默或无事件）。音乐和诗歌的特点常常是有规律的节奏，其中强弱之间的交替变化很重要。

长期以来，人们一直认为语音中的节奏是在一定的时间间隔内出现音系结构的某个成分。按照一种长期以来人们看待言语节奏的方式来看，一些语言应该是"音节计时"的（即音节按一定的间隔出现），而另外一些语言则应该是"重音计时"的（即重音按一定的间隔出现）。英语是重音计时语言的典型范例。

当然，如果你比较 *Tom thought Sue took milk*（汤姆以为苏喝了牛奶）与 *Tommy thought that Susie took milk*（汤米以为苏茜喝了牛奶）或 *Tom thought that Sue took the milk*（汤姆以为苏拿了牛奶），那么正如你所能看到的，英语话语中主要凸显部分之间的间隔趋于均匀。*Tom*、*thought*、*Sue*（*Su-*）、*took* 和 *milk* 这些音节在所有句子的三个版本中出现的时间间隔大致相同，也就是说，不管无重音音节的数量和位置如何。问题是，这是源自某个总体节奏计划，还是仅仅因一些独立且相互作用的时长效应的组合效果（具体地说，无重音音节中的元音弱化加上紧跟在另一个重音音节之后的重音音节加长趋势）而发生的？

如果存在一种总体节奏计划，那么我们期望各种补偿机制来保持严格的节奏是有道理的（如在音节计时语言里，如果一个音节因固有原因而特别的长，则应当缩短相邻音节，以保持节奏；在重音计时语言里，两个无重音音节之后的重音音节就应当比一个无重音音节之后的短一些，等等）。但几乎所有试图证明英语等许多其他语言里存在着这种补偿机制的实验都失败了。

然而，特定语言具有的节奏类型的概念仍然存在，因为它在某种意义上并不是完全错误的。例如，即使没有明确的证据证明实际的时间补偿机制，英语的语音节奏似乎确实是重音与无重音（或重音的重与轻）

之间的交替形式，这个可能比实际的时间间隔更抽象，但仍有保持重音的间距比我们预想的更均匀的效果。例如，节奏规则（如 Liberman and Prince 1977）[7.2.2] 倾向将落在核心前的词的重音移到词前面的凸显音节上：

单说时：	*thirTEEN*	*submaRINE*	*interNAtional*
	十三	潜艇	国际的
有语境时：	*THIRteen PEOPle*	*SUBmarine WARfare*	*INternational AIRport*
	十三个人	潜艇战	国际机场

此外，正如刚才所指出的那样，英语通常弱化词库中无重音音节中的元音，这有助于使重音在时间上看起来比实际情况更有规律。所以，最好把"重音计时"和"音节计时"视为时长属性的组群（例如，如果一种语言通常弱化无重音音节中的元音，那么它听起来更有可能是"重音计时"的语言）（Dauer 1983）。这种观点似乎是最近试图量化不同语言节奏特性的基础（如 Ramus *et al.* 1999; Low *et al.* 2000; White and Mattys 2007），因为他们考虑了许多交互性的时长参数。然而，这些著述实际上倾向于只把两个参数选作他们量度的基础，这样就可以在一个二维空间中把节奏类型绘制出来。这使得人们很容易继续把重音计时与音节计时看作是节奏类型，对传统观念的唯一调整是，这些概念成为了连续统的终点，而不是根本不同的类别。

在几个已得到充分研究的语言里，存在着稍强一点点的证据，这些证据表明，像音节或莫拉之类的单位在控制实际的时长上起着作用。日语里测试话语的时长是一种它们所含有的莫拉数量的直接线性函数（Port, Dalby and O'Dell 1987）。但甚至在这里，时间补偿方面的证据（如挤压一个莫拉，以弥补相邻的一个长莫拉）也是极其有限的（Beckman 1982; Warner and Arai 2001; Ota *et al.* 2003）。这个问题在未来的一段时间内无疑将一直是不断研究的动因所在。

III. 方法论上的意义

1. 对 F_0 视觉显示的解释

阻塞音扰动和清音间隙：F_0 上存在着微观韵律的作用，这意味着提取出来的 F_0 的视觉显示需要一定的经验才可能得到正确的解读。这从对图 1~3 的详细对比中才能看出。图 1~3 显示了三个短的英语日常一般疑问句的 F_0 轨迹和波形，这三个疑问句是用相同的语调模式说出来的。（网上英文版附录中可以找到音档文件，点击其标题听一下音档文件，看看它们有多相似。）

最明显的区别是：在图 1 中，曲拱是连续的，而在图 2 和图 3 中，由于清音间隙和阻塞音扰动，曲拱则是断断续续的。听话人几乎没有注意到有这些中断，但在屏幕上，这些中断非常明显，特别是因为紧靠在中断附近的 F_0 往往到处乱跳。这种效果可以通过图 3 中 *Atkinson's* 的第三个音节开头的 /s/ 清晰地看到：所提取的 /s/ 音中断前的 F_0 要低于中断后的，尽管从感知和语言学上来看，从第一个音节上的峰到第三个音节开始时的低拐点只有一个平稳的下降。在图 2 中，与前面 *is that* 中的 /zð/ 音序相伴的是 F_0 中的下倾，而后面 *Jessica's* 首辅音除阻周围的 F_0 中有明显的间断，前面的下倾类似于后面的中断。甚至齿龈闪音（如图 3 中的 *Betty*）也常常导致 F_0 的局部性短暂下降；虽然在某些语言里喉塞音可能与较高的 F_0 相关，但喉塞音（图 2 中在 *that* 的末尾处）常常导致更大的局部下降。

这些作用的视觉结果通常是，元音前后有阻塞音（如图 2 中 *Jessica's* 的第二个音节），这个元音上的 F_0 曲拱在视觉显示上看起来像是一个突降。F_0 在这个音节上的突降并不意味着它有音高重调！初学者对自己在视屏上所看到的东西往往会做出过度的解读。如果你从视屏上所看到的与你所听到的有冲突，最好是相信你自己耳朵所听到的。

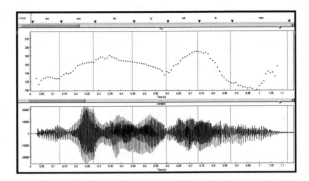

图 1 *Are you Larry Willeman?*（你是拉里·维勒曼吗？）

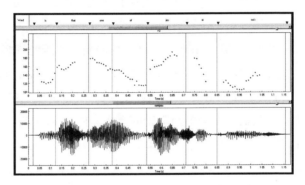

图 2 *Is that one of Jessica's?*（那是杰西卡的吗？）

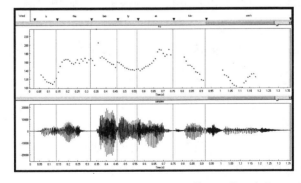

图 3 *Is this Betty Atkinson's?*（这是贝蒂·阿特金森的吗？）

F$_0$ 提取错误：记住 F$_0$ 视觉显示的第二个重要事实是，F$_0$ 提取是基于应用于数字化声学信号的数学算法，而不是基于人类模式的识别。这些算法偶尔会遭到愚弄，并给出虚假或无意义的 F$_0$ 值。这通常发生在信号能量很低，如在发声的开始与结束（可以从图 1 中曲拱的两个端点清楚地看出）时或在浊音性很弱的阻塞音（可以在图 3 的 *Betty* 中发 [b] 音的阶段看出来）阶段。一般来说，边部声音很弱，那里的 F$_0$ 值可以忽略不计；如果必须要记录这样一段语音的值，最好是通过测量波形中的周期时长来直接计算 F$_0$ 值。

F$_0$ 提取中最重要的一类问题是倍频程误差（octave error），其中所提取出来的 F$_0$ 值恰好是它实际值的两倍或一半（即高于或低于它的真实值的一个倍频程）。当它们出现时，倍频程误差通常跨越许多个分析帧（frame），因此程序绘制的 F$_0$ 值在半秒或更长时间内是一个过高或过低的倍频程。图 4 中有一个很好的倍频程误差的例子：将 *-mit* 音节尾提取的低的 F$_0$ 值加倍，我们得到的值与陡升的音高曲拱的末端是连续的。图 5 显示，采用不同的 F$_0$ 提取算法、使用不同的程序对完全相同的一段进行分析，没有产生倍频程误差，并且在曲拱的末尾显示出 F$_0$ 不断上升。对所提取的 F$_0$ 中的任何一种突变（如图 4 中 0.44 秒时的一次突变）都应当进行仔细的检查。如果只需要对突变任何一侧的提取值加倍或减半，就能获得与前后语境连续的值，那么通常应当假定出现了一个倍频程的误差。跟阻塞音扰动一样，重要的是要相信你自己的耳朵：如果你听不到一个倍频程的音高跳跃，那么几乎可以肯定地说它不存在。

倍频程误差的出现有时可能没有明显的理由，但它们的出现通常是与轻微的不规则发声有关。例如，在图 4 的案例中，靠近 *-mit* 中的元音末尾发声不规则，这有两种可能的理由：首先，英语里音节末尾的清塞音常伴有或前面有某种喉部的收缩；其次，任何话语结束时，气流都会迅速下降。两种中任何一种都可能诱发倍频程在 F$_0$ 提取算法中的跳变。事实上，把提取的 F$_0$ 中的倍频程跳变视为"误差"可能并不总是正确的，因为它们可能是由一段不规则的发声触发的，这段不规则的发声被认为是音质的变化（如嘎裂声），而非音高的变化。音高与音质之间的这种关系是一个潜在的富有成果的研究领域，但这已远远超出了本文的介绍范围。

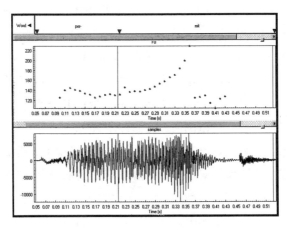

图 4 *permit?*

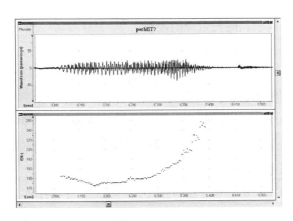

图 5 *permit?*

横纵轴的音阶标度：最后，由于研究 F_0 曲拱的视觉显示涉及主观性的人类模式识别技能，因此采用一些技巧使这些技能更容易使用是很有用的。最为重要的是，确保显示器上的水平（时间）轴与垂直（F_0 水平）

轴之间在标度上保持良好的平衡。如果显示器上的垂直轴在音阶标度上是0至600赫兹，男性说话人的嗓音曲拱就可能看上去单调乏味、毫无特点，但如果将垂直轴的音阶标度扩大到只显示50赫兹到250赫兹之间的值，就会呈现出清晰的局部重调峰。同样，比如在两秒钟言语的显示上，音高移动看起来更像清晰的局部重调峰，若把一个重调音节的200毫秒放大，就可能很难看到。请优化你想要看到的内容的视频显示。

然而，你在这样做时，始终要记住存在着一种微不足道的对某些倍频程误差的解释：某些信号处理包强制所有提取的 F_0 值都要位于用户在分析或显示参数时所指定的范围内。例如，在 PRAAT 中，如果你已为男性说话人设定了参数，而后在没有对它们进行修改的情况下分析女性说话人的语音，那么若这个真实值对于显示的窗口来说过高，则可能以该真实值的一半来报告 F_0 值。例如，这是我视为解释图4中倍频程误差的第一件东西，尽管在这个特定的案例中它最后并不是那么解释的。

2.　微观韵律和时长效应的控制

音段时长的多种交互性效应与干扰 F_0 理想路径的语音因素的存在，意味着在设计任何一种用作仪器数据来源的材料语料库时都必须十分小心，甚至还要发挥聪敏才智。

任何一种涉及时长测量的研究，要么必须采用一个多重交互性效应可相互抵消的大样本，要么必须小心控制不同音段时长变异的潜在来源。例如，为了探究重音对音节时长的影响，有必要在韵律相似语境中对音段相似的重音音节与无重音音节进行比较。同样，固有的 F_0 在方法论上的意义在于，你若想要用仪器研究 F_0 的音阶标度，就需要控制元音音质。如果所有的中调都出现在 [i] 上，所有的高调都出现在 [o] 上，那么就不要想着对中调与高调的测量进行比较。同类比较很重要。

阻塞音扰动和清音间隙的存在，意味着用仪器测量音高的最佳语音样本是只含有响音的语段，它的发声是不间断的，F_0 的提取可能是可靠的。

但显然存在着自然性的反补贴问题，要么说话人可能厌烦重复关于安娜与曼尼或沃伦、瑞安和艾伦的句子，要么你的兴趣点可能是在一类词上，这类词不可避免地都含有阻塞音（例如，在希腊语里，"谁""为什么""哪里"等这类"特殊疑问词"都含有清塞音）。在任何一个语音细节的实验中，自然性与实验控制之间都存在着一种内在的冲突；不同研究者有不同的偏好，不同的方法可能适用于不同的情况、不同的语言、不同的研究问题。然而，这方面值得注意的是：利克利等（Lickley *et al.* 2005）的一项对照研究表明，荷兰语在 F_0 与音段的同界细节上的细微差异受到重音的制约，其方式与朗读短句和面向任务的类自然（无脚本的）对话相同。这表明，基于对照实验材料的阅读语音本质上在语音细节方面并不是无效的或误导性的。

3. 量化 F_0 与音段的同界

F_0 与音段的同界呈现出明显的语音规律（见上文 1.3 节），这就提出了量化描写同界的最好方法问题。公平地说，似乎在这一点上没有明确的共识。至少有两个截然不同的问题，即：如何界定 F_0 曲拱上的重要点？如何描述它们与音段语符列的相互协调？

许多已发表的同界研究成果都涉及 F_0 峰的同界，即 F_0 曲拱中的局部最大值。若不考虑虚拟的 F_0 值（见第 III 部分第 1 小节所做的讨论），通常很容易从视觉显示中客观地把 F_0 峰识别出来。这里唯一重要的问题是体现为一段相对稳定高平调的高重调或声调（有时称作"高原调"），但这里是把高原调的头、中还是尾作为峰值的位置，现在仍不清楚；奈特和诺兰（Knight and Nolan 2006）的研究指出，尾部可能最忠实性地反映了我们的感知，但这是一个需要做进一步研究的领域。然而，当我的兴趣点落在了非峰值位置的 F_0 上时，选择单个 F_0 点作为代表值的标准就不那么清楚了。具体地说，文献中有大量讨论定位"肘腕处"（即曲拱中水平 F_0 开始上升或下降的地方，或上升或下降的 F_0 开始趋于平稳的地方）的最佳方法。最近由德尔·朱迪切等人（Del Giudice *et al.* 2007）所做的一项研究指出：各种算法（线拟合、建模等）给出的结果可以与通过眼睛主观定位肘腕处的结果相媲美。看来，进一步的研究最终可能导致标准的开发与制定。

关于 F_0 点与音段语符列的相互协调问题，基本上有两种方法。一种是相对于音段上可识别的单个**点**（如重音元音的止点）来描述 F_0 点的定位（如 Arvaniti, Ladd and Mennen 1998）；另外一种是相对于音段上可识别的**跨度**（如重音音节的韵）来定位 F_0 的点（如 Silverman and Pierrehumbert 1990）。第一种情况是把同界表示为一种差异（如元音止点前的 20 毫秒，元音止点后的 15 毫秒等）；第二种情况是把它表示为一种比例（如韵的开头与 F_0 点之间的间隔是整个韵的时长的 65%，或换个说法，F_0 点是与韵的总体时长的 65% 同界）。这两种方法都有缺点。基于点的方法是纯实证性的，并且除了音段锚定的基本概念外，此方法均没有基于任何一种有关何物控制同界的理论见解。此外，如果我们想要比较对同界的不同潜在影响，则不会选择离 F_0 太近的音段参照点，因为随机变异可能掩盖系统效应，如果同界值非常小的话（对这个问题的详细讨论，见 Atterer and Ladd 2004）。基于跨度的方法可能会有相反的问题，即过早地将我们锁定在音段上可界定的相关跨度的理论假设中（进一步的讨论，见 Schepman *et al.* 2006）。看来定量描写 F_0 与音段同界的最佳方法可能还是来自于进一步的研究。

鸣谢：感谢阿玛莉娅·阿瓦尼蒂、尼古拉斯·希梅尔曼（Nikolaus Himmelmann）和波特·雷米森所做的评论！感谢克劳迪娅·莱托（Claudia Leto）帮助制作的插图！感谢齐吉·坎贝尔帮助制作的音档文件！

参考文献

Arvaniti, Amalia and Gina Gårding. 2007. Dialectal variation in the rising accents of American English. In J. Hualde and J. Cole (eds.), *Papers in Laboratory Phonology*

9 (Berlin: Mouton de Gruyter), pp. 547−576.

Arvaniti, Amalia, D. Robert Ladd, and Ineke Mennen. 1998. Stability of tonal alignment: the case of Greek prenuclear accents. *Journal of Phonetics* 26: 3−25.

Atterer, Michaela and D. Robert Ladd. 2004. On the phonetics and phonology of "segmental anchoring" of F_0: evidence from German. *Journal of Phonetics* 32: 177−197.

Beckman, Mary. 1982. Segment duration and the 'mora' in Japanese. *Phonetica* 39: 113−135.

Bruce, Gösta. 1977. *Swedish word accents in sentence perspective.* Lund: Gleerup.

Connell, Bruce. 2000. The perception of lexical tone in Mambila. *Language & Speech* 43: 163−182.

Cooper, William and John Sorensen. 1981. *Fundamental frequency in sentence production.* Heidelberg: Springer.

Dauer, Rebecca. 1983. Stress-timing and syllable-timing reanalyzed. *Journal of Phonetics* 11: 51−62.

Del Giudice, Alex, Ryan Shosted, Kathryn Davidson, Mohammad Salihie, and Amalia Arvaniti. 2007. Comparing methods for locations pitch "elbows". *Proceedings of 16th ICPhS*, Saarbrücken, pp. 1117−1120.

D'Imperio, Mariapaola. 2001. Focus and tonal structure in Neapolitan Italian. *Speech Communication* 33: 339−356.

Ishihara, Takeshi. 2003. A phonological effect on tonal alignment in Tokyo Japanese. *Proceedings of 15th ICPhS*, Barcelona, vol. 1, pp. 615−618.

Knight, Rachael-Anne and Francis Nolan. 2006. The effect of pitch span on intonational plateaux. *Journal of the International Phonetic Association* 36: 21−38.

Ladd, D. Robert, Ineke Mennen, and Astrid Schepman. 2000. Phonological conditioning of peak alignment of rising pitch accents in Dutch. *Journal of the Acoustical Society of America* 107: 2685−2696.

Liberman, Mark and Alan Prince. 1977. On stress and linguistic rhythm. *Linguistic Inquiry* 8: 249−336.

Lieberman, Philip. 1967. *Intonation, Perception, and Language.* Cambridge, MA: MIT Press.

Low, Ee-Ling, Esther Grabe, and Francis Nolan. 2000. Quantitative characterisations of speech rhythm: syllable timing in Singapore English. *Language and Speech* 43: 377−401.

Maeda, Shinji. 1976. *A characterization of American English intonation.* PhD thesis, MIT.

Ota, Mitsuhiko, D. Robert Ladd, and Madoka Tsuchiya. 2003. Effects of foot structure on mora duration in Japanese. *Proceedings of 15th ICPhS*, Barcelona, vol.1, pp. 59–63.

Pierrehumbert, Janet. 1979. The perception of fundamental frequency declination. *Journal of the Acoustical Society of America* 66: 363–369.

Port, Robert, Jonathan Dalby, and Michael O'Dell. 1987. Evidence for mora timing in Japanese. *Journal of the Acoustical Society of America* 81: 1574–1585.

Prieto, Pilar and Francisco Torreira. 2007. The segmental anchoring hypothesis revisited. Syllable structure and speech rate effects on peak timing in Spanish. *Journal of Phonetics* 35: 473–500.

Prieto, Pilar, Jan van Santen, and Julia Hirschberg. 1995. Tonal alignment patterns in Spanish. *Journal of Phonetics*, 23: 429–451.

Ramus, Franck, Marina Nespor, and Jacques Mehler. 1999. Correlates of linguistic rhythm in the speech signal. *Cognition* 73: 265–292.

Rietveld, Toni, and Carlos Gussenhoven. 1995. Aligning pitch targets in speech synthesis: effects of syllable structure. *Journal of Phonetics* 23: 375–385.

Schepman, Astrid, Robin Lickley, and D. Robert Ladd. 2006. Effects of vowel length and "right context" on the alignment of Dutch nuclear accents. *Journal of Phonetics* 34: 1–28.

Silva, David J. 2006. Acoustic evidence for the emergence of tonal contrast in contemporary Korean. *Phonology* 23: 287–308.

Silverman, Kim. 1986. F_0 segmental cues depend on intonation: The case of the rise after voiced stops. *Phonetica* 43: 76–91.

Silverman, Kim and Janet Pierrehumbert. 1990. The timing of prenuclear high accents in English. In J. Kingston and M. Beckman (Eds.) *Papers in Laboratory Phonology I: Between the Grammar and Physics of Speech* (Cambridge: Cambridge University Press), pp. 71–106.

Sudhoff, Stefan, Denisa Lenertová, Roland Meyer, Sandra Pappert, Petra Augursky, Ina Mleinek, Nicole Richter, and Johannes Schließer. eds. 2006. Methods in Empirical Prosody Research. Berlin: Walter de Gruyter.

Terken, Jacques. 1991. Fundamental frequency and perceived prominence of accented syllables. *Journal of the Acoustical Society of America* 89: 1768–1776.

Warner, Natasha and Takayuki Arai. 2001. The role of the mora in the timing of spontaneous Japanese speech. *Journal of the Acoustical Society of America* 109: 1144–1156.

Whalen, Douglas and Andrea Levitt. 1995. The universality of intrinsic F_0 of vowels. *Journal of Phonetics* 23: 349−366.

White, Laurence and Sven Mattys. 2007. Calibrating rhythm: First language and second language studies. *Journal of Phonetics* 35: 501−522.

Yuen, Ivan. 2007. Declination and tone perception in Cantonese. In C. Gussenhoven and T. Riad (eds.), *Tones and Tunes, vol. 2: Experimental Studies in Word and Sentence Prosody* (Berlin: Mouton de Gruyter), pp. 63−77.

语言学及应用语言学名著译丛书目

图书在版编目(CIP)数据

语调音系学:第 2 版/(英)D.罗伯特·拉德(D. Robert Ladd)著;马秋武,王平译.—北京:商务印书馆,2022

(语言学及应用语言学名著译丛)

ISBN 978 - 7 - 100 - 20734 - 8

Ⅰ.①语… Ⅱ.①D… ②马… ③王… Ⅲ.①语调—研究 Ⅳ.①H014

中国版本图书馆 CIP 数据核字(2022)第 026763 号

语言学及应用语言学名著译丛

语调音系学(第 2 版)

〔英〕D.罗伯特·拉德 著

马秋武 王 平 译

商 务 印 书 馆 出 版
(北京王府井大街36号 邮政编码100710)
商 务 印 书 馆 发 行
北 京 冠 中 印 刷 厂 印 刷
ISBN 978 - 7 - 100 - 20734 - 8

2022 年 6 月第 1 版 开本 880×1230 1/32
2022 年 6 月北京第 1 次印刷 印张 14¾

定价:88.00 元